工业智能化转型
方法与实践

孔繁荣　郑树泉　主编

上海科学技术出版社

内 容 提 要

本书共分3篇12章，分别介绍工业智能化转型的方法、核心技术和实践案例。

第1—4章为方法篇，主要介绍转型模式及顶层设计工具和方法。第1章介绍智能制造的基本概念及创新模式，并介绍智能制造"灯塔工厂"的应用场景、绩效改善效果及变革管理经验；第2章介绍智能化转型的顶层设计及评估方法，重点介绍两化融合管理体系及成熟度模型；第3章介绍核心工业数据资源的管理和治理；第4章介绍工业信息安全体系、管理及评估。

第5—8章为技术篇，主要介绍智能化转型阶段相关的核心技术——数字孪生、5G、工业互联网和工业智能。第5章介绍数字孪生技术及与CPS的关系；第6章介绍5G及在工业领域的应用；第7章介绍工业互联网及中台技术；第8章介绍工业智能及边缘技术。

第9—12章为实践篇，介绍智能制造成熟度模型、级别要求及案例分析。第9章涉及企业战略组织，包括人员、技术和资源；第10章、第11章和第12章分别介绍设计环节、生产环节、供应和服务环节成熟度级别要求及相关案例分析。

本书面向制造型企业决策人员、信息化规划及实施人员、政府两化融合相关人员，以及学校相关专业教师、学生和其他感兴趣的读者。

图书在版编目（CIP）数据

工业智能化转型方法与实践 / 孔繁荣，郑树泉主编
. -- 上海：上海科学技术出版社，2020.7
ISBN 978-7-5478-4951-4

Ⅰ. ①工… Ⅱ. ①孔… ②郑… Ⅲ. ①智能制造系统—制造工业 Ⅳ. ①F407.4

中国版本图书馆CIP数据核字(2020)第092169号

工业智能化转型方法与实践
孔繁荣　郑树泉　主编

上海世纪出版（集团）有限公司
上海科学技术出版社　　出版、发行
（上海钦州南路71号　邮政编码200235　www.sstp.cn）
上海展强印刷有限公司印刷
开本787×1092　1/16　印张18.75
字数400千字
2020年7月第1版　2020年7月第1次印刷
ISBN 978-7-5478-4951-4/F·23
定价：98.00元

本书如有缺页、错装或坏损等严重质量问题，请向工厂联系调换　电话：021-66366565

序 言

随着信息通信技术的不断发展,特别是以 5G、人工智能、工业互联网、物联网为代表的新型基础设施建设的开展以及智能化生产、大规模个性化定制、网络化协同、远程运维等新模式、新业态的不断涌现,社会生产、生活方式正在发生深刻变革,一个数字世界正处在加速构建过程中,物理世界从逐步仿真到全镜像,极大地提升了人类开发数字世界和改造物理世界的能力,制造业面临从传统制造到智能制造的转型。

1. 转型背景

制造业转型既是一个系统性全面创新的过程,也是一个需要不断演进和迭代的过程。当前,国际间围绕抢夺制造业制高点的竞争愈演愈烈,各国都在结合自身优势加强战略总体布局和理论方法创新,发达国家围绕新工业革命正在对高端产业进行再调整、再布局,发展中国家则致力于抓住从工业化向信息化变轨发展的重大机遇实现"换道超车"。新时代中国社会主要矛盾转向人民日益增长的美好生活需求和社会发展不平衡不充分之间的矛盾,坚持新发展理念,从战略全局层面谋划和布局经济发展,应探索并形成融合、转型、创新发展的理论体系和方法,推进制造业数字化、网络化和智能化转型,有效推动战略目标、发展理念、工作任务、工作方法和实施路线的互动融合和协调发展。

每一次经济形态的重大变革,必然催生也必须依赖新的生产要素。劳动力和土地是农业经济时代新的生产要素,资本和技术是工业经济时代新的生产要素。进入数字经济时代,数据正逐渐成为驱动经济社会发展的关键生产要素和新引擎。信息技术与经济社会的交汇融合,特别是物联网的发展引发数据的迅猛增长,大数据已成为社会的基础性战略资源,蕴藏着巨大的价值和能量。通过工业大数据采集、管理和有效利用,以数据流来引导物质流和资金流,形成集成协同作用,有助于大幅提升优化配置制造资源的效率和水平。

2. 机遇和挑战

全球正在由工业经济向数字经济转型过渡,制造业由传统制造向智能制造转型发展,制造业水平沿着数字化、网络化、智能化阶段不断螺旋上升。数字化阶段的主要使命是建造基础设施和业务流程的标准化、数字化改造；网络化阶段的主要使命是社会化大范围按需动态配置制造资源；智能化阶段的主要使命是按照个性化需求深度挖掘和社会化精准配置制造资源。当下，制造业正处在从数字化加速向网络化和智能化迈进的关键时期，推进制造业转型发展面临重要机遇和挑战。

过去十年来，两化融合及数字化转型一直是我国长期坚持的重要战略，并取得了很大成效，对产业发展的提升作用日益显著，为先进制造业发展奠定了良好的数字化基础。信息技术在研发、生产、经营、管理等环节的渗透不断加深。但现实地看，我国大部分制造业企业仍处于较低发展阶段。在此基础上的制造业数字化转型，既包括企业进行信息化（数字化）改造，也包括少数已经有基础、有实力的企业将大数据、人工智能等技术深度应用于供应、制造、销售、服务等环节，进入网络化、智能化发展阶段。

同时，推进制造业数字化转型不仅是技术渗透和融合的问题，更是一个创新战略、组织、流程、业务模式以适应新的技术变革和市场需求变化的问题；需要进行业务流程再造和组织方式变革，重建企业的运营机制，构建以激发人的创造性为导向的自组织和社会化组织网络，加快IT与OT的融合，提高外部资源获取能力乃至全球资源配置能力，不断提升制造资源动态配置能力和水平。

3. 对策与建议

工业智能化转型需要以互联网为工具，以数据为新型生产要素，构建基于人与机器智能融合的制造业新型能力体系。

当前，全球制造业正在从数字化向网络化和智能化加速发展，实现大范围资源按需动态配置是网络化、智能化阶段制造业转型升级的主要发力点。数字化、网络化大幅提升了企业内部资源配置效率，降低了企业内部交易成本，而网络化和智能化极大提升了制造资源大范围按需动态配置效率，极大降低了市场交易成本。此外，推进制造业转型是一项系统性、全局性创新工作，构建覆盖工业技术、平台架构技术、云计算、大数据、人工智能、管理、市场等专业完备的顶尖人才团队，企业才能更全面、更深刻地理解数字化转型和创新发展的规律，探索出务实有效的可行路径。深入推进"双创"，加快探索社会化组织新模式，重构人与人、人与组织之间的价值关系，打破僵化人才使用机制，灵活地配置和使用人才，才能更好地激发人才创新动力和潜能。

工业互联网平台是深化"互联网+先进制造业"的重要切入点，是制造业数字化转型、发展先进制造业的关键支撑。通过建设工业互联网平台，融会贯通工业知识、信息通信技术、互联网生态模式，全面为企业，尤其为中小企业赋能，基于平台构建开放、协作的社会化组织新生态，才能更好地实现制造资源大范围按需动态配置。相较于传统制造业模式，工业互联网平台以及基于平台构建的社会化组织将引发整个制造业体系颠覆式创新，是通过构建开放价值生态替代工业封闭技术体系、实现制造业转型升级的重要路径。

推动工业数据标准制定与应用,促进数据的开放共享。应引导行业组织、企业研究制定工业数据的行业标准、团体标准、企业标准;梳理现有国家标准,适时将成熟的行业标准、团体标准上升为国家标准;加强标准体系与认证认可、检验检测体系的衔接,促进标准应用;加快公共数据开放进程,促进数据资源的高效利用;建立健全社会数据采集、存储、交易等制度,保障数据有序、规范应用。

加强数据安全保护体系建设。强化工业数据和个人信息保护,明确数据在使用、流通过程中的提供者和使用者的安全保护责任与义务;加强数据安全检查、监督执法,提高惩罚力度,增强威慑力;严厉打击不正当竞争和违法行为,引导、推动行业协会等社会组织加强自律。

围绕制造业数字化转型要求,增强信息基础设施支撑能力。为适应数字经济发展对信息基础设施的要求,现有信息基础设施仍需加强普遍服务。

务实有效推进制造业数字化、网络化和智能化转型,加快发展先进制造业,应准确把握工业经济向数字经济转型过渡的基本规律,挖掘数据这一新型生产要素的创新潜能,加快培育数据驱动、网络协同、智能决策的新型能力体系,构建信息时代创新、协调、绿色、开放、共享的先进制造业发展体系。

本书的作者长期从事智能制造及工业控制领域的研究及应用工作,无论是在案例的遴选还是在方法的提炼上都源于工作的实践,同时本书也全面梳理工业企业信息化建设(两化融合)发展和实践过程中业界在战略规划、架构设计、建设实施方面形成的理论、方法、实践和工具,分析了制造业数字化、网络化和智能化转型过程中所需的核心技术,并以智能制造成熟度模型为基础分门别类地分析了大量的智能制造案例,为工业企业数字化转型发展提供了很好的操作路径和实践指南。

关新平
上海交通大学

前　言

随着"工业 4.0"和"中国制造 2025"等概念深入人心,制造业向数字化、网络化、智能化方向发展已是大势所趋,也是制造业在互联网浪潮中生存革新的必然选择。

所谓工业智能化转型是指在工业领域中采用人工智能、知识工程、神经元网络理论、大系统理论等,使工业制造系统具有人的某些智能,能替代或扩展人的脑力劳动,并实现脑力劳动自动化;并集信息技术、系统控制技术、软件技术、通信技术、传感技术、机器人技术和专家系统等技术群集于一体,实现一体化或综合化,以提升企业的运行效率和获得竞争优势。

工业 4.0、智能制造等,面对客户需求的变化,企业如何适应和跟上这一快速的变化,如何更好地满足客户需求,这是数字化转型需要解决的核心问题。在过去,消费者追求的更多是高性价比、产品功能丰富、耐用性高等功能诉求;而今天,年轻的消费者不仅仅关注功能诉求,而且关注内容、服务、参与度、社交体验、分享与交流等体验诉求。消费者的需求已变化,企业的供给必须跟上消费者需求的变化。

伴随着工业技术和信息技术的飞速发展,商业系统的需求、生产流程、业务逻辑的复杂性逐渐增加,对信息系统的响应要求也越来越高。面对商业和制造系统复杂性的持续增加,基于传统 IT 架构的解决方案越来越难以适应日益复杂的制造系统。工业互联网平台基于云架构实现各业务系统和解决方案的云化迁移,使大量数据、模型、决策信息平台化汇聚、在线化调用,系统之间实现互联互通操作,实现了业务系统的功能重用、快速迭代、敏捷开发、按需交付。伴随着制造系统的复杂性增加,新的业务系统通过对原有业务系统模块的组合编排、部署实现快速上线,系统响应能力达到指数增长。

面对数字化、网络化和智能化转型大变革,企业该如何转型？企业需要实现三个转变:一是以确定性应对不确定性,面对需求的不确定性,企业需要以数据+算法的策略应对不确定性;二是以增量革命构建新型能力,企业数字化转型就是要把软件、设备、流程优化、管理变革最终转化为企业的新型能力;三是从产品制造商到客户运营商的转变,制造企业应成为一个工业产品提供者,通过产品与客户建立一种"强关系",能成为 24 h 在线,了解、预测、满足客户需求的"客户运营商"。

企业智能化转型时代已经到来。

本书主要特点是：① 针对信息化转型的新阶段——智能化转型特点的要求，提出了智能化转型方法论；② 梳理了信息化转型所涉及的方法和技术；③ 分领域分析了智能制造成熟度模型及相关案例。

本书由孔繁荣、郑树泉担任主编；黄燕、徐侃、李索远、王倩、武智霞、宋光照等参与了部分章节的编写工作。

感谢上海计算机软件技术开发中心、上海嵌入式系统应用工程技术研究中心多年来的研究和应用实践为本书的写作积累了大量的素材和案例。本书的撰写得到了国家重点研发计划"网络协同制造和智能工厂"重点专项《智能工厂弹性服务管控平台通用架构及开发工具》项目的支持。该项目提出了"智能工厂管控平台弹性基础架构"，我们基于该架构的模型已面向航空、电子信息、先进制造等行业开展了企业数字化转型的应用实践。

同时，本书也得到了中国电子技术标准化研究院及工业大数据标准化研究小组、中国信息通信研究院及工业互联网联盟相关会员、工业智能服务联盟会员企业、工业大数据产业应用联盟企业的领导和专家的支持，他们为本书的写作提供了不少建议和案例材料，在此一并表示感谢。

智能制造数字化、网络化和智能化转型是个不断改进和演化的过程，企业需要通过不断实践来积累经验和不断推进工作，本书只能起到一个抛砖引玉的作用。欢迎读者对本书不足之处批评指正，希望分享体会和经验，共同推进智能制造的转型升级。

孔繁荣于上海
2020 年 5 月

目 录

第1篇 战略与方法

第1章 智能制造与创新模式 /3
- 1.1 智能制造市场背景 /3
- 1.2 智能制造概念及关键技术 /6
- 1.3 智能制造创新模式 /9
  - 1.3.1 智能互联产品 /9
  - 1.3.2 智能化生产 /10
  - 1.3.3 网络化协同 /13
  - 1.3.4 服务化延伸 /16
  - 1.3.5 大规模个性化定制 /18
- 1.4 "灯塔工厂"的启示 /23
  - 1.4.1 应用场景 /23
  - 1.4.2 绩效改善 /25
  - 1.4.3 变革管理 /27

参考文献 /29

第2章 智能化转型方法 /31
- 2.1 智能化转型的本质 /31
  - 2.1.1 适应竞争环境的快速变化 /31
  - 2.1.2 工具革命 /32
  - 2.1.3 体系重构 /34
- 2.2 智能化转型方法论 /34

2.2.1 战略与价值 / 35
2.2.2 三项集成 / 36
2.2.3 关键行动 / 38
2.3 两化融合管理体系 / 46
2.3.1 概念和原则 / 46
2.3.2 管理体系框架 / 48
2.3.3 评估内容 / 49
2.3.4 评估框架 / 50
2.3.5 评估指标体系 / 53
2.4 智能制造能力成熟度模型 / 54
2.4.1 成熟度模型起源 / 54
2.4.2 模型框架及等级 / 55
2.4.3 模型价值及评估过程 / 57
参考文献 / 58

第3章 工业数据管理与治理 / 59

3.1 数据管理框架 / 59
3.1.1 数据管理的主要内容 / 60
3.1.2 数据管理实施要点 / 62
3.2 工业数据治理框架 / 64
3.2.1 工业数据治理原则 / 65
3.2.2 工业数据治理范围 / 65
3.2.3 工业数据治理的实施与评估 / 68
3.3 数据质量 / 72
3.3.1 数据质量的概念及度量 / 72
3.3.2 数据质量的影响因素 / 73
3.3.3 数据质量管理参考架构 / 74
3.3.4 数据质量项目实施方法 / 75
3.4 工业数据的 CRISP-DM 方法论 / 79
3.4.1 CRISP-DM 方法论的概念 / 79
3.4.2 CRISP-DM 模型的工业领域落地难点 / 79
3.4.3 工业数据分析过程中使用 CRISP-DM / 80
参考文献 / 82

第4章 工业信息安全 / 83

4.1 工业互联网安全框架 / 83
- 4.1.1 传统网络安全框架 / 83
- 4.1.2 典型工业互联网安全框架 / 86
- 4.1.3 相关框架共性分析及经验借鉴 / 88
- 4.1.4 工业互联网安全框架设计 / 88

4.2 工业信息安全技术与措施 / 93
- 4.2.1 设备安全 / 93
- 4.2.2 控制安全 / 94
- 4.2.3 网络安全 / 95
- 4.2.4 应用安全 / 97
- 4.2.5 数据安全 / 99
- 4.2.6 监测感知 / 100
- 4.2.7 处置恢复 / 101

4.3 人工智能数据安全 / 103
- 4.3.1 人工智能数据安全内涵与架构 / 103
- 4.3.2 人工智能数据安全风险 / 105
- 4.3.3 人工智能数据安全应用 / 108

4.4 工业信息安全等级保护测评 / 111
- 4.4.1 与工业安全相关的等级保护内容 / 111
- 4.4.2 工业互联网企业网络安全分类分级 / 112

参考文献 / 114

第2篇 技术与平台

第5章 数字孪生 / 117

5.1 数字孪生及相关概念 / 118
- 5.1.1 概念模型 / 118
- 5.1.2 数字纽带 / 118
- 5.1.3 数字孪生与信息物理系统 / 119

5.2 数字孪生模型 / 121
- 5.2.1 数字孪生五维模型 / 121
- 5.2.2 数字孪生驱动的应用准则 / 122

5.3 数字孪生工业应用 / 123
- 5.3.1 数字孪生车间 / 123

     5.3.2 数字孪生车间在产品全生命周期中的应用 / 125
  5.4 数字孪生城市应用 / 130
     5.4.1 数字孪生城市的内涵及特征 / 130
     5.4.2 数字孪生城市总体架构及运行机理 / 131
     5.4.3 数字孪生城市应用方向 / 132
  参考文献 / 140

第6章 5G与工业应用 / 141
  6.1 5G发展背景 / 142
     6.1.1 移动通信技术发展史 / 142
     6.1.2 国外5G发展 / 143
     6.1.3 中国5G发展 / 144
  6.2 5G应用场景及技术 / 145
     6.2.1 5G三大应用场景 / 145
     6.2.2 5G核心网关键技术 / 147
  6.3 5G的工业应用场景 / 152
     6.3.1 5G＋机器视觉 / 152
     6.3.2 5G＋远程现场 / 153
     6.3.3 5G＋远程控制 / 154
  6.4 5G工业应用案例 / 154
     6.4.1 5G＋智能工厂 / 154
     6.4.2 5G＋智能电网 / 155
     6.4.3 5G＋家电制造 / 156
     6.4.4 5G＋仓储物流 / 157
  参考文献 / 158

第7章 工业互联网与中台技术 / 159
  7.1 工业互联网概念及架构模型 / 159
  7.2 国内外工业互联网 / 162
     7.2.1 GE工业互联网 / 162
     7.2.2 IIC工业互联网 / 164
     7.2.3 中国工业互联网 / 164
  7.3 工业互联网平台 / 165
     7.3.1 工业互联网平台发展历程 / 165
     7.3.2 工业互联网平台功能层次 / 166

7.3.3 工业互联网平台价值 /168
7.3.4 工业互联网平台应用分布 /169
7.3.5 垂直行业应用 /174
7.4 中台技术 /178
7.4.1 中台概念起源 /178
7.4.2 数据中台的功能定位 /180
参考文献 /181

第8章 工业智能与边缘计算 /182
8.1 工业智能发展背景与关键技术 /183
8.1.1 工业智能发展背景 /183
8.1.2 工业智能关键技术 /184
8.2 工业数字化智能化关系 /187
8.2.1 智能化与工业大数据 /187
8.2.2 从人工智能到工业智能 /188
8.3 工业智能化发展层次与应用 /189
8.3.1 工业智能化五个发展层次 /189
8.3.2 工业智能的典型应用 /190
8.4 边缘计算架构与平台 /197
8.4.1 边缘计算及其发展 /198
8.4.2 边缘计算的参考架构 /199
8.4.3 工业边缘计算平台 /200

参考文献 /203

第3篇 应用与实践

第9章 案例——人员、技术与资源 /207
9.1 组织战略 /207
9.1.1 战略管理与组织战略 /207
9.1.2 组织战略能力子域成熟度模型 /208
9.1.3 案例分析 /208
9.2 人员技能 /211
9.2.1 人员技能 /211
9.2.2 人员技能能力子域成熟度模型 /212
9.2.3 案例分析 /213

9.3 数据 / 214
    9.3.1 工业大数据的战略作用 / 214
    9.3.2 数据能力域成熟度模型 / 215
    9.3.3 案例分析 / 216

9.4 集成 / 218
    9.4.1 集成的意义和内容 / 218
    9.4.2 集成能力子域成熟度模型 / 218
    9.4.3 案例分析 / 219

9.5 信息安全 / 221
    9.5.1 工业领域中的信息安全 / 221
    9.5.2 信息安全能力子域成熟度模型 / 221
    9.5.3 案例分析 / 222

9.6 网络 / 224
    9.6.1 工业网络概述 / 224
    9.6.2 网络能力子域成熟度模型 / 225
    9.6.3 案例分析 / 225

9.7 装备 / 227
    9.7.1 智能制造装备概述 / 227
    9.7.2 装备能力域成熟度模型 / 228
    9.7.3 案例分析 / 228

参考文献 / 229

第10章 案例——产品与工艺设计 / 230

10.1 产品设计 / 230
    10.1.1 人工智能对产品设计思维的影响与塑造 / 230
    10.1.2 产品设计子域成熟度级别要求 / 231
    10.1.3 案例分析 / 233

10.2 工艺设计 / 234
    10.2.1 智能化的制造工艺 / 234
    10.2.2 产品设计与工艺设计协同 / 235
    10.2.3 工艺设计子域成熟度级别要求 / 235
    10.2.4 案例分析 / 237

参考文献 / 240

第 11 章 案例——智能化生产 / 241

11.1 计划与调度 / 241
11.1.1 计划与调度在生产中的作用 / 241
11.1.2 计划与调度能力子域成熟度模型 / 242
11.1.3 案例分析 / 243

11.2 生产作业 / 244
11.2.1 自动化高柔性的自适应生产 / 244
11.2.2 生产作业能力子域成熟度模型 / 245
11.2.3 案例分析 / 246

11.3 设备管理 / 248
11.3.1 预测性维护 / 248
11.3.2 设备管理能力子域成熟度模型 / 248
11.3.3 案例分析 / 250

11.4 安全环保 / 255
11.4.1 智能化为安全和环保带来倍增效应 / 255
11.4.2 安全环保能力子域成熟度模型 / 255
11.4.3 案例分析 / 256

11.5 仓储配送 / 258
11.5.1 供应链中的资源提供者 / 258
11.5.2 仓储配送能力子域成熟度模型 / 259
11.5.3 案例分析 / 260

11.6 能源管理 / 261
11.6.1 智能化的能源管理 / 261
11.6.2 能源管理能力子域成熟度模型 / 262
11.6.3 案例分析 / 263

参考文献 / 265

第 12 章 案例——智慧供应链与服务 / 266

12.1 采购 / 266
12.1.1 供应链条件下的采购管理 / 266
12.1.2 采购能力子域成熟度模型 / 267
12.1.3 案例分析 / 268

12.2 物流 / 270
12.2.1 物流管理 / 270
12.2.2 物流子域成熟度级别要求 / 271

12.2.3 案例分析 /272

12.3 销售 /275

12.3.1 销售管理 /275

12.3.2 销售子域成熟度级别要求 /276

12.3.3 案例分析 /277

12.4 客户服务 /278

12.4.1 客户服务管理 /278

12.4.2 客户服务成熟度级别要求 /279

12.4.3 案例分析 /279

12.5 产品服务 /281

12.5.1 产品服务系统 /281

12.5.2 产品服务成熟度级别要求 /282

10.5.3 案例分析 /283

参考文献 /284

第 1 篇

战略与方法

近年来，全球工业经济形势发生深刻变化，中国的经济发展已由高速增长阶段逐步转入高质量发展阶段，工业企业同时面临着外部环境变化和传统运营模式难以为继的压力，提高质量效益、转变生产方式是中国制造业必须解决的问题。但是，现有制造体系和制造水平已经难以满足高端化、个性化、智能化产品和服务增值升级的需求，制造业的进一步发展面临巨大瓶颈和困难，迫切需要制造业的技术创新、智能升级，实现数字化、网络化和智能化转型。

智能制造的本质是在制造过程、全生命周期的各个环节中综合应用各类技术，取代或者延伸制造过程中人的劳动、满足制造需求。智能制造是将人、设备和系统三大要素连接起来，形成新的系统价值链。制造业的新模式是指在先进制造技术推动下，制造企业利用单元、系统和管理组织等方面进行的创新。第1章智能制造创新模式将讨论智能制造的背景、概念、主要创新和转型模式及相关技术。

智能化转型的本质是，使用新一代信息技术，以数据的自动流动化解复杂系统的不确定性，基于数据+算法优化资源配置效率，构建企业新型竞争优势。然而，工业智能化转型是一项复杂的系统性工程，需要整体战略和路线图，需要企业高层对智能化转型的价值和战略策略达成共识，需要一种多个维度的结构性思考方法论和技术整体解决方案。第2章智能制造转型方法将讨论整体规划和评估的方法。

工业数据作为企业战略资产，在数字化转型过程中起非常重要的作用，通过为智能化转型进行业务战略规划和构建企业架构，实现IT与业务的融合，从而帮助企业实现数据资产的价值，需要对工业数据进行有效管理、利用和治理。第3章工业数据管理和治理将讨论数据治理框架、数据质量管理及数据挖掘方法论。

工业互联网包括网络、平台、安全三大体系，其中安全体系是保障。建设满足工业需求的安全技术体系和管理体系，增强设备、网络、控制、应用和数据的安全保障能力，识别和抵御安全威胁，化解各种安全风险，才能构建工业智能化转型发展的安全可信环境。第4章工业信息安全将讨论工业互联网安全体系框架、工业信息安全技术与措施、工业信息安全等级保护测评体系。

第1章
智能制造与创新模式

当今世界,各国制造企业普遍面临着提高质量、增加效率、降低成本以及快速响应不断增长的客户个性化消费需求的挑战。然而,现有制造体系和制造水平已经难以满足高端化、个性化、智能化产品和服务增值升级的需求,制造业的进一步发展面临巨大瓶颈和困难,迫切需要制造业的技术创新、智能升级,实现数字化、网络化和智能化转型。

智能制造的本质是在制造过程中综合应用各类技术,取代或者延伸制造过程中人的劳动、满足制造需求。制造业的新模式是指在先进制造技术推动下,制造企业利用单元、系统和管理组织等方面进行的创新。新业态主要强调资源整合方式和价值增值方式的改变,带动产业发生系统性的变化,大规模个性化定制和产品服务化等新模式、新业态有这样的一些特点:一是制造企业从以产品为中心向以用户为中心转变,服务占据越来越突出的地位,实现全球化、远程化、实时化、全程化的服务;二是数据要素的开发利用决定产业的竞争优势,企业间的竞争转向数据平台、企业集群竞争。成本竞争转向满足个性化需求的竞争,生产方式将逐渐从大规模生产转向大规模定制生产的制造方式。

智能制造将给人类社会带来革命性变化。人与机器的分工将产生革命性变化,智能机器将替代人类大量体力劳动和相当部分的脑力劳动,人类可更多地从事创造性工作;人类工作生活环境和方式将朝着以人为本的方向迈进。同时,智能制造将有效减少资源与能源的消耗和浪费,持续引领制造业绿色发展、和谐发展。

以制造业为核心的实体经济是国家竞争力和经济健康发展的基础。智能制造是抢占未来经济和科技发展制高点的战略选择。新一代信息技术将驱动智能制造,帮助企业实现数字化、网络化和智能化转型,推动产业模式创新,重塑制造业价值链,极大地提高企业的竞争力。本章将讨论智能制造的背景、概念、主要创新模式及相关技术。

1.1 智能制造市场背景

近年来,全球工业经济形势发生深刻变化,中国的经济发展已由高速增长阶段逐步转入高质量发展阶段,能源和原材料价格持续攀升,资源环境约束进一步强化,工业竞争格局深度调整,工业企业同时面临着外部环境变化和传统运营模式难以为继的压力,提高质量效益、转变生产方式是中国制造业必须解决的问题,智能化转型迫在眉睫。

1) 企业经营环境发生重大变化

工业发展面临个性化需求升级、行业竞争重新洗牌、新技术变革、国家战略引导等多方面变化。一是互联网和信息技术发展迅速,在社会各领域广泛渗透,促进消费方式、产品形态和供需关系发生重大变革,工业企业面临以个性化需求升级为代表的市场挑战。二是数字化商业模式推动业务模式变革,重塑制造业竞争格局,一批工业企业依托工业互联网成功开展服务化转型,并形成新业务增长点,传统工业生产方式与运营模式受到的挑战日益严峻。三是以5G、数字孪生、人工智能等为代表的新技术持续推动制造技术变革,显著提高工业生产智能化水平,给工业企业全要素生产率的提升带来机遇。四是通过新技术提高制造业竞争力是国家战略需求,随着政策引导与支持力度不断加大,制造业与互联网融合发展示范经验不断积累,工业企业迎来转型升级发展良机。

图1-1所示为美德日中四国制造业发展战略。

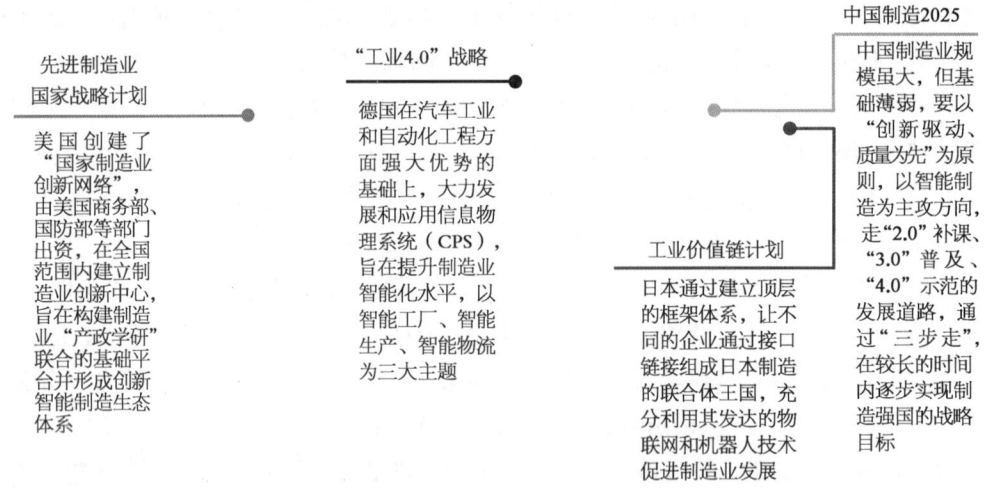

图1-1 美德日中四国制造业发展战略

2) 工业企业传统模式难以为继

近年来,我国工业增速持续放缓,多重因素持续挤压工业企业利润空间。一是生产成本攀升,在土地和劳动力价格持续上涨、资源和环境约束趋紧的形势下,中国制造的比较优势被逐步削弱。二是产品与服务质量管控差,工业企业特别是中小企业受到资金、技术、成本约束,产品质量管理能力薄弱,导致产品可靠性与客户满意度低,严重影响品牌声誉与产品竞争力。三是交付能力不足,信息技术在制造领域的深入应用导致产品交付周期和产品迭代周期大幅缩短,传统规模化生产方式已经难以满足柔性化、敏捷化、协同化的订单交付需求。四是创新能力不强,大部分企业仍处在技术含量和附加值较低的"制造—加工—组装"环节,创新主体地位未能充分体现。

3) 工业企业核心竞争力诉求逐步升级

技术进步推动工业革命的同时也牵引着企业核心能力体系的变革。互联网时代企业发展,需要挖掘企业技术、装备、系统、流程、组织和数据的综合价值,持续打造适应时代发展需求的新型能力,培育形成企业互联网发展背景下的竞争新优势。企业需要提升信息化环境下的六大类能力,包括研发创新能力、生产管控能力、供应链管理能力、财务管控能力、经营管控能力、用户服务能力等。但是,每一类能力的内涵和关注重点与传统工业时期相比已经发生了很大的变化,从关注技术产品本身的成本、质量、效率等方面向关注用户价值、快速满足用户个性化需求转变(图1-2)。比如:研发创新能力从产品性能提升向实现基于客户需求的数字化快速定制研发,产品研发、工艺设计、生产制造一体化,在线、异地协同研发等延伸;生产管控能力从规模化生产转向关注大规模个性化定制生产管控、基于用户订单的柔性生产等;用户服务能力从渠道建设转向关注远程诊断与服务、客户互动与敏捷服务、产品全生命周期追溯等。构建生态系统能力成为行业领军企业共同追求的新目标,通过整合企业内外部优势资源,构筑开放的、边界不断扩大的产品生态、企业生态、产业生态,打造企业命运共同体,企业竞争上升到生态圈的竞争。

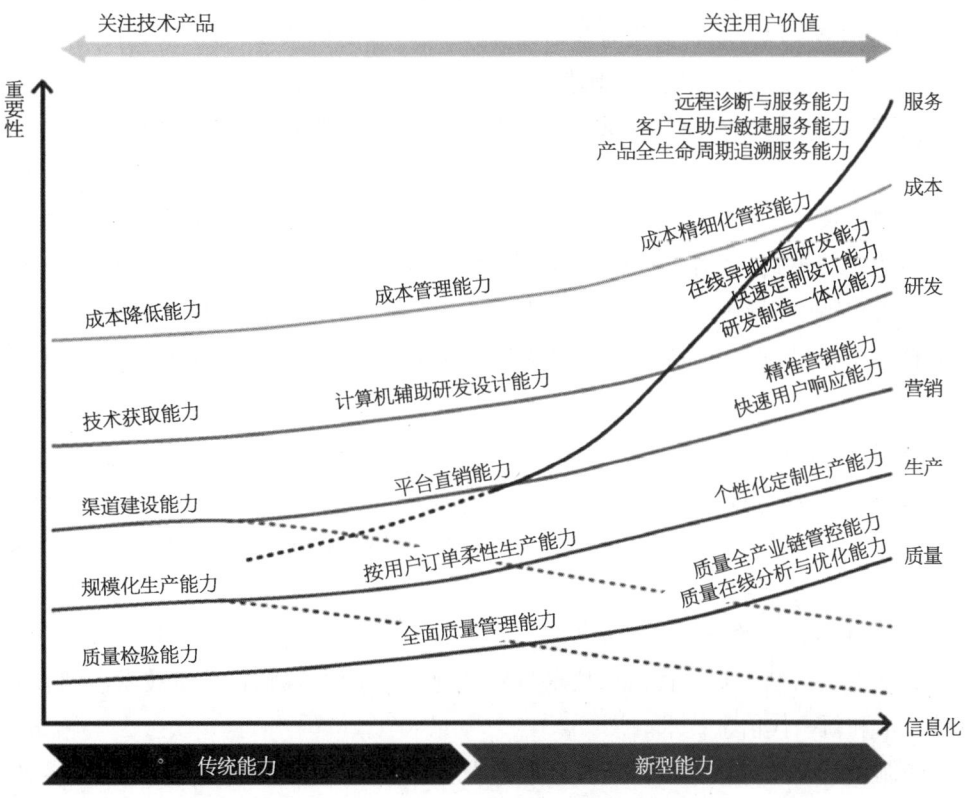

图1-2 工业企业核心能力体系变迁图

1.2 智能制造概念及关键技术

1) 智能制造定义与构成要素

智能制造的研究可追溯于20世纪七八十年代,1989年Kusiak首次明确提出了"智能制造系统"(intelligent manufacturing system)这一名称,其中将智能制造定义为"通过集成知识工程、制造软件系统和机器人控制来对制造技工们的技能与专家知识进行建模,以使智能机器可自主地进行小批量生产"。智能制造的本质是在制造过程、全生命周期的各个环节中综合应用各类技术,取代或者延伸制造过程中人的劳动、满足制造需求。智能制造的核心构成要素包含智能设计、智能产品、智能生产、智能服务、智能管理。

① 智能设计:基于统一的产品模型,实现产品全生命周期动态管理;建立产品设计云服务平台,实现用户、供应商等多方信息交互、协同设计和产品持续创新。

② 智能产品:把传感器、处理器、通信模块等融入产品使其具有感知、通信能力,实现可追溯、可识别和可定位。

③ 智能生产:通过数控机床、工业机器人等生产设备的应用,融合物联网、大数据等技术,使生产过程可视、透明、可控高效,实现个性化生产。

④ 智能服务:以产品智能化为基础,依托产品自身的可感知、可识别属性,拓展后续服务,从生产型制造向生产服务型制造转型。

⑤ 智能管理:ERP、MES、PLM、SCM、BI等管理软件的应用使制造型企业的管理更加准确和高效。

智能制造技术发展的同时,催生了许多新兴制造模式,如家用电器、汽车等行业的客户个性化定制模式,电力、航空装备行业的协同开发、云制造、远程运维等模式,以及食品、服装制造业等行业的个性化定制模式等。智能制造模式通过泛在感知、工业大数据等信息技术手段,提升供应链运作效率和能源利用效率,拓展价值链,为企业创造新价值。

智能制造包含设计、产品、生产、管理、服务以及生产模式的转型升级,是指基于新一代信息技术与先进制造技术深度融合,贯穿于设计、生产、管理、服务等制造活动的各个环节,具有自感知、自学习、自决策、自执行、自适应等功能的制造技术、系统、新型生产方式的综合。

2) 智能制造系统的关键技术分析

智能制造是指基于新一代信息技术与先进制造技术深度融合,关键技术涉及智能制造基础技术和新一代信息技术。

智能制造基础关键技术是指与多个制造业务相关,并为智能制造基本要素(感知、分析、决策、通信、控制、执行)的实现提供基础支撑的共性技术,通常包括以下技术。

① 智能装备技术：为解决制造过程智能化过程中设备、装备之间，以及装备与智能化产品、工业软件、物流系统、检测系统等之间数据共享和互联互通等需求的相关技术。包括数控机床、智能传感器、工业机器人、增材制造等装备的通信协议、接口、集成、互联互通等。

② 先进制造工艺技术：它使得制造过程更加灵活和高效，如利用增材制造技术，实现零件三维数据驱动直接制造零件。人们在设计产品时可以更加灵活，更多关注产品的使用性能而非可实现性。

③ 数字建模与仿真技术：以三维数字形式对产品、工艺、资源等进行建模，实现将数字模型贯穿于产品设计、工程分析、工艺设计、制造、质量和服务等产品生命周期全过程，用于计算、分析、仿真和可视化。

④ 现代工程管理技术：结合工程分析和设计的原理与方法，对人、物料、设备、能源和信息等所组成的集成制造系统，进行设计、改善、实施、确认、预测和评价。

新一代信息技术通过信息获取、处理、传输、融合和分析挖掘等各方面的先进技术手段，为人、机、物的互联互通及智能化提供基础，通常包括以下技术。

① 智能感知技术：传感器网络、射频识别、条码二维码、图像识别等。

② 工业互联网技术：物联网、互联网、移动通信、移动定位、信息安全等。

③ 云计算技术：分布式存储、虚拟化、云平台等，是支撑网络协同制造的核心技术。

④ 大数据分析与人工智能：数据挖掘、知识图谱、机器学习和深度学习等技术。

⑤ 组合技术：数字孪生、工业互联网平台和工业智能等技术形态，是新一代信息技术在工业领域的场景化应用和多种技术的融合应用。数字孪生技术实现了现实物理系统向赛博空间数字化模型的反馈，在工业领域中，基于数字化模型进行的各类仿真、分析、数据积累、挖掘，甚至人工智能的应用，从而确保它与现实物理系统的适用性。工业互联网平台本质上是一个工业知识标准化生产、模块化封装的自动化流水线，将变革人类知识沉淀、传播、复用和价值创造范式，成为新工业革命的关键基础设施、工业全要素连接的枢纽和工业资源配置的核心。工业智能是人工智能在制造领域的应用，随着人工智能技术的快速发展，结合机理模型、工程知识及工业大数据积累，形成制造领域的人工智能模型，并与工业软件、工业互联网平台相集成，将形成一系列融合创新的技术、产品与模式。

智能制造是先进制造技术与信息化的融合，尽管概念的提出至今仅 30 年的时间，但智能制造的起源可以追溯至 20 世纪中叶，其发展和演进大致可以分为三个阶段（图 1-3）：从 20 世纪中叶到 90 年代中期的数字化制造，以计算机、通信和控制应用为主要特征；从 20 世纪 90 年代中期发展至今的网络化制造，伴随互联网的大规模应用，先进制造进入了以万物互联为特征的网络化阶段；当前，在大数据、云计算、机器视觉等技术突飞猛进的基础上，人工智能逐渐融入制造领域，先进制造开始步入以新一代人工智能技术为核心的智能化制造阶段。

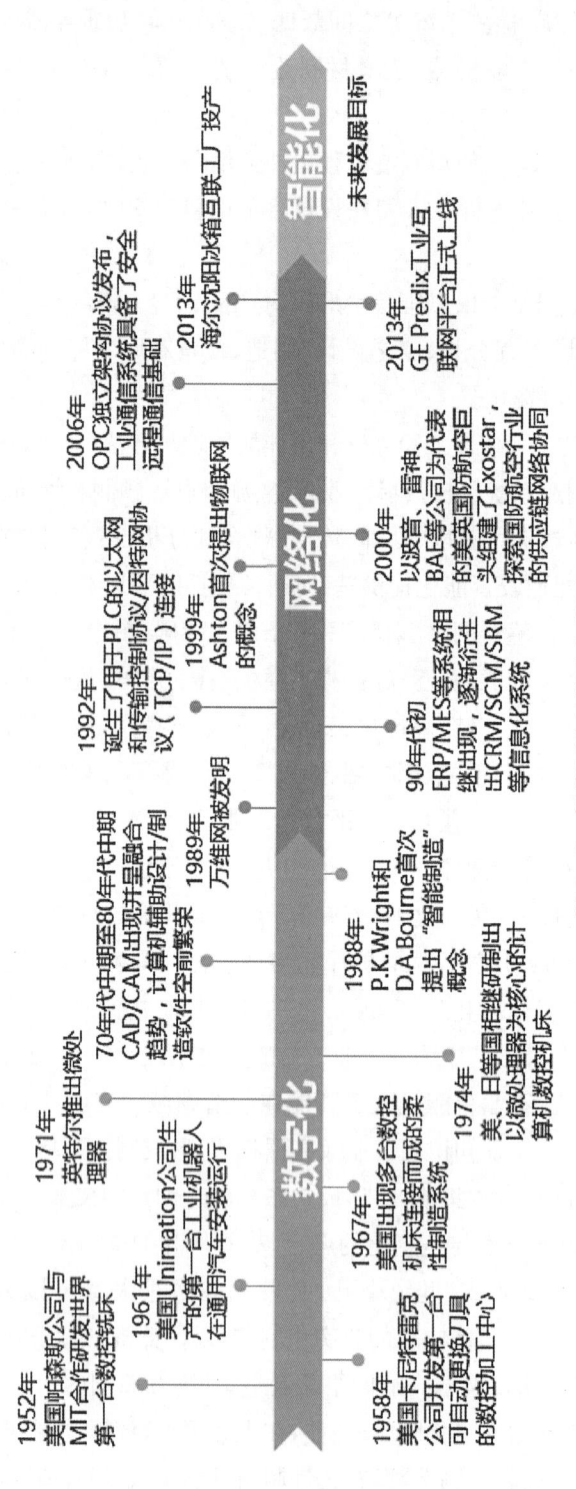

图1-3 智能制造的演变与发展

1.3 智能制造创新模式

1.3.1 智能互联产品

在智能互联产品时代,产品的新能力即产生数据的能力将开创一个新的竞争时代,带来竞争本质的变化。智能互联产品包含 3 个核心元素:物理部件、智能部件和联接部件。智能部件能加强物理部件的功能和价值,而联接部件进一步强化智能部件的功能和价值,并让部分价值和功能脱离物理产品本身存在,这就使得价值提升形成了良性循环。物理部件包含产品的机械和电子零件,以汽车为例,物理部件包含引擎、轮胎和电池。智能部件包含传感器、微处理器、数据存储装置、控制装置和软件,此外还有内置操作和用户界面。联接部件包含接口、天线以及有线或无线联接协议。

"智能"和"互联"将赋予产品一系列新的功能和能力,主要分为 4 类:监测、控制、优化和自动。

① 监测。通过传感器和外部数据源,智能互联产品能对产品的状态、运行和外部环境进行全面监测。监测数据对产品设计、市场开发(客户细分)和售后服务都有极重要的意义。在一些产品中,例如医疗仪器,监测功能是产品价值的核心要素。

② 控制。人们可以通过产品内置或产品云中的命令和算法进行远程控制。算法可以让产品对条件和环境的特定变化做出反应。例如,当压力过高时,自动关闭阀门;当车库流量表达到一定级别时,打开指示灯。通过内置或云搭载的软件对产品进行控制,产品可以实现高度定制化。

③ 优化。有了丰富的监测数据流和控制产品运行的能力,企业就可以用多种方法优化产品。比如,对实时数据或历史记录进行分析,植入算法,从而大幅提高产品的产出比、利用率和生产效率。以风力发电涡轮为例,内置的微型控制器可以在每一次旋转中控制扇叶的角度,从而最大限度捕捉风能。人们还可以控制每一台涡轮,在能效最大化的同时,减少对邻近涡轮的影响。

④ 自动。将检测、控制和优化功能融合到一起,产品就能实现前所未有的自动化程度。如真空扫地机器人内置软件和传感器,能对不同结构的地面进行扫描和清扫。更先进的产品则具备学习能力,能根据周边环境分析产品的服务需求,并根据用户的偏好调整。自动功能不仅能减少产品对人工操作的依赖,更能实现偏远地区的远程作业,提升危险环境下的工作安全性。例如,随着智能电表入网数量增多,电网的能效就可不断提高,发电厂就能更好地了解用户的用电习惯,并随之调整、优化。

智能互联产品不但能重塑一个行业内部的竞争生态,而且能扩展行业本身的范围。因此,行业的竞争基础将从单一产品的功能转向产品系统的性能,而单独公司只是系统中的一个参与者。不仅如此,行业边界还会继续扩展,从产品系统进化到包含子系统的产品体系(system of systems)——不同的产品系统和外部信息组合到一起,相互协调从而整体优化,就像智能建筑、智能家居甚至是智能城市。如果一家企业的产品对整体系统的性能影响最大,那么它将取得主导性的地位,获得竞争优势。

【案例 1-1】 百年老店约翰逊迪尔基于工业互联网的转型

生产农用机械的百年老店约翰逊迪尔基于工业互联网进行了转型。约翰逊迪尔将智能农业设备连接到一起,包括拖拉机、旋耕机和播种机,使这些设备的整体性能得到提升。行业边界从拖拉机制造扩展到农业设备优化。

约翰逊迪尔公司和爱科公司 AGCO 合作,不仅将农机设备互联,更连接了灌溉、土壤和施肥系统,公司可随时获取气候、作物价格和期货架构的相关信息,从而优化农业生产的整体效益。

约翰逊迪尔产品发展可分为五个阶段:

① 产品。这个阶段主要关注产品自身的功能、性能、价格及服务等。

② 智能产品。通过数字化实现产品的智能化。安装传感器、微处理器、网络装置等部件后,机器变成智能机器,功能更强大,操控更方便、更精准。

③ 智能互联产品。通过多设备之间互联互通,实现设备之间的通信、协同。基于大数据分析等技术,实现多设备之间的对标管理、预测性维护等网络化应用。还可以再设备上安装各种采集传感器来监测土壤的成分数据。在云端对这些数据进行大数据分析后,APP 可计算出每一块土地中的土壤成分、所需化肥品种、适合种植的植物种类,以及灌溉计划等,并为用户提供一系列的解决方案。

④ 产品系统。以用户为中心,实现拖拉机、播种机、收割机等不同设备之间的互联互通,为用户提供更广阔的协同,提升其生产效率。

⑤ 产品体系。通过系统之间的集成,形成系统之系统,构建一个新的生态。

1.3.2 智能化生产

智能化生产是指利用先进制造工具和网络信息技术对生产流程进行智能化改造,实现数据的跨系统流动、采集、分析、优化,完成设备性能感知、过程优化、智能排产等智能化生产方式。现代化工业制造生产线安装有数以千计的小型传感器来探测生产线上的各种状态参数。每隔数秒就收集一次数据,利用这些数据可以实现很多形式的分析,包括设备诊断、用电量分析、能耗分析、质量事故分析(包括违反生产规定、零部件故障)等。这些大数据可以用来分析整个生产流程,了解每个环节是如何执行的,一旦有某个流程偏离了标准工艺,就会产生一个报警信号,能更快速地发现错误或者瓶颈所在,也就能更容易地解决问题。利用大数据技术,还可以对生产过程建立虚拟模型,仿真并优化生产流程,帮助制造商改进其生产流程。能耗分析方面,在设备生产过程中利用传感器集中监控所有的生产流程,能够发现能耗的异常或峰值情形,通过大数据分析其原因,从而在生产过程中优化能源的消耗。

数字化车间（digital shop floor）是基于生产设备、生产设施等硬件设施，以降本提质增效、快速响应市场为目的，在工艺设计、生产组织、过程控制等环节优化管理的基础上，通过数字化、网络化、智能化等手段，在计算机虚拟环境中，对人、机、料、法、环、测等生产资源与生产过程进行设计、管理、仿真、优化与可视化等工作，以信息数字化及数据流动为主要特征，对生产资源、生产设备、生产设施以及生产过程进行精细、精准、敏捷、高效地管理与控制的场所。数字化车间是智能车间的第一步，也是智能化生产的重要基础。

数字化车间建设有三条主线：第一条主线是以机床、热处理设备、机器人、测量测试设备等组成的自动化设备与相关设施，实现生产过程的精确化执行；第二条是以MES为中心的管理系统，实现对计划调度、生产物流、工艺执行、过程质量、设备管理等生产过程各环节及要素的精细化管控；第三条主线是在互联互通的设备物联网基础上，并以之作为桥梁，连接起赛博空间的MES等信息化系统与机床等物理空间的自动化设备，实现了赛博与物理两个世界的相互作用，深度融合。三条主线交汇，实现数据自动化设备、信息化系统之间有序的流动，将整个车间打造成软硬一体的系统级信息物理系统（cyber-physical system，CPS），最终实现高效、高质、绿色、低成本的生产模式，提升企业竞争力。

【案例1-2】 美的集团从传统制造向数字化转型

随着中国经济增速减缓，互联网企业向传统行业渗透，2012年前后的中国传统制造业感受到了空前的转型压力。作为中国家电行业"三巨头"之一，美的集团也正是在这一时期开启了转型之路。从中国制造走向中国智造，美的近些年的发展堪称中国制造业企业转型升级的一个典型样本。

2011年的家电市场销售十分火暴，美的虽然经营收入保持高速增长，但盈利水平却不容乐观。作为美的集团中的优质资产，美的电器的销售毛利率逐年下滑、扣非净利润率一直在不到4%的低水平下徘徊，2009—2011年间甚至出现了增收不增利的局面。这些可归因于之前美的遵循了低成本、规模扩张的发展模式。2011年起，美的核心发展思路从规模导向转变为追求增长质量。美的转型升级围绕着"产品领先、效率驱动、全球经营"三大战略主轴进行，确定了"聚焦产业、做好产品、确保规模、改善盈利"四大核心工作。在加强产品研发、提升基础与核心技术能力的基础上，提升产品力与品质管控水平，推进"一个美的、一个标准、一个体系"的制度建设及流程优化，不断提高精细化管理水平与运营效率。效率驱动落地效率驱动，美的在"自动化"和"IT系统"建设两个方面做了大量的工作。

自动化方面，美的通过应用机器人技术、智能设备等手段对原有生产线进行升级改造。通过提升效率，美的将员工总量从2011年的将近20万人降低到2017年的不到10万人，同时实现了产量提升。智能化改造对于美的不只是为了应对劳动力成本上升问题，也是为了打造柔性生产、高效运作的智能制造体系。机器换人只是这其中的第一步。自2008年开始，为满足单一的外销产品品质追溯应用的业务诉求，美的开展了传统 MES 的建设,对生产结果记录,并记录关键件品质的信息化建设,提高了一些业务领域的工作效率,智能制造信息化起步。2013 年起,随着智能制造信息技术的快速发展,美的自主开发了相关业务智能制造业务应用,进入了全面制造信息化应用的阶段。形成了垂直式的集团式 MES 管理平台,打造了智能制造标杆,横向集成、纵向贯通,在全流程品质、计划衔接及执行、物流拉动、数字化透明工厂及移动化、设备联机等方面不断取得新的进展、新突破。美的进入了以"智能制造+智能产品"双智战略为标志的新时期,智能制造发展进入了构建科学、精益、高效管控的新阶段。

在 IT 系统建设方面,美的通过对企业经营管理各环节进行深入的价值分析来确定数字化项目的实施方案及步骤,首先实现数字透明,然后实现数字驱动。2012—2015 年,美的集团有针对性地启动了"632"信息化提升项目。"632"由 6 大运营系统(PLM、ERP、APS、MES、SRM、CRM)、3 大管理平台(BI、FMS、HRMS)、2 大技术平台(MIP、MDP)等十余个子项目组成,核心就是智能精益工厂建设。在"632"项目的基础上,信息化建设向大供应链体系延伸,加速各环节任务流动。通过大数据应用不断提升运营效率,借助量化的数据实现了生产管理的专业化和标准化,并最终提升了美的集团的生产运行效率。

MES 平台有效固化了业务流程和管理标准,支撑了精益管理的集团化和扁平化。通过全流程可视化和数字促进任务流动,在"632"系统的基础上,向大供应链体系延伸,加速各环节任务流动。通过拉式生产系统实现 JIT,根据物料属性及消耗触发配送指令、配送管理、信息展示,实时刷新任务上线时间、生产进度、损耗、交货期数据的展示,提升制造综合效率 33%,降低原材料、在制品库存 90%。通过系统"防呆、防错、防漏"、检查数据自动采集、SPC 预警等实现了"出现异常设备会自动停下来的'自动化'的精髓,减少生产损耗 68%,改善产品品质 10%。通过大数据应用,将量化数据转化为行动力,实现了生产管理的专业化和标准化,推动管理分析从统计型向分析型转变。精益化 MES 已经深入到制造管理的各个方面、各个环节,通过信息流拉动和贯通共享,提升业务管控能力。

美的空调生产车间的智能化改造是美的智造的一个比较突出的案例。一条普通空调生产线的换型时间为 45 min,一次组装合格率为 97%,信息化品质控制点有 6 个,工人数量为 160 人,机器人数量为 0。与之相比,全智能生产线换型时间降至 3 min,一次组装合格率达到 99.9%,信息化品质控制点升至 108 个,工人数量降至 51 人,机器人数量升至 68 台。智能制造技术可以提高产品质量、合格率,从而提升客户忠诚度。此外,智能制造技术可以实现柔性化生产,转换产品型号的时间缩短至 3 min,让工厂可以生产多批次、小批量的订单,满足个性化定制的需求。美的通过智能化转型取得了以下成效:

① 效率提升、结构优化。这集中体现在美的集团应收账款以及存货相关数据

上。2012年开始,美的集团的存货周转、应收账款、营业周期等指标始终稳步提升。其中存货周转率从2012年的5.35次提升到2017年的8.01次;应收账款周转率从2012年的10.29次提升到2017年的15.54次;营业周期则从2012年的102.25天降低到2017年的68.12天,降幅接近35%。

② 产品领先。2010年前后,美的集团总体的毛利率水平仅有17%左右,经过产品结构的优化调整以及新产品研发力度的增强,美的集团的总体毛利率水平在2014年达到了25%,并且持续保持在这一较高水平之上。

③ 效率的提升、产品结构的改善以及外部并购为美的战略转型以及业绩增长提供了重要的支撑。伴随着美的战略转型的逐步深入,美的集团整体经营业绩迅速增长。美的集团2017年的营业收入接近2500亿元人民币,净利润也实现了同步增长,2017年的净利润额超过170亿元人民币。

1.3.3　网络化协同

制造业呈现出明显的业务专业化、精细化的趋势;而现代商品却越来越复杂,一件产品往往包含多个领域的知识和技术,需要多方不同的生产设备、技能与工艺,以至于单凭一个企业难以完成一项产品的研制、开发、制造、销售与售后服务等所有环节的全部工作。于是,在网络信息技术的支持下,出现了各种协同方式,如市场机遇、技术等进行协作所形成的企业间协作方式,如供应链协同、资源外包、虚拟企业、战略联盟等,以实现规模效益和竞争资源的合理配置。这些合作企业基于网络实现产品的协同制造。网络化协同制造可定义为按照敏捷制造的思想,采用互联网技术,建立灵活有效、互惠互利的动态企业联盟,有效地实现研发、设计、生产和销售等环节各种资源的重组,从而提高企业的市场快速反应和提升企业的竞争能力。该模式实现企业间的协同和各种社会资源的共享与集成,从而高速度、高质量、低成本地为市场提供所需的产品和服务。

① 协同创新设计业务提供基于云服务模式的PDM、CAD、CAE、CAPP、CAM以及虚拟设计制造等创新设计工具,并提供设计任务管理功能,为企业实现全球设计众包、协同设计、C2B个性化产品设计等提供"互联网+协同设计"功能服务。

② 协同生产制造业务为企业提供云端的国际资源服务能力,提供基于云的ERP、排产、MES、虚拟工厂等生产相关系统,开展基于"互联网+协同制造"业务模式的个性化定制服务,开展企业智能工厂改造实施,推进制造企业的"物联网"改造,实现工厂的可视化及智能化生产调度。

③ 协同营销售后业务一方面将开展协同营销服务,建立基于"互联网+协同营销"业务模式,构建与客户电子商务系统对接的网络化管理服务模式,为制造企业开展跨境市场营销,拓展国际市场渠道。另一方面是开展线上售后服务,推动制造企业利用工业互联网开展备品备件管理、在线监控诊断、远程故障诊断及维护等创新应用。

【案例1-3】 从西飞公司看网络化协同制造模式

西飞公司是一家以飞机和航空零部件研制和生产为主的企业，先后研制、生产了20余种型号的飞机，民用飞机主要有运七系列飞机和"新舟"60飞机等。航空零部件产品主要有美国波音737-700垂直尾翼、747组合件，法航空客门、翼盒，加航CL-415组合件，意航ATR-72飞机机身16段等。西飞公司在网络化协同制造领域积极探索，积累了很多宝贵的经验。

（1）协同研发：搭建协同开发与云制造平台。

飞机制造生产部门多，要优化各种制造资源，提升制造能力，协同要求高，必须实现主设计商、主制造商、供应商、专业化生产单位和航空公司单位之间的高度协调，将研发、采购、制造、客服融为一体。为此，西飞公司构建了一个协同开发与云制造平台，在飞机设计过程中，实现飞机概念设计、详细设计、仿真计算、工艺设计的异地全程参与，针对用户的每一个调整，设计部门可以及时跟进调整，并与制造厂和零部件供应商沟通方案调整的可操作性，进而实现设计环节的快速高效联动。

数字化制造改造之前，西飞公司传统机型，如Y7系列、H6系列、JH7系列零件设计主要以二维图纸方式为主，或者采用三维数模与二维图纸相结合的方式。采用二维图纸方式不利于零件加工质量及生产效率的提高。西飞公司构建协同开发与云制造平台，采用基于模型定义（model based definition，MBD）数字技术，将产品的各项指标、参数进行数字化定义，将传统的二维图纸转化为三维实体模型，用三维技术来表达产品信息、工艺信息等，便于信息的传输和可视化操作。采用数字化技术，依托唯一的源设计数据，特别是应用数字技术进行铸件浇铸，提升了航空零部件的生产精准度。产品在检验检测过程中，直接进行数字测量，大大减少了由于对图纸理解差异而产生歧义的概率。在控制刀具磨损的前提下，可实施抽检或局部检查评判零件制造和设计的符合性。西飞公司在设计过程中通过协同开发与云制造平台，采用数字化设计技术，成功地将新型航空产品的研制周期缩短了近50%。

设计制造协同与工艺设计信息化平台的构建保障了全行业优势资源"异地协同—联合制造"模式在大型飞机型号中的成功应用；生产组织管理与制造执行平台，提升了全生命周期的装备数字化制造能力。飞机装配制造执行系统利用信息化技术、自动控制技术、计算机辅助、现代物流管理技术等手段，实现了装配生产线的集成化、智能化、精益化；生产组织管理与制造执行系统接入具备采集和通信能力的数字化测量、在线检测系统及自动化调姿定位系统、自动化加工系统等相关设备，初步实现了设备状态自动感知，数据、信息的自动传递与执行功能。

在新一代涡桨支线飞机"新舟"700研发过程中，西飞公司开展了智能制造的试点实施工作，取得了具有示范性的阶段成果。西飞公司建立了"新舟"700云制造生产指挥中心，对各联盟企业的生产组织协调过程进行管控，并且搭建了云处理器、计算器和服务器。把业务知识、逻辑、规则与流程嵌入系统功能，作为实现制造智能的基础。

(2) 协同制造：形成异地协同制造体系。

飞机制造的主制造商、零部件生产单位和供应商空间分布广，传统制造体系下，单个零部件的问题可能会影响整机生产进度，生产及时调整的空间小，由于空间分散、物流运输、生产问题等会对整机生产造成影响。

为此，西飞公司构建基于网络的异地多厂（所）协同制造体系，将整机组装、零部件厂（所）等资源整合，形成一个针对飞机组装和零部件生产的网络化制造联盟，针对不同型号的飞机制造需求制定个性化的组装方案。零部件厂（所）则根据实时动态信息，及时提供配套供应，实现对生产资源的优化配置。异地协同制造的基础在于研发阶段的数字设计，整个飞机制造过程按照设计研发环节的三维唯一数据源进行制造，可以广泛采用数字化、网络化生产装备和制造系统，开展柔性化、分布式的生产，实现生产过程的可预测、可调整、可追溯。西飞公司通过协同制造，实现资源、信息、物料和人的高度互联，确保工艺流程的灵活性和资源的高效利用，成功将整机制造周期压缩到 15 个月左右。

(3) 协同管理：应用 CAXA 系统的敏捷化管理体系。

西飞公司进行协同管理，主要是为了适应协同研发和制造的需要，涉及数据管理、物流管理等。西飞公司利用传统的 MRP 计划方法和按需求拉动计划的设计原则，同时考虑西飞需要满足按多个机种构建生产管理系统的需要，西飞公司既能满足大批量的现有机型生产，也能按照个性需求研制和生产个性化机型。

西飞公司建立了 CAXA 系统管理数控中心，逐步形成了敏捷化管理体系。再基于 CAXA 管理平台，将数控中心的所有产品的文档分别挂接在不同的节点下，图纸可以通过系统的批量导入功能，直接与数控车间的各个数控设备相连，实现对计划客户端和工艺客户端的流程管控。利用主计划管理、物料需求管理，形成多个机种的生产管理系统，西飞公司能够同时满足大批量和订单化生产。

西飞公司优化采购供应模式，利用外商的采购网络和巨量库存，大大缩短了管理的物流环节，规避了国际运输、验收、仓储管理、配送等环节的费用和风险。西飞公司按年度主生产计划和模块化物料清单(modular bill of material，MBOM)，一次展开全年每架飞机中的各个物料的需求日期（包括投入计划、交付计划），实时更新装配进度信息和配套缺件动态信息，将计划、库房、缺件结合起来，航材备件实现系统自动进行月结库存，由原来的 1 d 缩短为不到 4 h，同时提升了人工效率，保障了信息传输的精确。

(4) 协同服务：建立远程诊断系统和动态服务机制。

飞机运维服务对信息反馈的及时性高，飞机运营服务，依赖人工检测诊断，会出现由于人工操作错误产生的返工，以及信息传递缺失，影响服务满意度。西飞应用数字化技术，建立了航空产品故障和维护维修的数据库，构建了支持多专业协同的远程诊断系统。通过该系统,实现了对飞机和航空产品的使用性能、功耗、能耗等进行过程监控,并根据对运行数据的分析,预先制定改进方案和及时更换老化零部件,对飞机进行健康管理、维修,提高了航空产品服务的安全性和数据采集的多样性。

西飞公司的市场营销与客户服务平台主要是向客户提供技术服务。西飞公司将服务代表、工程技术、备件支持等各方面资源组成了一体化的协同工作平台,由被动服务转变为主动服务,缩短了服务流程,提高了执行效率。西飞实现了客户服务反馈的高效运行,民机信息平均回复时间为3.1 d,服务部传递时间由1 d缩短为4 h,技术中心和质量部传递由15 d缩短为5 d。减少了因人工操作造成的错误返工、信息缺失等失误,实现了客户服务反馈的高效运行。

实现设计、制造、服务的联动协同实现设计、制造、服务各环节高效联动是网络化协同制造的核心。西飞公司在网络化协同制造的过程中(图1-4),在研发设计环节,以客户需求为出发点,同时兼顾生产制造的可行性,利用数字技术,实现全三维产品关联设计、产品工艺并行协同设计、仿真计算与设计优化;在产品制造环节,通过对制造资源的共享,依托数字化车间,将设计数据转化为产品,并通过对产品设计、制造缺陷的挖掘和反馈,进而实现产品性能的优化和改进;在产品服务环节,基于共同的信息数据标准,加强对产品的远程诊断与维护,同时加强在产品应用中的数据采集,加强数据管理,将应用数据反馈到设计和制造中,对产品进行改进。通过协同联动机制,避免了不必要的返工,提高了生产效率。

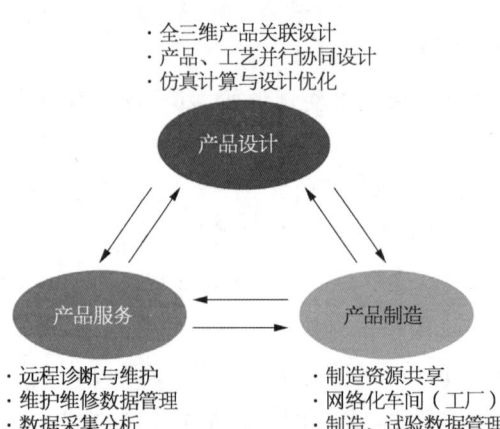

图1-4 网络协同化制造中的联动机制

1.3.4 服务化延伸

服务化延伸指企业从产业链的制造环节向"微笑曲线"两端延伸,通过提高服务在制造业价值链中所占比重,形成产品即服务模式,从而提升产业附加值和品牌效益的行为。制造业服务化并不是"去制造业",而是制造企业根据企业实际和行业发展环境增强自身竞争力的理性选择,是企业从以生产物品为中心向以提供服务为中心的转变,从本质上讲,是基于制造的服务和面向服务的制造。

制造业服务化转型主要体现在远程在线服务、产品全生命周期管理与服务等方面。其中电子、纺织、机械、交通设备制造等离散行业服务化转型成效会更显著。产品全生命周期所产生的数据都将得到充分的利用,基于服务大数据及产品运维平台,一些企业已经从单纯的产品模式转型为"产品+服务"的混合模式,转型的关键是通过智能的、可联网的实物产品生成数据,并据此提供数字化服务。

1) 产品服务系统

智能制造的目标是增强用户体验、提高设备运行可靠性、提高产品生产效率、提升产品质量、缩短产品生产周期、拓展产品价值链空间等。通过智能化转型,工业企业优化产品性能和服务的能力得到前所未有的提升,一系列全新的业务模式成为可能,从更高的服务效率到产品即服务模式(platform as a service,PaaS)。PaaS制造商保留产品所有权,并对产品的运营和维护负责,对客户持续收取服务费用,形成了客户服务系统,图1-5所示为产品服务系统分类。产品服务系统把有形的产品与无形的服务结合在一起以满足用户的个性化需求,图1-6分析了内部核心能力与外部客户价值实现之间的关系。

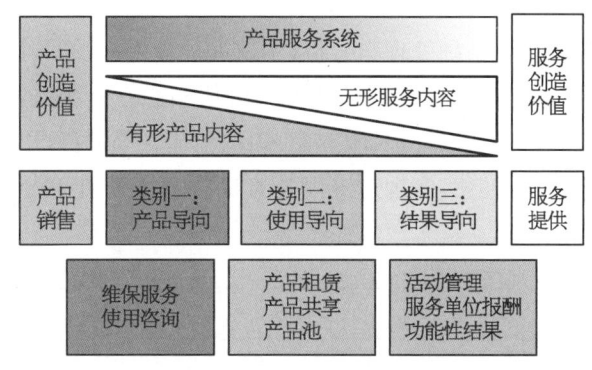

图1-5 产品服务系统分类

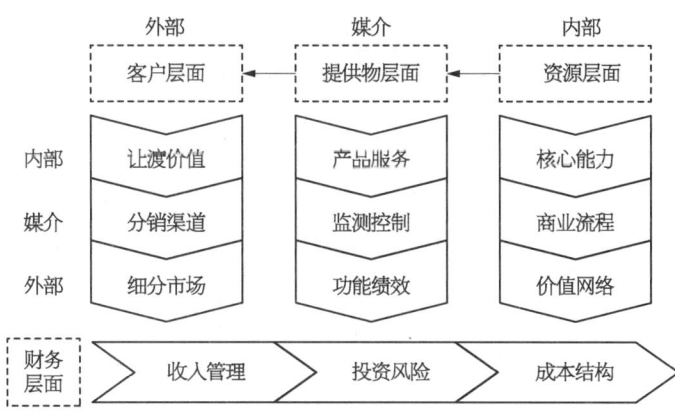

图1-6 产品服务系统商业模式构成要素

2) 智能运维与服务

智能运维与服务是产品服务系统数字化、网络化和智能化转型的重要形态,是运维服务在新一代信息技术与制造装备融合集成创新和工程应用发展到一定阶段的产物,它打破了人、物和数据的空间与物理界限,是智能制造在服务环节的集中体现。

智能运维与服务模式促使传统运维的三大转变:从被动的故障维修向主动的预测性运维转变;从间断式运维向全生命周期运维转变;从硬件设备运维向系统集成服务运行

转变。

智能运维与服务模式的内涵包括：

(1) 广泛性、网络型的服务与仓储体系是业务支撑。智能运维与服务存在一定的空间界性，一般适用于大型设备厂商，这就需要企业在线下布局自身或者第三方的仓储与物流运输体系，来支撑远程设备的运输、现场安装、现场检修与维护。

(2) 智能化技术和设备的改造与运用是服务基础。智能运维与服务存在一定的物理界性，要实现装备物联化、监控在线化、诊断智能化、维护服务协同化，需要智能化技术和设备的改造与运用，将信息传感设备与互联网连接起来进行信息交换，为远程运维信息数据的搜集、分析等提供服务基础。

(3) 大数据、云计算平台的建设与管理是技术保障。智能运维与服务面临着海量的数据，需要对数据进行快速、精确处理与分析，实现远程预警、检修和诊断。

(4) "智慧大脑"+"高效前台"的运维方案是价值核心。企业提供智能运维需要长时间在技术、市场等领域深耕，获取客户、服务商、知识和信息等资源，形成以"智慧大脑+高效前台"为价值核心的服务模式，实现运维服务的集中化、共享化和智慧化，智慧运维与服务的模式如图1-7所示。

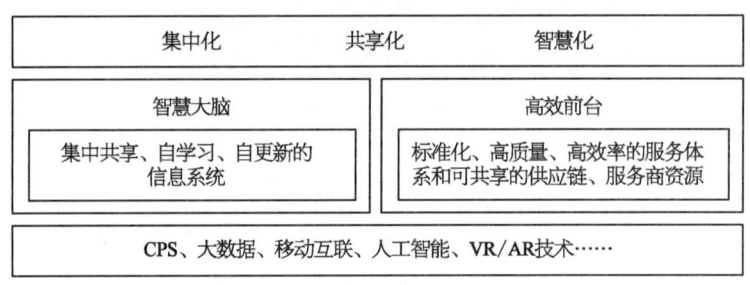

图1-7 智能运维与服务模式

1.3.5 大规模个性化定制

在工业社会，消费者对产品只要求高质量、低价格、买得起且能够满足功能需求，随着收入水平的提高、物质产品的极大丰富化，人们不再满足于使用大规模生产出的、标准化的、统一化的产品，进而开始寻求崇尚自我、彰显个性的个性化商品，亦即追求马斯洛需求中的高级需求——尊重与肯定、自我实现需求，人们从单纯的消费者逐渐向生产型消费者转变，不可避免地导致了产品大规模产能过剩与个性化需求供应不足的矛盾，企业要想扭转局面，必须尽快提供个性化定制服务。

大规模个性化定制是一种集企业、客户、供应商、员工和环境于一体，在系统思想指导下，用整体优化的观点，充分利用企业已有的各种资源，在标准技术、现代设计方法、信息技术和先进制造技术的支持下，根据客户的个性化需求，以大批量生产的低成本、高质量和效率提供定制产品和服务的生产方式。

大规模个性化定制，又称规模化个性化定制或个性化批量化定制，是指能以大批量生产的成本和速度，按订单对多样化（多品种小批量）及个性化（批量为1）定制要求的产品，实现大规模生产的一种崭新制造模式。它把大批量与个性化这两个看似矛盾的方面有机地综合在一起，实现了客户的个性化定制和大批量生产的有机结合。简单地说，大规模个性化定制就是根据每个客户的特殊需求以大批量生产的效率提供定制产品的一种生产模式，是个性化定制和批量生产的结合。

个性化定制是传统工业过渡到智能制造阶段的重要标志，利用互联网平台和智能工厂建设，将用户需求直接转化为生产排单，开展以用户为中心的个性定制与按需生产，有效满足市场多样化需求，解决制造业长期存在的库存和产能问题，实现产销动态平衡。简单来说，个性化定制是一种由消费者个性化需求驱动的生产模式，消费者可通过企业提供的平台提出个性化需求，参与产品的设计，经物料准备及生产排程后，生产线完成每一件个性化产品的生产，之后配送到用户手中。

通过个性化定制，可以实现：

① 缓解企业产能过剩的问题。企业根据消费者需求安排自己的生产计划，可以做到科学、节约、合理的发展。

② 最大限度地满足消费者的个性化需求。消费者可以获得自己定制的个人色彩强烈的产品或服务，并进一步激发消费欲望，提升整个市场活力。

③ 提供了消费者与产品提供者之间，甚至消费者与消费者之间的沟通渠道，有助于提高消费者的归属感与忠诚度。

工业领域的大规模个性化生产主要有以下四种表现形式：

① 针对某一特定群体的需求，实现一定规模的个性化生产，部分解决个性化生产与大规模生产的矛盾。

② 客户参与设计，群体调研定制。在设计环节就要求用户或目标群体参与，根据用户需求改进产品，再根据参与设计的成果进行产品的最终定型与生产，实际上是一种细化目标客户需求后的规模生产。

③ 客户定制需求，确定生产计划，小规模生产的模式。

④ 3D打印，完全实现个性化生产，通过传输数据包，在用户处完成销售、生产环节，并且无物流、库存等渠道压力，无原材料浪费。

大规模个性化定制是前述多种智能制造创新模式的大集成，需要实现横向、纵向和端对端三大集成，大规模个性化定制呈现出以下四个特点：

① 从生产方式变革视角看，大规模个性化定制是智能制造需要解决的重大课题。智能制造就是要用数据的自动流动解决制造系统的复杂性和不确定性，这种不确定性既来自产品生产本身的不确定性，也来自个性化定制。

② 从技术路径视角来看，大规模个性化定制就是实现数据流动的自动化。自动化有两种：一种是看得见的自动化，如数控机床、机器人、自动供料机、物流自动导引运输车

(automated guided vehicle，AGV)小车，自动完成某个动作、工序或流程；另外一种是看不见的自动化，随着各种设计工具、仿真模型、管理软件、工业数据的积累，随着 CPS 在更广范围内的应用，在企业横向、纵向和产品全生命周期数据集成过程中，实现数据互联、互通、互操作，即看不见的自动化。

③ 从组织变革的视角看，大规模个性化定制需要构建新的组织管理模式。个性化、定制化生产模式的关键在于如何快速的响应客户需求，需要组织上的变革，根据需要企业内部可以灵活组建新的团队、自动配置各类资源、自动优化调整运行机制。

④ 从市场竞争视角看，大规模个性化定制是互联网时代企业的新型能力。

【案例 1-4】 报喜鸟服装数字化智能设计定制平台

随着收入水平的提高，居民消费需求将不断升级，顾客对服装的消费支出不再局限于购买生活必需品，开始追求精神上的满足，个性化、定制化、多样化的消费逐渐成为主流。以往服装企业设计的产品总是引导消费者的需求，如今消费者需求开始逆向引导企业的设计和生产，其个性化需求越来越多样化。

传统模式中零售商通过进货库存完成大量销售任务，代理商通过订购较多的商品防止断货，品牌商通过储存更多的商品以备补货。种种需求叠加以及可能出现的生产环节风险促使生产商扩大生产量。中低端服装产品同质化严重、产能过剩、关店潮等现象时有发生。另一方面符合消费升级需求的个性化中高端服装供应不足，抑制了消费潜能释放。

信息技术时代，传统的价值链模式已不能适应新的需求，服装行业需要转变商业模式，由过去单向的线性关系转变成为网状的协调关系，其主要变化体现为运营数据化、渠道扁平化、信息共享化以及协同网络化。以服装数字化智能定制平台为例（平台生态圈如图 1-8 所示）：一方面，通过线下预约量体服务与线上官网/APP 端下单相结合的合作模式，满足用户个性化需求，将数据实时传送至平台，平台整合工厂资源进行订单分发，工厂端制造执行系统（manufacturing execution system，MES）系统与服装数字化智能定制平台无缝对接，实现 2s 自动读取数据，自动生成用户样版，串联起数据采集、网络下单、智能版型设计和柔性化生产的全链条；另一方面，平台整合研发团队开发款式设计、搜集并积累行业数据资源，提供在线服装智能 CAD 系统和在线样版数据库资源，汇聚大量的服装企业、设计团队，进而吸引面料商/原材料供应商加入平台，最终形成强大的供应链匹配平台。通过平台协同制造的方式，利用数据实现"客户端—平台端—工厂端"的互联互通，从而引领服装产业向网络平台化转型。

因此，在数字经济时代，数字信息技术的运用推动着商业模式重构，实现全新的服装网络协同制造。数字经济引领传统生产方式由"标准工艺＋集中批量"，转变为数字智能生产的"个性定制＋小单快反"，产业组织方式由传统全产业链条式变为平台全渠道协同式。这也意味着，消费者如今可以通过互联网平台自主选择设计、材

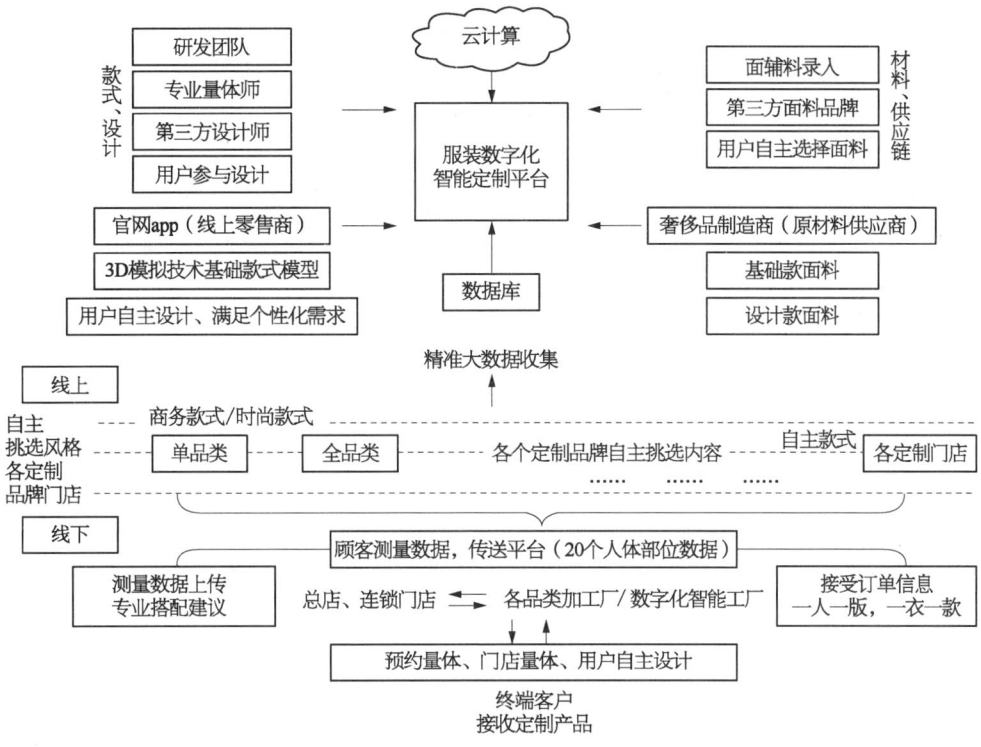

图 1-8 服装数字化智能定制平台生态圈

料、生产和服务,从根本上解决了传统的服装行业产品研发与消费者需求之间不匹配的难题。通过搭建服装数字化智能定制平台,实现了弹性资源配置,带动更大规模的生产协作,使得服装产业的组织方式和成长路径出现质的变化,减少了库存与低效率决策。

2015年,报喜鸟正式转型C2B个性化私人定制,同时实施"一主一副、一纵一横"的发展战略,即以服装为主业,以互联网金融为副业;主张纵向做深品类个性化私人定制,横向做广引进趋势性的休闲品牌,以合资、合作、代理、收购等方式进行优秀品牌的引入和品牌版图的扩张。

报喜鸟积极打造智能化生产,实现智能化制造的转型发展目标。公司着手发展云翼互联智能系统,以实现工业4.0时代体系的有效构建,将传统生产加工模式转化为智能MTM模式,以打造智能工厂,实现企业智能化发展,"一体两翼"是该公司构建云翼智能平台的核心,在智能工厂构建中,MTM智能体系是实现工程智能化的关键,并以数据共享、私享定制作为辅助。

在智能化工厂构建过程中,公司主要利用PLM管理工具实现对产品整个生命周期的有效管理,同时还构建了对应的CAD智能版型模型库,借此确保工厂生产的自动化、标准化、自主化、智能化发展。此外,公司还在排产系统方面进行不断研发,构建智能数字体系,以满足工厂高级生产需求,而且还要利用可视化技术来对整个生产流程实施监督管理,并针对问题进行及时调整,以确保生产目标的有效实现。

基于SAPHybris的全渠道电子商务平台使用大数据精准营销功能提供个性化服务,私享云定制平台集成PLM、CRM、SCM等系统。通过该平台,顾客可线上或线下多渠道体验查看产品详情、体型历史、订单评价、比较咨询细节、体验换装渲染功能、在线下单支付、量体预约、查询订单状态等。利用中台系统的商品、订单、库存、会员的数据集合功能,形成开放架构的数据中心,对前台全渠道销售进行业务支撑。利用后台SAP、WMS、PLM等运营层系统对接收到的订单进行智能企划设计、发料、生产执行、推板、发货等工序。基础技术层能快速收集顾客分散、个性化的需求数据,形成强大的数据仓库通过MES、客流人脸分析等整合分析数据,达到精准智能服务的目的。

报喜鸟2003年开始在国内服装行业率先推出个性化定制服务,开辟服装行业个性化定制发展之路,2013年推出全品类个性化定制服务。报喜鸟搭建了包含多种流行元素的版型、款式、工艺等部件数据库,利用互联网+大数据分析技术与智能制造平台的系统融合,积累服装行业数据高达十几亿条,能提供不同人体版型组合二十万亿款可提供面料、配件数据二十万条,形成时尚智能制造大数据平台。利用分享大数据平台形成的面料库、BOM库、版式库、工艺库、规格库和款式库在满足小微企业、设计师实现创业方面发挥着积极作用。

报喜鸟云翼智能制造项目对大流水生产线进行了智能改造,通过工业智能化的手段,实现大规模的个性化定制,通过数据化、部件化、模块化实现智能制造个性化定制生产,在提升生产效率的同时,也满足了消费者的多维度需求,甚至能够实现每件衣服个性化生产。

① 数据化。数据化是以客户需求为基础的,主要是通过标准化模式,将用户需求以数据的方式呈现出来,而且这些数据主要集中在工艺、版型、面辅料、体型四个方面。这些转化后的数据会存储到对应的射频识别(radio frequency identification, RFID)芯片中,在无线射频技术的作用下实现数据扫描,并通过智能吊挂流水线进行生产。

② 部件化。部件化就是将整体进行细分,分解为各个部分,以便更好地进行生产设计,提高生产效率,满足个性化需求。对于服装而言,其构成主要有五大部件,包括袖子、挂面、后身、前身、领子。

③ 智能化。智能化就是利用智能系统实现生产、管理的智能化运作。公司主要利用云翼智能系统,实现对整个生产流程的智能化操作,同时实现对396道工艺的实时监控,通过这种方式以实现人机协同、数字化驱动。

报喜鸟公司在云翼智能平台的辅助下,实现了C2M、C2B模式的优化升级,提高了企业核心竞争力,迎合消费者多层次、个性化的需求。报喜鸟通过云翼智能制造项目实施,将工业体系进行智能改造实现了数据化、部件化、智能化生产。生产过程虽然是批量化、规模化的,但是通过数字智能协同做到了部件装配个性化,效率得到了极大提升。2017年,报喜鸟以数字驱动智能制造的方式使生产效率提高了50%,物耗下降了10%,能耗下降了10%,成品交付时间由15个工作日缩短至7个工作日,单条流水线实现日产量达1 000套,年产量35万余套,同等产量生产人员精简了10%。

1.4 "灯塔工厂"的启示

1.4.1 应用场景

2018年,世界经济论坛在麦肯锡的支持下发起全球制造业"灯塔工厂"甄选项目。2020年1月10日,世界经济论坛公布最新名单,全球"灯塔工厂"新增18家,总数达到44家,其中12家在中国。其中14家被视为打通端到端价值链的"灯塔工厂",实现了从供应商到客户的全流程创新。

这些领跑第四次工业革命的"灯塔工厂"分布于全球各地的各个行业,它们通过优化业务流程,改变了生产部门员工的工作方式和技术利用方式,实现了管理运营系统的创新,为日后建立企业层面的现代化运营系统提供了成功范例。当企业将数字连接扩展到工厂之外并延伸其价值链时,它们在敏捷性、市场速度方面会取得更好的结果,并带来大规模定制的机遇。这些案例还证明,在可持续的资本资源支出的情况下,数字化转型完全是可能的。

企业通过数字化运营,同时通过数字连接消除价值链中各部门之间的障碍。对"灯塔工厂"的解决方案进行分析,可以得到一个由智能制造应用场景构成的工具箱,智能工厂用例包含数字化装配、数字化维护、数字化绩效管理以及数字化实现的可持续性等领域,端到端价值链集成方面的用例覆盖供应网络、端到端产品开发、端到端规划、端到端交付、客户连接等方面。

智能工产典型应用场景如下:

(1) 数字装配方面典型应用场景。关键制造部件的实时定位系统;通过生产线PLC的大数据分析优化周期;光导装配序列;虚拟/增强现实的数字标准工作/培训;利用先进的工业互联网技术实现流程优化;人工智能技术赋能流程控制;数字化精益工具(如数字看板、数字按灯系统);利用人工智力技术提升机器性能;数字启用可变节拍时间;数字化的生产配置模块化。

(2) 数字化维护方面典型应用场景。基于传感器分析的重型作业成本优化;机器警报聚合、优先级排序和支持分析的问题解决;基于历史数据和传感器数据的预测性维护;基于边缘传感器的实时流程成本优化;基于增强现实技术的远程协助;偏差根本原因识别分析平台。

(3) 数字化绩效管理方面典型应用场景。远程生产优化分析平台;用于监控设备综合效率(overall equipment effectiveness, OEE)性能的数字控制面板;用于远程生产优化的数字孪生;提升运营管理水平的企业制造智能系统;将机器级数据与企业软件连接的集成平台；实时资产性能监控和可视化；基于传感器的制造关键绩效指标（key performance indicator，KPI）报告；数字化工具赋能员工；为车间量身定做的数字化招聘平台；可持续化的数字孪生；数字化人机匹配。

（4）数字化质量管理方面典型应用场景。扫描以取代并提高高成本坐标测量机的性能（扫描）；自动在线光学检测以取代最终产品人工检测；数字化作业指导和质量函数；具有集成工作流程的生产线作业的数字化标准程序；虚拟/增强现实眼镜指导操作人员进行收尾检查；现场质量故障聚合、优先级排序和支持高级分析的问题解决；物联网支持的制造质量管理；数字化质量审核；通过预测性分析提高质量。

（5）数字化实现的可持续性方面典型应用场景。通过预测分析实现能源优化；工业互联网实时能源数据聚合和报告仪表板；基于传感器的能源管理数据采集。

在工业领域，所谓端到端集成就是把所有该连接的端头（点）都集成互联起来，通过价值链上不同端口的整合，实现从产品设计、生产制造、物流配送、使用维护的产品全生命周期管理和服务。"灯塔工厂"在生产力、敏捷性和大规模定制方面，体现了端到端对有形指标产生明显影响。利用这种方式创造价值实现了共同重塑客户体验。数字技术使这些组织能够按需批量生产定制产品，而与供应商的实时数据共享提供了对需求波动做出快速反应的敏捷性。此外，供应商集成通过共享数据科学和高级/预测性分析实现流程优化，也使智能发货成为可能。这条"智能价值链"的最终结果是，客户体验从订购到交付都发生了转变。

具体地说，E2E 灯塔以三种不同的方式创造价值：

① 以客户为中心。组织正在转变其与客户的交互方式。通过将客户放在工艺设计和运营的中心，他们改善了产品在整个生命周期内的初始购买体验和使用情况。

② 跨功能的无缝连接。跨功能的无缝数据交换和透明度减少了摩擦，从而实现了更高效的决策并减少了冗余通信。

③ 跨组织的持续连接。第四次工业革命技术使前所未有的数据收集、交换和处理成为可能；这允许组织在制造领域创建新系统。

端到端价值链典型应用场景如下：

（1）供应网络方面典型应用场景。跨端到端供应商网络的总需求；支持制造与购买决策的必须成本建模；由支出智能和自动支出立方体支持的分析驱动型采购；端到端实时供应链可视化平台；供应商和材料质量跟踪；基于表面扫描的独特数字标签的零件可追溯性；数字化供应商绩效管理；人工智能来加速跨工厂扩展数字应用程序；与设备 OEM 联合进行数据分析以实现流程优化。

（2）端到端产品开发方面典型用例。3D 打印技术在快速设计成型中的应用；用于产品设计和测试的 3D 模拟/数字孪生；测试自动化；在整个创意推向市场的过程中，对绩效管理进行高级分析；使用机器人技术的产品开发；基于大数据和人工智能技术的设计和测试；支持虚拟现实的原型制作；产品全生命周期中的数字线程实现；快速外部原型制造；众包和竞争性的开发数字化解决方案。

(3) 端到端规划方面典型应用场景。预测性的需求预测;实时销售和运营计划;实时库存管理(内外部);基于数字孪生的动态生产计划;动态网络优化;预测性库存补充;动态仓库资源计划和调度分析;仓储设计的动态仿真;无接触管理计划(分配到工厂);数字化综合业务规划;闭环规划;端到端实时供应链可视化平台;先进的分析技术可优化制造和分销占用空间;通过先进的分析技术优化生产计划。

(4) 端到端交付方面典型应用场景。动态交付优化;机器人支持的物流执行;数字跟踪和追踪;物流的资产使用和产量管理;非接触式订单管理;数字化分拣和运输;车队资产中的预测性维护;优步式的运输;基于实时约束的 ATP;数字物流控制塔。

(5) 客户连接方面典型应用场景。用于跟踪和衡量消费者行为的互联设备;大规模定制和企业到客户在线订购;基于新交付方案的任意达服务;用于配置和订购产品以及跟踪交付的客户最终用户界面;智能化包装;基于射频识别的客户分析;基于客户角度的线上社区;基于 GPS 的地图和客户定位;3D 打印;用于跟踪和测量产品性能的互联设备;客户系统的数字孪生。

1.4.2 绩效改善

拥有"灯塔工厂"的领军企业与其他制造企业之间的差距日益拉大。原因有很多,但关键在于是否积极采用第四次工业革命的关键技术,包括数字化、自动化、先进分析、虚拟现实和增强现实,以及工业互联网等先进技术。这些先进技术的采用带来了财务和运作效率的改善,在生产效率方面带来了工厂产量增加、生产力增长、全设备效率提高、生产成本降低、运营成本降低和质检成本降低;在可持续性生产方面带来了废料减少、污水排放量减少和能源效率提升;在敏捷性方面带来了库存减少、生产导入时间减少和生产切换时间的缩短;在产品上市速度方面带来上市时间缩短和设计迭代时间缩短;在定制化生产方面带来了生产配置精度提高和生产批量缩减。表 1-1 列举了部分领先工厂的典型应用场景及绩效回报。

表 1-1 部分领先工厂的典型应用场景及效果

工 厂	转 型 故 事	五大典型应用场景	效 果
宝山钢铁公司(上海)	这座拥有 40 年历史的工厂很早就采用了数字化技术。人工智能技术和先进的分析技术的广泛应用确保了其在数字化新纪元的竞争优势,并创造了 5 千万美元的价值	先进分析技术赋能生产计划	计划效率提高 83%
		先进的工业互联网在流程优化中的应用	材料和质检成本节约 1 500 万美元
		预测性维护聚合设备和过程数据	工具使用寿命延长 30%
		人工智能赋能视觉检测	工人效率提高 70%
		基于实时追踪、无人化操作和自动规划的物流	物流成本下降 2 700 万美元

续表

工 厂	转型故事	五大典型应用场景	效 果
福田康明斯（北京）	福田康明斯通过在其整个端到端从设计到生产再到售后的产品全生命周期中自行部署物联网和人工智能技术将产品质量和客服满意度提升了40%	基于车联网的绩效管理	准点率提升
		数字化运营平台	生产率提高15%
		人工智能赋能的视觉检测	缺陷检出率达到100%
		物联网赋能制造质量管理	发现产品质量问题的时间减少为原来的10%
		先进分析技术降低质量警报率	每千辆车的事故率下降80%
海尔（沈阳）	这座坐落于沈阳的海尔冰箱厂是一个以用户为中心的大规模定制化生产模型的典型例子。通过部署一个规模化电子平台将供货商端和客户端连接起来。直接劳动生产率提高了28%	大规模定制和B2C线上订单系统	年产值增加44%
		产品开发和测试的3D数字孪生	新产品开发时间缩短30%
		连接供应商的数字化平台	线上交付率提高100%
		数字化拉动系统和车间自动化	生产率提高79%
		数字化质量管理	产品不合格率下降了59%
强生（苏州）	这家工厂已经规模化的应用其他强生工厂的标准数字化方案提高效能，包括生产率提高了15%	端到端供应链可视化平台	客户服务水平提升了6%
		虚拟现实训练模拟器	安全培训保留时长延长了5倍
		监控全设备效率性能的数字仪表板	资产使用率提高20%
		数字化工艺配方	运行效率提高15%
		自动光学检查	效率提高85%
宝洁（太仓）	这座年轻的工厂巧借第四次工业革命技术成为了宝洁在亚洲第一家熄灯操作的工厂，并通过新技术连接了端到端的供应链。它的产能增加了2.5倍。提高了生产敏捷性，实现了电子商务增长，并提高了员工满意度	同步供应链规划	产品转化成本下降两位数
		端到端集成供应链数字作战室	生产力提高了2.5倍
		生产中的熄灯操作	生产力翻了四倍
		机器学习3D质量检测	客户投诉减少了60%
		分布式安保系统	供应链假冒事件减少了98%

续 表

工　厂	转型故事	五大典型应用场景	效　果
上汽大通（南京）	为了应对目前充满挑战的市场环境，这家工厂实施了一种新的大规模定制化模式。价值链数字化端到端，从客户到供应商，通过一个集成的数字线程在提高销售额和降低成本方面	数字化销售：线上大规模定制	北美在市场下降24%的情况下维持销售增长
		数字化质量管理	生产力和零质量逃逸提高了30%
		生产中的数字孪生	准备提前期减少了35%
		数字化供应链	生产力提高了20%
		智能工程	配置精度提升了15%

1.4.3　变革管理

转型式变革有进化式变革和革命式变革二种，智能化转型往往采用进化式变革。通过进化式变革可以为组织内员工逐渐建立起个人技能，有利于提高变革效率并获得员工的支持。智能化转型需要在业务流程、管理系统、人员系统和工业互联网平台等方面作出变革，旨在对企业的组织结构及管理运营系统进行更深入的创新，将企业员工放在创新的核心位置，使企业在新技术和基础设施方面的投资得到收效最大化。智能制造转型领先的企业在组织制度、IT设施及人员培训方面采取了以下变革举措。

1）组织制度变革

成功的智能化转型需要在组织制度方面做出改变，转型是一把手工程也是需要全员参与的工程。

（1）设立转型领导小组支持整个企业的变革。转型企业需要建立了有助于交流最佳实践和明确优先顺序的管控模型，重点关注影响和解决方案，而非特定技术。成功的转型领导小组通过三种方式帮助推动业绩：通过定期召开以行动为导向的会议，建立专门的治理架构，加快变革的速度；结果导向和通过考评和保持问责来增加透明度；通过与组织各级的公开沟通和互动以及对员工的认可，强化变革管理目标。

（2）设立数字化转型创新小组。领先的组织专注于为开发团队创造空间，以便使用敏捷方法进行组织和运营，更好地吸引员工并支持各个业务级别的创新。让业务分析员、数据工程师、ERP工程师、工业物联网架构师、数据科学家、产品经理及敏捷导师组建动态的创新小组——从而快速交付结果，并实现快速迭代。

2）基础设施建设

需要建设统一的IT基础设施及服务团队，更重要的是需要业务和IT的融合并支持快速迭代。

（1）建设具有扩展性的工业互联网平台。"灯塔工厂"为员工提供的技术设施能在几周内实现快速创新迭代，打破了业务部门和技术部门的隔阂。

(2)建设技术生态系统。"灯塔工厂"企业利用生态系统合作伙伴为企业注入新能力。它们不再单纯地通过专有技术解决方案获取竞争优势,而是通过与供应商、周边行业合作伙伴以及客户交换大量数据来获取竞争优势。

(3)敏捷工作模式和持续迭代。技术发展越来越快,花一年甚至数年进行试点,往往试点刚完成技术就已过时。敏捷工作模式可有效解决这一难题。"灯塔工厂"在敏捷原则的基础上,以迭代的方式进行创新和转型。敏捷工作模式意味着组织可以团队协作并持续进行管理变革,这使他们能够预见到技术限制,并在遇到技术限制时加以克服。这就需要快速迭代和持续学习。

3)建设培训中心提升员工技能

智能化转型的领跑者正在利用内外部专业知识,为转型团队提供再培训和资源,帮助员工提升能力、获取指导及相关技能,以适应不断变化的工作的需求。培训手段紧跟技术前沿,例如游戏化、数字化的学习途径,虚拟现实和增强现实学习工具,以及定制和实时的、基于增强现实和数字化的作业指导。

为了有效推进智能化转型,必须同时进行组织机构的变革,需要建设与智能制造创新模式相适应的组织结构,智能化转型不仅需要新技术人才、业务创新人才、更需要将新技术与业务结合起来的跨领域人才,培养高水平转型人才是转型不可回避的问题。"灯塔工厂"多管齐下,采用多种举措支持其员工,充分发挥员工的创造力:

"灯塔工厂"不是简单地用机器人替代一线员工,而是用"协作式机器人"接手重复性的手工任务,解放人力,让员工把精力放在更复杂的任务上。智能化转型的组织人员需要通过六项共同行动努力最大限度地发挥工人的潜力,成功地驾驭了这些变革。表1-2提供了这些在一线工人在转型前后的工作方式的变化。

表1-2 一线工人在转型前后工作方式的变化

工作方式	转型前	转型后
利用技术和数据增强一线创新能力	生产线上的创新是自上而下的	从生产线上发起创新,所有人都可以提出新观点
	花时间确认数据的准确性,并将其输入到多个报告模板中	从数百个源自动跟踪的数据,并将其实时输入记分卡
主动建设技术团队并提升数字化能力	学习执行工作的基础知识,但发展其他技能的机会有限	有一个定制的、可根据个人能力调整的学习新技能计划,掌握数字化技术及相关技能
	依靠内部知识和经验来培训团队,而且培训仅限于上岗的第一周	作为员工培训在线平台的一部分,与大学和其他公司建立合作伙伴关系,为员工提供的外部学习资源
	人才管理系统是一刀切的,依靠专业知识	公司使用创新的外部方法进行培训,融合在职指导、轮换、增强现实和虚拟数字学习中心等多种形式

续　表

工作方式	转　型　前	转　型　后
调整组织结构实现IT与业务的融合	IT职能和运营之间有许多部门划分	有一个新的专注于数字部署的跨职能团队
	生产团队只关心设备的运行情况	通过技术人员和操作员运行自动化操作将生产与维护融合
实施新的工作方式，如敏捷方法并提高透明度	在接受测试之前,解决方案与运营脱离	为了开发适合用途的产品,敏捷团队通过迭代产品检查,运营团队就参与到开发中
	与主管的讨论是基于过去1h或前一天的有限的数据,不能解决问题,只是一次回顾	与主管的讨论使用了与问题相关的实时数据,因此可以诊断出根本原因并快速做出决策
通过自动化和技术改进日常装配和操作任务	90%以上的轮班任务是重复的和手动劳动	自动化和协作机器人的帮助完成基本性工作
	几乎没有支持工具,基本上都是纸质标准操作程序(standard operating procedure, SOP)	有如电子SOP,增强现实之类的数字化工具提供实时帮助
	只能管理几台机器,因为它们经常出现故障,且必须根据经验进行调整	机器具有中心线管控和其他设置,大多数故障被自动消除,一个员工可并行跟踪更多机器
提高一线问题解决和协作水平	绝大部分时间被花在收集数据上,然而大多数任务都缺少相关数据	从统一的数据来源获取按需相关数据
	决策通常是基于经验而不是数据的	团队依靠基于机器的自我诊断数据来做决策

参考文献

[1] 郑树泉,宗宇伟,董文生,等.工业大数据：架构与应用[M].上海：上海科学技术出版社,2017.

[2] 郑树泉,王倩,武智霞,等.工业智能技术与应用[M].上海：上海科学技术出版社,2019.

[3] 朱铎先,赵敏.机智从数字化车间走向智能制造[M].北京：机械工业出版社,2019.

[4] 王建伟.工业赋能深度剖析工业互联网时代的机遇和挑战[M].北京：人民邮电出版社,2018.

[5] 李杰(Jay Lee).工业人工智能[M].上海：上海交通大学出版社,2019.

[6] 方军,程明霞,徐思彦.平台时代[M].北京：机械工业出版社,2018.

[7] 周济,李培根,周艳红,等.走向新一代制造[J].Engineering,2018,4(01)：28-47.

[8] 王海龙,赵芸芸,张昕嫱.从西飞公司看网络化协同制造模式[J].中国工业评论,2017(08)：86-90+92-93.

[9] 朱伟明,侯绪花,邱成奎.数字经济驱动的服装数字化智能设计定制平台研究——以报喜鸟为例[J].浙江理工大学学报(社会科学版),2020,1：86-93.

[10] 梁超,祝运海. 美的样本:传统制造如何向数字化转型[J]. 中国工业和信息化,2019.

[11] 柯俊朗. 价值链视角下制造企业服务化转型研究——以海康威视为例[J]. 现代营销(下旬刊),2019(05):94-95.

[12] 迈克尔·波特,詹姆斯·贺普曼. 物联网时代企业竞争战略[J]. 哈佛商业评论,2014(11).

[13] 谢家平,葛夫财. 物联网时代下的商业模式:产品服务系统——时迈克尔·波特《物联网时代企业竞争战略》的深化[J]. 管理现代化,2015,35(02):90-92.

[14] 中国两化融合服务联盟. 中国两化融合发展数据地图[R/OL]. (2019-01-07)[2020-04-21]. http://cspiii.com/go/AttachmentDownload.aspx?id={bec7cf9d-12c3-4e5c-8e29-d40245088b80.

[15] 国家工业信息安全发展研究中心. 数据驱动+转型致胜——全球工业互联网平台应用案例分析报告[R/OL]. (2018-11-13)[2020-04-21]. http://www.cspiii.com/sx/rgyy/cbw/2018-11-13-5311.html.

[16] 国家工业信息安全发展研究中心. 工业互联网平台创新发展白皮书[R/OL]. (2018-12-07)[2020-04-21]. http://www.cspiii.com/sx/rgyy/cbw/2018-11-13-5311.html.

[17] 工业互联网产业联盟. 工业互联网平台白皮书[R/OL]. (2019-06-05)[2020-04-21]. http://www.aii-alliance.org/index.php?m=content&c=index&a=show&catid=23&id=673.

[18] 工业互联网产业联盟. 工业互联网垂直行业应用报告[R/OL]. (2019-02-25)[2020-04-21]. http://www.aii-alliance.org/index.php?m=content&c=index&a=show&catid=23&id=480.

[19] 赵立国. 灯塔工厂的质量管理特色[J]. 中国质量,2019(06):20-23+19.

[20] Mckinsey Global Institute. NOTES FROM THE AI FRONTIER INSIGHTS FROM HUNDREDS OF USE CASES[R/OL]. (2018-11-25)[2020-04-21]. https://www.docin.com/p-2107304361.html.

第 2 章
智能化转型方法

随着传感器、互联网、物联网的出现,工业物联网时代正在到来,所有的产品最终都将成为一个网络终端。万物互联网使得孤立产品走向复杂产品网体系。当成为一个网络体系组成部分的时候,就从一个原有的机械系统演变成复杂的生态系统。智能单元是智能制造的最小单元——具有感知、分析、优化、执行功能的智能单元,如数控机床、智能机器人、AGV 小车以及刀具管理、工装管理系统等,这些最小智能单元散布在制造体系的各个角落。今天,随着物联网、边缘计算、工业互联网等新的架构和技术体系的出现,以及面对跨企业、跨环节及全产业链资源优化的需求,最小的智能单元从一个小系统被不断接入和集成到车间、企业系统,实现企业内部系统与上下游供应链的互联互通互操作,构建复杂产业链系统。在此基础上,当企业把产业链系统向整个社会开放时,形成一个生态系统。商业和制造系统将变得越来越复杂,从一个机械系统演变成了一个复杂的生态系统。

德国工业 4.0 提出了横向集成、纵向集成、端到端集成,集成是数据的互联互通,集成的本质就是对制造资源优化范围、优化领域的不断深化,从自动化到智能化的发展过程也是从局部优化到全局优化的过程。自动化是单点的、底层次的,有限的资源优化;而智能化是多点、高层次的、全局的资源优化。所谓集成的过程,就是对制造过程的整合范围领域不断地深化的过程,从而实现全产业链的优化过程。实现三大集成是工业 4.0 要解决的本质问题,也是实现智能化转型的核心问题。

工业智能化转型的本质是,使用物联网、云计算、大数据和人工智能等新一代信息技术,以数据的自动流动化解复杂系统的不确定性,基于数据-算法优化资源配置效率,构建企业新型竞争优势。工业智能化转型是一项复杂的系统性工程,需要一种多个维度的结构性思考方法论和整体解决方案,本章将讨论智能化转型的整体规划设计和评估的方法。

2.1 智能化转型的本质

2.1.1 适应竞争环境的快速变化

企业是将技术、资本、人才、土地、机器设备等资源组织起来,以更高效、更低成本满足客户需求的组织。企业竞争的本质就是资源配置效率的竞争,企业需要不断优化企业资源的配置效率。企业应思考如何缩短一个产品的研发周期、如何提高一个班组产量、如何提高一个机床的使用精度、如何提高一组设备的使用效率,这些问题都可以归结为资源配置效率问题。如何提高资源优化配置效率,核心是实现科学决策、精准决策、高效决策。企业管理的本质是需要在不确定性的环境中正确决策,对于企业来说,新品开发是决策,客户定位是决策,营销策略是决策,研发组织是决策,供应链整合和优化是决策,交付周期是决策,库存管理是决策,排产计划是决策,商业模式选择是决策。决策目标就是实现资源配置效率的提高。

工业4.0、智能制造等要解决的核心问题就是,面对客户需求的变化,企业如何适应和跟上这一快速的变化,如何更好地满足客户需求,这是数字化转型的要解决的核心问题。在过去,消费者追求的更多是高性价比、产品功能丰富、耐用性高等功能诉求;而今天,年轻的消费者不仅仅关注功能性诉求,而且关注内容、服务、参与度、社交体验、分享与交流等体验诉求。消费者的需求已变化,企业的供给必须跟上消费者需求的变化。

商业和制造业变得越来越复杂,这个复杂性可以从两个维度去度量。第一,产品本身变得越来越复杂。过去,仅仅是一个机械产品,现在变成了智能互联的产品,产品增加传感器、通信模块、计算模块、软件等,产品变得越来越复杂。第二,需求变得越来越复杂。从大规模生产、大规模定制到个性化定制是一个不断演进的过程。当需求变得很复杂的时候,给企业研发、设计、生产和服务带来一系列的挑战。

2.1.2 工具革命

智能化转型,本质是工具革命。自动化的工具提高了体力劳动者和脑力劳动者的效率,传统的机器人、机床、专业设备等传统工具正升级为3D打印、数控机床、自动吊装设备、自动分检系统等智能工具,传统能量转换工具正在向智能工具演变,大幅提高了体力劳动者效率。同时CAD、CAE、CAM等软件工具提高了脑力劳动者的工具效率。企业内部EPR、CRM、SCM、MES等工业软件系统,通过不断挖掘、汇聚、分析来自消费者以及研发、生产、供应链等环节的数据,基于大数据和人工智能技术(数据+算法)构建一套新的决策机制,替代传统的经验决策,实现更加高效、科学、精准、及时的决策,以适应需求的快速变化。

通过在信息(cyber)空间重建物理(physics)世界,对采集的信息进行处理、加工、优化,将优化的结果反馈到物理世界,再去优化物理世界。信息物理系统(cyber physical system,CPS)建设就是在信息空间中构建物质世界的运行框架和体系,是以数据自动流动实现资源优化配置。这种决策将更加高效、精准和科学。

基于大数据和人工智能技术(数据+算法)的决策,即"数据+算法=服务"的实现分四个环节:一是描述,在虚拟世界描述物理世界发生了什么;二是洞察,为什么会发生,事物产生的原因;三是预测,研判将来会发生什么;四是决策,提供解决方案。表2-1所示为美国国家公路交通安全局(NHTSA)、美国汽车工程师学会(SAE)自动驾驶分级标准。

表 2-1 自动驾驶分级标准

NHTSA标准	L0	L1	L2	L3	L4	
SAE 标准	L0	L1	L2	L3	L4	L5
称呼(SAE)	无自动化	驾驶支持	部分自动化	有条件自动化	高度自动化	完全自动化
定义(SAE)	由人类驾驶者全权驾驶汽车,在行驶过程中可以得到警告	通过驾驶环境对方向盘和加速减速中的多项操作提供支持,其余由人类操作	通过驾驶环境对方向盘和加速减速中的多项操作提供支持,其余由人类操作	由无人驾驶系统完成所有的驾驶操作,根据系统要求,人类提供适当应答	由无人驾驶系统完成所有驾驶操作,根据系统要求,人类不一定提供所有的应答。限定道路和环境条件	由无人驾驶系统完成所有的驾驶操作,可能的情况下,由人类接管,不限定道路和环境条件
驾驶操作	人类驾驶者	人类驾驶者/系统	系统			
周边监控	人类驾驶者			系统		
支援	人类驾驶者				系统	
系统作用域	无				全域	

在描述、洞察、预测、决策之后,可能还需要人来参与决策,但是人参与决策将越来越少,而系统参与的决策将会越来越多。以自动驾驶作为例子,从开始完全依赖人的驾驶(L0)到完全自动化驾驶(L5)。在信息空间找了一个代理人(软件系统),把人们对汽车驾驶运行规律的认知装载到软件系统等去感知、优化、控制、执行。通过这样一种方式优化资源的配置效率。通过构造了一种新的改造和认知世界的方法论,在开发汽车、飞机、高铁等产品的时候,研发、制造和使用效率都会大幅度提高。

自动化分为两种:一种自动化是生产装备自动化,叫做看得见的自动化,可定义成工具革命,数控机床、机器人、立体仓库、忙碌而有序的 AGV 小车;另一种叫做看不见的自动化,数据流动的自动化,把正确的数据在正确的时间传递给正确的人和机器,就是决策革命。

当企业需要大规模定制化生产的时候,系统变得非常的复杂,需要非常多的决策。定制化生产的核心在于,如何能够把数据在正确的时间以正确的方式传递给正确的人,从而以数据的自动流动化解复杂系统的不确定性。当企业采集了客户的数据(需求)之后,这些数据就会在企业经营管理、产品设计、工艺设计、生产制造、过程控制、产品测试的每一个环节里去流动。我们要解决的问题是在数据流动的每一个环节,尽量减少人的参与。过去信息的流动是基于文档的流动,企业通过传真、E-mail、电话等各种方式传递信息。在工业互联网时代,数据能够在企业内部流动过程中,实现不需要人的参的信息自动流动,从而提升生产的效率,达到资源的最优配置。

2.1.3 体系重构

伴随着工业技术和信息技术的飞速发展,商业系统的需求、生产流程、业务逻辑的复杂性逐渐增加,对信息系统的响应要求也越来越高。面对商业和制造系统复杂性的持续增加,基于传统IT架构解决方案的基本思路是在原有业务系统升级的基础上不断开发新的业务系统,即"系统+系统"模式,面临业务系统"烟囱林立"、复杂臃肿、迭代缓慢、交付低效等挑战,业务系统响应时间呈线性增长,越来越难以适应日益复杂的制造系统。

工业互联网、工业云、边缘计算、时间敏感网络等概念都在描述一件事情,我们在构造一个新的架构体系(工业互联网平台),这个架构就是基于云计算架构体系,基于云架构实现各业务系统和解决方案的云化迁移,使大量数据、模型、决策信息平台化汇聚、在线化调用,系统之间实现互联互通操作,实现了业务系统的功能重用、快速迭代、敏捷开发、按需交付,即"系统之系统"模式。伴随着制造系统的复杂性增加,新的业务系统通过对原有业务系统模块的组合编排、部署实现快速上线,系统响应能力达到指数增长。

新一代信息通信技术与制造业融合带来了体系的重构,形成了以数据驱动、平台支撑、服务增值、智能主导为特征的制造业新体系。新体系对于制造业带来了多方面的改变。生产者由单纯的生产者转变为产销者,消费者越来越深度地参与了生产的全过程;生产的产品由功能产品演进到智能互联产品,无人汽车、智能硬件等产品层出不穷;生产工具由从能量转换工具到智能工具,3D打印、数控机床广泛应用于制造;生产方式从"试错法"到"模拟择优",从实体制造到实体虚拟融合,虚拟仿真、数字孪生的技术正不断应用,体现一种新的认识和改造世界的方法论;生产地点由集中向分散转变,网络化制造、分享制造正是这一过程的体现。

面对数字化、网络化和智能化转型大变革,企业该如何转型?企业需要实现三个转变:一是以确定性应对不确定性,面对需求的不确定性,企业需要以数据+算法的策略应对不确定性;二是以增量革命构建新型能力,企业数字化转型就是要把软件、设备、流程优化、管理变革最终都要转化为企业的新型能力;三是从产品制造商到客户运营商的转变,制造企业应成为一个工业产品提供者,通过产品与客户建立一种"强关系",能成为24 h在线,了解、预测、满足客户需求的"客户运营商"。企业智能化转型时代已经到来。

2.2 智能化转型方法论

工业智能化转型的本质是使用新一代信息技术,以数据的自动流动化解复杂系统的不确定性,基于数据+算法优化资源配置效率,构建企业新型竞争优势。然而,工业智能化转型是一项复杂的系统性工程,需要整体战略和路线图、需要企业高层对智能化转型的价值和战略策略达成共识,需要一种多个维度的结构性思考方法论和技术整体解决方案。

变化是这个时代的主要特征,智能化转型也是变化中的创新。在未来,企业间的竞争不再是资金和资源,而是拥抱变化的能力、使用数据+算法决策的能力、智能化转型的能力。

在长期的工业企业信息化建设(两化融合)发展过程中,业界已经在战略规划、架构设计、建设实施方面形成了一批理论、方法、实践和工具,图2-1提出一套工业智能化转型方法论,它可以概括为一个战略、两种价值、三项集成、四个关键活动。

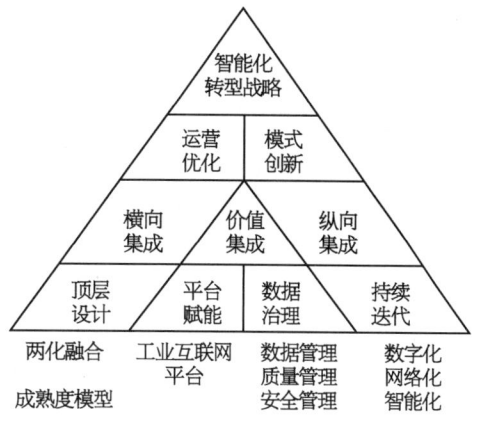

图 2-1 制造业智能化转型方法论

2.2.1 战略与价值

战略是指企业根据环境变化,依据本身资源和实力选择适合的经营领域和产品,形成自己的核心竞争力,并通过差异化在竞争中取胜的总体方法。企业战略制定是一个自上而下的整体性规划过程,并将其分为公司战略、职能战略、业务战略及产品战略等几个层面的内容。智能化转型战略是企业级战略,是企业总战略的重要组成部分,通过战略为指引开展智能化转型,将大大提高转型的成功概率。转型战略内容主要包括:

① 智能化转型的愿景和使命;
② 转型的定位和目标;
③ 新模式(包括商业模式、业务模式、管理模式等);
④ 战略举措(如成立转型领导小组、建设工业互联网平台、开展员工数字化素养培训等)。

运营优化和模式创新是智能化转型带来的两种主要价值。

1) 运营优化

通过智能化转型,实现运营优化,主要体现在如下方面。

(1) 优化供应链。RFID等电子标识技术、物联网技术以及移动互联网技术能帮助工业企业获得完整的产品供应链的大数据,利用这些数据进行分析,将带来仓储、配送、销售效率的大幅提升和成本的大幅下降。跟踪产品库存和销售价格,而且准确地预测全球不同区域的需求,从而运用数据分析得到更好的决策来优化供应链。

(2) 推动经营管理全流程的衔接和优化。整合企业生产数据、财务数据、管理数据、采购数据、销售数据和消费者行为数据等资源,通过数据挖掘分析,能够帮助企业找到生产要素的最佳投入比例,实现研产供销、经营管理、生产控制、业务与财务全流程的无缝衔接和业务协同,促进业务流程、决策流程、运营流程的整合、重组和优化,推动企业管理从金字塔静态管理组织向扁平化动态管理组织转变,利用数据+算法提升企业管理决策的科学性和运营一体化能力。

(3) 提升生产管理水平。现代化工业制造生产线安装有数以千计的小型传感器，用于探测温度、压力、热能、振动和噪声等，利用这些数据可以实现很多形式的分析，包括设备健康诊断、用电量分析、能耗分析、质量事故分析等。

(4) 优化生产流程。将生产制造各个环节的数据整合集聚，并对工业产品的生产过程建立虚拟模型，仿真并优化生产流程。当所有流程和绩效数据都能在系统中重建时，对各环节制造数据的集成分析有助于企业改进其生产流程。

(5) 推动现代化生产体系的建立。通过对制造生产全过程的自动化控制和智能化控制，促进信息共享、系统整合和业务协同，实现制造过程的科学决策，最大限度实现生产流程的自动化、个性化、柔性化和自我优化，实现提高精准制造、高端制造、敏捷制造的能力，加速智能车间、智能工厂等现代化生产体系建立，实现智能生产。

2) 模式创新

智能化转型使产品制造模式、生产组织模式以及企业商业模式等众多方面发生根本性的变化，它将引发制造业的革命性变化。智能制造将推动制造业生产方式变革，促进全球供应链管理创新，引领制造业服务化转型。

(1) 大规模个性化定制。个性化定制涉及产品生命周期的所有环节，包括产品的设计与研发、物料采购、生产排程、生产、配送等。通过个性化定制，可以：① 缓解企业产能过剩的问题，企业根据消费者需求安排自己的生产计划，做到科学、节约、合理的生产；② 最大限度地满足消费者的个性化需求；③ 提供消费者与产品提供者之间的直接沟通渠道，提高消费者的归属感与忠诚度。

(2) 智能化生产。智能化生产是指利用先进制造工具和网络信息技术对生产流程进行智能化改造，实现数据的跨系统流动、采集、分析、与优化，完成设备性能感知、过程优化、智能排产等智能化生产方式。

(3) 网络化协同。在网络信息技术的支持下，企业间出现了各种按照不同结合点，如市场机遇、技术等进行协作所形成的企业间协作方式，如供应链、资源外包、虚拟企业、战略联盟等，以实现规模效益和竞争资源的合理配置。

(4) 服务化延伸。服务化延伸指企业从产业链的制造环节向"微笑曲线"两端延伸，通过提高服务在制造业价值链中所占比重，从而提升产业附加值和品牌效益的行为。

2.2.2 三项集成

制造企业的集成包括了系统间的集成、设备间的集成以及设备与系统间的集成，构成了从生产自动化、生产管理到经营决策的完整系统。它将企业自动化和信息化有机地融合在一起，提高企业经营的效率，为实现企业战略目标服务。具体体现在以下三个方面。

1) 横向集成

横向集成指将应用于不同制造阶段的各种系统、企业计划过程以及涉及一个公司(如进入物流、生产、外场物流、市场)和几个不同公司之间(价值网络)的原材料、能源和信息的集成起来。在互联网的背景下,价值网络横向集成的范围将是世界范围的,如为实现某一智能产品的生产,该产品也许需要世界范围的资源配置,需要分布在全球的公用机器设备,通过价值网络连接产品所需的自动化系统,集成了各个智能工厂的相关信息,为智能制造服务,制造出目标产品。

横向集成也包含了以下需要解决的问题:

① 商业模式;
② 不同公司间的合作形式;
③ 商业活动的持续发展;
④ 价值链链接的公司间的商业秘密保护;
⑤ 标准化策略。

通过特定的技术可以将分布在全球范围内的智能工厂、公用设备、设计专家、生产诀窍、专用设备或机器人等相关信息集成起来,动态配置各类资源组成智能产品的智能生产线,为智能产品的生产服务,生产出特定的智能产品。

2) 纵向集成

纵向集成是指将不同层级的设备与系统集成在一起(如传感器层、控制层、生产管理层、制造和执行层及企业计划层)。

纵向集成是在工厂进行。在智能化工厂里,制造业结构不会固定或被先期限定,而是根据个性化需求定制的一组 IT 结构化模块,根据不同情况下产品生产的需要自动搭建出特定的结构——包括模型、数据、通讯和算法等所有相关需求。

实现纵向集成,确保不同层次的设备和装置的信息传输到经营管理层与战略决策层;同时,顶层的信息也可贯通到底层。不同层级的信息通过纵向集成而融合在一起,并支持工艺过程端对端的数据融合与共享。

纵向集成强调网络化制造。制造系统各层次的生产应用模块按照纵向集成要求重新组合或重用,通过资源配置(如机器、工作、物流等)和其间相互作用关系(如原料周转)完成制造业系统调配组合,生产出智能产品。工业 4.0 纵向集成通过企业内的网络与物联网与务联网,将企业各层级的制造信息集成在一起,最终实现终端的集成。

3) 价值集成

价值集成是指跨越企业整个价值链的生产过程各阶段(设计和开发、生产计划、生产工程、产品和服务)的端到端的集成。在 CPS 支持下,产品行进的每一步都有相应的信息被综合到 CPS 中,也可以使产品在每一个阶段受到信息控制甚至做出改变,并将产品生产的工程过程不同阶段的数字信息集成起来,实现智能化制造。

生产过程包括设计和开发、生产计划、生产工程、产品和服务五个阶段。每个阶段都会有相应的设备和系统的支持,这些信息,通过接口被集成在一起,进入了生产工程数据库或云平台。于是各阶段的信息在数据库中融合、交互,生产工程实现了端到端的价值集成。

在跨越整个价值链的端到端工程数字集成中有一个非常重要的技术概念,即端到端的实时透明。如前所述,当生产过程各阶段的设备终端被实时数据库相连,那么,这些终端也就实现了实时透明。端到端的信息交互变得既实时又直接,从而端与端透明贯通。显然,实现实时透明的关键技术是数据库技术与接口技术,是大数据的融合技术。端到端实时透明也意味着生产全过程信息的共享与实时应用,这样就支持了智能产品动态地出现在任何生产设备前,都可以立即得到设备终端的智能人机界面的支持,可被进行应有的生产处理或加工。相应的生产线上的设备终端都同时得到了支持此产品生产的信息及功能画面。跨越整个价值链的端到端工程数字集成成为实现智能生产,生产智能产品的技术基础。

2.2.3 关键行动

要实现智能化转型,企业需要进行顶层设计、建设工业互联网平台、管理和充分利用数据资源、实施变革管理并持续迭代。

1) 顶层设计

智能化转型的顶层设计,就是制定转型的总体框架与发展路线图,是全局有效协同的基础。顶层设计可以明确长期目标,实现战略目标,在企业内统一思想、统一目标、统一行动,实现智能化转型的整体性、协作性和可持续性问题。

智能化转型顶层设计从过程上看,主要包含价值发现、蓝图制定和路径规划三大主要阶段。快速实现业务价值是转型顶层设计的难点问题,价值发现通过评估企业现状、分析业务需求、对标行业最佳实践等方法,发现转型的业务价值,找准转型的突破口。后面介绍的两化融合方法论、智能制造成熟度模型都是很好的理论框架和工具帮助企业进行顶层设计。

根据国开放组织 Open Group 的 TOGAF 架构划分方法论,智能化转型战略支撑的企业架构,可分成业务架构、信息系统架构成及信息技术架构三个层次,如图 2-2 所示。

(1) 业务架构。业务架构定义了业务战略、管理、组织和关键业务流程,是企业全面的信息化战略和信息系统架构的基础;是数据、应用、技术架构的决定因素。业务架构是把企业的业务战略转化为日常运作的渠道,业务战略决定业务架构。

智能化转型作为制造企业的业务战略,可以帮助企业更全面、深入、及时地了解市场发展趋势、用户潜在需求、竞争对手态势,以推出更有竞争力的创新产品。不仅可以用来提升企业的运行效率,而且可以用来支持商业流程及商业模式创新。

智能化转型战略将带来制造企业创新和变革的新时代。通过互联网、移动物联网等带来的低成本感知、高速移动连接、分布式计算和高级分析,信息技术和全球工业系统正在深入融合,给全球工业带来深刻的变革,创新企业的研发、生产、运营、营销和管理方式。

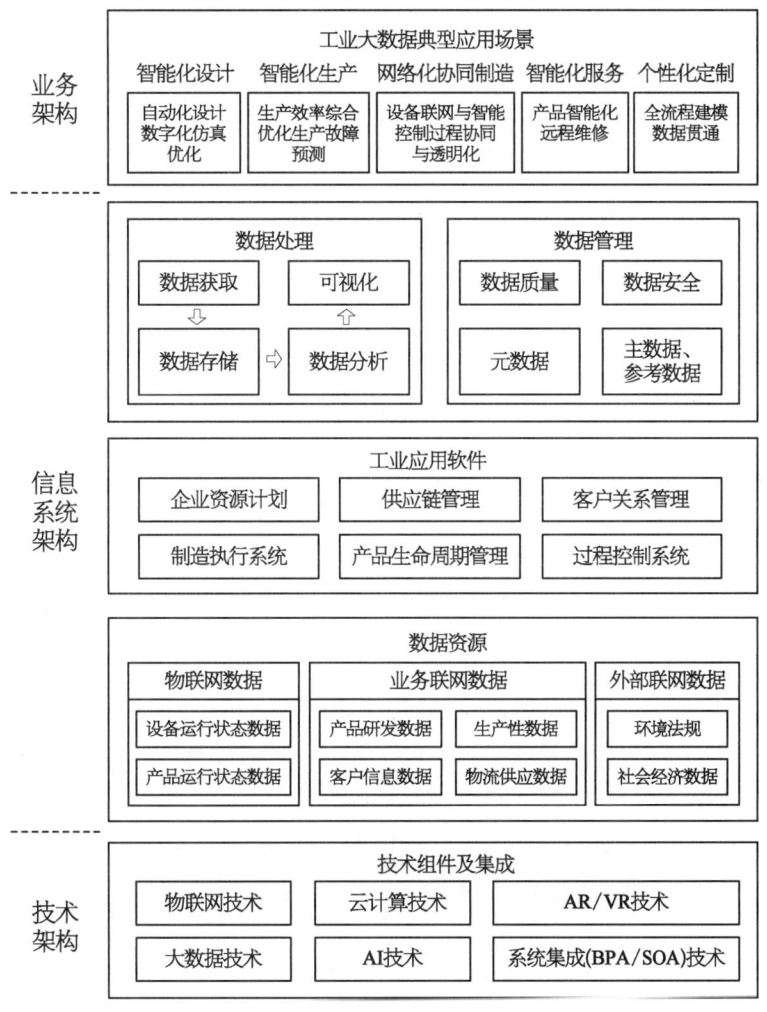

图 2-2 智能化转型战略架构

这些不同的创新应用模式为不同行业的工业企业带来了更快的速度、更高的效率和更高的洞察力。具体体现在智能化生产、网络协同、个性化定制、远程服务、平台化应用等诸多应用场景中。

业务架构将高层次的业务战略和目标转换成可操作的业务模型。业务架构是对企业关键业务战略及其对业务功能和流程的表达,通常是在业务模型的基础上实施的业务设计,从不同的视角,阐述业务模块和它们之间的关系,即业务的主要流程。业务架构是对业务的主要流程和共享流程的适当划分,对业务元素生命周期的阐述和分析。通过为智能化转型战略规划和构建企业架构,从而实现智能化转型的业务价值。

(2) 信息系统架构。为充分发挥智能化转型的相关 IT 基础设施(如工业互联网平台)的价值,避免形成"信息孤岛",需要构建统一的信息系统架构,以实现各应用系统及数据的用户访问和互操作。

基于智能化转型业务战略的信息系统架构是一个体系结构，它反映制造企业的信息系统的各个组成部分之间的关系，以及信息系统与相关业务、信息系统与相关技术之间的关系。信息系统架构包括应用架构和数据架构。

应用架构描述了支持企业运作所需应用系统（如工业软件）的蓝图，包含应用层次、功能、实现方式和建设标准等，它主要研究应用系统间的交互关系、应用与核心业务的对应关系，是企业总体框架研究的重点，可以说是业务架构和技术架构之间的桥梁。应用架构既包含对应于企业纵向层各层次的应用系统，也包含基于信息技术的应用系统。

数据架构是对复杂组织体的主要数据类型及来源、逻辑数据资产、物理数据资产以及数据管理资源的结构及交互的描述。制造企业的数据将会呈现爆炸式增长态势。制造企业为了实现智能制造、业务创新和业务转型，需要充分利用企业内外信息管理系统的业务运营数据、工业现场数据和互联网数据，以多源、异构数据的融合集成为基础，开发创新应用，实现业务优化和创新。

(3) 信息技术架构。信息技术架构是指导大数据应用实施的蓝图，它将信息系统架构中定义的各种应用组件映射为相应的可以从市场或组织内部获得的技术组件，是制定架构信息集合的最后一步。

当前，随着工业 4.0 浪潮的兴起，物联网、云计算、大数据、增强现实/虚拟现实（AR/VR）技术、人工智能（AI）等信息技术不断向工业领域融合渗透，为智能化转型应用的实施奠定了坚实的技术基础。其中，物联网技术使得无处不在的末端设备和设施，可以通过射频识别、红外感应器、全球定位系统等信息传感设备，按约定的协议，与互联网相连接，进行信息交换和通讯，使物品及其状态可见，从而实现智能化识别、定位、追踪、监控和管理；通过 AR/VR 技术则可实现对工厂环境、工业设备等的模拟及增强体验；云计算技术提供了一种可通过网络实现按需可动态伸缩的廉价计算服务；大数据技术及 AI 技术则使得在可接受的时间内从海量数据中分析、挖掘出潜在价值，以及实现趋势预测、群体智慧模式等成为可能。

2) 平台赋能

数字化时代下，外部的快速变化与企业内在的稳健经营要求形成了强烈的矛盾，带来了巨大的挑战。反映在企业智能化转型上，业务需求快速多变，新技术层出不穷，而数字化系统需要稳定扩展与平滑演进，频繁的颠覆重构不仅造成重复性投资建设，更带来业务经营与企业营运方面的额外风险。企业需要不断提升数字化能力来应对这种挑战，企业需要建设数字化平台支撑智能化转型。

工业互联网通过工业经济全要素、全产业链、全价值链的全面连接，支撑构建新型生产制造和服务模式，优化工业资源配置效率，助力工业经济高质量发展。发展工业互联网不仅是企业转型升级的需要，是产业重构的关键。其中，工业互联网平台是工业互联网的核心，是企业构建数字化生态的基础。

工业互联网平台能够起到加速整个价值传递过程的作用，一方面能够汇聚来自不同设备和业务系统的数据,构建数据中台,对数据进行规范和治理,以及针对离散化、场景化的数据分析;另一方面,它也提供了大量的跨应用系统的能力重用模块,让应用的交付、数据的分析变得更便捷和更简单。

工业互联网解决方案与传统解决方案在技术架构、数据利用方式以及价值模式上有很大的不同。

表2-2对工业互联网解决方案与传统解决方案进行了比较。

表2-2 工业互联网解决方案与传统解决方案对比

	基于传统工业IT架构的解决方案	基于工业互联网平台的解决方案
技术架构	① 封闭大系统 ② 垂直紧耦合架构 ③ 专用接口或中间件 ④ 长开发周期 ⑤ 系统整体升级成本高 ⑥ 本地部署	① 大平台+小APP ② 分层、微服务架构 ③ 开放API ④ 敏捷开发 ⑤ 小范围升级业务逻辑 ⑥ 边缘+云端部署
工业数据	① 数据获取来源有限 ② 独立系统、信息孤岛	① 更具广度和深度的数据采集 ② 在线实时管理和应用 ③ 易于整合和集成数据资源
工业应用	① 工业知识依靠老师傅经验 ② 存在工业知识空白 ③ 工业知识被封装在工业软件里,无法复用 ④ 面向流程的共用软件系统	① 经验知识固化成平台核心资源 ② 解耦成工业机理模型,灵活组合和管理 ③ 基于数据和新技术易形成新知识 ④ 面向独特角色的专用APP
价值模式	① 线性价值链 ② 资源自用,技术创新长周期	① 互联互通的价值网络 ② 资源开放共享,技术创新高速迭代

3)数据治理

工业数据作为企业战略资产,在智能化转型过程中起到非常重要的作用,数据资源不仅可以用来提升企业的运行效率,而且可以用来支持商业流程及商业模式创新,具体体现在智能化生产、网络协同、个性化定制、远程服务、平台化应用等诸多应用场景中。通过为智能化转型进行业务战略规划和构建企业架构,从而帮助实现数据资产的价值,并将获得的价值与企业战略和业务战略的预期和远景进行比对进而形成可持续改善的闭环,如图2-3所示。

企业架构如同总体战略规划,可以帮助企业执行业务战略规划及IT战略规划,它包括业务架构、信息系统架构(包含应用架构和信息架构)和信息技术架构。业务架构定义了业务战略、管理、组织和关键业务流程,是企业全面的信息化战略和IT体系架构的基础,也是数据、应用、技术架构的决定因素。

业务战略是企业根据外部环境和自身的竞争能力所作的关于发展的目标和规划,信息技术战略则是企业信息化建设的目标、远景、指南和计划的总称,因此,企业应根据自己的组织战略,站在企业和行业的高度,认真审视信息与信息技术的作用,思考自身发展的

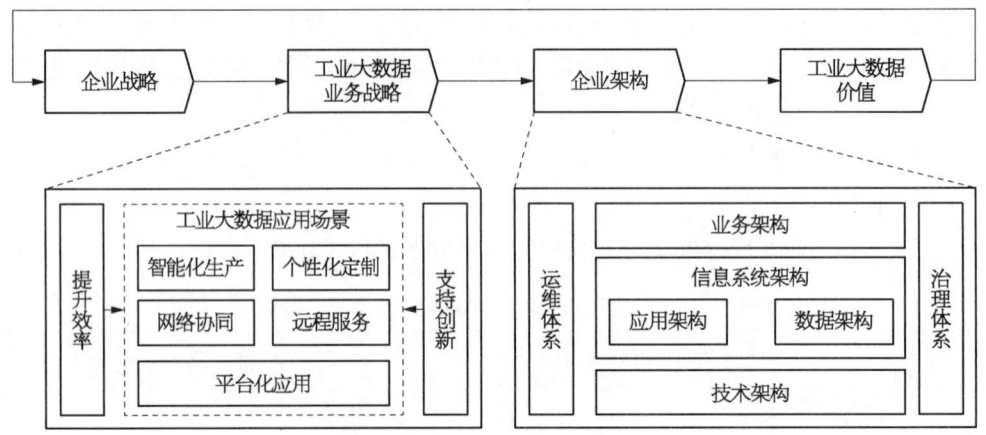

图 2-3 企业战略与数据治理

规划,同时结合当前信息技术手段的支持能力,科学地规划信息技术的应用,保持信息化建设战略与企业业务战略一致,建立和完善企业业务架构,并合理地规划组织变革、系统实施等,从而充分发挥信息技术的价值。

企业信息化是将企业的核心业务和核心业务流程通过信息技术来进行支撑和实现,一个企业要有合适的IT系统来支撑业务发展就首先要对自身的业务和业务流程进行梳理和规划,在信息化规划中对业务架构的设计和考虑也必须是信息化规划需要考虑的。

在工业智能化转型过程中,数据治理是基础。数据治理通过协调多个职能部门的目标来制定与大数据优化、隐私和数据赋能相关的政策。数据治理是对组织的工业数据资产管理和利用进行评估、指导和监督的体系框架。数据治理通过制定战略方针、建立组织架构、明确职责分工等,实现数据资源利用的风险可控、安全合规、绩效提升和价值创造,并提供不断创新的数据服务,支撑智能化转型的实现。

4) 持续迭代

数字化时代下,业务变化快,技术更新快,需要敏捷迭代。但每次迭代不是推倒重来,智能化转型的能力需要不断地积累和传承,信息化建设需要支持业务发展的可持续发展。数字化建设的迭代是分层的,不同的分层以不同的周期进行迭代和演进。

(1) 功能级的"短周期"迭代。业务需求快速变化、信息技术的发展快速变化、新技术和业务的结合快速变化,这些都需要敏捷迭代,使得转型紧贴业务场景和价值的实现,降低转型风险。

(2) 平台能力的"中周期"迭代。工业互联网平台承载了工业智能化转型能力,比如快速引入新技术、以服务化来应对业务的敏捷变化、工业模型建设等,架构和平台需要相对稳定,而非快速颠覆,并且要将短周期迭代中的成功经验不断沉淀到平台中,平台能力级的"中周期"有助于将转型的能力持续做厚。

(3) 战略级的"长周期"迭代。智能化转型战略和架构规划的指引下,在多次的业务功能和平台能力迭代之后，智能化转型逐步逼近目标。在阶段性目标达成后，需要进行方向性的审视并做出调整。

在总体业务发展方向上智能制造的不断演进发展可归纳为数字化制造、数字化网络化制造和数字化网络化智能化制造三个基本范式。当今不断涌现融合发展的新技术、新理念、新业态、新生态、新制造模式，但是企业智能化转型的顶层设计已意识到智能制造不可能一蹴而就，需要补齐短板、循序渐进、并行推进。不同企业智能化转型的基础不同，发展水平参差不齐，特别是广大的中小型企业，还没有完成数字化转型，有的企业甚至连"工业2.0"都尚未完成，"工业2.0补课，工业3.0普及"是当前我国制造业的严峻格局。智能制造演进发展的这三个基本范式，数字化转型是基础和前提，融合工业物联网达成设计、生产、制造、物流、管理与服务各环节装备与装备之间信息/数据的互联互通与集成，实现数据驱动是这三个基本范式交织融合发展迭代升级的基础和核心要素，实现工业制造领域全要素、全产业链、全价值链的工业互联网平台，融合新一代人工智能的赋能技术是实现智能化转型的核心。

【案例2-1】 海尔集团智能制造转型的三个阶段

海尔集团是中国家电产业的领先企业之一，自2009年以来一直保持全球大型家电市场占有率第一的地位。表2-3所示为海尔智能制造转型的阶段。

表2-3 海尔智能制造转型的阶段划分

年份	关 键 事 件	智能制造转型阶段
1992	海尔集团于1992年制订了企业信息化的发展规划	智能制造萌芽阶段(1992—1997年)
1998	海尔以数字化技术为突破口，向信息全面进军，建设CIMS系统	数字化制造阶段(1998—2004年)
1999	海尔开启业务流程再造	
2005	提出人单合一模式，开启互联网转型	数字化网络化制造形成阶段(2005—2017年)
2007	海尔信息流程再造	
2012	正式实施网络化战略	
2014	海尔在沈阳建立互联工厂 U+转型，U+APP发布	
2016	海尔正式推出智能制造COSMO平台	
2017	海尔COSMO平台在智能服务平台上建设智能生产系统并构建智能产品、智能设备与用户的互联互通	

续表

年份	关键事件	智能制造转型阶段
2018	海尔青岛中央空调智能互联工厂入选首批灯塔工厂,海尔"以用户为中心的大规模定制模式"获得世界经济组织高度认可,成为唯一一家入选的中国本土企业	智能化阶段(2018年—)
2020	海尔沈阳冰箱互联工厂是海尔的首个互联工厂样板,海尔沈阳冰箱互联工厂作为以用户为中心的大规模定制模式的典范,通过部署可扩展的数字平台,实现供应商和用户的端到端连接,生产效率提升了28%	

智能制造的转型发展伴随着信息化的进步,信息化和数字化是智能制造的基础。1992年,海尔集团制定企业信息化发展规划,智能制造开始萌芽。在此阶段,海尔决策者认为关注国内外竞争对手的新动向非常重要,由此提出"靠信息占领市场、靠信息控制市场"的口号,因此海尔开始信息化道路。最开始,海尔成立IT部门,建立入库、订单、采购等基本IT系统,试图以计算机作业取代手工作业,并引入柔性制造系统,将信息化与制造相结合。在此阶段,海尔的信息化快速进步,智能制造步入萌芽阶段,为之后第一代智能制造的转型提供基础。

第一代智能制造的本质即为数字化制造,数字化制造是智能制造的基础,数字制造不断发展,并贯穿于智能制造的所有开发过程。1998年,海尔开启CIMS工程,开启海尔的数字化之路。在1999年达沃斯"世界经济论坛"提出"企业内部组织适应外部变化,全球知名品牌的建立,网上销售体系的建立"三原则,为了应对这种趋势,海尔开启业务流程再造计划,由SAP公司进行集团ERP的建设,对现有流程再设计。集团内部,采购、仓储、生产、销售、财务与成本等均实现了数字化搭建,形成集成的供应链管理平台。集团外部,B2C电子商务平台根据用户的需求,收集各方信息,在3C系统、PDM系统的支持下不断对产品的设计、功能进行改进。在此过程中,为了实现企业在产品质量、服务及成本等方面的改善,同时使组织能够适应数字化变革,海尔经历了40多次的内部结构调整,其中最为人所知的是海尔对物流部门的建设,不断改进提高,合理的组织结构使第一代智能制造转型获得成功。

第二代智能制造是数字化网络化制造,也可以称为"互联网+制造"。在制造层面,连接整个制造系统的数据流和信息流;在服务层面,企业和用户通过网络平台进行连接和交互,而企业则开始从以产品为中心的生产转变为以用户为中心的生产。2005年,一直谋求创新的海尔开启人单合一模式的转型,践行"以用户为中心"的理念;2006年,海尔发布的网络家庭平台为该理念的探索,也标志着海尔开始从大规模制造向大规模定制的转变。组织的转型意味着各方面的重新部署,而作为日常必不可少的数字化系统,也要配合进行改造升级。原来的ERP系统已经满足不了海尔的业务需求，因此海尔对 ERP 系统进行改造升级，整合全球信息。在千日再造后，海尔完成对上千个流程的改造。随着时代的发展，海尔对于人单合一的概念有了新的解释，张瑞敏认为："在网络化市场下，用户掌握了信息不对称的主动权，用户的选择可以决定企业的生死，只有网络化的企业才能跟上网络化的时代"。为了满足每一位客户的需求，海尔开始对工厂进行改造，通过 PLM、ERP、iMES、iWMS、SCADA 五大系统的集成，海尔实现生产自动化向智能化的转变。为了让客户看到生产流程，实现全透明化，海尔将面向内部的 COSMO 平台对外界开放，连接起制造系统的数据流和信息流，实现真正地为用户服务。至此，海尔通过网络将人、数据和事物连接起来，实现各种社会资源的共享和集成，完成第一代智能制造向第二代智能制造的转型。

2016 年初，海尔正式推出智能制造 COSMO 平台，是中国业界首个自主知识产权的工业互联网平台，旨在为国内的制造业厂商提供大规模定制服务，带动具有不同制造能力的制造业企业向智能制造转型。海尔 COSMO 平台作为海尔自主研发的、自主创新的、在全球引领的工业互联网平台，未来发展愿景为建立以用户为中心的社群经济下的工业新生态。

至 2017 年，在海尔 COSMO 平台上聚集了 3 亿多用户和 380 多万家全球生态资源，平台规模超过 2 000 亿，实现了跨行业、跨领域的扩展与服务。同时，海尔 COSMO 平台以海尔八大互联工厂为样板，将大规模定制模式复制到 12 个行业、11 个区域和 20 个国家，服务全球 3 万多家企业。

2018 年，海尔 COSMO 平台在智能服务平台上建设智能生产系统并构建智能产品、智能设备与用户的互联互通。2018 年 9 月，海尔青岛中央空调智能互联工厂入选首批灯塔工厂，海尔"以用户为中心的大规模定制模式"获得世界经济组织高度认可，成为唯一一家入选的中国本土企业。

在智能生产系统的运行方面，海尔 COSMO 平台以计算机支持系统为依托，其经营管理信息系统根据实时反馈的市场信息做出生产计划与资源调度，并将生产线中的所有设备互联，在每个互联工厂对所有设备进行数据集中管控，不仅收集设备端的智造大数据，还收集来自智能产品反馈的用户大数据。产品设计系统和生产系统则依据技术资源和技术信息做出相应设计和生产规划，并与经营管理信息系统之间持续交互，由用户对技术方案和规划的反馈不断做出调整，并在质量保证系统的监控下完成生产。在计算机支持系统提供的信息支撑下，经营管理信息系统、产品设计系统、产品生产系统和质量保证系统之间实时交互，做到了生产全流程的数字化可控、智能化运行，和以用户为中心的柔性化生产。可以说，海尔 COSMO 平台实现了对研发体系、营销体系和生产体系三者的颠覆。在生产过程中，海尔 COSMO 平台实现了对研发体系、营销体系和生产体系三者的颠覆，智能服务平台还为智能生产系统提供模块采购服务、第三方资源服务和大规模智能定制服务。

智能产品出厂后，海尔 COSMO 平台通过智慧物流服务，将所有智能产品与用户连接起来的智能互联生态圈服务、用户智能交互服务等进一步提高用户体验。在此过程中,不仅所有智能产品之间可以实现智能互联,智能产品与用户、与智能服务平台之间也能做到高精度互联,从而实时收集用户使用信息和反馈信息,不断对智能产品进行迭代升级。与此同时,通过智能服务平台提供的智慧解决方案服务和数据服务,智能产品还能不断从其他领域的创新资源和技术中获取灵感,从而生产跨界创新产品。

此外,不同于传统的封闭性企业系统提供的售后服务,用户在海尔COSMO平台上可以在不同应用服务中定制化选配,从而满足个性化需求。以用户报修服务为例,不同于传统的用户自己报修电器,售后服务人员逐级上报,企业处理用户报修信息之后再安排维修的服务模式,目前海尔COSMO平台的智能服务可以实现由移动互联网智能云服务处理报修任务,从而创造用户最佳服务体验。具体而言,基于COSMO平台的智能产品会自主诊断运行问题,在出现问题之后通过自发连接家中路由器并将故障信息自发传送到海尔云平台,并将故障信息自动同步推送给用户。用户不需联系厂家,故障信息将自动传送给售后部门,由售后服务人员自主接受订单并上门维修。维修后的产品状态也将自发传送到海尔云平台,并即时收集用户反馈信息,达到售后服务的交互迭代,真正实现智能服务模式变革。

2.3 两化融合管理体系

2.3.1 概念和原则

制造业发展的不同历史阶段,有不同的与之相适应的制造业管理理论与管理模式。19世纪,面向大规模大批量的生产需求,重点解决效率问题,美国提出了泰勒制这一科学管理理论。20世纪,面向大规模、低成本、多样化的生产需求,重点解决质量成本问题,日本丰田采取精益管理模式,这一经典管理理论,强调精益管控、科学决策、高效管理,日本崛起为新一代制造业强国。

当下进入信息时代,需要新的管理理念、方法和体系,要求在解决效率、成本、质量等基本要求的基础上,重点满足面向大规模、个性化、柔性化、动态化的生产和服务需求。而数据也成为新驱动要素,如何抓住眼前的发展契机,通过提出一个适应信息网络发展规律的管理理论,强调专业化、标准化、协作化基础上的劳动分工,助力我国成为制造强国,变得日趋重要。

所谓两化融合,是信息化和工业化的高层次的深度结合,是指以信息化带动工业化,以工业化促进信息化,走新型工业化道路。具体指的是企业根据自身的业务发展制定的战略目标。在具备一定工业化的基础之上,把信息化技术视作为提高企业管理,以及企业运营的重要战略手段。此外,在该过程中,企业还需对资源配置存在的潜力进行充分挖掘，让其在信息化环境下具备相应的竞争优势。

为推进信息化与工业化的深度融合，加速制造强国建设，亟须探索符合信息时代发展规律的制造业管理新模式。而两化融合管理体系就是在充分吸收借鉴国际先进经验的基础上，结合我国企业转型升级面临的突出问题，研制出一套管理方法论。通过规范企业全要素协同创新过程，指导我国企业在信息时代加快战略转型、组织管理变革、核心竞争能力提升、生产方式和服务模式转变。

两化融合管理体系是引导组织强化变革管理，系统推进两化融合的管理方法论，明确了组织系统地建立、实施、保持和改进两化融合管理机制的通用方法。通过规范两化融合过程，并使其持续受控，引导组织充分发挥数据要素的创新驱动潜能，推动和实现数据、技术、业务流程、组织结构四要素的互动创新和持续优化，挖掘资源配置潜力，夯实新型工业化基础，抢抓信息化发展机遇，从而帮助组织不断打造信息化环境下的新型能力，获取与其战略相匹配的可持续竞争优势，实现创新发展、智能发展和绿色发展。

两化融合管理体系依据 GB/T23020《工业企信化和工业化融合评估规范》，在企业开展两化融合评估工作中提炼的方法和规律，形成的工作基础和应用环境。企业围绕其战略目标，将信息化作为企业的内生发展要素，解决企业管理短板，提升企业创新优势和竞争力。两化融合管理体系可以夯实工业化基础，推进数据、技术、业务流程、组织结构的互动创新和持续优化，充分挖掘资源配置潜力，不断打造信息化环境下的新型能力，形成可持续竞争优势，实现创新发展、智能发展和绿色发展的过程。

两化融合管理体系有以下九条指导原则：

（1）以获取可持续竞争优势为关注焦点。在工业化和信息化两个进程融合发展过程中，组织内外部环境日益复杂多变，个性化竞争优势成为组织生存和发展的必然要求。通过不断打造信息化环境下的新型能力，形成并保持动态竞争优势，这是组织可持续发展的必然选择。因此，两化融合管理体系引导组织以获取可持续竞争优势为关注焦点，并将其作为两化融合工作的出发点和落脚点。

（2）战略一致性。两化融合涉及理念的变革、发展要素的演变、模式的转型和技术的创新，服务于组织全面优化的升级发展。因此，组织将两化融合提升到战略高度，确保两化融合工作与其战略的一致性和协调性，并为战略的实现和持续改进提供可管控的手段。

（3）领导的核心作用。两化融合是一个需要持续改进的长期过程，涵盖业务和管理的优化与变革，覆盖组织的所有职能和层次。领导的理念意识、变革决心和领导能力，是两化融合管理体系有效运行的基本前提和坚实保障。最高管理者的战略决策、管理者代表的统筹落实、各级领导主观能动性的充分发挥以及对上级决策的有效执行，对于组织获取可持续竞争优势具有至关重要的作用和意义。

（4）全员参与，全员考核。两化融合各项要求的全面贯彻落实，需要组织的全员达成共识、积极配合和充分参与。组织应用新技术、新方法、新理念，不断加强员工赋能和绩效激励，以充分调动员工的积极性和创造力，更好地发挥其价值，实现个人与组织同步发展。

(5) 过程管理。采用系统方法,加强两化融合过程之间的有机关联性,提升两化融合的整体有效性。

(6) 全局优化。采用系统方法,加强两化融合过程之间的有机关联性,提升两化融合的整体有效性。

(7) 循序渐进,持之以恒。两化融合是一个长期的逐步优化过程,组织应不断识别和确定新型能力及目标,坚持持续改进,不但获取新的竞争优势。

(8) 创新引领。数据已经成为驱动经济社会发展的新要素,为组织发展开辟了新空间,创造了新机遇。组织应不断推进数据、技术、业务流程、组织结构的互动创新和持续优化,从而加速转型变革,抢占发展先机。

(9) 开放协作。信息化为组织带来了开放的机会和创新的潜能,组织应充分利用内外部资源,逐步探索、建立和完善信息化环境下的动态组织和价值网络。

图 2-4 所示也体现了上述这些原则。

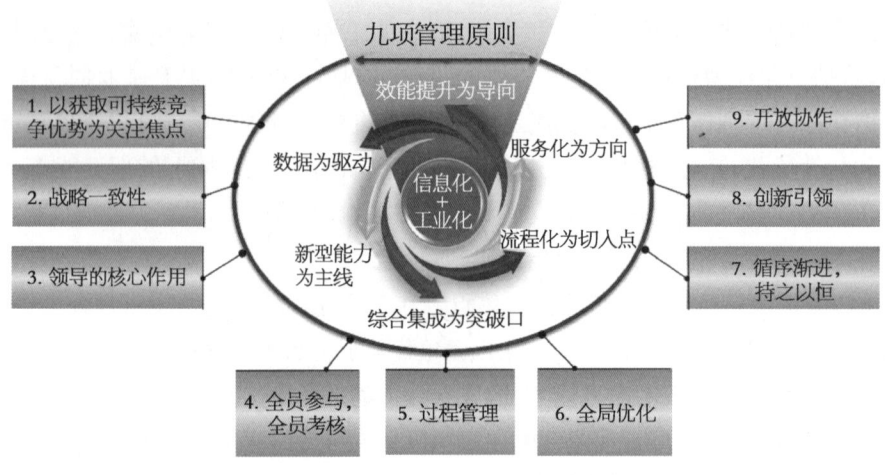

图 2-4 两化融合管理体系原则

2.3.2 管理体系框架

两化融合管理体系引导组织持续推进战略循环(发展方向)、要素循环(融合路径)和管理循环(推进机制),以及稳健实现可持续发展的理念、方法和机制,如图 2-5 所示。

(1) 战略循环(战略—可持续竞争优势—新型能力)。组织的战略应充分融入两化融合的发展理念,识别内部环境的变化,并明确与战略相匹配的可持续竞争优势需求,通过打造信息化环境下的新型能力,获取预期的可持续竞争优势,实现战略落地。通过对战略循环过程进行跟踪评测,需求战略、可持续竞争优势、新型能力互动改进的机会。

(2) 要素循环(数据—技术—业务流程—组织结构)。围绕似打造的新型能力及其目标,通过发挥技术(包括但不限于信息通信技术、管理技术、服务技术、能源技术、应用领域技术等)的基础性作用,优化业务流程,调整组织结构,并通过技术来实现和规范性的业务

- ◆ 往哪走？战略循环(战略—可持续竞争优势—新型能力)
- ◆ 做什么？要素循环(数据—技术—业务流程—组织结构)
- ◆ 怎么做？管理循环(策划—支持、实施与运行—评测—改进)

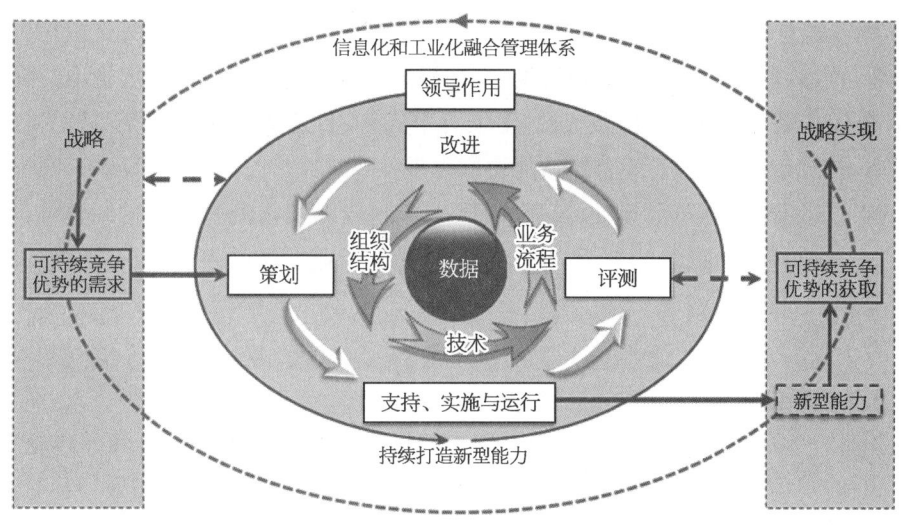

图 2-5 两化融合管理体系框架

流程和组织结构。同时不断加强数据开发利用，挖掘数据这一核心要素的创新驱动潜能，推动和实现数据、技术、业务流程、组织结构四要素的互动创新和持续优化。

(3) 管理循环(策划—支持、实施与运行—评测—改进)。围绕数据、技术、业务流程与组织结构四要素，充分发挥领导的核心作用，建立策划，支持、实施与运行，评测与改进管理机制、规范两化融合过程，推动新型能力的螺旋式提升，稳定获取预期的竞争优势。

2.3.3 评估内容

工业企业两化融合评估目的是围绕企业战略目标，以业务发展需求为牵引，坚持技术应用的适应性，讲求实效，突出两化融合的能力建设，明确发展路径，引导企业通过两化融合实现创新发展、智能发展和绿色发展，获取和提升可持续发展的竞争能力。

评估范围包括创新能力、快速响应、精细管理、全员提升、顾客满意、合作共赢、节能环保。

① 创新能力：应对变化的需求，能够不断开展产品、技术、管理、服务和运行模式创新，持续提升企业竞争能力。

② 快速响应：企业对迅速改变的需求能够灵敏、快捷、准确反应，增强业务柔性、消除过程故障和冗余、提高效率，以保持企业在竞争中的比较优势。

③ 精细管理：在不断完善标准化的基础上，将企业战略规划有效贯彻到每个业务环节，并规范执行和发挥作用，最大限度地减少管理所占用的资源、减少浪费、降低成本、提升质量、提升企业整体执行能力。

④ 全员提升：激发员工工资热情、内在潜力和创新能力，提升员工素质和活力，根本性推动员工与企业共同发展。

⑤ 顾客满意：发展、满足和引导顾客不断变化的需求，为顾客创造更多价值，提升顾客对企业、产品、服务和员工的认可程度，从而极大限度实现顾客和企业的价值共赢。

⑥ 合作共赢：整合外部优质资源，增强竞争优势，打造和提升核心竞争能力，提高市场占有率，扩大市场容量，实现合作伙伴协同发展。

⑦ 节能环保：加强产品设计、工艺设计、生产制造以及物流配送等的绿色化，不断提升企业节能、降耗、减排、治污能力，将节能减排作为企业发展的内在要求，从而实现企业可持续发展。

2.3.4 评估框架

两化融合评估框架包括水平与能力评估和效能与效益评估两部分。水平与能力评估包括基础建设、单项应用、综合集成、协同与创新等四个评估方面，效能与效益评估包括竞争力、经济和社会效益等两个主要评估方面，如图2-6所示。

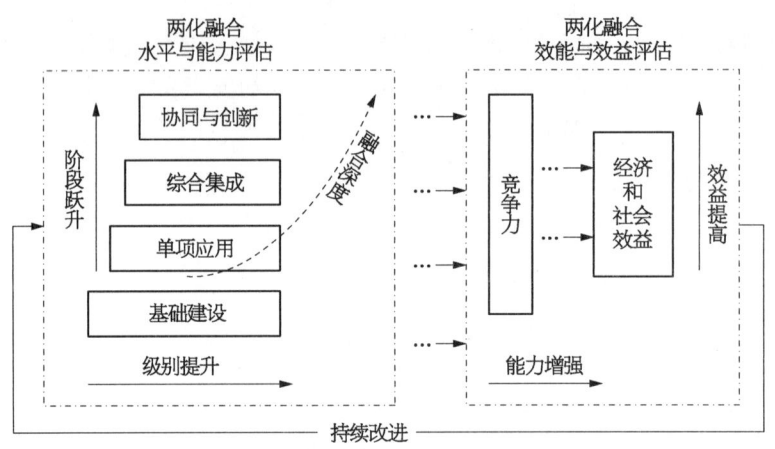

图2-6 两化融合评估框架

1) 水平与能力

(1) 基础建设。基础建设旨在通过评估两化融合基础设施和条件建设情况，衡量两化融合基本资源保障的水平与能力级别，主要评估内容包括与"财"相关的资金投入、与"人"相关的组织和规划、与"物"相关的设备设施、与"信息"相关的信息资源、与"安全"相关的信息安全等。

现代企业在基础阶段的建设需要根据两化融合的需要设施来进行调整，在调整过程中需要企业在基础设施的建设中投入大量的财力，为两化融合进行科学合理的组织规划，将各种相关的设备设施以及其所需的信息资源进行完善，在实际的应用过程中要根据企业自身的实际发展情况为基础，将信息化融合的切入点与投资比例进行全面评估，并利用信息化的武器来优化生产模式,最终实现提升管理水平的目标。

(2)单项应用。单项应用、综合集成、协同与创新的主要评估内容分别从产品、企业管理、价值链三个维度展开。

单项应用旨在通过评估信息技术在企业部门级单一业务环节中的应用情况,衡量信息技术与工业技术以及企业单项业务的结合和融合的水平与能力级别,主要评估内容包括产品设计、工业设计、生产管理、生产制造、采购管理、销售管理、财务管理、质量和计量、能源与环保、安全管理、项目管理、设备管理、人力资源管理、办公管理等,如图2-7所示。

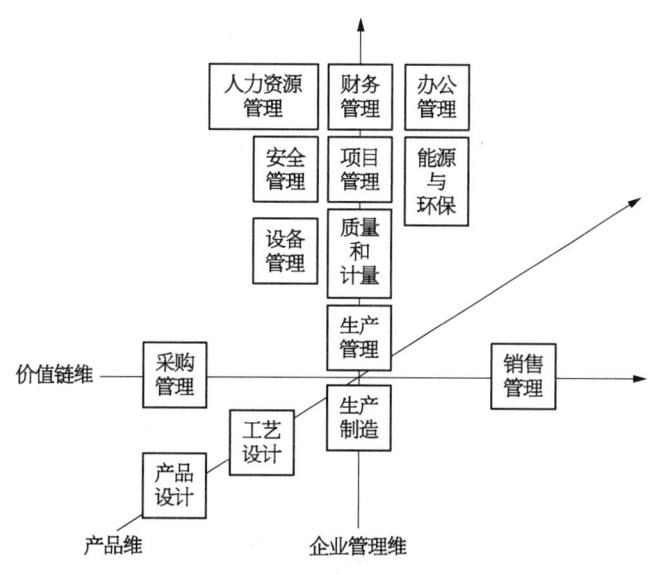

图2-7 单项应用内容示意

企业处于两化融合的单项覆盖阶段时要通过组织结构的优化来发挥局部功能的最优效果,信息技术的进步与企业的融合已经渐渐淘汰了传统的组织结构,变革传统的企业组织结构,实现信息管理系统与企业组织结构的良性互动。

(3)综合集成。综合集成旨在通过评估企业跨部门、跨业务环节的业务综合和集成情况,衡量两化融合环境下企业内多业务综合集成和融合的水平与能力级别,主要评估内容包括产品设计与制造集成、管理与控制集成、产供销集成、财务与业务集成、决策支持等,如图2-8所示。

在综合集成阶段,企业应做到:

① 在实际的生产中要不断创新完善产品设计,积极引入专业素质较强、创新能力较强的研发人员,对产品的研发设计、工

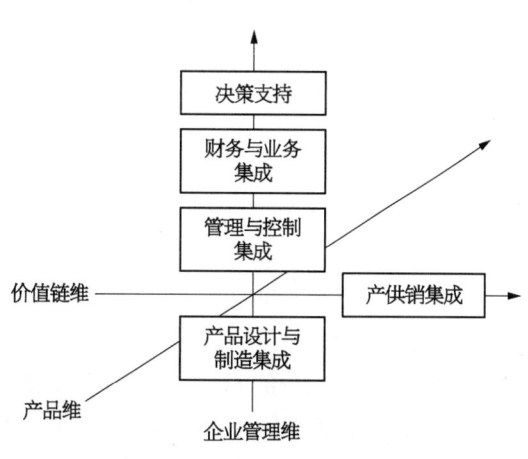

图2-8 综合集成内容示意

艺与制造各环节进行创新研究,提升产品设计、工艺与制造的集成优化和综合创新能力,提高企业的生产质量以及生产效率。

② 在运营过程中,相关的企业领导要重视管理与控制的统一,实现企业的综合统一管理模式,完善各业务流程之间的缺陷,实现企业的进一步发展。

③ 在供销的管理上加强统一,推进供应链等各业务环节一体化运作,将产品订单的出厂全过程进行统一管理,出现质量问题时能够及时收回,提升客户的满意度,树立一个良好的企业形象。

④ 统一企业财务与业务的管理,将两者之间的有效衔接进行全面监控,提升企业的财务管控的能力。

(4) 协同创新。

协同与创新旨在通过评估跨企业的业务协同和发展模式创新情况,衡量两化融合环境下企业间业务协同、创新和融合的水平与能力级别,主要评估内容包括产品协同创新和绿色发展、企业集团管控、产业链协同等,如图2-9所示。

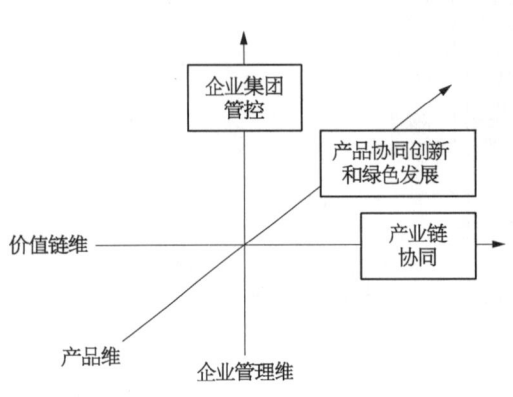

图2-9 协同创新内容示意

在协同创新阶段,不断改进和提升两化融合环境下企业优化发展水平,大力提升绿色产品制造服务、企业集团管控一体化、产业链企业协同创新等跨企业的业务协同与创新能力,深度支撑企业长远可持续发展。通过技术融合、产品融合、业务流程融合等具体的手段和步骤,提升企业的生产效率、加速企业全面创新和现代化建设进程、提高管理水平。

起步建设、单项覆盖、集成提升、协同突破可共同表征企业两化融合不断跃升的阶段特征和内涵,适用于工业领域各行各业。企业已经开始建设两化融合基础设施和条件,但其单项应用尚未开展或起步,则企业处于两化融合的起步建设阶段。企业具备了一定的两化融合基础设施和条件,单项应用对企业业务覆盖和渗透逐渐加强,发挥了一定作用,但其综合集成尚未有效实现,则企业处于两化融合的单项覆盖阶段。企业基础建设水平进一步提高,单项应用基础成熟,综合集成有效实现,但其协同与创新尚未有效开展,则企业处于两化融合的集成提升阶段。企业基础建设趋于完备,单项应用和综合集成基本成熟,且协同与创新得到有效实现,则企业处于两化融合的创新突破阶段。

企业实现信息化和工业化深度融合的过程,就是不断实现上述阶段性跃升的过程。

2) 效能与效益

(1) 竞争力。竞争力旨在通过评估企业综合竞争力变化情况,衡量两化融合直接或间接带来的企业能力提升效果,主要评估内容包括质量提升与顾客满意、业务效率、财务优化、创新能力等;经济和社会效益旨在通过评估企业经济和社会效益水平变化情况,衡量两化融合直接或间接带来的企业效益提升作用,主要评估内容包括经济效益、社会效益等。通过与国内平均、国内先进或国际先进水平分别进行对比分析,企业竞争力、经济和社会效益水平可各分为四个层次:初级水平、国内平均、国内先进、国际先进。

(2) 经济和社会效益。企业通过两化融合促进能力增强,实现竞争力提升,并进一步促进经济和社会效益提高,其提升作用随企业两化融合发展阶段跃升而跃进,并与各阶段对应评估方面的水平与能力级别亦呈正相关性。

企业所处的两化融合发展阶段及其对应评估方面的水平与能力级别,与竞争力、经济和社会效益水平相辅相成,可实现持续改进和螺旋式上升。

企业两化融合总体水平等级需综合水平与能力评估和效率与效益评估的结论,主要取决于企业所处的两化融合发展阶段及其对应评估方面的水平与能力级别,以及两化融合效能与效益的水平层次。企业两化融合总体水平等级可分为:初级水平、中级水平、高级水平、卓越水平。

2.3.5 评估指标体系

水平与能力评估分析框架可分为两个维度:一个维度是水平与能力评估的主要方面,包括基础建设、单项应用、综合集成、协同与创新等四个主要评估方面;另一个维度是各评估方面的水平与能力级别,可分为初级、中级、较高级和高级等四个级别。对于各评估方面与能力级别的分类,各行业企业可根据自身特色和需求进行必要的调整,如也可以设置为初级、中级、高级等三个级别。

评估框架阐述了企业两化融合四个发展阶段和四个主要评估方面的水平与能力级别之间的相互关系。企业两化融合从起步建设阶段、到单项覆盖阶段、再到集成提升阶段、最后发展到创新突破阶段,是一个逐阶级支持和跃升的过程,也是企业实现信息化和工业化深度融合的过程。

效能与效益评估分析框架也可分为两个维度:一个维度是竞争力水平层次;另一个维度是经济和社会效益水平层次。竞争力、经济和社会效益均可分为初级水平、国内水平、国内先进、国际先进四个逐步升高的水平层次。

综合分析竞争力、经济和社会效益的水平情况,即可得到作为效能与效益评估结论的总体水平,并可将其亦分为初级水平、国内平均、国内先进和国际先进等四个层次。

效能与效益评估分析框架也可依据相应评估内容的逐级分解层次结构,进行相应迭代分解细化,从而可支持更为具体化的分析。

总体评估分析框架也可分为两个维度:一个维度是企业两化融合发展阶段及其对应评估方面的水平与能力级别;另一个维度是企业两化融合效能与效益水平层次。

对企业两化融合进行最终评判,应综合分析水平与能力评估以及效能与效益评估的情况和结论。水平与能力评估结论可将企业整体归于两化融合总体效能与效益水平归于初级水平、国内平均、国内先进、国际先进的某一层次。在此基础上,可依据企业两化融合水平与能力评估以及效能与效益评估的结论,制定一定的综合水平判定规则,并做出最终评估结论,确定企业两化融合总体水平。一般情况下,可将企业两化融合总体水平分为:初级水平、中级水平、高级水平、卓越水平等。个行业企业可依据自身特色和需求,对最终评估结论及相应综合水平判定规则进行必要定制。总体评估分析框架如图 2-10 所示。

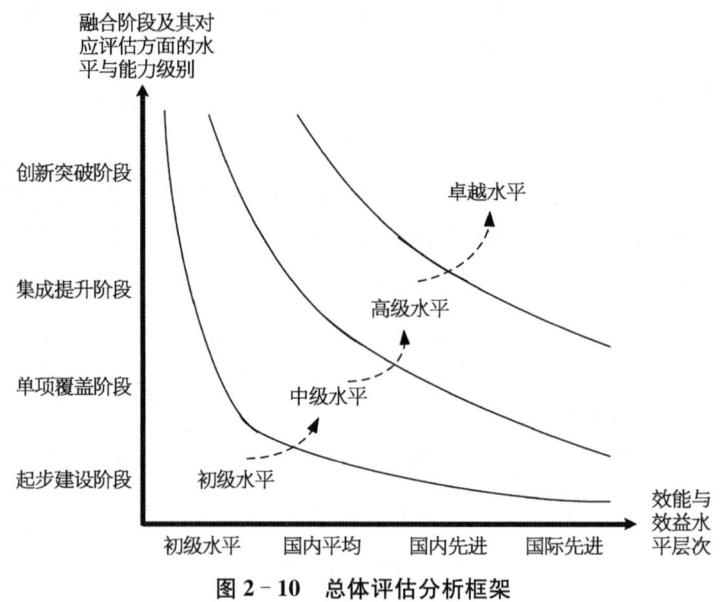

图 2-10 总体评估分析框架

企业可应用水平与能力评估、效能与效益评估能力总体评估分析框架,进一步开展企业两化融合问题诊断和优化改进,探寻企业两化融合阶段跃升的主要路径,梳理各方面水平与能力级别提高的核心要素,明确企业竞争力、经济和社会效益提升的关键着力点。

2.4 智能制造能力成熟度模型

2.4.1 成熟度模型起源

成熟度的理论框架是由 Shewhart 的 PDCA 循环、Juran 的质量改进 4 个步骤与 Deming 的质量管理原则等基础上发展而成。

1987 年,美国卡耐基·梅隆大学提出能力成熟度模型(Capability Maturity Model for Software,CMM)(图 2-11)。该方法最早是用于探索软件过程成熟度的一个工具,以持续改进为根本思想,以发展过程和目标管理为手段,能够比较清晰地将一个事物的发展描述为几个有限的渐进式的成熟等级,

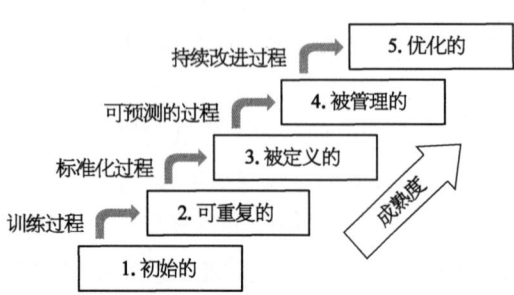

图 2-11 软件能力成熟度模型(CMM)的五个梯度

并能提供阶梯式的改进框架,获得业界广泛使用,成为流行的工程实施和管理方法。

在工业4.0、智能制造等领域,国内外机构陆续提出了相关评估体系,大多遵循了该方法的基本思想。

德国VDMA下属IMPULS基金会委托科隆经济研究所子公司(IW)和亚琛工业大学工业管理研究所(FIR)共同推出了工业4.0成熟度在线自评测平台,并给出了工业4.0的评级体系。该测评涵盖战略和组织、智能工厂、智能运营、智能产品、数据驱动服务和员工六个维度。根据评测结果,将被测者分为level0—level5六个层次,其中level3—level5属于行业领导者水平。该评测模型涉及维度比较全面,且因采用在线模式操作简单、易于推广。德国工业4.0工作组认为:该模型可以帮助企业明确工业4.0的现状,指导企业找到提高智能制造水平的方法,逐步建立属于自己的工业4.0模式。

美国NIST提出了MBE能力评估模型。该模型主要包括制造过程中流动的对象(包括模型、BOM、设计数据、工艺数据、检验数据等)以及数据的活动(包括定义、传递、交换、状态和配置、一致性验证等)两个维度,主要评价设计数据、技术数据包、更改与配置管理数据、内/外部制造数据交换、质量控制、企业协同级数据交互六个方面的能力水平,并对每个能力指标给出了以图样为中心、以模型为中心、基于模型的定义和基于模型的企业四个阶段的描述,可以看出MBE能力评估的关键是模型和数据。NIST曾使用该模型对全美近500家供应商进行了评估,结果表明:MBE实施程度越深入,企业在降低成本、缩短研制周期方面的效果越显著。

在工信部装备司的支持下,中国电子技术标准化研究院借鉴成熟度理论,牵头组织制定了《智能制造能力成熟度模型》《智能制造能力成熟度评估方法》两项国家标准,该两项标准目前已完成报批稿。

2.4.2 模型框架及等级

智能制造能力成熟度模型框架给出了制造、人员、技术和资源四个能力要素和应开展的能力管理活动。能力要素是驱动智能制造能力提升的元素集合,是能力提升的关键点,其中人员是核心、技术是关键、资源是保障、制造是结果,能力管理是企业持续提升智能制造能力的方法。模型的各组成要素反映了人员利用资源,将技术应用于制造环节提升智能制造能力的过程。

人员包括组织战略和人员技能2个能力域。

资源包括装备和网络2个能力域。

技术包括数据应用、集成和信息安全3个能力域。

制造包括设计、生产、物流、销售和服务5大能力域,其中设计包括产品设计和工艺设计2个能力子域,生产包括采购、计划与调度、生产作业、安全环保、仓储配送、能源管理6个能力子域,销售包括销售1个能力子域,服务包括服务1个能力子域。

能力管理包括策划、实施、检查和改进,如图2-12所示。

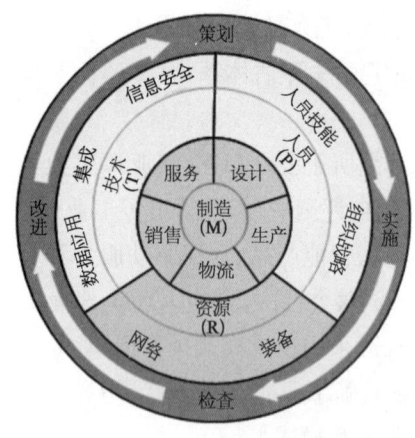

图 2-12 成熟度能力管理

以矩阵形式展现的成熟度模型框架如图 2-13 所示。

模型定义了逐步提升的五个等级，自低向高分别为一级（已规划级）、二级（规范级）、三级（集成级）、四级（优化级）和五级（引领级），较高的成熟度等级涵盖了低等级的要求，等级的提升应通过渐进的方式来实现。成熟度等级如图 2-14 所示。

一级（规划级）：企业应开始对实施智能制造的基础和条件进行规划，能够对核心业务活动（设计、生产、物流、销售、服务）进行流程化管理。

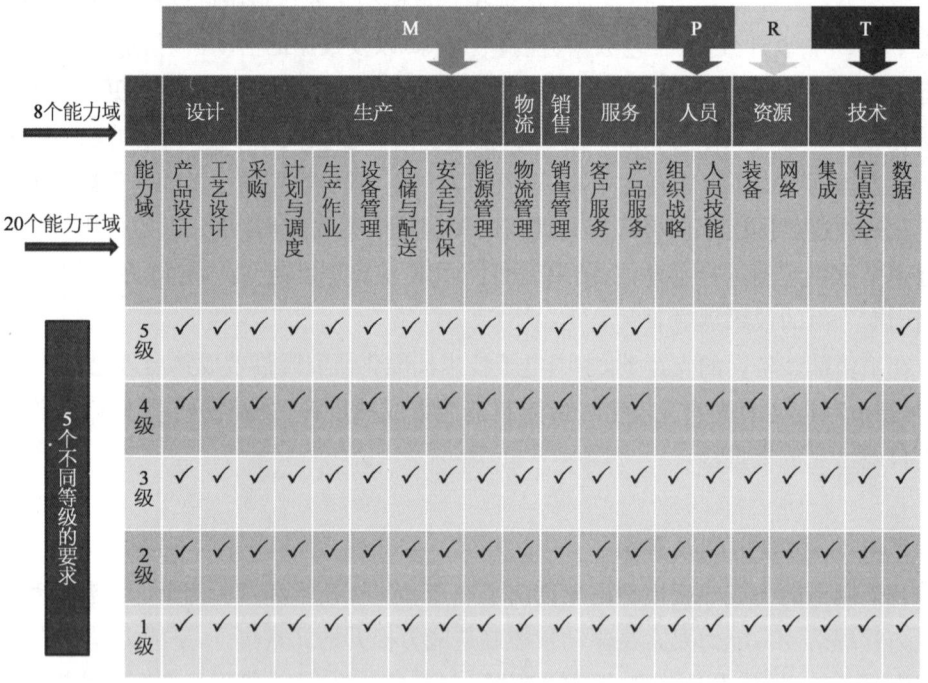

图 2-13 成熟度模型框架

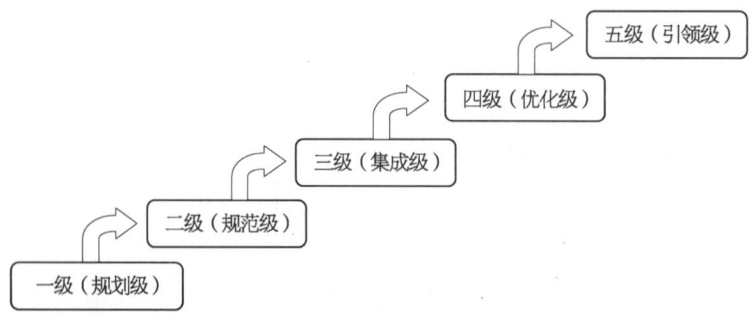

图 2-14 成熟度等级

二级(规范级):企业应采用自动化技术、信息技术手段对核心装备和业务活动等进行改造和规范,实现单一业务活动的数据共享。

三级(集成级):企业应对装备、系统等开展集成,实现跨业务活动间的数据共享。

四级(优化级):企业应对人员、资源、制造等进行数据挖掘,形成知识、模型等,实现对核心业务活动的精准预测和优化。

五级(引领级):企业应基于模型持续驱动业务活动的优化和创新,实现产业链协同并衍生新的制造模式和商业模式。

2.4.3 模型价值及评估过程

无论是制造企业、供应商、投资机构还是政府部门都能应用该模型获得相应价值。

(1)企业自诊断和能力提升。企业可依据本标准识别智能制造发展现状和差距、明确改进方向和改进措施,持续提升智能制造能力成熟度。企业可与本标准对标或通过智能制造评估评价平台对智能制造发展现状进行自诊断。

(2)供应商评价。企业可将本标准作为评价和选择供应商的依据,也可依据本标准对供应商的智能制造能力提出要求。

(3)第三方评估。第三方评估机构可接受企业委托,依据本标准,按照《智能制造能力成熟度评估方法》对企业进行现场评估,明确企业当前的智能制造能力成熟度等级以及下一步改进方向。

(4)智能制造系统解决方案供应商。智能制造系统解决方案供应商可依据本标准,有针对性地为企业提供咨询服务。

企业可以根据自身业务特点,参照《智能制造能力成熟模型》来确定所需评估的内容,即评估域。评估域应同时包含人员、资源、技术和制造四个能力要素的内容,其中,人员要素、资源要素和技术要素下的能力域和能力子域为必选内容,不可裁剪;制造下的能力域和能力子域为可选内容,除生产能力域不可裁剪外,其他能力域可根据企业的实际业务进行裁剪。主要评估能力子域见表2-4。

表2-4 企业评估能力子域表

要素	制造											人员		资源		技术		
能力域	设计		生产							物流	销售	服务		人员		资源		技术		
评估域	产品设计	工艺设计	采购	计划与调度	生产作业	设备管理	仓储配送	安全环保	能源管理	物流	销售	客户服务	产品服务	组织战略	人员技能	装备	网络	集成	数据	工业信息安全

智能制造能力成熟度评估过程如图 2-15 所示。

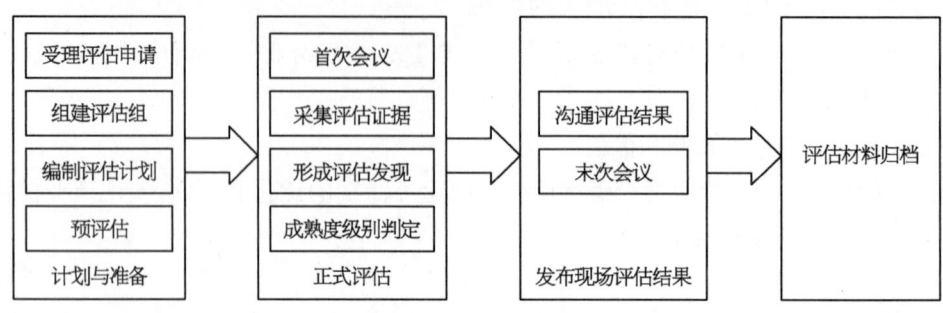

图 2-15 评估流程

参考文献

[1] 郑树泉,宗宇伟,董文生,等.工业大数据:架构与应用[M].上海:上海科学技术出版社,2017.

[2] 赵兴峰.数字蝶变 数字化转型之道[M].北京:电子工业出版社,2019.

[3] 安筱鹏.重构 数字化转型的逻辑[M].北京:电子工业出版社,2019.

[4] 高磊.基于两化融合背景的智能制造转型研究[J].企业改革与管理,2019(17):210-220.

[5] 张敏.浅谈多种管理体系及两化融合体系要点[J].中国管理信息化,2019,22(23):82-83.

[6] 李宁.两化融合管理体系简述[J].科技资讯,2018,16(30):100-101+103.

[7] 孙银香.简析两化融合管理体系对企业战略的影响和作用[J].数字通信世界,2019(05):238.

[8] 汪熙.两化融合背景下企业管理创新的理论框架研究[J].现代商业,2018(24):97-98.

[9] 刘恒冉.浅析两化融合管理体系对企业战略的影响和作用[J].上海企业,2018(07):79-81.

[10] 常敏.两化融合管理体系贯标方法[J].中国石油和化工经济分析,2018(04):33-35.

[11] 张镁.企业两化融合管理体系实施过程和要点[J].科技创新导报,2018,15(10):210-211.

[12] 傅少川,张文杰.软件能力成熟度的理论基础及其模型[J].技术经济,2002(09):11-13.

[13] 工业互联网产业联盟(AII).工业互联网成熟度评估白皮书(1.0版)[R].北京:2017-7.

[14] 吕文晶,陈劲,刘进.工业互联网的智能制造模式与企业平台建设——基于海尔集团的案例研究[J].中国软科学,2019(07):1-13.

[15] 韦影,周梦祎.智能制造转型背景下企业动态能力的演化——海尔1992—2017年纵向案例研究[J].科技管理研究,2019,39(22):261-267.

第 3 章
工业数据管理与治理

工业数据是指在工业领域中,围绕典型智能制造模式,从客户需求到销售、订单、计划、研发、设计、工艺、制造、采购、供应、库存、发货和交付、售后服务、运维、报废或回收再制造等整个产品全生命周期各个环节所产生的各类数据的总称。

基于数据在工业企业的智能化转型中的重要意义,需要对数据进行有效的管理与治理使得数据的价值得到充分的挖掘和利用。

工业数据的管理与治理对于确保工业数据的利用、共享和安全是至关重要的。有效的工业数据管理与治理可通过改进决策、缩减成本、降低风险和提高安全合规等方式,将价值回馈于业务,并最终体现为增加收入和利润。

工业数据作为企业战略资产,在数字化转型过程中起着非常重要的作用,数据资源不仅可以用来提升企业的运行效率,而且可以用来支持商业流程及商业模式创新。为了实现数据资产的价值,需要对工业数据进行有效管理、利用和治理。本章从通用数据管理框架出发,导出工业数据治理框架,并介绍和讨论了数据质量管理架构和方法以及工业数据的 CRISP-DM 方法论。

3.1 数据管理框架

数据管理的概念是伴随 20 世纪 80 年代数据随机存储技术和数据库技术的使用,计算机系统中的数据可以方便地存储和访问而提出的。国际数据管理协会(data management association international,DAMA)在 2009 年发布的数据管理知识体系 DMBOK1.0 中,将数据管理定义为规划、控制和提供数据资产,发挥数据资产的价值。

2015 年,DAMA 在 DBMOK2.0 知识领域将其扩展为数据架构、数据模型与设计、数据存储与操作、数据安全、数据集成与互操作性、文件和内容、参考数据和主数据、数据仓库和商务智能、元数据、数据质量等职能。

随着管理数据对象越发复杂,数据处理技术越发成熟,数据应用范围越发广泛,数据管理呈现了新的内容。

数据管理框架包含 8 个管理职能和 5 个保障措施。管理职能是指落实数据资产管理的一系列具体行为,保障措施是为了支持管理职能实现的一些辅助的组织架构和制度体系,如图 3-1 所示。

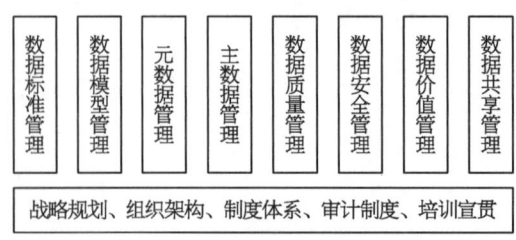

图 3-1 数据管理框架

3.1.1 数据管理的主要内容

数据管理是利用计算机硬件和软件技术对数据进行有效的收集、存储、处理和应用的过程。其目的在于充分有效地发挥数据的作用。实现数据有效管理的关键是数据组织,数据管理涉及管理职责和防护措施两个方面。

1)管理职能

数据资产管理的管理职能包括数据标准管理、数据模型管理、元数据管理、主数据管理、数据质量管理、数据安全管理、数据价值管理以及数据共享管理等 8 个方面。

(1)数据标准管理。数据标准管理的目标是通过统一的数据标准制定和发布,结合制度约束、系统控制等手段,实现企业大数据平台数据的完整性、有效性、一致性、规范性,推动数据的共享开放,构建统一的数据资产地图,为数据资产管理活动提供参考依据。

(2)数据模型管理。数据模型管理是指在信息系统设计时,参考业务模型,使用标准化用语、单词等数据要素来设计企业数据模型,并在信息系统建设和运行维护过程中,严格按照数据模型管理制度,审核和管理新建数据模型,数据模型的标准化管理和统一管控,有利于指导企业数据整合,提高信息系统数据质量。数据模型管理包括对数据模型的设计、数据模型和数据标准词典的同步、数据模型审核发布、数据模型差异对比、版本管理等。

(3)元数据管理。元数据管理是数据资产管理的重要基础,是为获得高质量的、整合的元数据而进行的规划、实施与控制行为。元数据管理内容描述了数据在使用流程中的信息,通过血缘分析可以实现关键信息的追踪和记录,影响分析帮助了解分析对象的下游数据信息,快速掌握元数据变更可能造成的影响,有效评估变化该元数据带来的风险,逐渐成为数据资产管理发展的关键驱动力。

(4)主数据管理。主数据管理是一系列规则、应用和技术,用以协调和管理与企业的核心业务实体相关的系统记录数据。主数据管理通过对主数据值进行控制,使得企业可以跨系统的使用一致的和共享的主数据,提供来自权威数据源的协调一致的高质量主数据,降低成本和复杂度,从而支撑跨部门、跨系统数据融合应用。

(5) 数据质量管理。数据质量管理是指运用相关技术来衡量、提高和确保数据质量的规划、实施与控制等一系列活动。通过开展数据质量管理工作,企业可以获得干净、结构清晰的数据,是企业开发大数据产品、提供对外数据服务、发挥大数据价值的必要前提,也是企业开展数据资产管理的重要目标。

(6) 数据安全管理。数据安全管理是指对数据设定安全等级,按照相应国家、组织的相关法案及监督要求,通过评估数据安全风险、制定数据安全管理制度规范、进行数据安全分级分类,完善数据安全管理相关技术规范,保证数据被合法合规、安全地采集、传输、存储和使用。企业通过数据安全管理,规划、开发和执行安全政策与措施,提供适当的身份以确认、授权、访问与审计等功能。

(7) 数据价值管理。数据价值(收益)管理从度量价值的维度出发,选择各维度下有效的衡量指标,对针对数据连接度的活性评估、数据质量价值评估、数据稀缺性和时效性评估、数据应用场景经济性评估,并优化数据服务应用的方式,最大可能性的提高数据的应用价值。

(8) 数据共享管理。数据共享管理主要是指开展数据共享和交换,实现数据内外部价值的一系列活动。数据共享管理包括数据内部共享(企业内部跨组织、部门的数据交换)、外部流通(企业之间的数据交换)、对外开放。数据内部共享的关键步骤是打通企业内部各部门间的数据共享瓶颈,建立统一规范的数据标准与数据共享制度,数据外部流通和对外开放可以通过数据直接交易与提供数据分析信息的两种方式实现,将数据中符合共享开放层级的信息作为应用商品,以合规安全的形式完成共享交换或开放发布。

2) 保障措施

数据管理是体系化非常强的工作,需要充分考虑企业内部 IT 系统、数据资源以及业务应用的开展现状,同时也要考虑围绕业务开展所设立的人员和组织机构的情况,在此基础上设计一套有针对性的数据资产管理组织架构、管理流程、管理机制和考核评估办法,通过管理的手段明确"责权利"以保障数据资产管理工作有序开展。数据管理的保障措施可以从战略规划、组织架构、制度体系、审计方式和培训宣贯五方面进行展开。

(1) 制定战略规划。从管理层、领导层出发,从顶向下全局部署数据管理规范从而形成全面的标准规则体系和执行调度流程。战略规划是数据资产管理成为企业战略核心任务应用的重要部分,是数据资产得到一定程度内外部应用的指导蓝图。值得一提的是,越来越多的企业单位在战略规划阶段决议成立专门的数据管理部门,以连通 IT 部门和业务部门。

(2) 完善组织架构。典型的组织架构主要由数据资产管理委员会、数据资产管理中心和各业务部门构成。组织架构划分和角色设定如图 3-2 所示。

为了让组织架构中的各个角色相互配合,各司其职,还需要明确他们相应的职责,让工作职责融入日常的数据资产管理和使用工作中。

(3) 建立制度体系。为了保障活动实施和组织架构正常运转,需要建立一套覆盖数

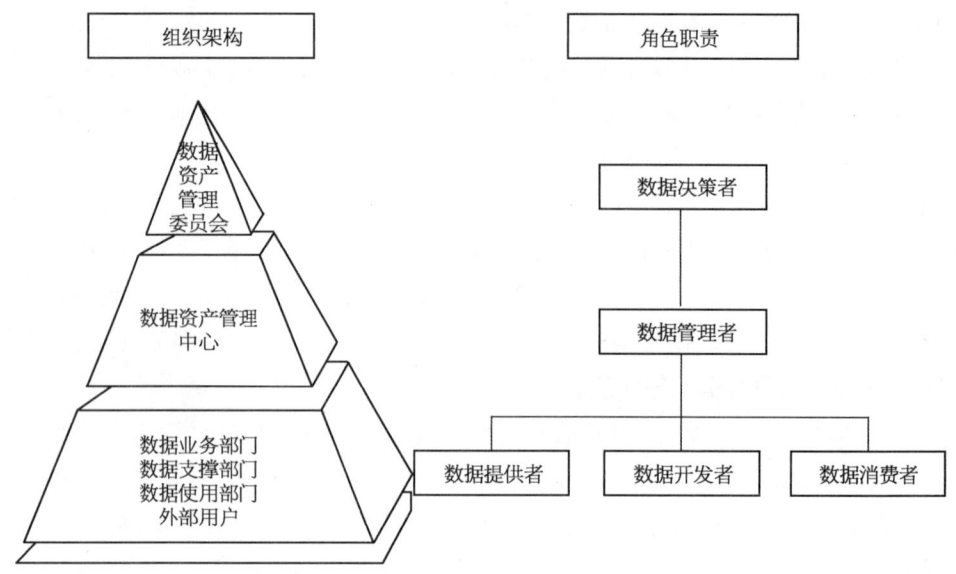

图 3-2 数据管理保障措施组织架构

据引入、使用、开放等整个生产运营过程的数据管理规范,从制度上保障数据资产管理工作有据、可行、可控。

数据管理规范包括元数据管理规范、生命周期管理规范、数据质量管理规范以及数据安全管理规范等对应管理职能的具体规范。在此基础上,规范需细化至接口设计、接口开发、模型设计、模型开发、数据开放以及服务封装等内容。

(4) 设置审计机制。为进一步保障、评估数据资产管理的规范、规划、组织机构、制度体系的执行状况,保障、评估数据资产的安全性、准确性、完整性、规范性、一致性、唯一性和时效性,需有完整的贯穿数据资产管理整个流程的审计机制。审计方式从审计体系规范建设入手,信息技术审计方法和专职人员审计方法并行。审计对象包括数据权限使用制度及其审批流程、日志留存管理办法、数据备份恢复管理机制、监控审计体系规范以及安全操作方案等体系制度规范以及敏感、重要数据。数据资产管理在实施过程中需要保障集中审计的可行性。

(5) 开展培训宣贯。培训宣贯是企业实施数据资产管理进程中的重要组成部分,是数据资产管理理论落地实践、流程执行运作的基础,是数据资产管理牵头部门在技术部门和业务部门之间顺利开展工作的重要保障。企业需利用现有资源,合理安排员工参与数据资产管理培训、课程。促进员工有效培训和自我提高,提升人员的职业化水平,强化工作的标准化、规范化。

3.1.2 数据管理实施要点

数据管理体系建设过程是个长期的过程,需要统筹规划、落地实施、稽核检查和数据运营四个阶段。

1) 统筹规划

第一阶段是统筹规划过程,制定数据资产管理战略规划,明确数据管理目标,涉及建立数据管理组织和制度作为保障措施,盘点数据资产,制定数据资产标准规范等,该阶段成果是后续工作的基础。

一般情况下,数据管理的第一步是建立组织责任体系,根据自身情况制定数据资产管理制度规范。需要建立一套独立完整的关于数据资产管理的组织机构,明确各级角色和职责,确定专职兼职人员,保障数据资产管理的各项管理办法、工作流程的实施,推进工作的有序开展,并逐步打造管理及技术的专业人才团队。

第二步是结合业务盘点数据资产,评估当前数据管理能力。对基础数据的盘点是开展数据资产管理工作的前提之一,需要分析企业战略及业务现状,结合当前大数据现状及未来发展,盘点企业内外部数据现状,确立数据资产管理的目标,并逐渐实施需求调研、盘点资产、采集汇聚等专题任务。与此同时,了解企业数据来源、数据采集手段和硬件设备情况,以定位自身数据资产管理能力,规划未来数据资产管理成熟度提升方案。

第三步是制定数据资产相关的标准规范。在企业组织架构、制度体系和数据资产盘点的基础上,结合国际标准和行业标准,围绕数据资产全生命周期管理,制定相关的数据规范体系,包括元数据标准、核心业务指标数据标准、业务系统数据模型标准、主数据标准、关键业务稽核规则等,使得数据管理人员在工作中有明确的规则可依。同时,建立参考数据和主数据标准、元数据标准(比如元模型标准)、公共代码标准、编码标准等基础类数据标准,以及基础指标标准、计算指标标准等指标类数据标准和关键业务稽核规则。企业应逐步推动相关数据规范和标准的工作建设,使数据有效汇聚和应用,切实保障数据资产管理的流畅实现。

2) 管理实施

第一阶段重点在于对数据资产的定义、规划、梳理,第二阶段重点是对第一阶段成果的落地实施。首先,在搭建大数据管理平台、完成数据汇聚工作的基础上,根据企业自身存量数据基础和增量数据预估,建设或采购必要的数据资产管理平台或引入第三方工具以支撑管理工作,切实建立起企业数据资产管理能力。其次,要建立安全管理体系,防范数据安全隐患,执行数据安全管理职能。再次,还需要制定和管理主数据,以明确企业核心业务实体的数据,如客户、合作伙伴、员工、产品、物料单、账户等,从而自动、准确、及时地分发和分析整个企业中的数据,并对数据进行验证。

在第二阶段里,需要从数据管理的相关业务、技术部门日常工作流程入手,切实建立起企业数据资产管控能力,包括从业务角度梳理企业数据质量规则,检测数据标准实施情况,保证数据标准规范在企业信息系统生产环境中真正得到执行。针对关键性数据资产管理工作,可以借助管理工具,建立数据资产的管理流程。

同时,企业应加强数据资产服务和应用的创新,可以围绕降低数据使用难度、扩大数据覆盖范围、增加数据供给能力等几个方面开展。为企业打造核心的管理数据资产的能力,同时为企业内数据资产管理部门形成数据管理的工作环境,概括起来,就是企业数据资产可管理、可落地。

3)稽核检查

稽核检查阶段是保障数据资产管理实施阶段涉及各管理职能有效落地执行的重要一环。这个阶段包括检查数据标准执行情况、稽核数据质量、监管数据生命周期等具体任务。

这个阶段需要抓好四个"常态化":一是数据标准执行情况检查的常态化;二是数据质量稽核的常态化;三是灵活配置数据存储策略的常态化;四是数据资产安全检查的常态化。

4)数据运营

通过前三个阶段,企业已经能够建立基本的数据管理能力,在此基础上,还需要具备以实现业务价值为导向,以用户为中心,为企业内外部不同层面用户提供数据价值的能力。资产运营阶段是数据资产管理实现价值的最终阶段,该阶段包括开展数据资产价值评估、数据资产内部共享和运营流通等。

数据资产价值评估能够以合理的方式管理内部数据和提供对外服务。数据资产内部共享和运营流通需要加强管理运营手段和方式方法,促进数据资产对内支撑业务应用,对外形成数据服务能力,打造数据资产综合运营能力。数据资产内部共享主要是消除企业内数据孤岛,通过相关管理制度和标准体系的建设与推动,构建企业内数据共享平台,打通各部分各系统的数据,使更多的数据可以成为资产,应用于数据分析,全面动态促进数据价值的释放。数据资产运营流通主要是实现数据资产价值的社会化,需要从数据安全管理及合规性、数据资产成本及价值创造、组织结构优化、数据质量提升等方面进行规划并不断迭代,持续优化数据资产管理能力。

3.2 工业数据治理框架

工业数据治理的作用可以概括为四点:① 有效的工业数据治理能够促进工业数据服务创新和价值制造;② 科学的工业数据治理框架有助于提升组织的工业数据管理和决策水平;③ 有效的工业数据治理能够产生高质量的数据,增强数据可信度,降低成本;④ 有效的工业数据治理有助于提高合规监管和安全控制,并降低风险。

工业数据治理框架从全局视角描述了工业数据治理的主要内容,从原则、范围、实施与评估三个维度展现了工业数据治理的全貌,如图3-3所示。原则维度给出了工业数据治理工作所遵循的、首要的、基本的指导法则。范围维度描述了工业数据治理的关键域,即工业数据治理决策应该在哪些关键领域内做出决策。实施与评估维度描述了工业数据治理实施和评估过程中需要重点关注的关键内容。组织可根据原则维度中的四个指导原则,对范围维度中的七个关键域,按照实施与评估维度中的方法论,持续稳步推进工业数据治理工作。

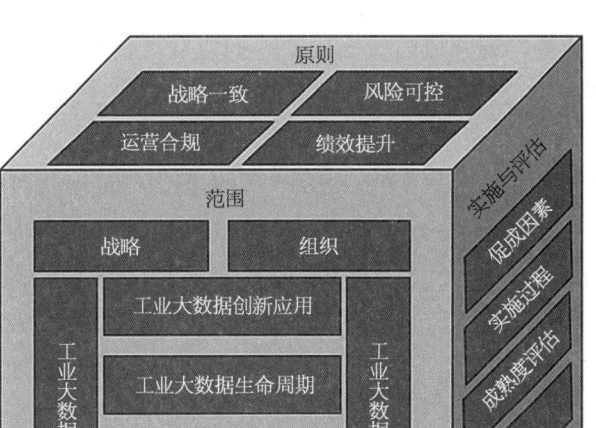

图 3-3 工业数据治理框架

3.2.1 工业数据治理原则

工业数据治理原则是指工业数据治理工作所遵循的、首要的、基本的指导法则。工业数据治理原则对工业数据治理实践起指导作用,只有将原则融入实践过程中,才能实现工业数据治理的战略和目标。

(1) 战略一致。在工业数据治理过程中,工业数据战略应与组织的整体战略保持一致,满足组织持续发展的需要。工业数据治理可以使组织深刻理解工业数据的重要价值,并根据业务需求持续改进工业数据质量,提高工业数据利用率,为业务创新和战略决策提供有力的支持,最终实现服务创新和创造价值。

(2) 风险可控。工业数据既是组织的价值来源,也是风险来源。有效的工业数据治理有助于避免决策失败和经济损失,有助于降低合规风险。在工业数据治理过程中,组织应该有计划的开展风险评估工作,重点关注安全和隐私问题,防止未授权或不正当的使用数据。

(3) 运营合规。在工业数据治理过程中,组织应符合国内外法律法规和行业相关规范。通过运营合规,组织可有效提升自身信誉,增强在不同监管环境下的生存能力和竞争力。

(4) 绩效提升。工业数据治理需要有相应的资源来支持创建规则、解决冲突和大数据保护,从而为战略和业务提供高质量的大数据服务。组织要考虑合理运用有限的资源,满足当前和未来组织对工业数据应用的要求。

3.2.2 工业数据治理范围

工业数据治理范围描述了工业数据治理的重点关注领域(关键域或范围),即工业数据治理决策应该在哪些关键领域内做出决策。工业数据治理范围包括七个关键域：战略、组织、工业数据质量、工业数据安全、工业数据创新应用、工业数据生命周期和工业数据架构。

工业数据治理范围中的七个关键域既是工业数据管理活动的实施领域，也是工业数据重点关注领域。工业数据治理对这七个关键域内的管理活动进行评估、指导和监督，确保管理活动满足治理的需求。

（1）战略。在大数据时代，工业数据战略在组织战略规划中的比重和重要程度日益增加，工业数据为组织战略转型带来机遇的同时也面临很多挑战。在制定工业数据战略时，组织必须以工业数据创新应用和价值创造为最终目标，根据业务模式、组织架构、文化、信息化程度等因素进行战略规划。工业数据战略治理的最佳实践包括：

① 培养工业数据战略思维和价值驱动文化。
② 评估工业数据治理能力。
③ 指导组织制定工业数据战略，确保与组织的整体战略和总体目标相一致。
④ 监督工业数据资源管理层和执行层落实大数据战略。

（2）组织。在工业数据环境下，战略通过授权、决策权和控制影响组织架构，其中控制是通过组织架构来督促员工去完成组织的战略和目标，而授权和决策权则直接影响组织架构的形式。组织在制定大数据治理计划的过程中可通过实施以下最佳实践，以提高组织的协作性：

① 绘制关键流程图并建立职责分配模型，以识别工业数据治理中的利益相关者。
② 确定新角色和既有角色的适当组合。
③ 酌情任命工业数据主管。
④ 在传统信息治理角色的基础上，酌情增加工业数据的责任。
⑤ 建立承担包括工业数据在内的责任的混合式信息治理组织。

（3）工业数据质量。工业数据质量管理是测度、提高和验证质量，以及整合组织数据的方法等一套行为准则。工业数据时代，在业务重点发生变化、整体战略进行调整的同时，也对工业数据质量的治理能力提出了更高要求。

工业数据治理质量管理是一个持续的动态过程，它为满足业务需求的工业数据质量标准制定规格参数，并确保工业数据质量能够遵守这些标准。工业数据质量管理与传统数据质量管理不同，传统的数据质量管理重在风险控制，主要是根据已定义的数据质量标准进行数据标准化、数据清洗和数据整合；由于在数据来源、处理频率、数据多样性、置信度、分析位置、数据清洗时间上存在着诸多差异，所以工业数据质量管理更加注重数据清洗后的整合、分析和价值利用。

工业数据质量管理包括工业数据质量分析、问题跟踪和合规性监控。数据质量分析主要是检测原始数据中是否存在脏数据，脏数据一般是指不符合要求，以及不能直接进行相应分析的数据。工业数据质量问题跟踪主要是通过自动化与人工相结合的手段，通过业务需求和业务规则识别数据异常，排除无效数据。而工业数据质量合规管理，主要针对已定义的工业数据质量规则进行合规性检查和监控，如针对工业数据质量服务水平协议的合规性检查和监控。工业数据质量治理的最佳实践包括：

① 指导和评估工业数据管理的策略。

② 评估工业数据质量服务等级和水平，将工业数据质量管理纳入业务流程管理中。

③ 评估工业数据质量策略指标。

④ 监控工业数据质量。

⑤ 监控工业数据治理管理操作流程的合规性和绩效情况。

（4）工业数据生命周期。工业数据生命周期指工业数据从产生、获取到销毁的全过程。工业数据生命周期管理是指组织在明确工业数据战略的基础上，定义工业数据范围，确定工业数据采集、存储、整合、呈现与使用、分析与应用、归档与销毁的流程，并根据数据和应用的状况，对该流程进行持续优化。

传统数据的生命周期管理以节省存储成本为出发点，注重的是数据的存储、备份、归档和销毁，重点放在节省成本和保存管理上。在工业数据时代，云计算技术的发展显著降低了数据的存储成本，使数据生命周期管理的目标发生了变化。工业数据生命周期管理重点关注如何在成本可控的情况下，有效地管理并使用工业数据，从而创造更多价值。管理工业数据生命周期的最佳实践包括：

① 指导和评估工业数据范围的定义，即根据业务需求、使用规则、类型特征等对大数据范围进行明确定义。

② 指导和评估工业数据生命周期管理，包括工业数据生命周期管理的定义、范围、组织架构、职责、权限和角色等。

③ 指导和评估工业数据采集的范围、规范和要求，如工业数据采集标准、实效。

④ 指导和评估工业数据存储、备份、归档和销毁策略，以及工业数据聚合与处理的方法。

⑤ 指导和评估工业数据可视化规范，明确可视化的权限、数据展示与发布流程管理，以及数据资产的展示与发布。

⑥ 监督工业数据生命周期管理的合规性和绩效情况。

（5）工业数据安全。工业数据具有的大规模、高速性和多样性特征，将传统数据的安全、隐私与合规问题显著放大。工业数据安全管理是指通过规划、制定和执行大数据安全规范和策略，确保工业数据资产在使用过程中具有适当的认证、授权、访问和审计等控制措施。

建立有效的工业数据安全策略和流程，确保合适的人员以合适的方式使用和更新数据，限制所有不合规的访问和更新，以满足工业数据利益相关者的隐私与合规要求。工业数据是否被安全可靠地使用，将直接影响客户、供应商、监管机构等相关各方对组织的信任程度。工业数据安全治理的最佳实践包括：

① 指导和评估工业数据安全、隐私及合规要求。

② 根据工业数据的安全、隐私和合规要求,指导和评估工业数据安全策略、标准和技术规范。

③ 指导和评估工业数据安全、隐私和合规管理。

④ 监督工业数据用户的认证、授权、访问和审计管理活动。

⑤ 审计工业数据认证、授权和访问的合规性。

(6) 工业数据架构。数据架构是系统和软件架构层面的描述,主要是从系统设计和实现的视角来看数据资源和信息流。数据架构定义了信息架构中所涉及的实体对象的数据表示和面熟、数据存储、数据分析的方式及过程,以及数据交换机制、数据接口等内容。

工业数据架构是组织视角下,工业数据相关的基础设施、存储、计算、管理、应用等分层和组件化描述,为业务需求分析、系统功能设计、技术框架研发、服务模式创新及价值实现的过程提供指导。工业数据架构治理的最佳实践包括:

① 指导工业数据架构管理。

② 评估工业数据架构管理。

③ 监督工业数据架构管理的有效性。

(7) 工业数据创新应用。工业数据的核心价值就在于能够持续不断地开发出以"决策预测"为代表的各种创新应用,进而为工业企业创造价值。工业数据应用所面临的问题和挑战并不比互联网行业大数据应用少,某些情况下甚至更为复杂。将工业数据创新应用纳入工业数据治理范围中,期望通过工业数据治理来创新企业的研发、正产、运营、营销和管理方式,为企业带来更快的速度、更高的效率和更高的洞察力。

3.2.3 工业数据治理的实施与评估

工业数据治理的实施与评估描述了工业数据治理实施和评估过程中需要重点关注的关键内容,涉及工业数据治理所需的实施环境、实施步骤和实施效果评价,主要包括促成因素、实施过程、成熟度评估、审计四个方面。

(1) 促成因素。工业数据治理促成因素是指对大数据治理的成功实施起到关键促进作用的因素,主要包括三个方面:环境与文化、技术与工具、流程与活动。

在工业数据治理过程中,组织要通过对环境的适应,逐步形成自身的大数据治理文化;工业数据治理的技术和工具为工业数据的实施与评估提供了有力支撑和保障,同时也提高了大数据治理的效率,降低了大数据治理的成本;流程描述了组织完成战略目标并产生期望结果的实践和活动,流程会影响组织的实践活动,优化业务流程可以提高用户和大数据之间的沟通效率。

(2) 实施过程。实施工业数据治理的目标是为组织创造价值,具体表现为获取收益、管控风险和优化资源。但是,要想成功地实施工业数据治理必须解决一系列问题,其中有三个问题尤为重要:一是工业数据治理实施需要解决的关键问题;二是解决每个问题需要的阶段和步骤;三是每个阶段重点关注的要素。

针对上述三个关键问题,组织需要建构一个工业数据治理实施的总体框架,包括工业数据治理的生命周期、各阶段主要解决的问题和关注因素,为工业数据治理工作提供提纲挈领的说明,为工业数据治理实施人员提供一份全面、概括而系统的思考蓝图。

(3) 成熟度评估。通过成熟度评估可以了解组织工业数据治理的当前状态和差距,为工业数据治理领导层提供决策依据。

组织利用成熟度模型,沿着指定的改进路径可以促进工业数据治理向高成熟度转变,成熟度评估模型如表3-1所示。

表3-1 成熟度评估模型

初始级	提升级	优化级	成熟级	改进级
IT驱动的项目	业务和IT一致	优化的业务流程	IT和业务协作	业务驱动IT项目
重复和不一致的数据	跨部门协作	优化的组织职责		融合和自动的业务流程
数据无法适应业务变化	初步的数据管理	优化的数据结构	数据作为企业资产	定制化客户关系运营优化

① 初始级:为工业数据质量和工业数据整合定义了部分规则和策略,但仍存在大量冗余和劣质数据,容易造成决策错误,进而丧失市场机会。

② 提升级:组织开始进行工业数据治理,但治理过程中存在很多不一致、错误的、不可信的数据,而且工业数据治理的实践经验只在部门内得到积累。

③ 优化级:从第二阶段向第三阶段转换是个转折点,组织开始认识和理解工业数据治理的价值,从全局角度推进工业数据治理的进程,并建立起自己的工业数据治理文化。

④ 成熟级:组织建立了明确的工业数据治理战略和架构,制定了统一的工业数据标准。工业数据治理意识和文化得到显著提升,员工开始接受"工业数据是组织重要资产"的观点。在这个阶段,识别和理解当前的运营状态是重要的开始,组织开始系统的推进工业数据治理相关工作,并运用工业数据治理成熟度模型来帮助提高工业数据治理的成熟度。

⑤ 改进级:通过推行统一的工业数据标准,将组织内的流程、职责、技术和文化逐步融合在一起,建立起自适应的改进过程,利用工业数据治理的驱动因素,改进工业数据治理的运行机制,并与组织的战略目标保持一致。

(4) 审计。审计是成功实施工业数据治理的一个重要角色,通过特殊的视角对工业数据治理进行监督、风险分析和评价,并给出审计意见,有助于对工业数据治理的流程和相关工作进行改进。

工业数据治理审计是指由独立于审计对象的审计人员,以第三方的客观立场对工业数据治理过程进行综合检查与评价，向审计对象的最高领导层提出问题与建议的一连串活动。

工业数据审计的目的是通过开展工业数据治理审计工作，了解组织工业数据治理活动的总体状况，对组织是否实现工业数据治理目标进行审查和评价，充分识别与评估相关治理风险，提出评价意见及改进建议，促进组织实现工业数据治理目标。

【案例3-1】 某车企的数据治理实践

某车企整体的业务应用与技术架构如图3-4所示，按管理的组织结构，主要分四个领域的技术架构，分别为研发设计、采购、制造、营销。

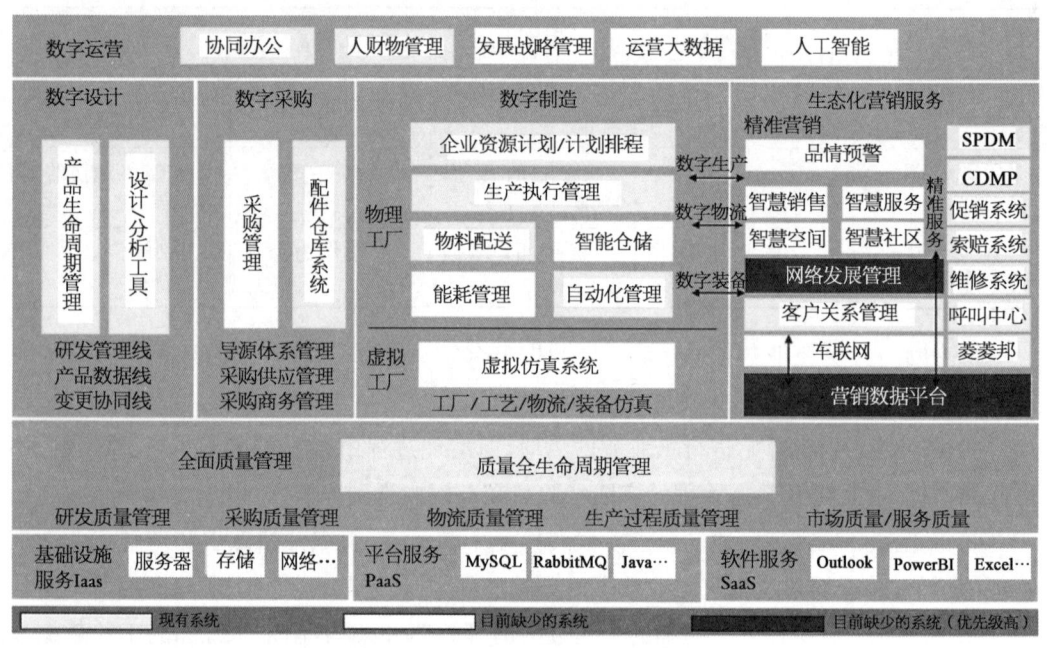

图3-4 某车企业务与技术架构

（1）数据应用现状。上述企业层面四个领域的业务应用系统加起来信息系统上百个，各系统相对独立，并进行各自数据的独立存储。数据应用及数据治理方面，各业务部门拥有独立的数据管理体系。数据共享、协同不便，无法实现业务预测，也无法连接生产、物流、销售。

由于系统间数据交互和共享不清晰，造成重复率高资源浪费严重，要实现数据管理面临管理架构的挑战和数据整合的巨大技术障碍；数据不统一，业务部门关注维度不同，数据存在延滞性，比如经销商自建线索，往往是在成交时系统方获得系统数据孤岛明显，主机厂无法掌握二网的真实库存。

（2）数据治理面临的问题。

① 没有完善健全的数据管控体系；对于一些通用独立的主数据，没有建立对应

的主数据管理平台或机制,从而各业务系统数据标准或编码不统一,各业务部门或科室依据业务需求构建自己的业务应用系统及对应的数据规范,各部门或科室之间的数据相互矛盾或不一致,导致部门间数据共享能力差、表现为数据分析指标差异、语言不统一。

② 业务系统的构建都是先于数据顶层设计,导致各业务应用系统建设时应用附带数据,存在数据冗余,数据分散管理,由于数据标准不统一导致各业务系统间数据共享能力差。

③ 内部管理职责不清,信息部门与业务部门相互独立,部门等级相同,对于业务部门的需求信息部门以信息安全及系统性能方面的理由不支持业务部门,为了及时支持营销一线,业务部门旗下衍生出信息科室或工作组,但由于人力与物力资源单薄,很难从顶层设计层面推动建立公司级统一的管理体系、管理规范和执行流程。

(3) 数据治理理论指导与方法。

① 数据治理思路。通过建立数据治理的组织机构,推行统一的数据标准规范数据治理体系建设,进行合理的权利分配及约束激励机制保障数据治理的实现。

② 数据治理模式与对策:

a. 建立相应的数据治理组织机构。该组织机构在顶层需得到公司最高层领导的授权,由业务部门及IT部门共同组成,指导层由各业务领域专家、数据管理专家、信息技术专家组成、执行层面由各数据交易系统或数据分析系统项目管理员或协调员组成。各层级成立相应的数据治理工作组。

b. 企业级数据架构的设计与管理,建立数据标准规范。对应各业务间独立共享的主数据,应有明确的归口管理部门负责建设和维护团队。

c. 数据与应用剥离,对于已经存在的业务应用系统,如果数据模型与企业级数据架构一致的,可以在剥离数据后保留其系统继续使用。如果数据架构与企业级有微量差异,可适当对原有业务系统进行优化升级。对于数据架构与企业级相冲突或差距较大的,按企业资源逐渐开发新的应用替换之。

(4) 治理实践。

① 组织结构调整。组织结构上,企业成立专门的数据架构及大数据工作组,该工作组的成立得到部门级领导授权,由业务部门人员及信息部门系统管理员组成,以共同建设营销数据平台为目标。

② 数据治理体系建设。企业起草并发布了以下规范文档用于进行数据治理体系的建设规范:

a. 数据库设计规范。为了优化数据库的设计,规范数据模型,提高数据库设计的合理性和数据访问的高效性。

b. 主数据中主数据标准及规范。定义了常用主数据的定义,包括定义主数据的字段类型、长度、格式等。

c. 数据服务规范。提供给各个应用的开发人员参考数据服务的接口调用方式和注意事项。

d. 数据平台管理和维护规范。规范了开发和运行过程中对系统主数据及共享交易数据结构变更的管理流程。

③ 业务与技术架构调整。企业在建设企业级数据标准规范之时,同时进行营销体系的经销商所使用的销售助手、服务助手和客户端社区应用的重新建设,该应用系统功能上较原有系统更具数字化优势,可围绕着更丰富的业务场景开展线上营销活动。

(5) 治理成果。某车企在数据应用和数据治理上往前迈进了一小步,成功建立了数据治理体系规范,并基于新建的数据平台实现了新应用与数据的剥离,并实现了数据支持运行过程的判断与决策。

3.3 数据质量

数据质量是数据管理和治理的重要内容,数据质量管理应涵盖数据质量问题的预防、识别、度量、分析、监控和清洗等管理活动,需要针对问题的根源,从制度、组织、流程、工具和绩效考核等方面入手,多措并举。

3.3.1 数据质量的概念及度量

数据质量的本质是满足特定分析任务需求的程度。从这种意义上说,需求和目标不同,对数据质量要求就不一样。数据质量不但依赖于数据本身的特征,还依赖于使用数据时所处的业务环境,包含数据业务流程和业务用户。

数据质量可以用多种度量维度来衡量(评估),每种度量维度衡量了数据某个或某类特征满足质量目标的程度,如表3-2～表3-5所示。

表3-2 工业数据固有质量的度量维度

维度名称	维度描述
可信度	数据真实和可信的程度
客观性	数据无偏差、无偏见、公正中立的程度
可靠性	数据从其来源和内容角度对其信赖的程度
价值密度	大数据的价值可用性
多样性	大数据类型的多样性

表 3-3　工业数据环境质量的度量维度

维度名称	维 度 描 述
适量性	数据在数量上对于当前应用满足的程度
完整性	数据内容是否缺失,以及当前广度和深度应用的满足度
相关性	数据对于当前应用来说适用和有帮助的程度
增值性	数据对当前应用是否有益,以及通过数据使用提升优势的程度
及时性	数据满足当前应用对数据时效性的要求程度
易操作性	数据在多种应用中便于使用和操作处理的程度
广泛性	大数据来源的广泛程度

表 3-4　工业数据表达质量的度量维度

维度名称	维 度 描 述
可解释性	数据在表示它的语言、符号和单位,以及定义清晰的程度
简明性	数据严谨、简明、扼要表达事物特征的程度
一致性	数据在信息系统中按照相同一致方式存储的程度
易懂性	使用者能够准确地理解数据所表示的含义,避免产生歧义的程度

表 3-5　工业数据可访问性质量的度量维度

维度名称	维 度 描 述
可访问性	数据可用且使用者能方便、快捷地获取数据的程度
安全性	对数据的访问存取有严格的限制,达到相应安全等级的程度

3.3.2　数据质量的影响因素

稳定可靠是工业界追求的目标。在信息与通信技术(information and communication technology,ICT)落后的时代,往往更多依靠物理手段来保证。如果对象或过程相对稳定、测量的技术难度大或成本高,就不一定有数据来标志相关的状态,即便是有数据记录的项目或者活动,也往往是为了解决特定时间段的管理和控制需要,记录保存下来的历史数据未必很多。有些管控活动是针对局部的设备或者操作的,即便相关数据保存下来,数据之间的关联关系也经常丢失、使得数据质量大大降低。另外,在数据采集的过程中往往忽视了采集的上下文,比如测量的手段,测量设备自身精度等,这些都会影响数据质量。

生产过程或设备的重要性越大,数据质量往往相对越好。但是,受到物理条件和技术手段的约束,能够通过数据观察和记录的信息仍然会受到限制。以钢厂为例进行说明:现代化高炉上会布置成百上千的传感器,但是这些传感器往往只是外部的相关信息,高炉内部的真实情况也难以观察到;另外,受到成本、技术等因素的约束,转炉的成分和温度难以连续测量,而且每次的测量误差都相对较大、稳定性差;再如,连铸坯表面温度对质量影响很大,但受环境干扰的影响,根本无法准确测量、也就无法用于生产的管控。总之,数据往往是间接地反映我们想要知道的问题。

对于可以测量的数据,数据质量也常常出问题。工业生产过程常常运行于某些工作点附近,这时人们总希望生产过程越稳定越好,因此会采用各种控制手段来减少参数的波动。这样在控制回路中,参数仅仅在一个很小的范围内波动,然而参数测量的精度往往成为制约控制精度的瓶颈。发生这种情况时,数据承载的有效信息和测量误差往往在一个量级上,这意味着数据的信噪比非常低。这种现象会对数据分析造成很大的干扰,典型问题之一就是会导致统计上所说的"有偏估计"。

另一个造成数据质量存在问题的因素是人为因素。一方面,人作为数据的生产者,由于主观或者客观的因素,会导致其产生的数据存在质量问题。例如,需要工人进行某些自动化工艺的确认,可能由于疲劳等因素产生错误判断,这些判断属于数据的一部分,降低了数据的"准确性",会对后续的分析产生影响;另一方面,人作为数据的消费者或中转者,在分析数据的同时可能会对数据进行转化等操作,而在这个过程中由于操作失误造成转化后数据出现问题,可能会降低数据的"规范性""一致性"。

3.3.3 数据质量管理参考架构

所谓数据质量管理,是指在数据产品的生产过程中,确定数据质量方针、目标和职责,并通过质量策划、质量控制、质量保证和质量改进来实现所有管理职能的全部活动。大数据质量管理参考框架是数据质量管理的基础。

数据质量管理框架覆盖组织在工业大数据生态链中的所有质量管理相关活动,为组织提供了数据治理管理的方法论,以支撑组织开展工业数据治理管理工作,指导决策者将工业数据质量管理纳入组织日常工作,建立团队来管理组织的数据资产,确保数据质量能够满足业务运行和管理决策的需要。

图3-5所示数据质量管理参考框架把相关活动分为质量策略、质量控制目标、职责角色、流程和方法、支撑保障五个部分。

(1)质量策略。数据质量工作受到组织内部各种业务驱动因素的影响,需要多个内部机构参与,因此必须提升到组织层面,与组织整体业务策略相一致,配合组织业务策略实施,实现组织战略目标。

(2)质量控制目标。数据质量管理需要符合一系列的大数据标准(规则)、规章制度和流程、因而必须持续监测已定义的质量测量指标和绩效指标,并及时将监测情况向利益相关方向汇报。

(3)职责角色。数据质量管理需要数据采集、使用、管理等工作定义岗位、角色和职责、清晰界定相关角色的责权利,并通过质量认责机制,确保大数据质量管理工作能够高效、有效执行。质量认责机制的核心是分离大数据使用者和管理者两个角色:大数据使

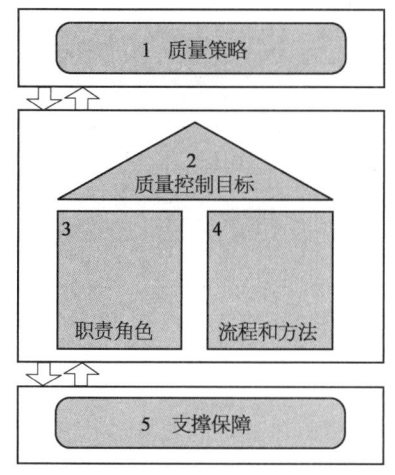

1. 协调与组织业务策略保持一致
2. 监测数据质量
3. 建立数据质量管理角色和责任
4. 维护、管理及应用数据
5. 质量管理的支撑工具

图 3-5 数据质量管理参考框架

用者负责提出业务需求,大数据管理者对大数据全生命周期中的质量负责。

(4) 流程和方法。组织按照统一标准和规范,开展大数据的管理和使用,确保数据质量满足要求。同时,必须将大数据质量相关标准化工作嵌入到日常业务处理流程中,严格执行大数据质量规范指引。

(5) 支撑保障。支撑保障包括组织有效实施大数据质量管理相关内容的各类技术工具、软件和系统,组织必须对其进行统一规划、管理和持续改进。

3.3.4 数据质量项目实施方法

数据质量管理参考框架从组织层面明确了数据质量管理框架,指导决策者如何将工业数据质量工作纳入日常工作。组织在解决各类数据质量问题时,常常通过项目实施方式解决。数据质量领域研究学者和专家结合自身实践,先后提出了一系列质量管理的项目实施方法,其中以全面信息质量管理、全面数据质量管理、数据管理十步法、六西格玛等。

与传统数据质量管理一样,数据"垃圾进 垃圾出"(garbage in garbage out,GIGO)规划仍然发挥作用,但在由于工业数据的多样性、广泛性和价值密度低等特性,使得人们对"数据垃圾"的认识存在较大的差异。本节结合六西格玛管理方法和工作实践,提出了工业数据质量项目管理的六西格玛方法(图 3-8),在具体的项目实施过程中,可分为"定、测、析、改、控"五个阶段,需要特别说明的是,在定义阶段,必须考虑大数据的质量特性,明确大数据质量分析的维度,如考虑多样性、广泛性、价值密度低等特点。

基于六西格玛的数据质量项目管理方法各个阶段的任务如图 3-6 所示。

① 定义:确定业务需求,定义项目范围所需的资源,为项目确定与业务需求一致的成功衡量指标,即确定数据质量分析的维度、规则、评估指标等,尤其是内外数据管理、多源异构数据整合、内外部数据一致性控制、冷数据和热数据的融合、数据重用等需求,从而为

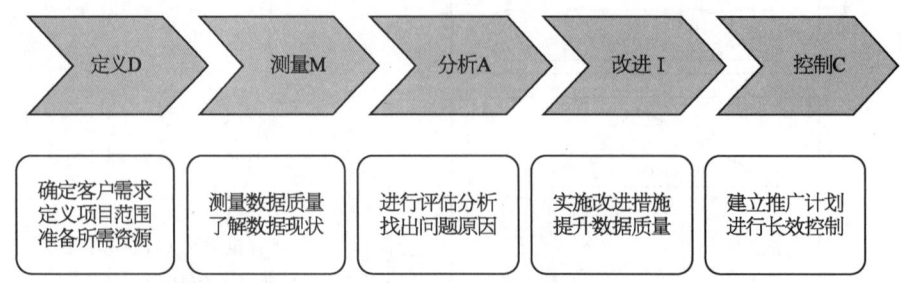

图 3-6　数据质量项目管理方法

数据质量分析提供标准和依据。

② 测量：根据数据质量测量分析维度、规划等，对选定的数据进行检查。

③ 分析：根据检查的结果，进行评估分析，找出存在的数据问题，以及问题的主要原因，生成并提交数据质量改进方案报告。

④ 改进：根据数据质量改进方案报告，对数据做出改进，提升数据质量。

⑤ 控制：建立长效机制，将质量工作纳入业务流程管理中，持续保证数据质量的提升。

【案例 3-2】　天津电力质量管理实践

天津电力公司通过对数据质量问题的分析，天津电力公司参考全面数据质量管理框架推动数据质量管理工作，结合"全面性""全员性""全过程"三个方面来展开公司数据质量的管理。

1）引入国标 DCMM 分析公司数据能力

为综合、全面的评价公司数据资产的现状，为公司数据质量的管理奠定基础，天津电力公司在电网行业率先引入国家大数据标准化工作组的重点国标《数据管理能力成熟度评估模型》（DCMM），如图 3-7 所示，在公司范围内进行大规模的标准宣贯，提升数据资产意识，并以此为依据进行数据管理能力现状的评估，总结天津电力公司在数据治理上的建设成果和优势，发现有待改进的不足之处，明确公司数据管理的建设方向。同时，天津电力公司借助 DCMM 评估项目的实施，构建了以 DCMM 为核心的数据管理体系，覆盖了数据平台、数据管理和数据应用等三个方面，并进一步规划了数据管理工作整体的制度和标准体系，以全业务数据中心的建设为抓手，强调相关制度和标准在数据中心的落地，保证和提升全业

图 3-7　DCMM 模型

务数据中心中数据的质量和安全状况。

2) 以数据认责为抓手,构建全员参与的数据管理机制

公司数据质量的提升依赖于公司全体员工在数据管理中的参与程度,明确提出了公司数据质量提升的三个全面:全过程(强调数据全生命周期)、全员(强调公司全体员工的参与)和全数据(公司生产、管理过程中的各类数据),公司全员的参与是数据质量管理的重要条件。结合公司业务协同工作开展的需要,重点分析业务协同过程中的重点数据范围(重点是跨专业数据)和存在的数据质量问题,按照"谁产生、谁负责"的原则,明确和细化公司各相关部门在各类数据管理中的职责,保证公司每项重点数据都有明确的管理者,进而制定数据质量评价的业务规则,借助数据资产管理工具定期对相关的数据质量进行评价,提升数据质量状况,促进和保障跨专业的流程协同。认责体系如图3-8所示。

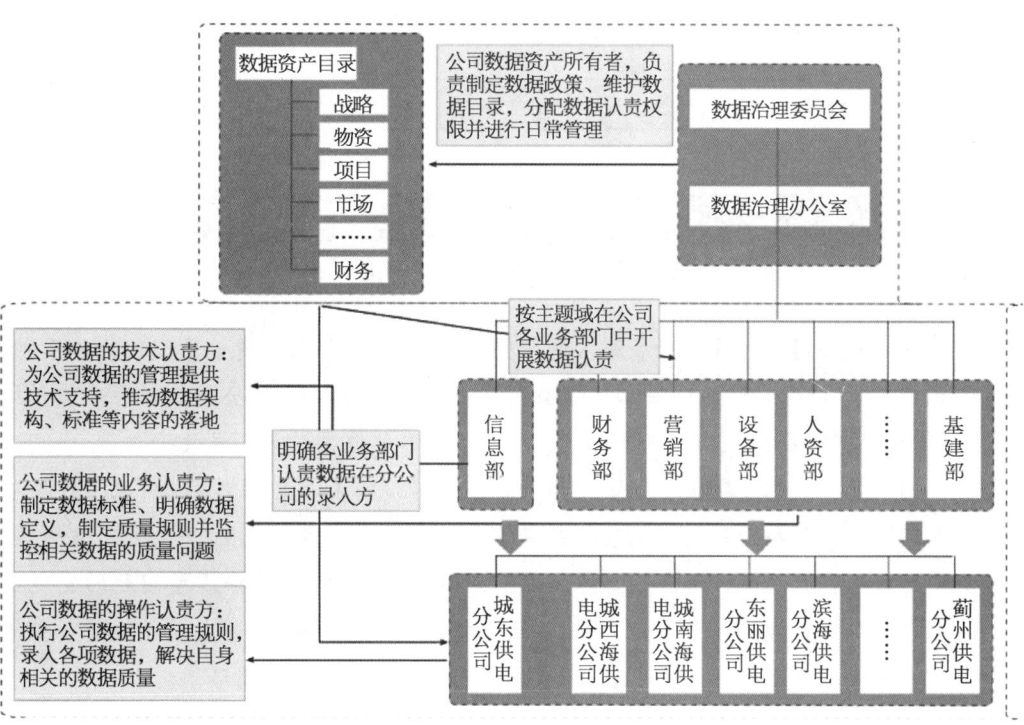

图3-8 数据认责体系

3) 以项目管理为抓手,构建覆盖数据全生命周期的管理

数据全生命周期的管理是数据质量管理过程的核心,通过数据全生命周期的管理,将信息化项目和数据治理两项工作有机、同步结合起来。信息系统生命周期分为两个阶段:信息化系统建设期和信息化系统运行期。在信息化系统建设期,信息化项目是实施数据治理的"抓手",通过信息化项目这只"抓手",推行数据治理标准规范,将数据治理工作任务落实、嵌入到数据规划、设计和开发当中。在信息化系统运行期,数据问

题和需求是数据治理优化的驱动,通过信息化系统的运行,收集、分析和处理数据问题和需求,从而优化数据治理工作。数据全生命周期管理机制如图3-9所示。

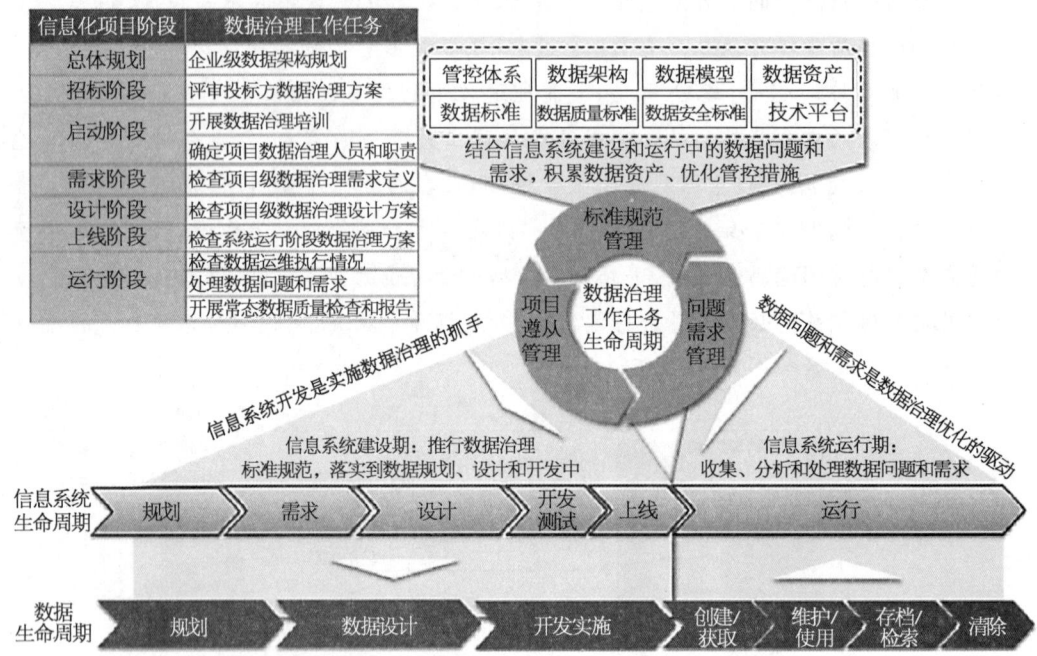

图3-9 数据全生命周期管理机制

通过对公司数据管理开展深入的研究分析,借鉴国际数据质量管理理论体系,结合国家CMM评估标准,统一构架了公司数据质量管理体系,为公司数据管理工作持续、有效的开展提供权威的指导和有力的保障。具体取得了如下成效:

(1)提升了公司数据质量管理的效益。针对现有制度中的不足,制定了数据质量管理制度。数据质量管理制度补充完善了数据质量的衡量标准,并丰富了准确性、完整性、一致性、及时性和合规性等五项标准的具体含义;在数据质量问题的发现上提出了定期召开数据质量工作会议、基层单位互查等新的措施;制定了数据质量整治管理和数据质量日常管理的内容,形成发现问题到解决问题的闭环。

(2)规范了公司数据需求和数据标准的管理。制定的数据需求管理和数据标准规范,填补了公司在该领域的空白,为公司的数据需求管理和数据标准管理提供了指导性的文件,明确了数据需求和数据标准的定义、范围等内容;制定了数据需求和数据标准的相关管理规范。

(3)建立了全员参与的组织体系。通过数据认责机制的建立,明确了公司各业务部门在数据管理工作中的管理职责和管理范围,加强了业务部门在数据管理工作中的参与程度,解决了目前国内数据质量管理普遍存在的痛点,提升了公司数据质量的状况。

3.4 工业数据的 CRISP-DM 方法论

工业数据涉及面宽广,数采、存储、传输、边缘计算、主数据管理、数据平台、数据中台、云端一体化、安全等,以及在不同行业和业务场景呈现差异的众多差异,打破"信息孤岛",拆除"数据烟囱",实现多源基础数据的按需互通和共享机制,是众多制造型企业从传统企业走向智能化企业的必经之路。

应用 CRISP-DM 方法论,通过"数据+模型"优化资源配置效率,提供更为优质的服务,并最终把正确的数据以正确的方式,在正确的时间传递给正确的人和机器,以优化制造资源配置效率。

3.4.1 CRISP-DM 方法论的概念

CRISP-DM 是一种广泛采用的数据挖掘分析方法论,由 SPSS、Teradata 等公司于 1999 年起草并发布第一版。该方法将一个数据分析项目分为业务理解、数据理解、数据准备、建模、验证、部署等 6 个阶段的迭代过程,如图 3-10 所示。

对多数数据分析工作来说,人们并不希望上述反复交替的过程,因为反复交替意味着工作的重复和低效。而这种现象出现在公认的标准中,是因为分析过程存在极大的不确定性,这样的反复往往是不可避免的。

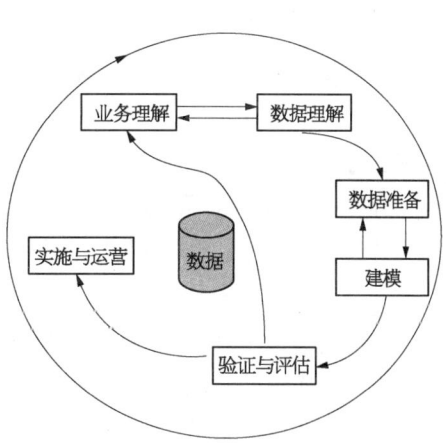

图 3-10 CRISP-DM 流程

长期以来,很多人用 CRISP-DM 指导工业数据分析的过程。在很多场景下,这个模型的原理是可行的、行之有效的,但是当我们把它用于工业过程数据分析时,却发现问题的复杂度会急剧上升,各个步骤中反复的次数大大增加,验证评估不合格导致从头再来的情况非常普遍。这些现象导致工业数据分析工作的效率显著下降。

3.4.2 CRISP-DM 模型的工业领域落地难点

CRISP-DM 模型在工业领域的应用遇到一些问题,造成了该模型落地困难,主要的难点表现在以下三个方面:

(1) 工业数据关联关系复杂。无论是生产产品的工厂还是作为工业产品的设备,本质上都是多个要素互相作用所组成的系统,而它们的运行环境也可以看成更大的系统。所以,我们可以用系统的观点,统一地看待工业数据所针对的工业对象。研究一个工业系统,要把注意力集中在多个要素互相影响、互相作用,否则只会得到片面甚至错误的结论。

（2）工业数据质量差。从某种意义上说，工业数据是工业系统在数字空间的映像。要想通过数据认识工业对象或过程，数据本身应该体现对象的系统性。然而，受到现实条件的约束，数据往往是工业对象不完整的体现，而且很多数据来源于某些特定的工作点上，参数波动中包含大量检测误差、数据的信噪比低。这就给数据分析过程带来了极大的不确定性、并容易对分析过程产生误导。

（3）工业场景的分析要求高。工业界对不确定性的容忍度很低，这就要求数据分析结果尽可能地准确可靠。分析要求高而数据条件差、对象复杂性高是分析过程中必须面对的矛盾。在数据分析的过程中，这一矛盾表现为容易出现各种假象和干扰、分析结果总是难以满足用户的使用需求等。要解决这些矛盾，必须将工业过程的领域专业知识、业务机理与数据分析过程有机地融合起来，贯穿于数据分析的每一个阶段，这也使得工业数据对业务理解的深度有较高的要求。

3.4.3　工业数据分析过程中使用 CRISP - DM

CRISP - DM 方法基本适合工业数据分析，但必须补充进新的内涵才能让方法有效、让工业数据分析成为有效的经济活动。如前所述，工业数据分析过程的效率低下，很可能是大量无效的循环往复导致的。所以，工业数据分析方法的关键，是如何减少不必要的反复，提高数据分析的效率。

在工业数据分析过程中用好 CRISP - DM，关键是减少上下步骤之间的反复，避免单向箭头变成双向，还尤其是要尽量减少模型验证失败后重新进入业务理解这样大的反复。

减少无效反复的重要办法是采用工程上常见的"以终为始"的思维方式。在进行深入研究之前，要进行一个相对全面的调研，从如何应用、如何部署开始，反推需要进行的研究。

"反复"是探索过程的特点以及知识和信息不足导致的。数据分析是一个探索知识的过程，不可能彻底消除这种现象。所以，我们需要追求的，是减少不必要的探索。"不必要的探索"一般是由于数据分析人员没有充分掌握已有的领域知识和相关信息导致的。所以，要减少不必要的探索，关键是数据分析知识和领域知识、相关信息的有机结合。

实际分析工作中没法假设或者要求数据分析人员事先对这些知识和信息有着充分的理解。所以，要解决这个问题，关键是设法让分析师在分析的过程中，更加主动、有针对性地补充相关知识，即所谓"人在环上"。

最后，要努力提高数据分析的自动化程度，充分利用计算机的计算和存储能力、减少人为的介入。由于人的介入能够使得分析效率大大降低，减少人的介入，也就能大大提高工作的效率。

CRISP - DM 模型在工业数据中的应用推进，大致可分为几个阶段，如图 3 - 11 所示。

（1）业务理解阶段。该阶段的目标是明确业务需求和数据分析的目标，将模糊的用

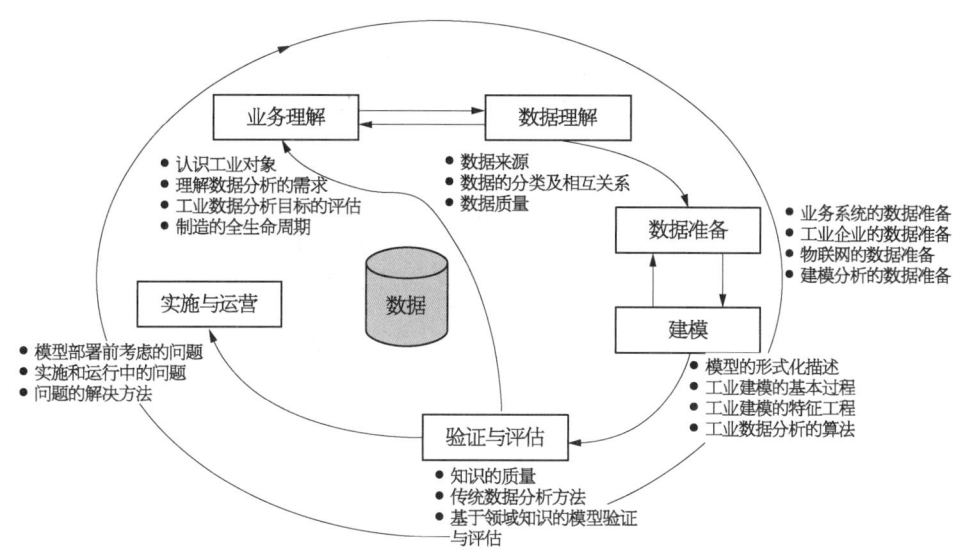

图 3-11 CRISP-DM 模型在工业数据中应用的推进阶段

户需求转化成明确的分析问题,必须清晰到计划采取什么手段、解决什么问题,要将每一个分析问题,细化成明确的数学问题,同时基于业务理解制定分析项目的评估方案。

(2) 数据理解阶段。该阶段是目标建立数据和业务的关联关系,从数据的角度去深度的解读业务。包括发现数据的内部属性,或是探测引起兴趣的子集去形成隐含信息的假设;识别数据的质量问题;对数据进行可视化探索等。

(3) 数据准备阶段。该阶段的目标是为数据的建模分析提供干净、有效的输入数据源。首先基于业务目标筛选有效数据,筛选的数据能够表征业务问题的关键影响因素;其次对数据的质量进行检查和处理,处理数据的缺失情况、异常情况等;最后对数据进行归约、集成变换等,输出建模可用的数据源。

(4) 数据建模阶段。该阶段是基于业务和数据的理解,选择合适的算法和建模工具,对数据中的规律进行固化、提取,最后输出数据分析模型。首先基于业务经验、数据建模经验、对业务问题进行逻辑化描述,探索解决问题的算法,反复迭代选择一个最优算法方案;其次基于输入数据来加工关键的因子的特征变量,作为建模输入变量,建立有效可靠的数据模型。

(5) 模型的验证和评估阶段。首先从业务的角度评估模型的精度问题,是否能够满足现有业务的要求;其次分析模型中的影响因子的完备性,为模型的下一步迭代指明优化路径;最后考察模型的假设条件,是否满足实际落地的条件,为模型的部署进行可行性验证。

(6) 模型的部署阶段。在该阶段中,首先要基于分析目标,制定模型的使用方案和部署方案,并提前为模型的部署做好环境的准备工作;其次为模型部署过程中出现的质量问题、运行问题、精度问题等,提前做好预备方案;最后基于模型试运行后的结果,制定模型的持续优化方案。

参考文献

[1] 冉冉,刘颖,胡楠,等.大数据环境下的数据治理框架研究及应用[J].电子世界,2018(24):129-130.

[2] 黄敏杰.基于大数据环境下的数据治理框架研究及应用[J].信息系统工程,2018(11):61.

[3] 程广明.数据治理模型与治理成熟度评估研究[J].科技与创新,2016(09):6-7.

[4] 郑大庆,范颖捷,潘蓉,等.大数据治理的概念与要素探析[J].科技管理研究,2017,37(15):200-205.

[5] 张宁,袁勤俭.数据治理研究述评[J].情报杂志,2017(05):129-134,163.

[6] 李鸣,郝守勤,何震.数据治理国际标准研究[J].信息技术与标准化,2017(Z1):48-52.

[7] 孙嘉睿.国内数据治理研究进展:体系、保障与实践[J].图书馆学研究,2018(16):2-8.

[8] 徐雅倩,王刚.数据治理研究:进程与争鸣[J].电子政务,2018(08):38-51.

[9] 石玉峰.基于大数据环境下的数据治理框架研究及应用[J].网络安全技术与应用,2018(03):64+97.

[10] 代红,张群,尹卓.大数据治理标准体系研究[J].大数据,2019,5(03):47-54.

[11] 陈涛.某车企数据应用及数据治理研究与实践[J].现代经济信息,2019(11):74-75.

[12] 李冰,宾军志.数据管理能力成熟度模型[J].大数据,2017,3(04):29-36.

[13] 满孝颐.数据安全:人工智能健康发展的核心命题[J].中国信息安全,2019(11):47-48.

[14] 赵宏伟,冯涛,于海涛.全面数据质量管理框架在电网行业中的应用[J].信息技术与标准化,2018(07):62-65.

第4章

工业信息安全

工业领域的安全一般分为三类,信息安全、功能安全和物理安全。传统工业控制系统安全最初多关注功能安全与物理安全,即防止工业安全相关系统或设备的功能失效,当失效或故障发生时,保证工业设备或系统仍能保持安全条件或进入到安全状态。近年来,随着工业控制系统信息化程度的不断加深,针对工业控制系统的信息安全问题不断凸显,业界对信息安全的重视程度逐步提高。

与传统的工控系统安全和互联网安全相比,由于工业互联网的兴起,导致工业信息安全面临着更为巨大的:一方面,工业互联网安全打破了以往相对明晰的责任边界,其范围、复杂度、风险度产生的影响要大得多,其中工业互联网平台安全、数据安全、联网智能设备安全等问题越发突出;另一方面,工业互联网安全工作需要从制度建设、国家能力、产业支持等更全局的视野来统筹安排,目前很多企业还没有意识到安全部署的必要性与紧迫性,安全管理与风险防范控制工作亟须加强。

工业信息安全体系是工业互联网的保障,建设满足工业需求的安全技术体系和管理体系,增强设备、网络、控制、应用和数据的安全保障能力,识别和抵御安全威胁,化解各种安全风险,才能构建工业智能化转型发展的所需的安全可信环境。本章讨论工业互联网安全体系框架、工业信息安全技术与措施、工业信息安全等级保护测评体系。

4.1 工业互联网安全框架

工业互联网安全框架需要统筹考虑信息安全、功能安全与物理安全,聚焦信息安全,主要解决工业互联网面临的网络攻击等新型风险,并考虑其信息安全防护措施的部署可能对功能安全和物理安全带来的影响。由于物理安全相关防护措施较为通用,故在本书框架中不做重要考虑,本书主要对工业互联网的信息安全与功能安全进行讨论。

4.1.1 传统网络安全框架

1) OSI 安全体系结构

开放式通信系统互联参考模型(open system interconnection reference model,OSI/

RM)安全体系结构是国际标准化组织(International Organization for Standardization, ISO)在对 OSI 开放系统互联环境的安全性深入研究的基础上提出的。它定义了为保证 OSI 参考模型的安全应具备五类安全服务,包括鉴别服务、访问控制、数据完整性、数据保密性和不可抵赖性,以及为实现这五类安全服务所应具备的八种安全机制,包括加密、数字签名、访问控制、数据完整性、鉴别交换、业务流填充、路由控制以及公证。OSI 安全体系结构如图 4-1 所示,安全体系结构中的五类安全服务及八种安全机制可根据所防护网络的具体要求适当地配置于 OSI 参考模型的七个层次中。

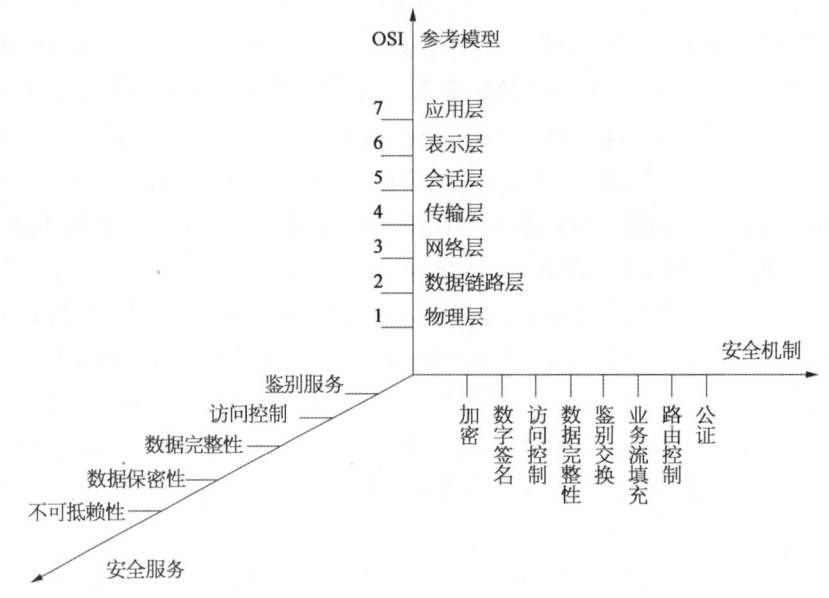

图 4-1 OSI 七层参考模型

安全体系结构针对 OSI 参考模型中层次的不同,部署不同的安全服务与安全机制,体现出分层防护的思想,具有很好的灵活性。然而,OSI 安全体系结构专注于网络通信系统,其应用范围具有一定的局限性。同时,OSI 安全体系结构实现的是对网络的静态安全防护,而网络的安全防护具有动态性,该体系结构对于持续变化的内外部安全威胁缺乏足够的监测与应对能力。此外,OSI 安全体系结构主要从技术层面出发对网络的安全防护问题进行讨论,未考虑管理在安全防护中的地位和作用。面对更复杂更全面的安全保障要求,仅依靠 OSI 安全体系结构是远远不够的。

2) P2DR 模型

P2DR(policy protection detection response)模型是美国 ISS 公司提出的动态网络安全体系模型。P2DR 模型建立在基于时间的安全理论基础之上,将网络安全的实施分为防护、检测和响应三个阶段。在整体安全策略的指导下部署安全防护措施,实时检测网络中出现的风险,对风险及时进行处置,并对处置过程中的经验进行总结以便对防护措施进行调整和完善。这使得防护、检测和响应组成了如图 4-2 所示的动态安全循环,从而保证网络的安全。

P2DR 模型是一种基于闭环控制的动态安全模型,适用于需要长期持续安全防护的网络系统。从总体上来讲,该模型与 OSI 安全体系结构一样,都局限于从技术上考虑网络的安全问题,忽视了管理对于安全防护的重要性,在模型的具体实施过程中极有可能因安全策略执行的不当影响安全防护效果。

3) 信息保障技术框架

信息保障技术框架(information assurance technical framework,IATF)是美国国家安全局于 1998 年提出的,该框架提出保障信息系统安全应具备的三个核心要素,即人、技术和操作。其中,人

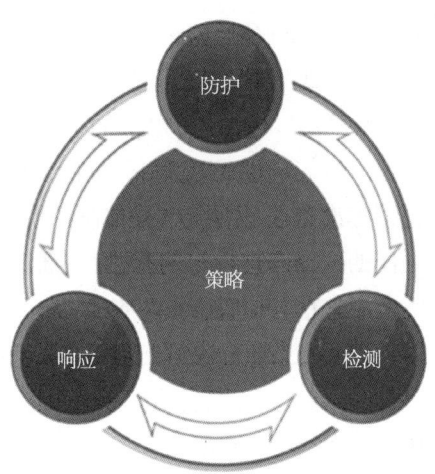

图 4-2　P2DR 动态安全循环模型

这一要素包括保障人身安全、对人员进行培训、制定安全管理制度等,强调了人作为防护措施的具体实施者在安全防护中的重要地位。技术这一要素强调要在正确的安全策略指导下采取措施来为信息系统提供安全保障服务并对入侵行为进行检测。操作这一要素则明确了要保证信息系统的日常安全应采取的具体防护手段。此外,该框架将网络系统的安全防护分为网络和基础设施防御、网络边界防御、局域计算环境防御和支撑性基础设施防御四部分。在每个部分中 IATF 都描述了其特有的安全需求和相应的可供选择的技术措施,为更好地理解网络安全的不同方面、分析网络系统的安全需求以及选取恰当的安全防御机制提供了依据。IATF 的具体内容如图 4-3 所示。

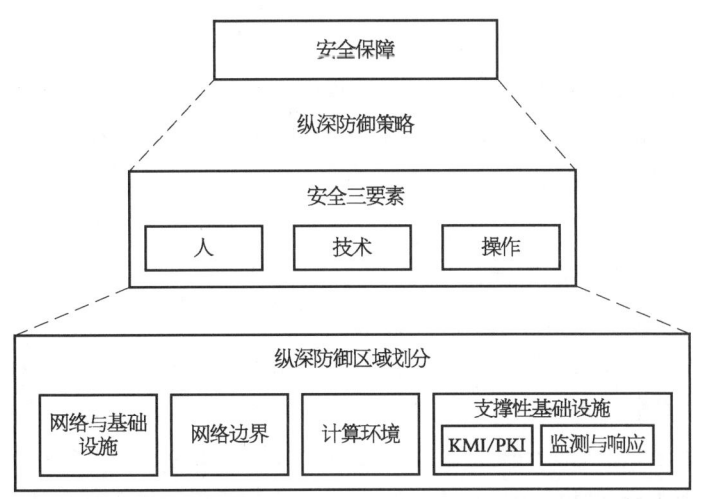

图 4-3　IATF 内容

IATF 通过对上述各部分分别部署安全保障机制,形成对网络系统的纵深防御,从而降低安全风险,保障网络系统的安全性。但 IATF 与 OSI 安全体系结构一样,实现的都是

对网络系统的静态安全防护,并未对网络系统部署动态持续的安全防护措施。

4) IEC62443

IEC62443 是国际电工委员会工业过程测量、控制与自动化/网络与系统信息安全工作组(IEC/TC65/WG10)与国际自动化协会(ISA99)共同制定的工业控制系统安全防护系列标准。该标准将工业控制系统按照控制和管理的等级划分成相对封闭的区域,区域之间的数据通信通过管道进行,通过在管道上安装信息安全管理设备来实现分级保护,进而实现如图 4-4 所示的控制系统的网络安全纵深防御。

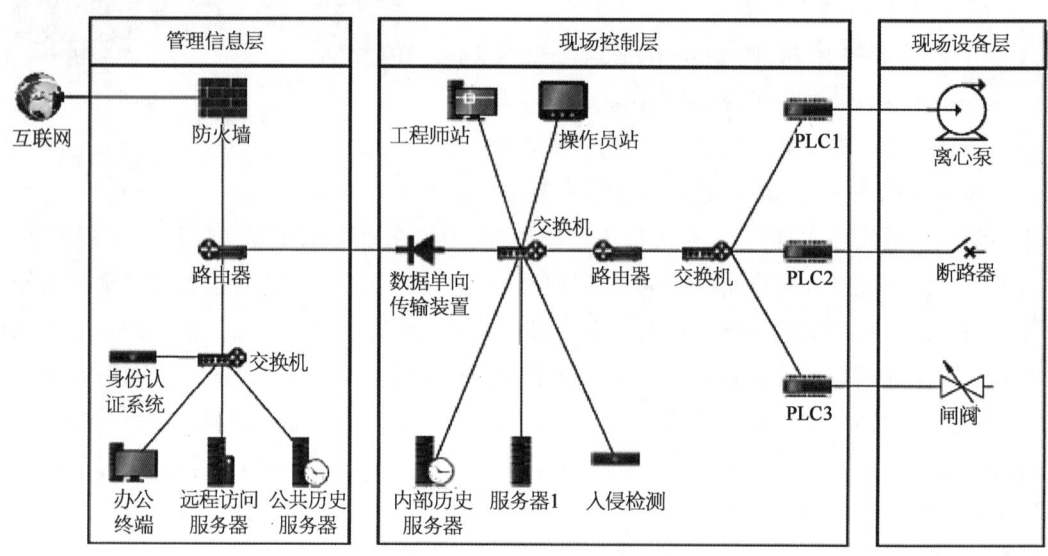

图 4-4 IEC62443 实例

IEC62443 系列标准中对于安全技术与安全管理的实施均提出了要求,但从总体上来看,它与 OSI 安全体系结构和 IATF 一样,实现的都是静态安全防护。工业互联网的安全防护是一个动态过程,需要根据外部环境的变化不断进行调整。在工业互联网安全框架的设计中,需要将动态防护的理念纳入其中。

4.1.2 典型工业互联网安全框架

1) 美国工业互联网安全框架

2016 年 9 月 19 日,美国工业互联网联盟(Industrial Internet Consortium,IIC)正式发布工业互联网安全框架(Industrial Internet Security Framework,IISF)1.0 版本,拟通过该框架的发布为工业互联网安全研究与实施提供理论指导。

IISF 的实现主要从功能视角出发,定义了如图 4-5 所示的六个功能,即端点保护、通信与连接保护、安全监测与分析、安全配置与管理、数据保护以及安全模型与策略,并将这六个功能分为三个层次。顶层包括端点保护、通信与连接保护、安全监测与分析以及安全配置管理四个功能,为工业互联网中的终端设备及设备之间的通信提供保护,对用于这些设备与通信的安全防护机制进行配置,并监测工业互联网运行过程中出现的安全风险。顶层四个功能之下是一个通用的数据保护层,对这四个功能中产生的数据提供保护。最下层是覆盖整个工业互联网的安全模型与策略,它将上述五个功能紧密结合起来,实现端到端的安全防护。

总的来看,美国 IISF 聚焦于 IT 安全,侧重于安全实施,明确了具体的安全措施,对于工业互联网安全框架的设计具有很好的借鉴意义。

2) 德国工业 4.0 安全框架

德国工业 4.0 注重安全实施,由网络安全组牵头出版了《工业 4.0 安全指南》《跨企业安全通信》《安全身份标识》等一系列指导文件,帮助企业加强安全防护。德国虽然从多个

图 4-5　美国工业互联网安全实施框架

角度对工业信息安全提出了要求,但是并未形成成熟的安全体系框架。虽然如此,工业信息安全作为新的商业模式的推动者,在工业 4.0 参考架构(RAMI 4.0)中起到了承载和连接所有结构元素的骨架作用。

德国 RAMI 4.0 从 CPS 功能视角、全生命周期价值链视角和全层级工业系统视角三个视角构建了如图 4-6 所示的工业 4.0 参考架构。从 CPS 功能视角看,安全应用于所有不同层次,因此安全风险必须做整体考虑;从全生命周期价值链视角看,对象的所有者必须考虑全生命周期的安全性;从全层级工业系统视角看,需要对所有资产进行安全风险分析,并对资产所有者提供实时保护措施。

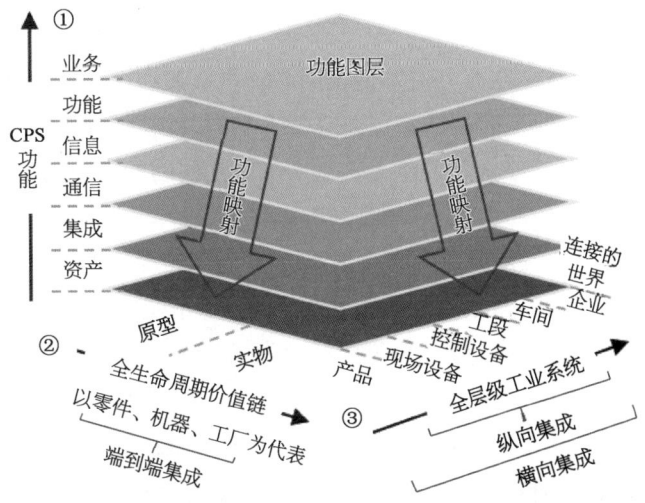

图 4-6　工业 4.0 参考架构(RAMI 4.0)

德国 RAMI 4.0 采用了分层的基本安全管理思路,侧重于防护对象的管理。在工业互联网安全框架的设计过程中可借鉴这一思路,并且从实施的角度将管理与技术相结合,

更好地指导工业互联网企业部署安全实施。

4.1.3 相关框架共性分析及经验借鉴

通过对以上相关网络安全框架的分析，总结出以下三方面的共性特征，在工业互联网安全框架的设计中值得思考并充分借鉴。

（1）分类别部署安全防护措施。上述相关网络安全框架中大多都体现出分类别部署安全防护措施的思想。例如在OSI安全体系结构中根据网络层次的不同部署相应的安全防护措施，IATF、IEC62443通过划分不同的功能域来部署相应的安全防护措施，美国IISF与德国工业4.0框架中则根据资产类型的不同分别阐述其安全防护措施。工业互联网安全框架在设计时可根据防护对象的不同部署针对性的安全防护措施，更好地发挥安全防护措施的防护效果。

（2）构建动态安全模型成为主流。P2DR模型、美国IISF及德国工业4.0框架中均强调对安全风险进行持续的监测与响应，充分说明相对安全观已成为目前业界的共识。为应对不断变化的安全风险，工业互联网安全框架的设计需将动态与持续性安全防护纳入其中。

（3）技术手段与管理手段相结合。IATF、IEC62443、美国IISF及德国工业4.0框架等在设计过程中均强调了技术手段与管理手段相结合的重要性。设计工业互联网安全框架时，需充分借鉴技管相结合的思路，双重保障，更好地帮助工业互联网安全企业提升安全防护能力。

4.1.4 工业互联网安全框架设计

1）设计思路

工业互联网安全框架是在充分借鉴传统网络安全框架和国外工业互联网安全相关框架的基础上，结合我国工业互联网的特点研究并提出的，旨在指导工业互联网相关企业开展安全防护体系建设，提升安全防护能力。对于工业互联网的安全防护，可以从以下三方面进行阐述。

（1）明确安全防护对象是前提。安全防护对象的确定是一个根本问题，是明确工业互联网安全防护工作范围的基础，并为防护工作的实施指明方向。在传统网络安全框架与工业互联网安全相关框架中，都对其防护对象做了明确界定。在工业互联网产业联盟2016年8月发布的《工业互联网体系架构（版本1.0）》中，工业互联网安全体系部分也从防护对象角度提出了工业互联网安全的五大重点方向，即设备安全、控制安全、网络安全、应用安全和数据安全。本框架的设计中沿用这一说法，将设备、控制、网络、应用、数据作为工业互联网安全防护的研究对象。

（2）部署安全防护措施是关键。安全框架的实施落地离不开安全防护措施的部署。在诸多传统网络安全框架中都将安全防护措施作为框架的重要组成部分。OSI安全框架中阐述的安全服务与安全机制即是针对不同的防护对象部署了相应的防护措施。在P2DR等安全模型中则引入了动态安全的理念,除了部署静态的安全防护措施外,还增加了监测响应、处置恢复等环节,形成了动态、闭环的安全防护措施部署机制。在工业互联网安全框架的设计过程中,需要结合工业互联网安全防护的特殊要求,采取静态防护与动态防护措施相结合的方式,在安全事件发生时能够及时发现并加以处置。

(3)落实安全防护管理是重要保障。在网络安全防护领域有"三分技术、七分管理"的传统。传统网络安全框架IATF、IEC62443等均强调了管理对于网络安全防护的重要性。国外工业互联网安全相关框架也将管理与技术相结合,强调技术与管理并重。在工业互联网安全框架的设计中,需要将技术与管理有效结合,构建科学完备的安全防护管理流程,指导工业互联网企业提升安全防护管理水平。

综上所述,工业互联网安全框架的构建需要包含防护对象、防护措施以及防护管理三个方面,从三个不同的视角指导企业开展工业互联网安全防护工作。

2)安全框架

工业互联网安全框架从防护对象、防护措施及防护管理三个视角构建。针对不同的防护对象部署相应的安全防护措施,根据实时监测结果发现网络中存在的或即将发生的安全问题并及时做出响应。同时加强防护管理,明确基于安全目标持续改进的管理方针,保障工业互联网的持续安全。工业互联网安全框架如图4-7所示。

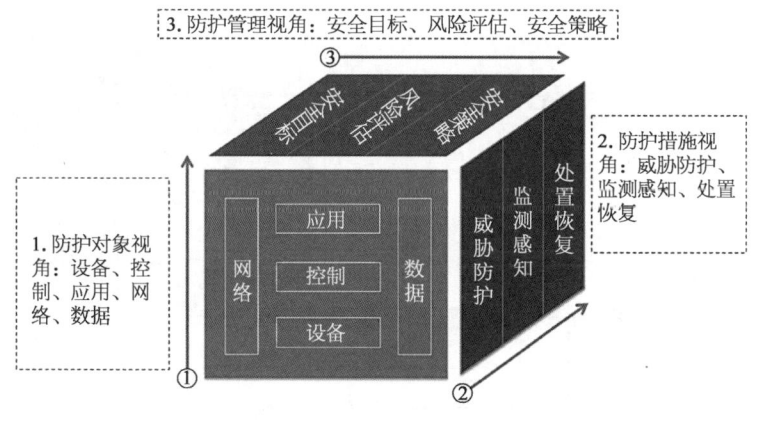

图4-7 工业互联网安全框架

其中,防护对象视角涵盖设备、控制、网络、应用和数据五大安全重点;防护措施视角包括威胁防护、监测感知和处置恢复三大环节,威胁防护环节针对五大防护对象部署主被动安全防护措施,监测感知和处置恢复环节通过信息共享、监测预警、应急响应等一系列安全措施、机制的部署增强动态安全防护能力;防护管理视角根据工业互联网安全目标对其面临的安全风险进行安全评估,并选择适当的安全策略作为指导,实现防护措施的有效部署。

工业互联网安全框架的三个防护视角之间相对独立,但彼此之间又相互关联。从防护对象视角来看，安全框架中的每个防护对象都需要采用一组合理的防护措施并配备完备的防护管理流程对其进行安全防护；从防护措施视角来看，每一类防护措施都有其适用的防护对象，并在具体防护管理流程指导下发挥作用；从防护管理视角来看，防护管理流程的实现离不开对防护对象的界定，并需要各类防护措施的有机结合使其能够顺利运转。工业互联网安全框架的三个防护视角相辅相成、互为补充，形成一个完整、动态、持续的防护体系。

与美国工业互联网联盟提出的安全框架相比，工业互联网安全框架对于安全防护的呈现视角虽有不同，但其设计思路与前者有共通之处，在防护内容上也具有一定的对应关系。图4-8展示了工业互联网安全框架与美国工业互联网联盟所提出的安全框架之间的映射关系。其中，防护对象视角中的五大防护对象对应了美国工业互联网安全框架中端点保护、通信与连接保护以及数据保护中所界定的防护对象；防护措施视角中的三类安全技术手段与美国工业互联网安全框架中的端点保护、通信与连接保护、数据保护、安全监测与分析以及安全配置与管理中提出的防护技术手段相对应；而防护管理视角中的内容则与美国工业互联网安全框架中的安全模型与策略具有对应关系。由此可以看出，两者都是从指导企业开展工业互联网安全实施工作出发，强调技管结合、动静互补，持续提升工业互联网安全防护能力。工业互联网安全框架的提出，有助于深化联盟与其他国际组织的合作与交流，对于我国企业与国际接轨、开拓海外市场也具有积极意义。

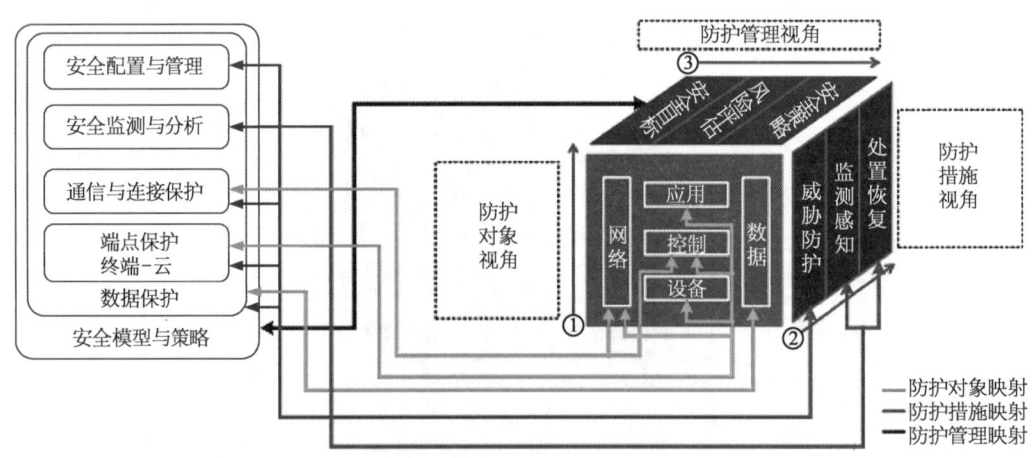

图4-8 工业互联网安全框架与美国工业互联网联盟提出的安全框架的映射关系

3）防护对象视角

防护对象视角主要包括设备、控制、网络、应用、数据五大对象，如图4-9所示。

（1）设备安全。包括工厂内单点智能器件、成套智能终端等智能设备的安全，以及智能产品的安全，具体涉及操作系统/应用软件安全与硬件安全两方面。

（2）控制安全。包括控制协议安全、控制软件安全以及控制功能安全。

（3）网络安全。包括承载工业智能生产和应用的工厂内部网络、外部网络及标识解

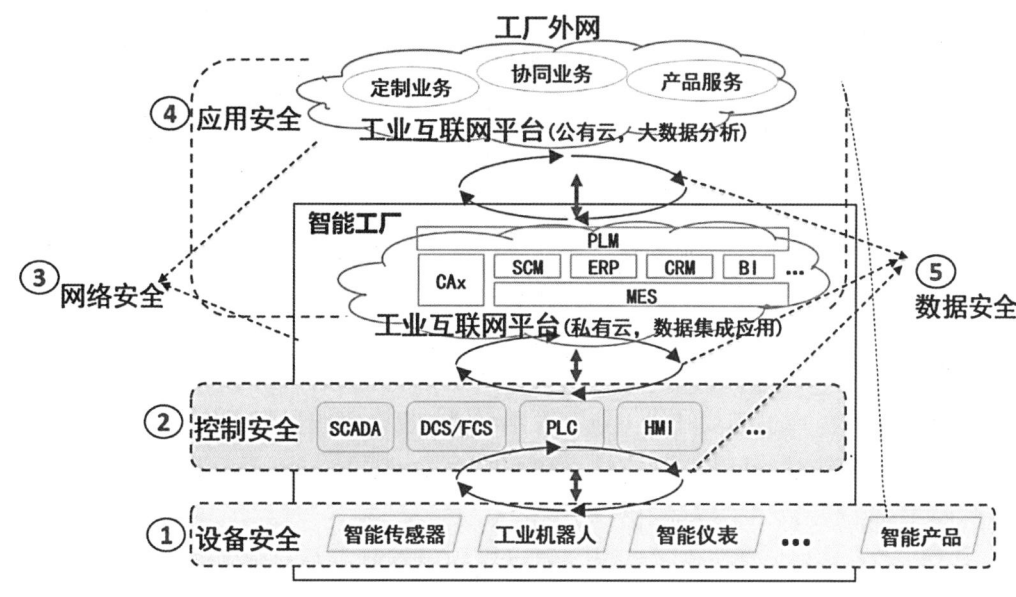

图 4-9 防护对象视角

析系统等的安全。

(4) 应用安全。包括工业互联网平台安全与工业应用程序安全。

(5) 数据安全。包括涉及采集、传输、存储、处理等各个环节的数据以及用户信息的安全。

4) 防护措施视角

为帮助相关企业应对工业互联网所面临的各种挑战,防护措施视角从生命周期、防御递进角度明确安全措施,实现动态、高效的防御和响应。防护措施视角主要包括威胁防护、监测感知和处置恢复三大环节,如图 4-10 所示。

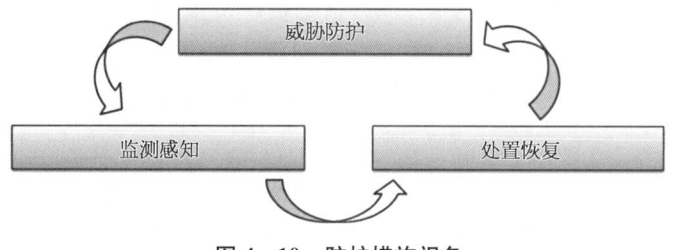

图 4-10 防护措施视角

(1) 威胁防护。针对五大防护对象,部署主被动防护措施,阻止外部入侵,构建安全运行环境,消减潜在安全风险。

(2) 监测感知。部署相应的监测措施,实时感知内部、外部的安全风险。

(3) 处置恢复。建立响应恢复机制,及时应对安全威胁,并及时优化防护措施,形成闭环防御。

5）防护管理视角

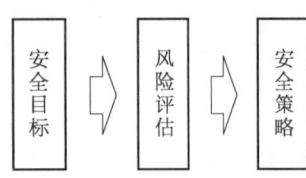

图 4-11　防护措施视角

防护管理视角的设立，旨在指导企业构建持续改进的安全防护管理方针，在明确防护对象及其所需要达到的安全目标后，对于其可能面临的安全风险进行评估，找出当前与安全目标之间存在的差距，制定相应的安全防护策略，提升安全防护能力，并在此过程中不断对管理流程进行改进。防护措施视角的内容如图 4-11 所示。

（1）安全目标。为确保工业互联网的正常运转和安全可信，应对工业互联网设定合理的安全目标，并根据相应的安全目标进行风险评估和安全策略的选择实施。工业互联网安全目标并非单一的，需要结合工业互联网不同的安全需求进行明确。工业互联网安全包括保密性、完整性、可用性、可靠性、弹性和隐私六大目标，这些目标相互补充，共同构成了保障工业互联网安全的关键特性。

① 保密性：确保信息在存储、使用、传输过程中不会泄漏给非授权用户或实体。

② 完整性：确保信息在存储、使用、传输过程中不会被非授权用户篡改，同时还要防止授权用户对系统及信息进行不恰当的篡改，保持信息内、外部表示的一致性。

③ 可用性：确保授权用户或实体对信息及资源的正常使用不会被异常拒绝，允许其可靠而及时地访问信息及资源。

④ 可靠性：确保工业互联网系统在其寿命区间内以及在正常运行条件下能够正确执行指定功能。

⑤ 弹性：确保工业互联网系统在受到攻击或破坏后恢复正常功能。

⑥ 隐私安全：确保工业互联网系统内用户的隐私安全。

（2）风险评估。为管控风险，必须定期对工业互联网系统的各安全要素进行风险评估。对应工业互联网整体安全目标，分析整个工业互联网系统的资产、脆弱性和威胁，评估安全隐患导致安全事件的可能性及影响，结合资产价值，明确风险的处置措施，包括预防、转移、接受、补偿、分散等，确保在工业互联网数据私密性、数据传输安全性、设备接入安全性、平台访问控制安全性、平台攻击防范安全性等方面提供可信服务，并最终形成风险评估报告。

（3）安全策略。工业互联网安全防护的总体策略，是要构建一个能覆盖安全业务全生命周期的，以安全事件为核心，实现对安全事件的"预警、检测、响应"动态防御体系。能够在攻击发生前进行有效预警和防护，在攻击中进行有效的攻击检测，在攻击后能快速定位故障，进行有效响应，避免实质损失的发生。安全策略中描述了工业互联网总体的安全考虑，并定义了保证工业互联网日常正常运行的指导方针及安全模型。通过结合安全目标以及风险评估结果，明确当前工业互联网各方面的安全策略，包括对设备、控制、网络、应用、数据等防护对象应采取的防护措施，以及监测响应及处置恢复措施等。同时，为打造持续安全的工业互联网，面对不断出现的新的威胁，应不断完善安全策略。

4.2 工业信息安全技术与措施

工业互联网安全框架在实施过程中的重点,就是针对防护对象采取行之有效的防护措施。为此,针对工业互联网安全的各大防护对象面临的安全威胁,分别介绍其可采取的安全防护措施,并对监测感知与处置恢复两类贯穿工业互联网全系统的防护措施进行介绍,为企业部署工业互联网安全防护工作提供参考。

4.2.1 设备安全

工业互联网的发展使得现场设备由机械化向高度智能化转变,并产生了嵌入式操作系统+微处理器+应用软件的新模式,这就使得未来海量智能设备可能会直接暴露在网络攻击之下,面临攻击范围扩大、扩散速度增加、漏洞影响扩大等威胁。

工业互联网设备安全指工厂内单点智能器件以及成套智能终端等智能设备的安全,具体应分别从操作系统/应用软件安全与硬件安全两方面出发部署安全防护措施,可采用的安全机制包括固件安全增强、恶意软件防护、设备身份鉴别与访问控制、漏洞修复等。

1) 操作系统/应用软件安全

(1) 固件安全增强。工业互联网设备供应商需要采取措施对设备固件进行安全增强,阻止恶意代码传播与运行。工业互联网设备供应商可从操作系统内核、协议栈等方面进行安全增强,并力争实现对于设备固件的自主可控。

(2) 漏洞修复加固。设备操作系统与应用软件中出现的漏洞对于设备来说是最直接也是最致命的威胁。设备供应商应对工业现场中常见的设备与装置进行漏洞扫描与挖掘,发现操作系统与应用软件中存在的安全漏洞,并及时对其进行修复。

(3) 补丁升级管理。工业互联网企业应密切关注重大工业互联网现场设备的安全漏洞及补丁发布,及时采取补丁升级措施,并在补丁安装前对补丁进行严格的安全评估和测试验证。

2) 硬件安全

(1) 硬件安全增强。对于接入工业互联网的现场设备,支持基于硬件特征的唯一标识符,为包括工业互联网平台在内的上层应用提供基于硬件标识的身份鉴别能力。此外,应支持将硬件级部件(安全芯片或安全固件)作为系统信任根,为现场设备的安全启动以及数据传输机密性和完整性保护提供支持。

(2) 运维管控。工业互联网企业应在工业现场网络重要控制系统(如机组主控 DCS 系统)的工程师站、操作员站和历史站部署运维管控系统,实现对外部存储器(如 U 盘)、键盘和鼠标等使用 USB 接口设备的识别,对外部存储器的使用进行严格控制。同时,注意部署的运维管控系统不能影响生产控制大区各系统的正常运行。

4.2.2 控制安全

工业互联网使得生产控制由分层、封闭、局部逐步向扁平、开放、全局方向发展。其中在控制环境方面表现为信息技术(IT)与操作技术(OT)融合,控制网络由封闭走向开放;在控制布局方面表现为控制范围从局部扩展至全局,并伴随着控制监测上移与实时控制下移。上述变化改变了传统生产控制过程封闭、可信的特点,造成安全事件危害范围扩大、危害程度加深、信息安全与功能安全问题交织等后果。

对于工业互联网控制安全防护,主要从控制协议安全、控制软件安全及控制功能安全三个方面考虑,可采用的安全机制包括协议安全加固、软件安全加固、恶意软件防护、补丁升级、漏洞修复、安全监测审计等。

1) 控制协议安全

(1) 身份认证。为了确保控制系统执行的控制命令来自合法用户,必须对使用系统的用户进行身份认证,未经认证的用户所发出的控制命令不被执行。在控制协议通信过程中,一定要加入认证方面的约束,避免攻击者通过截获报文获取合法地址建立会话,影响控制过程安全。

(2) 访问控制。不同的操作类型需要不同权限的认证用户来操作,如果没有基于角色的访问机制,没有对用户权限进行划分,会导致任意用户可以执行任意功能。

(3) 传输加密。在控制协议设计时,应根据具体情况,采用适当的加密措施,保证通信双方的信息不被第三方非法获取。

(4) 健壮性测试。控制协议在应用到工业现场之前应通过健壮性测试工具的测试,测试内容可包括风暴测试、饱和测试、语法测试、模糊测试等。

2) 控制软件安全

(1) 软件防篡改。工业互联网中的控制软件可归纳为数据采集软件、组态软件、过程监督与控制软件、单元监控软件、过程仿真软件、过程优化软件、专家系统、人工智能软件等类型。软件防篡改是保障控制软件安全的重要环节,具体措施包括以下几种:

① 控制软件在投入使用前应进行代码测试,以检查软件中的公共缺陷。

② 采用完整性校验措施对控制软件进行校验,及时发现软件中存在的篡改情况。

③ 对控制软件中的部分代码进行加密。

④ 做好控制软件和组态程序的备份工作。

(2) 认证授权。控制软件的应用要根据使用对象的不同设置不同的权限,以最小的权限完成各自的任务。

(3) 恶意软件防护。对于控制软件应采取恶意代码检测、预防和恢复的控制措施。控制软件恶意代码防护具体措施包括:

① 在控制软件上安装恶意代码防护软件或独立部署恶意代码防护设备,并及时更新恶意代码软件和修复软件版本和恶意代码库,更新前应进行安全性和兼容性测试。防护软件包括病毒防护、入侵检测、入侵防御等具有病毒查杀和阻止入侵行为的软件;防护设

备包括防火墙、网闸、入侵检测系统、入侵防御系统等具有防护功能的设备。应注意防止在实施维护和紧急规程期间引入恶意代码。

② 建议控制软件的主要生产厂商采用特定的防病毒工具。在某些情况下,控制软件的供应商需要对其产品线的防病毒工具版本进行回归测试,并提供相关的安装和配置文档。

③ 采用具有白名单机制的产品,构建可信环境,抵御零日漏洞和有针对性地攻击。

(4) 补丁升级更新。控制软件的变更和升级需要在测试系统中经过仔细的测试,并制定详细的回退计划。对重要的补丁需尽快测试和部署。对于服务包和一般补丁,仅对必要的补丁进行测试和部署。

(5) 漏洞修复加固。控制软件的供应商应及时对控制软件中出现的漏洞进行修复或提供其他替代解决方案,如关闭可能被利用的端口等。

(6) 协议过滤。采用工业防火墙对协议进行深度过滤,对控制软件与设备间的通信内容进行实时跟踪。

(7) 安全监测审计。通过对工业互联网中的控制软件进行安全监测审计可及时发现网络安全事件,避免发生安全事故,并可以为安全事故的调查提供翔实的数据支持。目前许多安全产品厂商已推出了各自的监测审计平台,可实现协议深度解析、攻击异常检测、无流量异常检测、重要操作行为审计、告警日志审计等功能。

3) 控制功能安全

要考虑功能安全和信息安全的协调能力,使得信息安全不影响功能安全,功能安全在信息安全的防护下更好地执行安全功能。现阶段功能安全具体措施主要包括:

(1) 确定可能的危险源、危险状况和伤害事件,获取已确定危险的信息(如持续时间、强度、毒性、暴露限度、机械力、爆炸条件、反应性、易燃性、脆弱性、信息丢失等)。

(2) 确定控制软件与其他设备或软件(已安装的或将被安装的)以及与其他智能化系统(已安装的或将被安装的)之间相互作用所产生的危险状况和伤害事件,确定引发事故的事件类型(如元器件失效、程序故障、人为错误,以及能导致危险事件发生的相关失效机制)。

(3) 结合典型生产工艺、加工制造过程、质量管控等方面的特征,分析安全影响。

(4) 考虑自动化、一体化、信息化可能导致的安全失控状态,确定需要采用的监测、预警或报警机制、故障诊断与恢复机制、数据收集与记录机制等。

(5) 明确操作人员在对智能化系统执行操作过程中可能产生的合理可预见的误用以及智能化系统对于人员恶意攻击操作的防护能力。

(6) 智能化装备和智能化系统对于外界实物、电、磁场、辐射、火灾、地震等情况的抵抗或切断能力,以及在发生异常扰动或中断时的检测和处理能力。

4.2.3 网络安全

工业互联网的发展使得工厂内部网络呈现出 IP 化、无线化、组网方式灵活化与全局化的特点,工厂外网呈现出信息网络与控制网络逐渐融合、企业专网与互联网逐渐融合以及产品服务日益互联网化的特点。这就造成传统互联网中的网络安全问题开始向工业互联网蔓延,具体表现为以下几个方面:工业互联协议由专有协议向以太网/IP 协议转变,导致攻击门槛极大降低;工厂现有 10 M/100 M 工业以太网交换机性能较低,难以抵抗日益严重的 DDoS 攻击;工厂网络互联、生产、运营逐渐由静态转变为动态,安全策略面临严峻挑战等。此外,随着工厂业务的拓展和新技术的不断应用,今后还会面临 5G/SDN 等新技术引入、工厂内外网互联互通进一步深化等带来的安全风险。

工业互联网网络安全防护应面向工厂内部网络、外部网络及标识解析系统等方面,具体包括融合网络结构优化、边界安全防护、接入认证、通信内容防护、通信设备防护、安全监测审计等多种防护措施,构筑立体化的网络安全防护体系。

1)优化网络结构设计

在网络规划阶段,需设计合理的网络结构。一方面通过在关键网络节点和标识解析节点采用双机热备和负载均衡等技术,应对业务高峰时期突发的大数据流量和意外故障引发的业务连续性问题,确保网络长期稳定可靠运行。另一方面通过合理的网络结构和设置提高网络的灵活性和可扩展性,为后续网络扩容做好准备。

2)网络边界安全

根据工业互联网中网络设备和业务系统的重要程度将整个网络划分成不同的安全域,形成纵深防御体系。安全域是一个逻辑区域,同一安全域中的设备资产具有相同或相近的安全属性,如安全级别、安全威胁、安全脆弱性等,同一安全域内的系统相互信任。在安全域之间采用网络边界控制设备,以逻辑串接的方式进行部署,对安全域边界进行监视,识别边界上的入侵行为并进行有效阻断。

3)网络接入认证

接入网络的设备与标识解析节点应该具有唯一标识,网络应对接入的设备与标识解析节点进行身份认证,保证合法接入和合法连接,对非法设备与标识解析节点的接入行为进行阻断与告警,形成网络可信接入机制。网络接入认证可采用基于数字证书的身份认证等机制来实现。

4)通信和传输保护

通信和传输保护是指采用相关技术手段来保证通信过程中的机密性、完整性和有效性,防止数据在网络传输过程中被窃取或篡改,并保证合法用户对信息和资源的有效使用,具体包括:

(1)通过加密等方式保证非法窃取的网络传输数据无法被非法用户识别和提取有效信息。

(2)网络传输的数据采取校验机制,确保被篡改的信息能够被接收方有效鉴别。

(3)应确保接收方能够接收到网络数据,并且能够被合法用户正常使用。

5) 网络设备安全防护

为了提高网络设备与标识解析节点自身的安全性,保障其正常运行,网络设备与标识解析节点需要采取一系列安全防护措施,主要包括:

(1) 对登录网络设备与标识解析节点进行运维的用户进行身份鉴别,并确保身份鉴别信息不易被破解与冒用。

(2) 对远程登录网络设备与标识解析节点的源地址进行限制。

(3) 对网络设备与标识解析节点的登录过程采取完备的登录失败处理措施。

(4) 启用安全的登录方式(如 SSH 或 HTTPS 等)。

6) 安全监测审计

网络安全监测指通过漏洞扫描工具等方式探测网络设备与标识解析节点的漏洞情况,并及时提供预警信息。网络安全审计指通过镜像或代理等方式分析网络与标识解析系统中的流量,并记录网络与标识解析系统中的系统活动和用户活动等各类操作行为以及设备运行信息,发现系统中现有的和潜在的安全威胁,实时分析网络与标识解析系统中发生的安全事件并告警。同时记录内部人员的错误操作和越权操作,并进行及时告警,减少内部非恶意操作导致的安全隐患。

4.2.4 应用安全

工业互联网应用主要包括工业互联网平台与工业应用程序两大类,其范围覆盖智能化生产、网络化协同、个性化定制、服务化延伸等方面。目前工业互联网平台面临的安全风险主要包括数据泄露、篡改、丢失、权限控制异常、系统漏洞利用、账户劫持、设备接入安全等。对工业应用程序而言,最大的风险来自安全漏洞,包括开发过程中编码不符合安全规范而导致的软件本身的漏洞以及由于使用不安全的第三方库而引起的漏洞等。

相对应地,工业互联网应用安全也应从工业互联网平台安全与工业应用程序安全两方面进行防护。对于工业互联网平台,可采取的安全措施包括安全审计、认证授权、DDoS攻击防护等。对于工业应用程序,建议采用全生命周期的安全防护,在应用程序的开发过程中进行代码审计并对开发人员进行培训,以减少漏洞的引入;对运行中的应用程序定期进行漏洞排查,对应用程序的内部流程进行审核和测试,并对公开漏洞和后门并加以修补;对应用程序的行为进行实时监测,以发现可疑行为并进行异常阻止,从而降低未公开漏洞产生的危害。

1) 平台安全

(1) 安全审计。安全审计主要是指对平台中与安全有关的活动的相关信息进行识别、记录、存储和分析。平台建设过程中应考虑具备一定的安全审计功能,将平台与安全有关的信息进行有效识别、充分记录、长时间的存储和自动分析,能对平台的安全状况做到持续、动态、实时的有依据的安全审计,并向用户提供安全审计的标准和结果。

(2) 认证授权。工业互联网平台用户分属不同企业,需要采取严格的认证授权机制保证不同用户能够访问不同的数据资产。同时,认证授权需要采用更加灵活的方式,确保用户间可以通过多种方式将数据资产分模块分享给不同的合作伙伴。

(3) DDoS 防御。部署 DDoS 防御系统,在遭受 DDoS 攻击时,保证平台用户的正常使用。平台抗 DDoS 的能力应在用户协议中作为产品技术参数的一部分明确指出。

(4) 安全隔离。平台不同用户之间应当采取必要的措施实现充分隔离,防止蠕虫病毒等安全威胁通过平台向不同用户扩散。平台不同应用之间也要采用严格的隔离措施,防止单个应用的漏洞影响其他应用甚至整个平台的安全。

(5) 安全监测。应对平台实施集中、实时的安全监测,监测内容包括各种物理和虚拟资源的运行状态等。通过对系统运行参数(如网络流量、主机资源和存储等)以及各类日志进行分析,确保工业互联网平台提供商可执行故障管理、性能管理和自动检修管理,从而实现平台运行状态的实时监测。

(6) 补丁升级。工业互联网平台搭建在众多底层软件和组件基础之上。由于工业生产对于运行连续性的要求较高,中断平台运行进行补丁升级的代价较大。因此平台在设计之初就应当充分考虑如何对平台进行补丁升级的问题。

(7) 虚拟化安全。虚拟化是边缘计算和云计算的基础,为避免虚拟化出现安全问题影响上层平台的安全,在平台的安全防护中要充分考虑虚拟化安全。虚拟化安全的核心是实现不同层次及不同用户的有效隔离,其安全增强可以通过采用虚拟化加固等防护措施来实现。

2) 工业应用程序安全

(1) 代码审计。代码审计指检查源代码中的缺点和错误信息,分析并找到这些问题引发的安全漏洞,并提供代码修订措施和建议。开发过程中应该进行必要的代码审计,发现代码中存在的安全缺陷并给出相应的修补建议。

(2) 人员培训。企业应对工业应用程序开发者进行软件源代码安全培训,包括:了解应用程序安全开发生命周期的每个环节,如何对应用程序进行安全架构设计,具备所使用编程语言的安全编码常识,了解常见源代码安全漏洞的产生机理、导致后果及防范措施,熟悉安全开发标准,指导开发人员进行安全开发,减少开发者引入的漏洞和缺陷等,从而提高工业应用程序安全水平。

(3) 漏洞发现。漏洞发现是指基于漏洞数据库,通过扫描等手段对指定工业应用程序的安全脆弱性进行检测,发现可利用漏洞的一种安全检测行为。在应用程序上线前和运行过程中,要定期对其进行漏洞发现,及时发现漏洞并采取补救措施。

(4) 审核测试。对工业应用程序进行审核测试是为了发现功能和逻辑上的问题。在上线前对其进行必要的审核测试,有效避免信息泄漏、资源浪费或其他影响应用程序可用性的安全隐患。

(5) 行为监测和异常阻止。对工业应用程序进行实时的行为监测,通过静态行为规则匹配或者机器学习的方法,发现异常行为,发出警告或者阻止高危行为,从而降低影响。

4.2.5 数据安全

工业互联网相关的数据按照其属性或特征,可以分为四大类:设备数据、业务系统数据、知识库数据、用户个人数据。根据数据敏感程度的不同,可将工业互联网数据分为一般数据、重要数据和敏感数据三种。工业互联网数据涉及数据采集、传输、存储、处理等各个环节。随着工厂数据由少量、单一、单向向大量、多维、双向转变,工业互联网数据体量不断增大、种类不断增多、结构日趋复杂,并出现数据在工厂内部与外部网络之间的双向流动共享。由此带来的安全风险主要包括数据泄露、非授权分析、用户个人信息泄露等。

对于工业互联网的数据安全防护,应采取明示用途、数据加密、访问控制、业务隔离、接入认证、数据脱敏等多种防护措施,覆盖包括数据收集、传输、存储、处理等在内的全生命周期的各个环节。

1) 数据收集

工业互联网平台及其他工业应用系统应遵循合法、正当、必要的原则收集与使用数据及用户信息,公开数据收集和使用的规则,向用户明示收集使用数据的目的、方式和范围,经过用户的明确授权同意并签署相关协议后才能收集相关数据。授权协议必须遵循用户意愿,不得以拒绝提供服务等形式强迫用户同意数据采集协议。

另外,工业互联网平台及其他工业应用系统不得收集与其提供的服务无关的数据及用户信息,不得违反法律、行政法规的规定和双方约定收集、使用数据及用户信息,并应当依照法律、行政法规的规定和与用户的约定处理其保存的数据及个人信息。

2) 数据传输

为防止数据在传输过程中被窃听而泄露,工业互联网及其他工业应用系统服务提供商应根据不同的数据类型以及业务部署情况,采用有效手段确保数据传输安全。例如通过 SSL 保证网络传输数据信息的机密性、完整性与可用性,实现对工业互联网平台中虚拟机之间、虚拟机与存储资源之间以及主机与网络设备之间的数据安全传输,并为平台的维护管理提供数据加密通道,保障维护管理过程的数据传输安全。

3) 数据存储

(1) 访问控制。数据访问控制需要保证不同安全域之间的数据不可直接访问,避免存储节点的非授权接入,同时避免对虚拟化环境数据的非授权访问。

① 存储业务的隔离。借助交换机,将数据根据访问逻辑划分到不同的区域内,使得不同区域中的设备相互间不能直接访问,从而实现网络中设备之间的相互隔离。

② 存储节点接入认证。对于存储节点的接入认证可通过成熟的标准技术,包括 iSCSI 协议本身的资源隔离、CHAP 等,也可通过在网络层面划分 VLAN 或设置访问控制列表等来实现。

③ 虚拟化环境数据访问控制。在虚拟化系统上对每个卷定义不同的访问策略,以保障没有访问该卷权限的用户不能访问,各个卷之间互相隔离。

(2) 存储加密。工业互联网平台及其他工业应用系统运营商可根据数据敏感度采用分等级的加密存储措施(如不加密、部分加密、完全加密等)。建议平台运营商按照国家密码管理有关规定使用和管理密码设施,并按规定生成、使用和管理密钥。同时针对数据在工业互联网平台之外加密之后再传输到工业互联网平台中存储的场景,应确保工业互联网平台运营商或任何第三方无法对客户的数据进行解密。

(3) 备份和恢复。用户数据作为用户托管在 IDC 等的服务提供商的数据资产,服务提供商有妥善保管的义务。应当采取技术措施和其他必要措施,防止信息泄露、毁损、丢失。在发生或者可能发生个人信息泄露、毁损、丢失的情况时,应当立即采取补救措施,按照规定及时告知用户并向有关主管部门报告。

工业互联网及其他工业应用系统服务提供商应当根据用户业务需求、与用户签订的服务协议制定必要的数据备份策略,定期对数据进行备份。当发生数据丢失事故时能及时恢复一定时间前备份的数据,从而降低用户的损失。

4) 数据处理

(1) 使用授权。数据处理过程中,工业互联网及其他工业应用系统服务提供商要严格按照法律法规以及在与用户约定的范围内处理相关数据,不得擅自扩大数据使用范围,使用中要采取必要的措施防止用户数据泄露。如果处理过程中发生大规模用户数据泄露的安全事件,应当及时告知用户和上级主管部门,对于造成用户经济损失的应当给予赔偿。

(2) 数据销毁。在资源重新分配给新的租户之前,必须对存储空间中的数据进行彻底擦除,防止被非法恶意恢复。应根据不同的数据类型以及业务部署情况,选择采用如下操作方式。

① 在卷回收时对逻辑卷的所有 bit 位进行清零,并利用"0"或随机数进行多次复写。

② 在非高安全场景,系统默认将逻辑卷的关键信息(如元数据、索引项、卷前 10 M 等)进行清零;在涉及敏感数据的高安全场景,当数据中心的物理硬盘需要更换时系统管理员可采用消磁或物理粉碎等措施保证数据彻底清除。

(3) 数据脱敏。当工业互联网平台中存储的工业互联网数据与用户个人信息需要从平台中输出或与第三方应用进行共享时,应当在输出或共享前对这些数据进行脱敏处理。脱敏应采取不可恢复的手段,避免数据分析方通过其他手段对敏感数据复原。此外,数据脱敏后不应影响业务连续性,避免对系统性能造成较大影响。

4.2.6 监测感知

监测感知是指部署相应的监测措施,主动发现来自系统内外部的安全风险,具体措施包括数据采集、收集汇聚、特征提取、关联分析、状态感知等。

(1) 数据采集。数据采集指对工业现场网络及工业互联网平台中各类数据进行采集,为网络异常分析、设备预测性维护等提供数据来源。

(2) 收集汇聚。对于数据的收集汇聚主要分为两个方面:一是对 SCADA、MES、

ERP 等工业控制系统及应用系统所产生的关键工业互联网数据进行汇聚,包括产品全生命周期的各类数据的同步采集、管理、存储及查询,为后续过程提供数据来源;二是对全网流量进行监听,并将监听过程中采集到的数据进行汇聚。

(3) 特征提取。特征提取是指对数据特征进行提取、筛选、分类、优先级排序、可读等处理,从而实现从数据到信息的转化过程,该过程主要是针对单个设备或单个网络的纵向数据分析。信息主要包括内容和情景两方面,内容指工业互联网中的设备信号处理结果、监控传输特性、性能曲线、健康状况、报警信息、DNC 及 SCADA 网络流量等;情景指设备的运行工况、维护保养记录、人员操作指令、人员访问状态、生产任务目标、行业销售机理等。

(4) 关联分析。关联分析过程通过将运行机理、运行环境、操作内容、外部威胁情报等有机结合,基于大数据进行横向大数据分析和多维分析,利用群体经验预测单个设备的安全情况,或根据历史状况和当前状态的差异发现网络及系统异常。

(5) 状态感知。状态感知基于关联分析过程,实现对企业工业互联网运行规律、异常情况、安全目标、安全态势、业务背景等的认知,确定安全基线,结合大数据分析技术,发现潜在威胁、预测黑客攻击。

4.2.7 处置恢复

处置恢复机制是确保落实工业互联网信息安全管理,支撑工业互联网系统与服务持续运行的保障。通过处置恢复机制,在风险发生时灾备恢复组织能根据预案及时采取措施进行应对,防止重要数据丢失,并通过数据收集与分析机制及时更新优化防护措施,形成持续改进的防御闭环。处置恢复机制主要包括响应决策、备份恢复、分析评估等。

1) 响应决策

对于工业互联网灾难恢复过程中的决策与响应,需预先制定相应的处置策略,针对不同风险等级制定相应预案措施。处置恢复工作需要在处置恢复组织的领导下进行,通过实时监测工业互联网系统各类数据,在突发灾难时通过相应机制进行应对。

(1) 处置恢复组织架构。

① 处置恢复规划领导组:实施处置恢复规划工作的组织领导机构,应由单位高层领导担任组长,领导和决策处置恢复规划中的重大事宜。

② 处置恢复现场实施组:负责对处置恢复工作进行需求分析、规划并确立处置恢复策略,制定处置恢复预案。

③ 处置恢复日常运行组:负责灾难备份中心日常管理,处置恢复预案的教育、培训、演练、维护和管理,突发事件发生时的损失控制和损害评估,灾难发生后恢复技术支持及外部协作等。

(2) 灾难风险分析与管理。工业互联网较传统信息系统架构更为复杂,处置恢复组织应根据工业互联网系统架构进行风险识别,并对风险按照类别与等级、风险影响程度、风险发生概率和风险时长等因素进行评估,依照风险处置优先级别制定防范措施与解决预案,将实际情况与之进行匹配,并进行适当的调整以满足实施的有效性。

(3) 灾难数据监测。工业互联网系统架构包括多个层级与数据接口,针对可能发生的风险所在的层级,应采取相应的措施降低灾难发生的概率。处置恢复日常运行组可以通过对设备层、网络层、控制层、应用层、数据层等部署监测机制,对工业互联网系统运行中的数据状态进行定期监测,感知潜在的安全风险与系统异常,由处置恢复实施组通过恢复策略进行相应处置。

(4) 灾难恢复决策。应建立灾难恢复的处理决策与异常处置规则,当发生突发灾难事件时,若灾难事件超出解决范围或响应时间过长,处置恢复实施组应遵循规则向上级组织进行汇报与处理。针对异常的灾难恢复事件,处置恢复领导小组应召集专业人员评估突发事件,确认突发事件对工业互联网系统造成的影响程度,进而确定下一步采取的措施,并将最新信息通知给处置恢复实施组,确保处置恢复工作的及时性。

(5) 灾难恢复响应。应建立灾难恢复的响应规则,在事件发生时,处置恢复实施组收到处置恢复领导小组的决策后根据相应的处置恢复策略及时做出响应,迅速进行灾难恢复工作。当处置恢复实施组无法进行响应或响应时间过长时,应及时向处置恢复领导小组进行汇报,保障灾难恢复工作的持续性。

2) 备份恢复

为确保工业互联网平台持续运作,应对重要系统进行灾难备份。企业应根据系统备份能力进行分级,按需求目标制订相应的备份恢复预案。为确保备份恢复预案顺利进行,企业可建立专门的灾难备份中心与处置恢复组织,根据处置恢复策略进行维护管理,并定期进行灾难恢复预案演练,确保预案的有效性。

(1) 备份能力等级的定义。根据企业不同的业务类型与系统特点,对备份能力等级进行划分,依照等级的不同采取不同的备份策略与应对措施。

(2) 备份能力的需求确立。企业通过对其业务影响程度的分析与风险评估,确定工业互联网系统的备份能力等级需求及备份前所需的资源。

(3) 备份恢复策略制定。依据企业现有的或行业通用规范准则制定适合自身的备份恢复策略,有条件的情况下可对制定的策略进行有效性与实用性方面的验证。

(4) 灾难备份中心的建设、运行和维护管理。有条件的企业可建立专门的灾难备份中心,在灾难发生时迅速进行备份恢复工作,确保将损害降到最低。企业根据业务需求,成立专职的或能兼职的灾难备份中心的运行和维护管理团队进行日常维护或危机处理。

(5) 处置恢复预案的演练与管理。企业应定期对制定的处置恢复计划进行验证及防灾演习,不断适应环境或技术的变化,确保计划的有效性。

3) 分析评估

分析评估风险是工业互联网系统优化防护措施、形成闭环防御不可缺少的一个重要环节。通过分析识别系统面临的风险来制定相应的响应预案,并依据安全事件处理评估结果达到持续修正,从而达到改进处置恢复策略的目的。

(1) 风险分析。企业可采用定性或定量的分析方法对安全事件造成的各种影响进行等级判断。

① 定量分析:以量化方法,评估业务功能的中断可能给企业带来的直接经济损失和间接经济损失。

② 定性分析:运用归纳与演绎、分析与综合以及抽象等方法评估业务功能的中断可能给企业带来的非经济损失,包括企业声誉、顾客忠诚度、社会与政治影响等。

(2) 风险定义与预案制定。通过对工业互联网系统面临的内外部风险进行识别和定义,结合企业自身安全框架分析评估风险发生的可能性,从而制定适合企业自身需要的处置恢复机制。

(3) 处置恢复效果评估。当企业发生安全事件后,要及时分析事件的影响范围与程度,评估企业处置恢复方案的适用性与有效性。

(4) 处置恢复方案改进。通过分析结果,对工业互联网系统面临的风险进行确认,总结此次事件处置恢复所产生的资源成本以及风险造成的损失,检验处置恢复预案的落实与管理是否符合处置恢复目标的要求,并通过实际案例的处理经验不断改进处置恢复准则。

4.3 人工智能数据安全

智能化转型时代即人工智能时代,人工智能的核心是数据,数据是人工智能时代生产资料和生产工具的集合,是经济社会发展的重要生产要素和国家基础战略性资产。一方面,海量的数据推动人工智能的发展;另一方面,人工智能也可以提高数据采集管理能力和数据挖掘利用水平。同时,也伴随一定的数据安全隐患。

4.3.1 人工智能数据安全内涵与架构

1) 人工智能数据安全的内涵

数据安全是人工智能安全的关键。数据成为本轮人工智能浪潮兴起发展的关键要素。人工智能算法设计与优化需要以海量优质数据资源为基础。数据质量和安全直接影响人工智能系统算法模型的准确性,进而威胁人工智能应用安全。与此同时,人工智能显著提升数据收集管理能力和数据价值挖掘利用水平。人工智能这些能力一旦被不当或恶意利用,不仅威胁个人隐私和企业资产安全,甚至影响社会稳定和国家安全。同时,人工智能、大数据与实体经济不断深度融合,人工智能大规模应用间接促使数据权属问题、数据违规跨境等数据治理挑战进一步加剧。

人工智能为数据安全治理带来新机遇。人工智能驱动数据安全治理加速向自动化、智能化、高效化、精准化方向演进。人工智能自动学习和自主决策能力可有效缓解现有数据安全技术手段对专业人员分析判断的高度依赖,实现对动态变化数据安全风险的自动和智能监测防护。人工智能卓越的海量数据处理能力可有效弥补现有数据安全技术手段数据处理能力不足的缺陷,实现对大规模数据资产和数据活动的高效、精准管理和保护。人工智能赋能数据安全治理,助力数据大规模安全应用,将有力推动经济社会数字化转型升级。

综上所述,人工智能数据安全内涵包含:一是应对人工智能自身面临的和由人工智能应用所导致及加剧的数据安全风险与治理挑战;二是促进人工智能在数据安全领域中的应用;三是构建人工智能数据安全治理体系,保障人工智能持续安全稳步地发展。

2) 人工智能数据安全体系架构

本书基于对人工智能数据安全内涵分析,提出覆盖人工智能数据安全风险、人工智能数据安全应用、人工智能数据安全治理三个维度的人工智能数据安全体系架构,如图4-12所示。

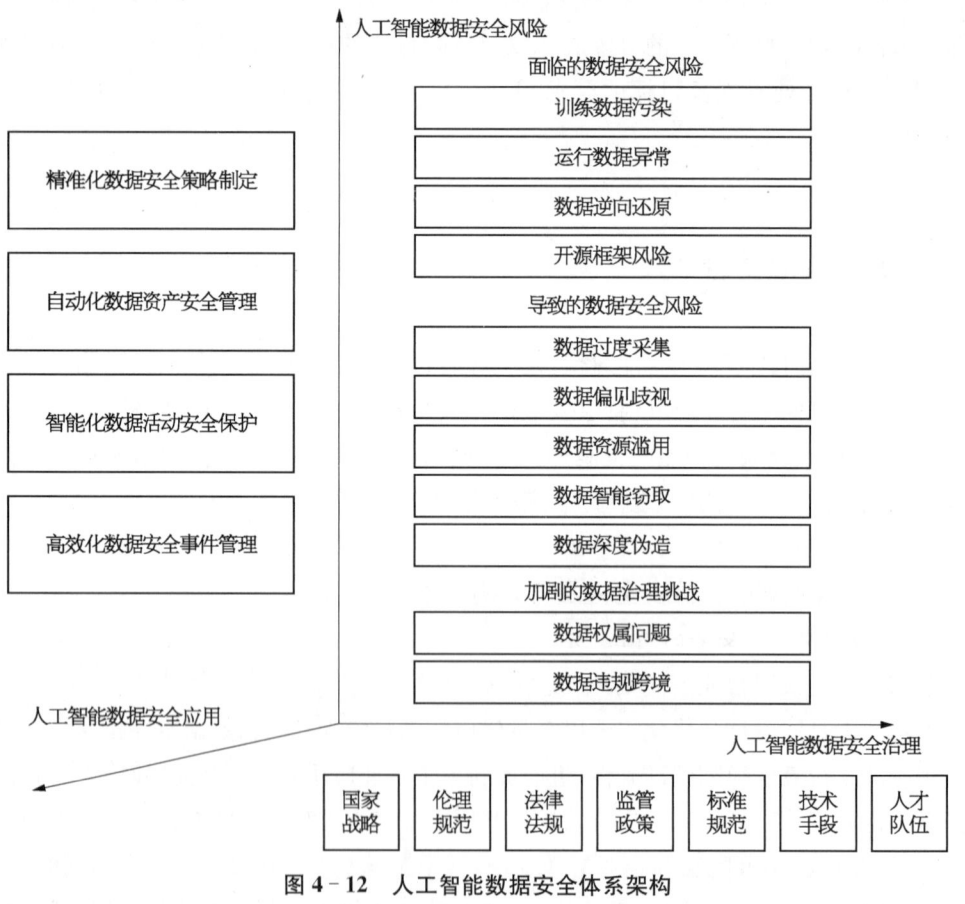

图4-12 人工智能数据安全体系架构

其中,人工智能数据安全风险是人工智能数据安全治理的起因,包含人工智能自身面临的数据安全风险,人工智能各种应用导致的数据安全风险和加剧的数据治理挑战。人工智能数据安全应用是人工智能技术用于数据安全治理，包含人工智能技术在精准化数据安全策略制定、自动化数据资产安全管理、智能化数据活动安全保护以及高效化数据安全事件管理方面的应用。人工智能数据安全治理是应对人工智能数据安全风险和促进人工智能数据安全应用的体系化方案，包含国家战略、伦理规范、法律法规、监管政策、标准规范、技术手段、人才队伍等方面。

4.3.2 人工智能数据安全风险

1) 人工智能自身面临的数据安全风险

（1）训练数据污染可导致人工智能决策错误。数据投毒通过在训练数据里加入伪装数据、恶意样本等破坏数据的完整性，进而导致训练的算法模型决策出现偏差。数据投毒主要有两种攻击方式：一种是采用模型偏斜方式，主要攻击目标是训练数据样本，通过污染训练数据达到改变分类器分类边界的目的，例如模型偏斜污染训练数据可欺骗分类器将特定的恶意二进制文件标记为良性；另外一种是采用反馈误导方式，主要攻击目标是人工智能的学习模型本身，利用模型的用户反馈机制发起攻击，直接向模型"注入"伪装的数据或信息，误导人工智能做出错误判断。

随着人工智能与实体经济深度融合，医疗、交通、金融等行业训练数据集建设需求迫切，这就为恶意、伪造数据的注入提供了机会，使得从训练样本环节发动网络攻击成为最直接有效的方法，潜在危害巨大。在自动驾驶领域，数据投毒可导致车辆违反交通规则甚至造成交通事故。在军事领域，通过信息伪装的方式可诱导自主性武器启动或攻击，从而带来毁灭性风险。

（2）运行阶段的数据异常可导致智能系统运行错误。

一是人为构造对抗样本攻击，导致智能系统产生错误的决策结果。人工智能算法模型主要反映了数据关联性和特征统计，而没有真正获取数据因果关系。针对算法模型这一缺陷，对抗样本通过对数据输入样例添加难以察觉的扰动，使算法模型以高置信度给出一个错误的输出。对抗样本攻击可实现逃避检测，例如在生物特征识别应用场景中，对抗样本攻击可欺骗基于人工智能技术的身份鉴别、活体检测系统。2019年4月，比利时鲁汶大学研究人员发现，借助一张设计的打印图案就可以避开人工智能视频监控系统。

二是动态环境的非常规输入可导致智能系统运行错误。人工智能决策严重依赖训练数据特征分布性和完备性，人工标记数据覆盖不全、训练数据与测试数据同质化等原因常常导致人工智能算法泛化能力差，智能系统在动态环境实际使用中决策可能出现错误。特斯拉汽车自动驾驶系统曾因无法识别蓝天背景下的白色货车，致使发生致命交通事故。

（3）模型窃取攻击可对算法模型的数据进行逆向还原。

人工智能算法模型的训练过程依托训练数据，并且在运行过程中会进一步采集数据进行模型优化，相关数据可能涉及隐私或敏感信息，所以算法模型的机密性非常重要。但是，算法模型在部署应用中需要将公共访问接口发布给用户使用，攻击者可通过公共访问接口对算法模型进行黑盒访问,依据输入信息和输出信息映射关系,在没有算法模型任何先验知识(训练数据、模型参数等)情况下,构造出与目标模型相似度非常高的模型,实现对算法模型的窃取,进而还原出模型训练和运行过程中的数据以及相关隐私信息。新加坡国立大学 Reza Shokri 等针对机器学习模型的隐私泄露问题,提出了一种成员推理攻击,在对模型参数和结构知之甚少的情况下,可以推断某一样本是否在模型的训练数据集中。

(4) 开源学习框架存在安全风险,可导致人工智能系统数据泄露。

人工智能开源学习框架实现了基础算法的模块化封装,可以让应用开发人员无须关注底层实现细节,大大提高人工智能应用的开发效率。谷歌、微软、亚马逊、脸书等企业都发布了自己的人工智能学习框架,在全球得到广泛应用。但是,人工智能开源学习框架集成了大量的第三方软件包和依赖库资源,相关组件缺乏严格的测试管理和安全认证,存在未知安全漏洞。近年来,360、腾讯等企业安全团队曾多次发现 TensorFlow、Caffe、Torch 等深度学习框架及其依赖库的安全漏洞,攻击者可利用相关漏洞篡改或窃取人工智能系统数据。

2) 人工智能应用导致的数据安全风险

(1) 人工智能应用可导致个人数据过度采集,加剧隐私泄露风险。

随着各类智能设备(如智能手环、智能音箱)和智能系统(如生物特征识别系统、智能医疗系统)的应用普及,人工智能设备和系统对个人信息采集更加直接与全面。相较于互联网对用户上网习惯、消费记录等信息采集,人工智能应用可采集用户人脸、指纹、声纹、虹膜、心跳、基因等具有强个人属性的生物特征信息。这些信息具有唯一性和不变性,一旦被泄露或者滥用会对公民权益将造成严重影响。2018 年 8 月,腾讯安全团队发现亚马逊智能音箱后门,可实现远程窃听并录音。2019 年 2 月,我国人脸识别公司深网视界曝出数据泄露事件,超过 250 万人数据、680 万条记录被泄露,其中包括身份证信息、人脸识别图像及 GPS 位置记录等。鉴于对个人隐私获取的担忧,智能安防的应用在欧美国家存在较大争议,2019 年 7 月,继旧金山之后,萨默维尔市成为美国第二个禁止人脸识别的城市。

(2) 人工智能放大数据偏见歧视影响,威胁社会公平正义。

当前,人工智能技术已应用于智慧政务、智慧金融等领域,成为社会治理的重要辅助手段。但是,人工智能训练数据在分布性上往往存在偏差,隐藏特定的社会价值倾向,甚至是社会偏见。例如,海量互联网数据更多体现我国经济发达地区、青壮年网民特征,而对边远地区以及老幼贫弱人群的特征无法有效覆盖。人工智能系统如果受到训练数据潜在的社会偏见或歧视影响,其决策结果势必威胁人类社会的公平正义。在社会招聘领域,美国 Kronos 公司的人工智能雇用辅助系统让少数族裔、女性或者有心理疾病史的人更难找到工作;在金融征信领域,科技金融公司 Zest 的人工智能信用评估平台 ZAML,采集分析用户网络行为来判定用户的信用值,曾经错误判定不能熟练使用英语的移民群体存在信用问题。

（3）人工智能技术的数据深度挖掘分析加剧数据资源滥用，加大社会治理和国家安全挑战。

通过获取用户的地理位置、消费偏好、行为模式等碎片化数据，再利用人工智能技术进行深度挖掘分析，能够预测用户的喜好和习惯，进而对用户进行分类，可实现更加精准的信息推送。基于数据分析的智能推荐可带来用户便利、企业盈利和社会福利，但是也加剧了数据滥用问题。一是在社会消费领域，可带来差异化定价。"大数据杀熟"实现对部分消费者的过高定价，甚至进行恶意欺诈或误导性宣传，导致消费者的知情权、公平交易权等权利受损。2018年，我国滴滴、携程等均爆出类似事件，根据用户特征实现对不同客户的区别定价，社会负面影响巨大；二是在信息传播领域，可引发"信息茧房"效应。人们更多接收满足自己偏好的信息和内容，限于对世界的片面认知，导致社会不同群体的认知鸿沟拉大，个人意志的自由选择受到影响，甚至威胁到社会稳定和国家安全。2018年曝光的"Facebook数据泄露"事件中，美国剑桥分析公司利用广告定向、行为分析等智能算法，推送虚假政治广告，进而形成对选民意识形态和政治观点的干预诱导，影响美国大选、英国脱欧等政治事件走向。基于人工智能技术的数据分析与滥用，给数字社会治理和国家安全等带来严峻安全挑战。

（4）人工智能技术可提升网络攻击的智能化水平，进而实施数据智能窃取。

一是可用来自动锁定目标，进行数据勒索攻击。人工智能技术可通过对特征库学习自动查找系统漏洞和识别关键目标，提高攻击效率。英国网络安全公司 Darktrace 分析显示，集成人工智能技术的勒索软件可自动瞄准更具吸引力的目标，劫持工业设备、医疗仪器等相关运行数据勒索赎金，受害者为使系统和设备重新上线运行而被迫支付赎金。

二是自动生成大量虚假威胁情报，对分析系统实施攻击。人工智能通过使用机器学习、数据挖掘和自然语言处理等技术处理安全大数据，能够辅助自动化地生产威胁情报，攻击者也可利用相关技术生成大量错误情报以混淆判断。美国 McAfee 公司指出，"提高噪声基底"技术可对特定环境进行情报轰炸，给威胁情报分析系统的判断模型制造大量的主动错误信息，造成威胁情报过载，迫使系统重新校准以过滤掉假警报，通过这一过程，攻击者可了解防御逻辑并伺机发起真正的攻击，进而窃取系统数据。

三是自动识别图像验证码，窃取系统数据。图像验证码是一种防止机器人账户滥用网站或服务的常用验证措施，通过解决视觉难题来验证人类用户而有效区分拦截恶意程序，保护系统数据安全。但是，人工智能技术已实现对验证码的有效破解。美国 Vicarious 公司开发的基于概率生成模型的验证码识别算法，在标准的 reCAPTCHA 测试中，可成功解开三分之二的验证问题。2017年，我国浙江省破获了全国第一例人工智能犯罪，案件中黑客利用人工智能识别图片验证码的正确率高达95%以上，在此平台被打掉前的3个月已经提供验证码识别服务259亿次。

(5) 基于人工智能技术的数据深度伪造将威胁网络安全、社会安全和国家安全。

人工智能可利用收集的训练数据进行特征学习,生成逼真的虚假信息内容。特别是近年来基于生成对抗网络的"Deep Fakes"(深度伪造)技术应用,使得"换脸"虚假视频的制作门槛不断降低,大量深度伪造数据内容开始涌现。我国也出现了徐锦江版"海王",杨幂版"黄蓉"等逼真虚假视频。目前,深度伪造2.0概念已被提出,相比于之前的换脸,深度伪造2.0可模仿人的行为举止、声音和习惯动作,更难以区分真假。2019年6月,Facebook一段扎克伯格的假视频传播迅速,视频里的人从长相、声音、穿衣、手势以及说话时的动作神情都与真人无异。深度伪造数据内容的大量生成和传播,将给网络安全、社会安全和国家安全带来严重风险。

一是降低生物特征识别技术可信度,提升网络攻击能力。基于图像特征的人脸识别技术和基于声纹的语音识别技术均属于典型的生物特征识别技术,在非接触式身份认证、大流量或自动化安全检测等领域已开展规模化应用。但目前识别伪造音视频存在技术难度,降低了生物特征识别技术的可信度,给网络攻击提供了新手段。

二是造成人际间的信任危机,威胁伦理和社会安全。随着换脸换声技术的不断进化,伪造图片和音视频的成本会不断降低,各种恶意伪造的图片和音视频信息将大量涌现,会侵犯公民肖像权等个人权益,甚至用于敲诈勒索、伪造罪证等不法活动,从而造成社会信任危机,对伦理道德和社会稳定构成严重威胁。

三是通过制作虚假新闻影响政治舆论,进而威胁国家安全。国内外恶意势力可利用基于人工智能的换脸换声技术伪造政治领袖和公众人物的新闻视频,普通民众根本无法辨别真假,此类虚假视频内容的大量扩散与传播,可对社会舆论生态造成恶劣影响,引发民众骚乱甚至国内动乱,威胁国家安全。

4.3.3 人工智能数据安全应用

人工智能和数据安全治理互利互补,人工智能技术赋予数据安全治理智慧,数据安全治理为人工智能技术发展提供前驱动力。人工智能技术的发展为数据安全治理提供底层通用技术支撑,取代数据安全治理中大量重复性、长期性、粗略性人类劳动,使数据安全治理向自动化、高效化、精准化、智能化演进。与此同时,数据安全治理工作的开展能提升数据质量,促进数据安全流通和合规使用,为人工智能提供高质量数据集,从而为人工智能技术发展提供前驱动力。

人工智能数据安全治理细分领域包括数据安全策略、数据分级分类、数据质量管理、数据本体安全保护、数据活动网络安全保护、数据流转行为分析、数据安全风险评估、不良信息治理、互联网反欺诈、打击数据黑产等,如图4-13所示。

1)数据安全策略制定

传统的策略制定过程中用来辅助决策的日志数据和警报数量巨大,决策者难以快速处理,因此传统方式主要依赖人的直觉和经验。人工智能技术具备海量数据采集和分析

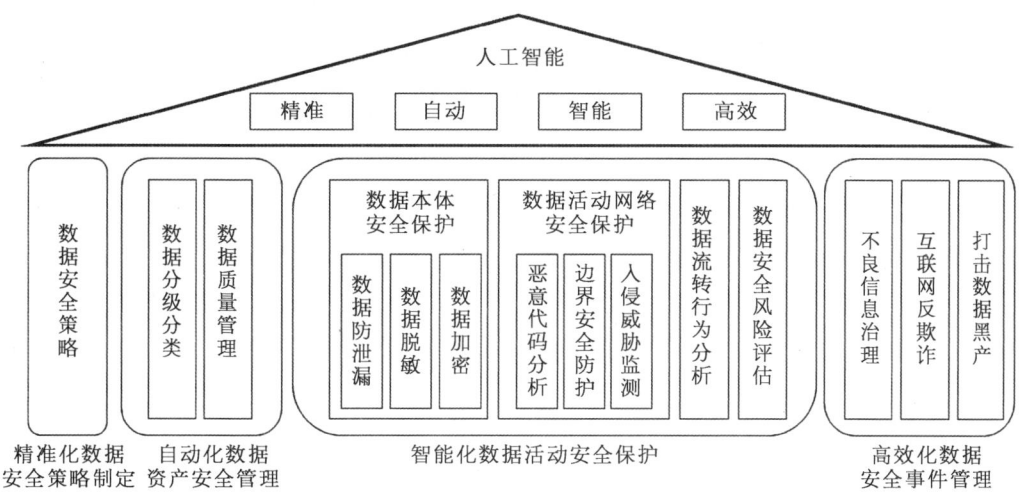

图 4-13 人工智能在数据安全治理中的应用

能力,可根据训练模型进行自我学习并做出相应的判断,使管理更精细、决策更智能,因此智能决策系统应用非常广泛。基于人工智能的决策系统能大大提高数据安全治理策略的时效性和合理性,在数据安全风险管理策略、数据合规性要求、分级保护策略的制定等方面辅助管理者快速、科学、合理地制定策略,为数据安全治理提供智能化的解决方案。

2) 数据资产安全管理

一是在数据分级分类方面,可以通过应用机器学习、模式聚类、自然语言处理、语义分析、图像识别等技术,提取数据文件核心信息,对数据按照内容进行梳理,生成标注样本,经过反复的样本训练与模型修正,可以实现对数据自动、精准的分级分类。例如,我国网络安全初创企业思睿嘉得利用无监督机器学习引擎分析大量未经标注的原始文档集,自动按照内容进行主题梳理,并通过人工干预灵活调整语义相似度,获得满意的聚类效果,从而实现对数据的精准分级分类。又如浙江省旅游信息中心联合厦门杜若科技公司开展了浙江省旅游度假区信息的数据治理试点,将旅游大数据纳入人工智能系统,对结构化数据进行开放式训练,对数据进行分级分类并实现基于自然语言的数据管理。

二是数据质量管理方面,在开展数据质量核查过程中,人工智能技术与传统根据预置规则进行核查的方式相结合,可以仅针对少量核心核查规则,利用机器学习算法进行深度分析,定位数据质量原因、预测数据质量问题,形成知识库,进一步增强数据质量管理能力。例如,谷歌将人工智能引入医疗行业,通过重塑医疗数据层级为医疗巨头提供更高质量的结构化数据,创建新数据管道,助力医疗健康数据基础设施建设。又如亿信华辰的数据质量管理平台 EsDataClean、Informatica 的数据治理工具 Data Director 以及 IBM 的通用数据治理产品 Stewardship Center 等均在业界处于领先地位,通过人工智能技术的使用极大减少了人力投入和过程干预,提升了数据质量管理效率,也为后续的模型训练提供了更多高质量数据。

3）数据活动安全保护

一是数据本体安全保护方面，包括数据脱敏、数据防泄漏、数据加密等。数据脱敏方面，在数据分级分类的基础上，结合数据合规性规则智能生成脱敏特征库，并与敏感数据识别智能关联，实现智能发现和自动脱敏，有效降低敏感数据泄露风险。

二是数据活动网络安全保护方面，基于人工智能的网络安全防护手段相比传统基于静态规则的方法具有持续进化能力。新威胁的产生不断为训练集加入新的数据，通过人工智能算法和模型调优，可以快速查阅每个可疑文件数以百万计的特征，智能识别最轻微的代码冲突；对内外部网络流量中的元数据进行关联分析，实时检测异常流量；利用庞大的关联处理能力并行监测海量数据点，实时生成风险预测，发现并阻止设备或网络攻击。

三是数据流转行为分析，通过自然语言处理、机器学习、聚类算法对采集的基础数据进行行为建模，多维度勾勒出用户行为特征，形成用户画像知识图谱，实现智能化用户行为分析。同样，通过人工智能技术也可以对数据传输行为进行智能统计和关联分析，绘制数据流转动态图谱，有利于跟踪敏感数据走向，分析数据安全态势。例如，荣之联推出的智慧商业情报大数据平台依托人工智能技术建立用户行为数据计算模型和情感交换计算模型，通过用户行为数据流转分析来预测用户行为可能性。

四是数据安全风险评估，经过训练后的神经网络算法能够解决具有相似特点的风险评估问题，通过对风险因素的学习，可以自动实现从输入到输出的复杂映射关系，对优劣性受多种因素综合影响的事物做出合理的综合评价，从而减少传统专家评估过程中主观分数的片面性影响。例如，思维世纪推出基于人工智能技术的数据安全评估解决方案，对数据全生命周期中各个环节的数据脱敏状态、应用通道、使用行为等因素进行智能关联分析，得出数据安全风险评估结果，并根据评估结果进一步优化数据安全管理策略。

4）数据安全事件管理

人工智能技术由于其普适性、自学习、高效性等特点能够在数据处理环节应对更加复杂的数据结构和数据环境，得出更加严谨和稳固的模型和推演结果，完成更自主的信息捕捉、更智慧的分析判断和更智能的服务。在数据安全事件管理中，利用人工智能技术对网络中的数据进行自动爬取和深度挖掘分析，能够提高网络中敏感数据、有害信息的自动发现和识别效率，实现数据安全事件智能监测和预警。结合用户行为画像和数据安全态势图谱，人工智能技术能够对数据安全事件的源头进行追溯，从而辅助管理部门采取相应措施实现快速处置，显著提升数据安全事件的管理水平。

总之，人工智能技术已在数据安全治理的细分领域开展诸多应用，但是人工智能技术并不是万能的，构建可管、可控、可信的数据安全治理技术支撑体系仍面临诸多挑战。人工智能作为一项新兴的底层通用技术，并不是为某一项应用特制，因此并不能解决数据安全治理的所有难题。例如，在数据运营活动的网络安全防护技术手段方面，人工智能技术并不适用于某些 APT 攻击的场景,有些 APT 攻击针对性强,攻击行为的成功往往是孤例,不足以支持海量攻击样本库生成,传统方式在此类场景仍然十分有效。数据安全治理是一个全球性的话题,除人工智能技术以外,网络环境安全防护能力的升级、数据安全治理政策和规则的制定等都影响数据安全治理的效果和能力。

4.4 工业信息安全等级保护测评

最近发布并即将实施的信息安全等级保护(简称"等保")2.0 在 1.0 基本上进行了优化,同时对云计算、物联网、移动互联网、工业控制、大数据新技术提出了新的安全扩展要求。同时对工业互联网企业网络安全进行了分类分级。

4.4.1 与工业安全相关的等级保护内容

在等保 2.0 中,涉及工业控制系统安全有较为详细的规定。其中,工控安全大致分为安全物理环境、安全通信网络、安全区域边界和安全计算环境以及安全建设管理。

首先是安全物理环境。涉及两点要求:一是室外控制设备应放置于箱体或装置中,箱体或装置还要具备散热、防火和防雨等能力;二是设备远离强电磁干扰、强热源等环境。

重点是安全通信网络和安全区域边界。在网络上,重点提到了工业控制系统与企业其他系统之间划分区域,区域间应采用技术隔离手段。在工业控制系统内部,需要根据业务特点划分出不同的安全域。

其中有两个关键点:工控系统与企业其他系统之间要隔离;工控系统内部又需要隔离。二级以上,"涉及实时控制和数据传输的工业控制系统,应使用独立的网络设备组网,在物理层面上实现与其他数据网及外部公共信息网的安全隔离。"

安全区域边界,涉及访问控制、拨号使用控制和无线使用控制。访问控制上,规定"应在工业控制系统与企业其他系统之间部署访问控制设备,配置访问控制策略,禁止任何穿越区域边界的 E-mail、Web、Telnet、Rlogin、FTP 等通用网络服务"。在边界防护机制失效时,需要及时报警。

在拨号使用控制方面,第三级中增加"拨号服务器和客户端均应使用经安全加固的操作系统,并采取数字证书认证、传输加密和访问控制等措施。"在第四等级中,"涉及实时控制和数据传输的工业控制系统禁止使用拨号访问服务"。

无线使用控制方面,则要求对用户(人员、软件进程或设备)进行标识、鉴别、授权和传输加密。要求提到:"应对所有参与无线通信的用户(人员、软件进程或者设备)提供唯一性标识和鉴别、授权以及执行使用进行限制。"同时,在第三级和第四级中提到:"应对无线通信采取传输加密的安全措施"和"对采用无线通信技术进行控制的工业控制系统,应能识别其物理环境中发射的未经授权的无线设备。"

第四个方面——安全计算环境,提到了"应在经过充分测试评估后,在不影响系统安全稳定运行的情况下对控制设备进行补丁更新、固件更新等工作"和"应关闭或拆除控制设备的软盘驱动、光盘驱动、USB接口、串行口或多余网口等,确需保留的应通过相关的技术措施实施严格的监控管理"。

4.4.2　工业互联网企业网络安全分类分级

1) 分类

依据企业属性,工业互联网企业主要包括三类:

(1) 应用工业互联网的工业企业(简称"联网工业企业"),主要涉及原材料工业、装备工业、消费品工业和电子信息制造业等行业。

(2) 工业互联网平台企业(简称"平台企业"),主要指对外提供工业互联网平台等互联网信息服务的企业。

(3) 工业互联网基础设施运营企业,主要包括基础电信运营企业和标识解析系统建设运营机构。

2) 分级

企业分级与行业网络安全影响程度相关联。以《国民经济行业分类》(GB/T 4754-2017)为基准细化联网工业企业行业类别,明确各相关行业网络安全影响程度,将企业所属行业网络安全影响程度作为企业分级评定的关键参考因素。

联网工业企业分级主要考虑企业所属行业网络安全影响程度、企业规模、企业应用工业互联网的程度、企业发生网络安全事件的影响程度等要素。其中所属行业网络安全影响程度由低到高分别划分为一类、二类和三类。

企业分级采用计分方式进行,满分为100分:

评分大于等于80分的,为三级企业;

评分大于等于60分的,且小于80分的,为二级企业;

评分小于60分的,为一级企业。

属于三类行业的规模以上联网工业企业原则上为三级。

联网工业企业分级评定参考规则如表4-1所示。

表4-1　联网工业企业分级评定参考规则

一级指标	评定要素
企业所在行业网络安全影响程度(40分)	根据企业所在行业网络安全风险程度,包括纳入安全生产许可的行业,先期开展安全生产标准化工作的行业等因素,以及行业网络安全对我国政治、经济、社会等的影响程度,将企业所在行业分为三类行业、二类行业和一类行业
企业规模(10分)	根据从业人员数量、营业收入、资产总额等将企业分为大型企业、中型企业、小微企业

续 表

一级指标	评定要素	
企业应用工业互联网的程度(30分)	根据企业信息化和工业化融合程度、互联互通、综合集成、数据分析利用四方面,综合判定企业应用工业互联网的程度为高、中、低三个等级	企业两化融合程度:根据两化融合评估规范,分为起步建设阶段、单项覆盖阶段、集成提升阶段和创新突破阶段
		互联互通程度:根据智能设备联网、信息网络设施建设、生产资源链接程度判定
		综合集成程度:根据企业与产业链上下游横向集成、企业内部纵向集成,以及贯穿整个价值链的端到端集成程度判定
		数据分析利用程度:根据运营智能决策、产品生命周期优化、生产智能管理、供应链优化、网络化协同、能耗与安全管理优化、服务化延伸程度判定
企业一旦发生网络安全事件的影响程度(20分)	企业根据自身情况,判定一旦发生重大网络安全事件后,关键数据、重要敏感信息和国家秘密信息丢失或被窃取、篡改、假冒的程度,以及对国家安全、社会秩序、经济建设和公众利益构成威胁的程度,分为一般影响、较大影响、重大影响和特别重大影响	

3) 级别评定

(1) 制定评定规则。工业和信息化部选择重点行业或区域开展分类分级试点,细化联网工业企业分级评定参考规则,形成评定规则。

(2) 企业自评。依托工业互联网企业网络安全分类分级管理服务平台,联网工业企业在线填报问卷,形成自评报告。

(3) 核查确认。地方主管部门可自行或组织第三方专业服务机构对企业提交的自评报告真实性、完整性进行核查,发现信息不真实、不完整的,通知企业予以补正后进行确认。

(4) 级别变更。当联网工业企业网络安全风险程度发生重大变化时,应主动重新定级。

4) 三级企业安全管理

(1) 组织管理。

① 三级工业互联网企业应当建立健全网络安全责任制,设置专门网络安全机构和安全管理负责人,组织制定和实施网络安全防护和培训计划,加强网络安全考核,确保安全投入。

② 二级工业互联网企业应当明确专门的网络安全管理负责人,逐步建立健全并落实网络安全责任制,组织制定和实施网络安全防护和培训计划。

(2) 安全防护。

① 三级工业互联网企业应当根据工业互联网网络安全管理和技术防护系列标准规范要求,采取相应的技术防护措施;建设完善企业级工业互联网安全监测平台,并接入省级以上工业互联网安全监测平台。省级以上工业互联网安全监测平台定期向三级企业通

报安全风险。

②二级工业互联网企业应当根据工业互联网网络安全管理和技术防护系列标准规范要求,采取相应的技术防护措施;积极建设企业级工业互联网安全监测平台,并与省级工业互联网安全监测平台对接。

(3) 风险评估。

①三级工业互联网企业应当至少每年进行一次网络安全风险评估与审计。

②二级工业互联网企业应当至少每两年进行一次网络安全风险评估与审计。

(4) 应急管理。工业互联网企业应当制定切实可行的应急预案,建立应急响应机制,定期开展应急演练,采取必要措施消除安全隐患。发现重大网络安全风险和安全事件应当及时上报。

参考文献

[1] 黄容生.工业控制系统信息安全防护研究[J].网络安全技术与应用,2020(02):93-94.

[2] 靳江红,莫昌瑜,李刚.工业控制系统功能安全与信息安全一体化防护措施研究[J].工业安全与环保,2020,46(01):53-60.

[3] 董良遇,赵冉.我国工业信息安全态势分析与思考[J].信息技术与网络安全,2019,38(12):37-41.

[4] 葛健.工业互联网时代信息安全的主动防御对策[C].中国计算机用户协会网络应用分会.中国计算机用户协会网络应用分会2019年第二十三届网络新技术与应用年会论文集.中国计算机用户协会网络应用分会:北京联合大学北京市信息服务工程重点实验室,2019:225-229.

[5] 谭新章.工业控制系统信息安全防护技术研究[J].电脑编程技巧与维护,2019(07):145-146+165.

第 2 篇

技术与平台

智能制造的本质是在制造过程、全生命周期的各个环节中综合应用各类技术，取代或者延伸制造过程中人的劳动、满足制造需求。

智能制造基础关键技术是指与多个制造业务相关，并为智能制造基本要素（感知、分析、决策、通信、控制、执行）的实现提供基础支撑的共性技术。

新一代信息技术通过信息获取、处理、传输、融合和分析挖掘等各方面的先进技术手段，为人、机、物的互联互通及智能化提供基础。数字孪生、工业互联网平台和工业智能等技术形态，是新一代信息技术在工业领域的场景化应用和多种技术的融合应用。

数字孪生是以数字化方式创建物理实体的虚拟模型，借助数据模拟物理实体在现实环境中的行为，通过虚实交互反馈、数据融合分析、决策迭代优化等手段，为物理实体增加或扩展新的能力。第5章将介绍数字孪生相关理论及其在智能车间和城市基础设施运维中的运用。

每一代新的通信技术革新都包含着空中接口革新和传输速率的提升。但5G跳出了单纯的通信连接的范畴。5G技术结合了大数据、人工智能、物联网技术，可以和垂直行业实现深度融合。5G将开启万物互联的数字化新时代，工业互联网是5G最主要应用场景，两者融合发展已成为产业界探索的重要方向，将对经济社会发展带来重大影响。第6章将介绍5G技术及主要工业应用场景。

工业互联网是互联网、新一代信息技术与工业系统全方位深度融合所形成的产业和应用生态，是工业智能化发展的关键综合信息基础设施。其本质是以机器、零部件、控制系统、信息系统、产品以及人之间的网络互联为基础，通过对工业数据的全面深度感知、实时传输交换、快速计算处理和高级建模分析，实现智能控制、运营优化和生产组织方式变革。第7章介绍工业互联网及相关技术。

工业智能是人工智能在制造领域的应用，随着人工智能技术的快速发展，结合机理模型、工程知识及工业大数据积累，形成制造领域的人工智能模型，并与工业软件、工业互联网平台相集成，将形成一系列融合创新的技术、产品与模式。边缘计算是在靠近物或数据源头的网络边缘侧就近提供边缘智能服务，满足行业数字化在敏捷连接、实时业务、数据优化、应用智能、安全与隐私保护等方面的关键需求。第8章介绍工业智能及边缘计算技术。

第 5 章
数字孪生

数字孪生是充分利用物理模型、传感器更新、运行历史等数据,集成多学科、多物理量、多尺度、多概率的仿真过程,在虚拟空间中完成映射,从而反映相对应的实体装备的全生命周期过程。数字孪生实现了现实物理系统向赛博空间数字化模型的反馈,各种基于数字化模型进行的各类仿真、分析、数据积累、挖掘,甚至人工智能的应用,都能确保它与现实物理系统的适用性。数字孪生是个普遍适应的理论技术体系,可以在产品设计、产品制造、工程建设、城市管理等领域应用。

美国国防部最早提出利用数字孪生技术,用于航空航天飞行器的健康维护与保障。首先在数字空间建立真实飞机的模型,并通过传感器实现与飞机真实状态完全同步,这样每次飞行后,根据结构现有情况和过往载荷,及时分析评估是否需要维修,能否承受下次的任务载荷等。

美国国家标准与技术研究院于 2012 年提出了 MBD 和 MBE 的概念,其核心思想是要创建企业和产品的数字模型,数字模型的仿真分析要贯穿产品设计、产品设计仿真、加工工艺仿真、生产过程仿真、产品的维修维护等整个产品的寿命周期。MBE 和 MBD 的概念将数字孪生的内涵扩展到了整个产品的制造过程。

2015 年之后,世界各国分别提出国家层面的制造业转型战略。这些战略核心目标之一就是构建物理信息系统,实现物理工厂与信息化的虚拟工厂的交互和融合。数字孪生最重要的价值是预测,在产品制造过程中出现问题时,可以基于数字孪生对生产策略进行分析,然后基于优化后的生产策略进行组织生产。

数字孪生是以数字化方式创建物理实体的虚拟模型,借助数据模拟物理实体在现实环境中的行为,通过虚实交互反馈、数据融合分析、决策迭代优化等手段,为物理实体增加或扩展新的能力。作为一种充分利用模型、数据、智能并集成多学科的技术,数字孪生面向产品全生命周期过程,发挥连接物理世界和信息世界的桥梁和纽带作用,提供更加实时、高效、智能的服务。本章介绍数字孪生相关理论及其在智能车间和城市基础设施运维中的应用。

5.1 数字孪生及相关概念

5.1.1 概念模型

数字孪生是指通过对物理世界的人、物、事件等所有要素数字化,在网络空间再造一个与之对应的"虚拟世界",形成物理维度上的实体世界和信息维度上的数字世界同生共存、虚拟交融的格局。

百度百科给出数字孪生的定义是:充分利用物理模型、传感器更新、运行历史等数据,集成多学科、多物理量、多尺度、多概率的仿真过程,在虚拟空间中完成映射,从而反映相对应的实体装备的全生命周期。这个定义基本道出了数字孪生的本质,如传感器更新、全生命周期映射、基于全量数据的仿真等,指出数字孪生是基于多学科技术的集成运用。数字孪生的概念示意如图5-1所示。

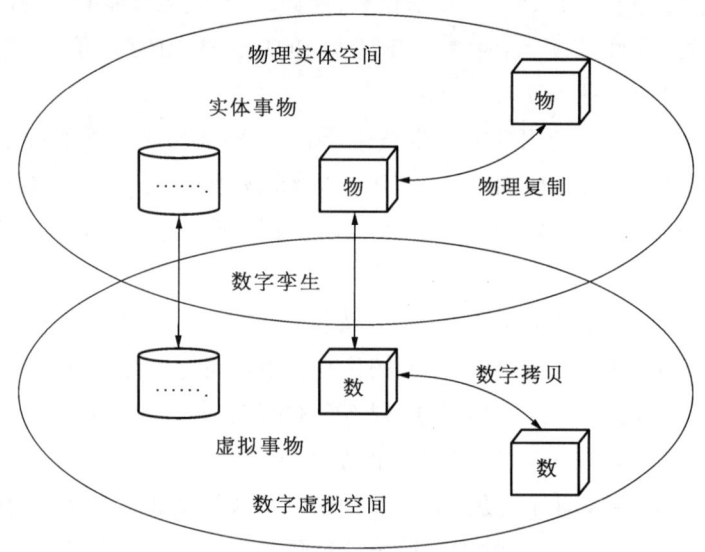

图 5-1 数字孪生概念示意图

5.1.2 数字纽带

伴随着数字孪生,美国空军研究实验室和 NASA 也同时提出了数字纽带(digital thread,也译为数字主线、数字线程、数字线、数字链等)的概念,他们所提出的数字纽带是一种可扩展、可配置的企业级分析框架,在整个系统的生命周期中,通过提供访问、整合以及将不同/分散数据转换为可操作信息的能力来通知决策制定者。数字纽带可无缝加速企业数据—信息—知识系统中的权威发布以及数据、信息和知识之间的可控制相互作用,并允许在能力规划和分析、初步设计、详细设计、制造、测试以及维护采集阶段动态实时评估产品在当前和未来提供决策的能力。

数字纽带也是一个允许可连接数据流的通信框架,并提供一个包含生命周期各阶段孤立功能视图的集成视图。数字纽带为在正确的时间将正确的信息传递到正确的地方提供了条件,使得产品生命周期各环节的模型能够及时进行关键数据的双向同步和沟通,图5-2所示为数据经由数字纽带流动。

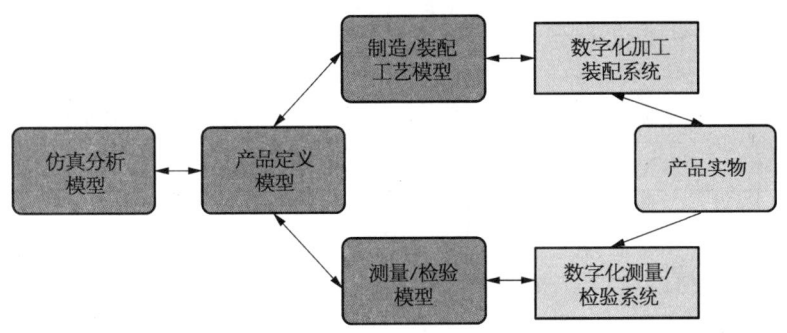

图5-2 数据经由数字纽带流动

数字孪生和数字纽带,既相互关联,又有所区别。数字孪生是一个物理产品的数字化表达,以便于我们能够在这个数字化产品上看到实际物理产品可能发生的情况,与此相关的技术包括增强现实和虚拟现实。数字纽带在设计与生产的过程中,仿真分析模型的参数,可以传递到产品定义的全三维几何模型,再传递到数字化生产线加工成真实的物理产品,再通过在线的数字化检测/测量系统反映到产品定义模型中,进而又反馈到仿真分析模型中。依靠数字纽带,所有数据模型都能够双向沟通。

5.1.3 数字孪生与信息物理系统

数字孪生是建设CPS的基础,是CPS发展的必经阶段。所谓建立数字孪生关系,就是以"软件定义"的方式,对物理实体(物理孪生体)建立了完全对应的数字虚体(数字孪生体),所创建的数字虚体经历了一个从其"形""态",逐渐向物理实体的"形""态"逼近的过程,直至看起来完全"相像",如同同胞兄弟一般。在"相像"程度上,可以用不同级别的仿真度来衡量,如表5-1所示。

表5-1 数字虚体对物理实体的仿真度

仿真度		简 述
形	外观	两"体"在外部表面形体上相像
	结构	两"体"在内部结构上相像
	材料质地	两"体"在细微材料质地上相像
态	行为	两"体"在功能行为上相像
	状态	两"体"在时空状态上相像

当数字虚体与物理实体在时空状态上都相像之后,距离 CPS 还有一步之遥,即控制。从物理实体一侧,是否能实现对数字虚体的控制(以 P 控 C);反之,从数字虚体一侧,是否能实现对物理实体的控制(以 C 控 P),尤其是"以 C 控 P",是判断是否实现了 CPS 的核心要求。关于在 CPS 中"C"与"P"的控制,可参见表 5-2。

表 5-2 关于 CPS 中的控制

控　制	简　　　　述
以 P 控 C	以采集到的物理实体机器的实际运行数据来驱动控制数字虚体机器同步运行
以 C 控 P	通过控制数字虚体机器的某些零部件,而实现控制物理实体机器的运行状态

《三体智能革命》一书中给出了一个典型的 CPS 结构图,如图 5-3 所示。在图中明确以数字机器与物理机器相对应、虚实映射的方式,说明了数字孪生与 CPS 之间的关系。

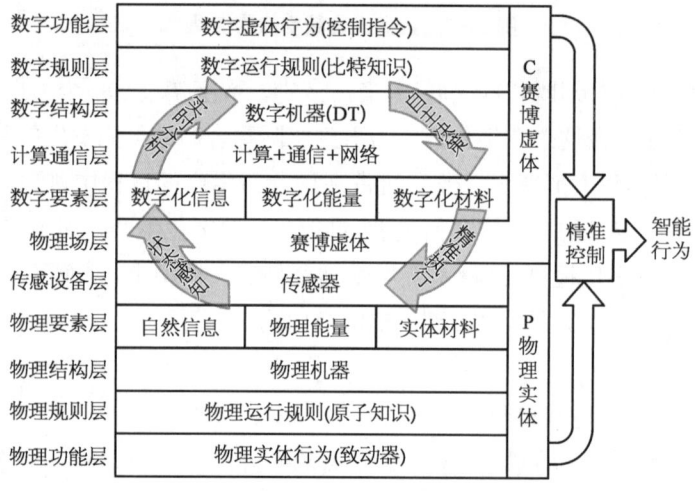

图 5-3 《三体智能革命》中 CPS 结构图

图 5-4 数字纽带与产品模型的关系

数字虚体与物理实体在形与态的彼此相像属于数字孪生;以"状态感知、实时分析、自主决策、精准执行"的智能方式实现了"以 C 控 P"的精准控制才算是 CPS。

在实际应用中,数字孪生所描述的是通过数字纽带连接的各个具体环节的模型,如图 5-4 所示。

CPS 把人、机、物互联,实体与虚拟对象双向连接,以虚控实,虚实融合。建立 CPS 系统中的虚实双向动态连接有两个步骤：

① 虚拟的实体化，如设计一件产品，先进行模拟、仿真，然后再制造出来；

② 实体的虚拟化，实体在制造、使用、运行的过程中，把状态反映到虚拟端去，通过虚拟方式进行监控、判断、分析、预测和优化。

CPS通过构筑信息空间与物理空间数据交互的闭环通道，能够实现信息虚体与物理实体之间的交互联动，如图5-5所示。数字孪生的出现为实现CPS提供了清晰的思路、方法及实施途径。以物理实体建模产生的静态模型为基础，通过实时数据采集、数据集成和监控，动态跟踪物理实体的工作状态和工作进展（如采集测量结果、追溯信息等），将物理空间中的物理实体在信息空间进行全要素重建，形成具有感知、分析、决策、执行能力的数字孪生体。因此，从这个角度看，数字孪生体是CPS的核心关键技术。

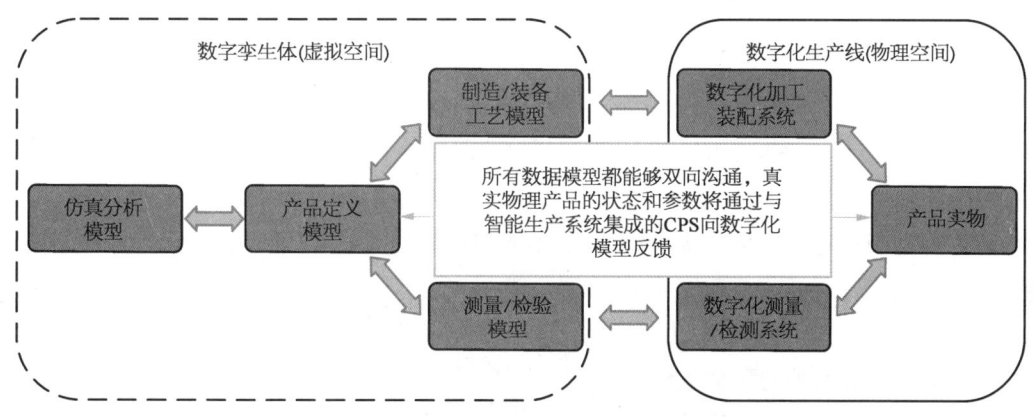

图5-5 数字孪生与CPS系统相集成

数字孪生通过数字纽带集成了生命周期全过程的模型，这些模型与实际的智能制造系统和数字化测量检测系统进一步与嵌入式的CPS系统进行无缝的集成和同步，使得生命周期各个环节的数字化模型保持一致，从而能够实现动态、实时评估系统的当前以及未来的功能和性能。企业装备在运行的过程中，通过对不断增加的传感器、机器的连接所收集的数据进行解释利用，可以将后期产品生产制造和运维服务的需求融入早期的产品设计过程中，形成设计改进的智能闭环。因此，并不是建立了设备的有限元模型，就有了数字孪生，而是在设备运行中把所有的真实制造尺寸等参数反馈回模型，在数字化产品上看到实际物理产品可能发生的情况，才有可能成为数字孪生。

5.2 数字孪生模型

5.2.1 数字孪生五维模型

数字孪生的核心是模型和数据，图5-6所示为北京航空航天大学数字孪生技术研究

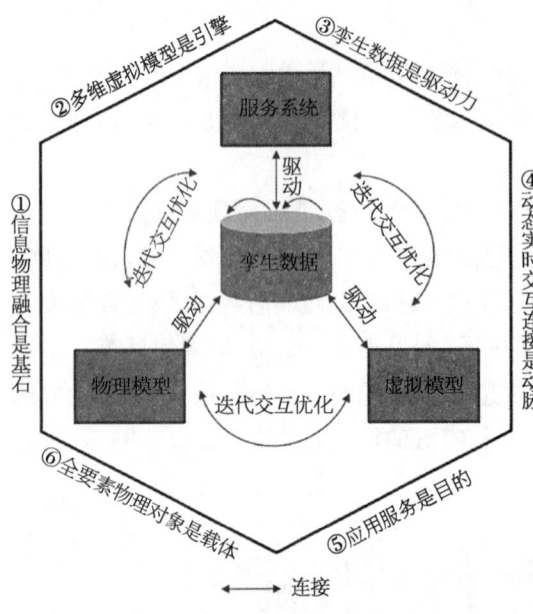

图 5-6 数字孪生五维模型

组提出的数字孪生五维模型,包括物理实体、虚拟模型、服务系统、孪生数据和连接。这一研究成果促进了数字孪生理念在产品全生命周期中落地应用。

(1) 物理实体是客观存在的,它通常由各种功能子系统(如控制子系统、动力子系统、执行子系统等)组成,并通过子系统间的协作完成特定任务。各种传感器部署在物理实体上,实时监测其环境数据和运行状态。

(2) 虚拟模型是物理实体忠实的数字化镜像,集成与融合了几何、物理、行为及规则四层模型。其中:几何模型描述尺寸、形状、装配关系等几何参数;物理模型分析应力、疲劳、变形等物理属性;行为模型响应外界驱动及扰动作用;规则模型对物理实体运行的规律/规则建模,使模型具备评估、优化、预测、评测等功能。

(3) 服务系统集成了评估、控制、优化等各类信息系统,基于物理实体和虚拟模型提供智能运行、精准管控与可靠运维服务。

(4) 孪生数据包括物理实体、虚拟模型、服务系统的相关数据,领域知识及其融合数据,并随着实时数据的产生被不断更新与优化。孪生数据是数字孪生运行的核心驱动。

(5) 连接将以上四个部分进行两两连接,使其进行有效实时的数据传输,从而实现实时交互以保证各部分间的一致性与迭代优化。

5.2.2 数字孪生驱动的应用准则

基于上述数字孪生五维结构模型实现数字孪生驱动的应用,首先针对应用对象及需求分析物理实体特征,以此建立虚拟模型,构建连接实现虚实信息数据的交互,并借助孪生数据的融合与分析,最终为使用者提供各种服务应用。为推动数字孪生的落地应用,数字孪生驱动的应用可遵循以下准则:

(1) 信息物理融合是基石。物理要素的智能感知与互联、虚拟模型的构建、孪生数据的融合、连接交互的实现、应用服务的生成等,都离不开信息物理融合。同时,信息物理融合贯穿于产品全生命周期各个阶段,是每个应用实现的根本。因此,没有信息物理的融合,数字孪生的落地应用就是空中楼阁。

(2) 多维虚拟模型是引擎。多维虚拟模型是实现产品设计、生产制造、故障预测、健康管理等各种功能最核心的组件,在数据驱动下多维虚拟模型将应用功能从理论变为现实,是数字孪生应用的"心脏"。因此,没有多维虚拟模型,数字孪生应用就没有了核心。

(3) 孪生数据是驱动。孪生数据是数字孪生最核心的要素,它源于物理实体、虚拟模型、服务系统,同时在融合处理后又融入各部分中,推动了各部分的运转,是数字孪生应用的"血液"。因此,没有多元融合数据,数字孪生应用就失去了动力源泉。

(4) 动态实时交互连接是动脉。动态实时交互连接将物理实体、虚拟模型、服务系统连接为一个有机的整体,使信息与数据得以在各部分间交换传递,是数字孪生应用的"血管"。因此,没有了各组成部分之间的交互连接,如同人体割断动脉,数字孪生应用也就失去了活力。

(5) 服务应用是目的。服务将数字孪生应用生成的智能应用、精准管理和可靠运维等功能以最为便捷的形式提供给用户,同时给予用户最直观的交互,是数字孪生应用的"五感"。因此,没有服务应用,数字孪生应用实现就是无的放矢。

(6) 全要素物理实体是载体。不论是全要素物理资源的交互融合,还是多维虚拟模型的仿真计算,亦或是数据分析处理,都是建立在全要素物理实体之上,同时物理实体带动各个部分的运转,令数字孪生得以实现,是数字孪生应用的"骨骼"。因此,没有了物理实体,数字孪生应用就成了无本之木。

5.3 数字孪生工业应用

5.3.1 数字孪生车间

数字孪生最早的应用领域便是工业领域,数字工厂是制造企业实现智能化转型的必经之路,而现今的工厂包含复杂的设施设备、严格的操作流程,工厂物理世界与信息世界的交互与融合是实现工业 4.0、中国制造 2025、工业互联网的关键瓶颈之一。

基于数字孪生五维模型构建数字孪生车间如图 5-7 所示,实现数字车间虚实融合、数据融合,全要素/全流程/全业务数据的集成与融合以及迭代运行与优化。在车间孪生数据的驱动下,实现工厂生产要素管理、生产活动计划、生产过程控制等在物理车间、虚拟车间、车间服务系统间的迭代运行,从而在满足特定目标和约束的前提下,达到生产和管控最优的一种运行新模式。

数字孪生工厂模型包括物理车间、虚拟车间、车间服务系统、车间孪生数据四部分。其中,物理车间是客观存在的实体集合,主

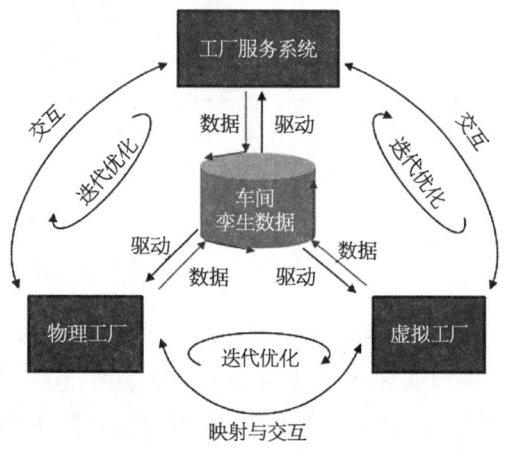

图 5-7 数字孪生车间模型

要负责接收车间服务系统下达的生产任务,并严格按照虚拟车间仿真优化后预定义的生产指令,执行生产活动并完成生产任务;虚拟车间是物理车间的完全数字化镜像,主要负责对生产计划/活动进行仿真、评估及优化,并对生产过程进行实时监测、预测与调控等;车间服务系统是数据驱动的各类服务系统功能的集合或总称,主要负责在车间孪生数据驱动下对车间智能化管控提供系统支持和服务,如对生产要素、生产计划/活动、生产过程等的管控与优化服务等;车间孪生 数据是物理车间、虚拟车间和车间服务系统相关的数据,以及三者数据融合后产生的衍生数据的集合,是物理车间、虚拟车间和车间服务系统运行及交互的驱动。

基于数字孪生的数字的车间运行机制如图 5-8 所示,包含生产要素管理、生产活动计划、生产控制管理三个方面。

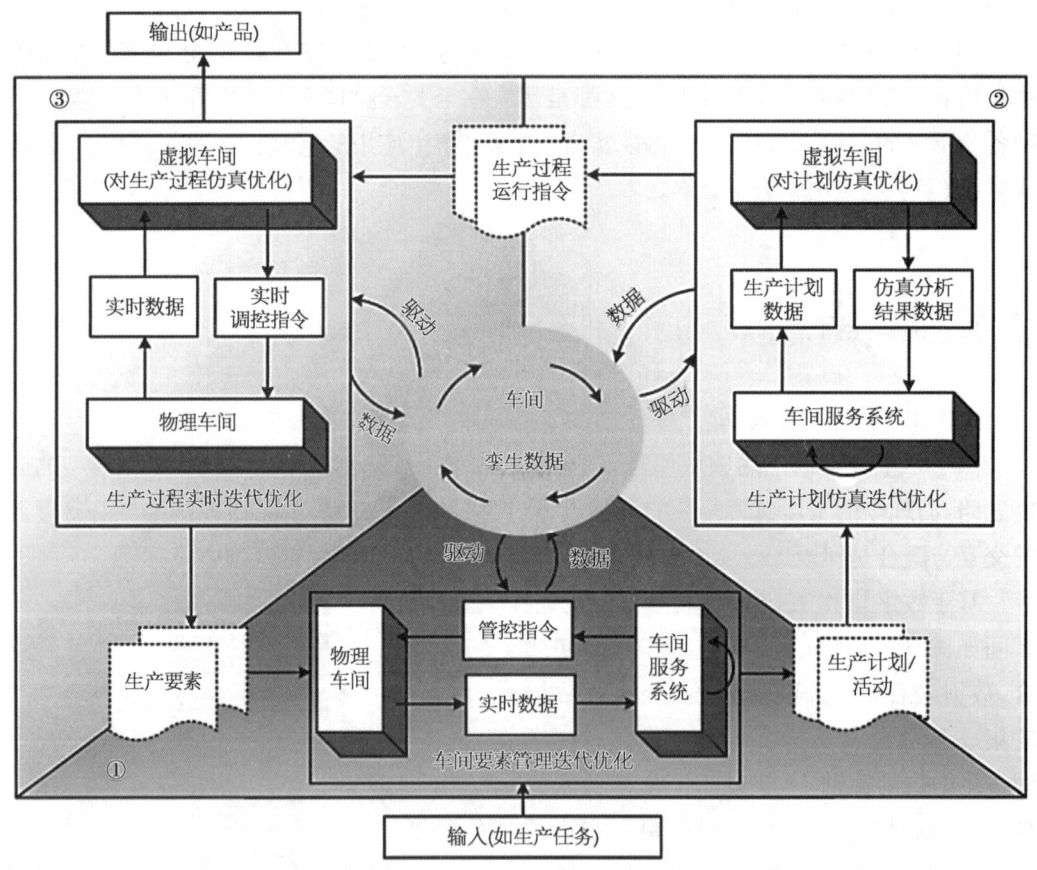

图 5-8 数字孪生车间运行机制

图中,阶段①是对生产要素管理的迭代优化过程,同时反映了数字孪生车间中物理车间与车间服务系统的交互过程,其中车间服务系统起主导作用。当数字孪生车间接到一个输入(如生产任务)时,车间服务系统中的各类服务系统在车间孪生数据中的生产要素管理的历史数据及其他关联数据的驱动下,根据生产任务对生产要素进行管理及配置,得到满足任务需求及约束条件并与其他相关环节关联的初始资源配置方案。车间服务系统获取物理车间的人员、设备、物料等生产要素的实时数据,对要素的状态进行分析、评估及预测,并据此对初始资源配置方案进行修正与优化,将方案以管控指令的形式下达至物理车间。物理车间在管控指令的作用下,将各生产要素调整到适合的状态,并在此过程中不断地将实时数据发送至车间服务系统进行评估及预测,当实时数据与方案有冲突时,车间服务系统再次对方案进行修正,并下达相应的管控指令。如此反复迭代,直至对生产要素的管理最优。基于以上过程,阶段①最终得到初始的生产计划/活动。阶段①产生的数据全部存入车间孪生数据库,并与现有的数据融合,作为后续阶段的数据基础与驱动。

阶段②是对生产计划的迭代优化过程,同时反映了数字孪生车间中车间服务系统与虚拟车间的交互过程,在该过程中,虚拟车间起主导作用。虚拟车间接收阶段①生成的初始的生产计划/活动,在车间孪生数据中的生产计划及仿真分析结果的历史数据、生产的实时数据以及其他关联数据的驱动下,基于要素、行为及规则模型等对生产计划进行仿真、分析及优化,保证生产计划能够与产品全生命周期各环节及企业各层相关联,并能够对车间内部及外部的扰动具有一定的预见性。虚拟车间将以上过程中产生的仿真分析结果反馈至车间服务系统,车间服务系统基于这些数据对生产计划做出修正及优化,并再次传至虚拟车间。如此反复迭代,直至生产计划最优。基于以上过程,阶段②得到优化后的预定义的生产计划,并基于该计划生成生产过程运行指令。阶段②中产生的数据全部存入车间孪生数据库,与现有数据融合后作为后续阶段的驱动。

阶段③是对生产过程的实时迭代优化过程,同时反映了数字孪生车间中物理车间与虚拟车间的交互过程,其中物理车间起主导作用。物理车间接收阶段②的生产过程运行指令,按照指令组织生产。在实际生产过程中,物理车间将实时数据传至虚拟车间,虚拟车间根据物理车间的实时状态对自身进行状态更新,并将物理车间的实际运行数据与预定义的生产计划数据进行对比。若两者数据不一致,则虚拟车间对物理车间的扰动因素进行辨识,并在扰动因素的作用下对生产过程进行仿真。虚拟车间基于实时仿真数据、实时生产数据、历史生产数据等车间孪生数据,从全要素、全流程、全业务的角度对生产过程进行评估、优化及预测等,并以实时调控指令的形式作用于物理车间,对生产过程进行优化控制。如此反复迭代,直至实现生产过程最优。该阶段产生的数据存入车间孪生数据库,与现有数据融合后作为后续阶段的驱动。

通过以上三个阶段,车间完成生产任务并得到生产结果(产品),生产要素相关信息存入车间服务系统,开始下一轮生产任务。通过阶段①②③的迭代优化,车间孪生数据被不断更新与扩充,数字孪生车间也得到不断的进化和完善。

5.3.2　数字孪生车间在产品全生命周期中的应用

数字孪生车间贯穿了产品全生命周期中的不同阶段,它同PLM的理念不谋而合。可以说,数字孪生技术的发展将PLM的能力和理念,从设计阶段真正扩展到了全生命周期。

数字孪生以产品为主线,并在生命周期的不同阶段引入不同的要素,形成了不同阶段的表现形态。

1) 设计阶段

在产品的设计阶段,利用数字孪生可以提高设计的准确性,并验证产品在真实环境中的性能。这个阶段的数字孪生,主要包括如下功能:

(1) 数字模型设计。使用 CAD 工具开发出满足技术规格的产品虚拟原型,精确记录产品的各种物理参数,以可视化的方式展示出来,并通过一系列的验证手段来检验设计的精准程度。

(2) 模拟和仿真。通过一系列可重复、可变参数、可加速的仿真实验,来验证产品在不同外部环境下的性能和表现,在设计阶段就能验证产品的适应性。

【案例 5-1】 数字孪生技术在斯柯达制造工厂的应用

西门子数字孪生系统通过采集设备运行状况,打造完整的数字模型来模拟工厂操作空间,用于工艺规划、仿真、验证和优化。该系统成功应用于斯柯达汽车制造过程,能降低生产线试运行风险,提高工作的安全性并缩短生产周期。

2) 制造阶段

在产品的制造阶段,利用数字孪生可以加快产品导入的时间,提高产品设计的质量、降低产品的生产成本和提高产品的交付速度。产品阶段的数字孪生是一个高度协同的过程,通过数字化手段构建起来的虚拟生产线,将产品的数字化手段构建起来的虚拟生产线,将产品的数字孪生同生产设备、生产过程等其他形态的数字孪生高度集成起来,实现如下功能:

(1) 生产过程仿真。在产品生产之前,可以通过虚拟生产的方式来模拟在不同产品、不同参数、不同外部条件下的生产过程,实现对产能、效率以及可能出现的生产瓶颈等问题的提前预判,加速新产品导入的过程。

(2) 数字化产线。将生产阶段的各种要素,如原材料、设备、工艺配方和工序要求,通过数字化的手段集成在一个紧密协作的生产过程中,并根据既定的规则,自动完成在不同条件组合下的操作,实现自动化的生产过程。同时记录生产过程汇总的各类数据,为后续的分析和优化提供依据。

【案例 5-2】 空客应用数字孪生技术优化生产过程

随着美国洛马公司提升第五代战斗机 F-35 的生产速度,公司正着眼于提升制造效率。提升前,每架 F-35 飞机都需要约 22 个月的生产周期。洛马计划将其缩短至 17 个月。当第一批次 F-35(2 架)开始制造时,每架的成本是 2.44 亿美元。提升前一批是 90 架,每架 9 460 万美元。洛马饱受 F-35 成本超支的批评,因此试图在

2020年前,将生产成本降低到8 500万美元或更低,以减小与四代机的价格差。

为实现这个目标,洛马公司在沃斯堡工厂部署了Ubisense集团(UBI)"智能空间"解决方案,"智能空间"是一个工业物联网解决方案,可以通过模型和数据,将现实世界中的流程和移动资产定量化并进行衡量。"智能空间"为制造商的"工业4.0"战略提供一个基础平台。平台建立一个实时镜像现实生产环境的数字孪生(将现实数据映射到数字模型上),将现实世界中的活动与制造执行和规划系统相连接。它实时监测三维空间中的交互,使用空间事件来控制流程并使环境根据工人移动做出反应。

UBI"智能空间"平台将定位技术集成到一个单一的生产运行视图中,使制造流程完全可视化。对于像空客这样的客户,UBI提供了一个"室内雷达",与德国SAP公司的企业级软件相连接,确保待装配组件及时运到,并实现实时更新的信息管理。平台能够处理高精度超宽带、GPS、射频识别、蓝牙和视景系统。UBI表示,该平台解决了航空航天与防务制造商面临的许多长周期和高复杂性问题。这些客户通常体量巨大,很容易忽视其工具和资产,如果这些关键物件没有能够在正确的时间位于正确的位置,将造成漫长和十分昂贵的生产延迟。

通过实时掌握被标记资产的精确位置,以及未来它们需要到什么位置,"智能空间"可提前谋划和调度资产,助力项目达到关键里程碑。平台不仅告诉用户资产在哪里,还可进行高水平控制,以确保不受控的或错误的工具不会在特定工作区使用。平台还提供资产和工具的电子审计功能,详细描述所有客户所配置设备的行踪,使制造商快速和高效响应突击检查,避免因未能指明而被罚款。部件制造和交付中出现问题意味着总装延迟和交付日期推迟,从而导致大量罚金。通过跨部装线的、在多家工厂中跟踪零件的进展情况,平台使制造商基于交付延迟而提前谋划总装计划。

空客集团与UBI进一步扩大在A350XWB飞机图卢兹总装线上应用RFID系统,以数字孪生解决方案支持工厂的数字化。在物联网和大数据的背景下,使用RFID和实时定位系统连接工业物体是空客数字化战略和"未来工厂"计划的关键组成部分,该战略将优化工业流程并使其进一步自动化,同时提升对供应链的实时感知。

2011年,空客在A350XWB总装线上部署了UBI的企业定位智能解决方案,实时连接其工业物体,使工业流程和设备应用更加透明化,尤其是工艺装备及其在部装厂和总装厂内的分布情况。从那时起,UBI解决方案的元素在空客多个装配厂和飞机项目上不断使用,包括A330、A380和A400M。目前,空客通过在关键工装、物料和零部件上安装RFID,生成了A350XWB总装线的数字孪生,从而能够通过模型预测瓶颈、优化运行绩效。

UBI企业定位解决方案正在扩展A350XWB总装线上已有的可视化解决方案,连接总装设备安装流程的额外区域,以支持生产提速。该系统提供对资产的实时跟踪和定位能力,自动更新ERP系统的资产位置和状态数据,提升报告的精度和时效性,以及颗粒度可视化,比如之前手动无法完成的运动路径分析。所有相关数据都在位置或图表视图中呈现,以加速日常操作。而且,该系统自动提示用户资产状态变化,并当发生特定问题时警告用户。

(3) 质量管理。通过采集生产线上的各种生产设备的实时运行数据,实现全部生产过程的可视化监控,并且通过经验或者机器学习建立关键设备参数、检验指标的监控策略,对出现违背策略的异常情况进行及时处理和调整,实现稳定并不断优化的生产过程。

【案例5-3】 汽车车灯装配产线质量分析与追溯

汽车车灯装配产线质量分析与追溯指在设计正确合理的制造工艺的同时,对生产过程中注塑工艺参数、产品参数等因素综合考虑实现产品的装配产线质量分析,并在出现质量问题时,可以追溯其装配过程中的每个环节,找出原因,从而改进工艺、控制产品质量。此外,产品的装配过程及相应的加工参数被记录在虚拟车间中以便产品质量追溯,如图5-9所示。

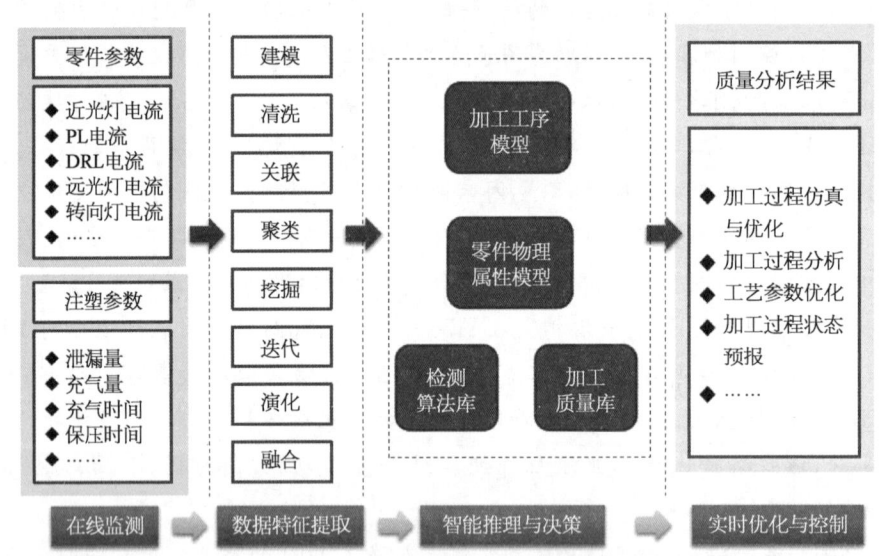

图5-9 汽车配件装配产线质量分析与追溯

基于数字孪生的汽车配件装配产线质量分析与追溯可以实现如下功能:

(1) 多学科全要素仿真。虚拟车间构建4类模型数据库,分别是加工工序模型、零件物理属性模型、检测算法库、加工质量库。

(2) 加工质量实时分析。物理车间实时加工状态同步至虚拟车间,虚拟车间仿真后,实时获得质量分析结果。

(3) 加工质量优化控制。在加工前,虚拟车间对设定的加工工艺进行仿真,优化加工工艺;在加工过程中,通过虚拟车间实时仿真进一步优化工艺。

（4）自我学习装配过程中,加工质量库自动更新遇到的加工质量问题,并根据用户的引导进行自我学习,不断提高加工质量分析能力。

3）服务阶段

随着物联网技术的成熟和传感器成本的下降,很多工业产品,从大型装备到消费级产品,都使用了大量的传感器来采集产品运行阶段的环境和工作状态,并通过数据分析和优化来避免产品的故障,改善用户对产品的使用体验。这个阶段的数字孪生,可以实现设备健康管理功能:通过读取智能工业产品的传感器或者控制系统的各种实时参数,构建可视化的远程监控,并给予采集的历史数据,构建层次化的部件、子系统乃至整个设备的健康指标体系,并使用人工智能实现趋势预测。基于预测结果,对维修策略、备品备件的管理策略进行优化,降低和避免客户因为非计划停机带来的损失。

【案例 5‑4】 注塑机健康管理

利用各种传感器和数据处理方法对注塑机健康状况进行评估,并预测设备故障及剩余寿命,从而将传统的事后维修转变为事前维修。孪生数据的驱动下,基于物理设备与虚拟设备的同步映射与实时交互以及精准服务,形成的设备健康管理新模式,实现快速捕捉故障现象,准确定位故障原因,合理设计并验证维修策略。如图 5‑10 所示,物理设备实时感知运行状态与环境数据;虚拟设备在孪生数据的驱动下与物理设备同步运行,并产生设备评估、故障预测及维修验证等数据;融合物理与虚拟设备的实时数据及现有孪生数据,服务根据需求被精准的调用与执行,保证物理设备的健康运行。

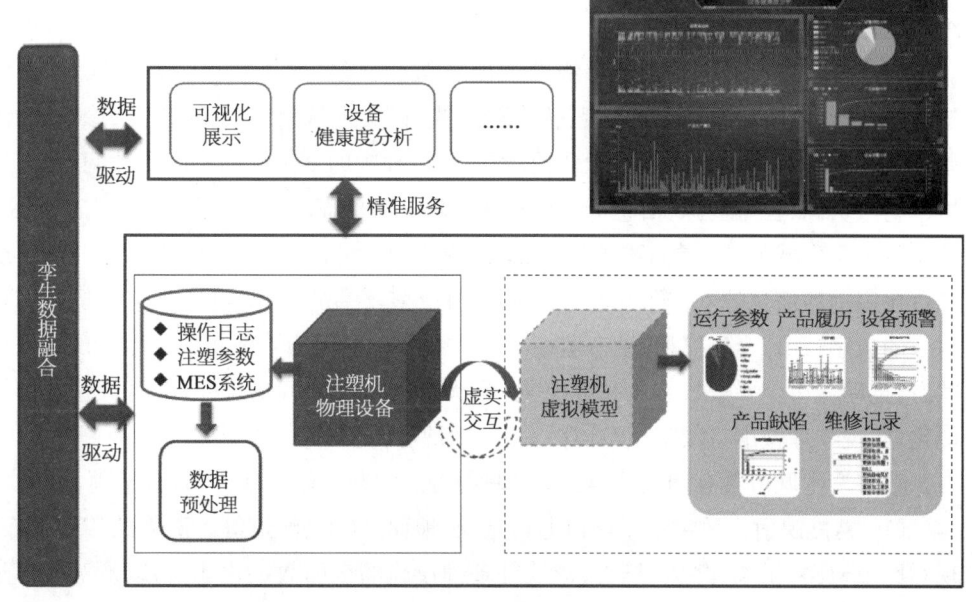

图 5‑10 注塑机健康管理

【案例 5-5】 陕西陕鼓服务化转型

陕西陕鼓在2001年就提出，在工业领域专业化系统服务将成为消费趋势，制造企业要向用户提供完整的解决方案。于是，陕鼓改变单一服务观念，转变为透平机械系统的供应商和服务商。通过交钥匙工程，解决整个风机系统问题，甚至是整个流程的问题，最大限度地适应客户的需求。陕鼓的旋转机械远程在线监测及故障诊断系统，通过互联网传输系统运行的数据，以数字孪生为载体，由技术专家诊断，全天 24 h 为用户提供在线技术支持，降低了用户的维护检修成本。

目前，陕鼓已为全国58家用户的200余台套产品提供了远程检测服务。陕鼓还牵头成立了由56家企业组成的成套技术协作网，对产业链和配套资源进行优化整合管理，强化了服务能力。

5.4 数字孪生城市应用

当前，智能制造已经延伸到农业工业化(大棚)和智能建造，智能制造的服务化制造已经延伸到城市基础设施管理、运维及园区(厂区)的运维。数字孪生城市应用越来越广泛。

5.4.1 数字孪生城市的内涵及特征

数字孪生城市是在城市累积数据从量变到质变，在感知建模、人工智能等新型技术取得重大突破的背景下，建设新型智慧城市的一条新兴技术路径，是城市智能化、运营可持续化的前沿先进模式，也是一个吸引高端智力资源共同参与，从局部应用到全局优化，持续迭代更新的城市级创新平台。

数字孪生城市的本质是城市级数据闭环赋能体系，通过数据全域标识、状态精准感知、数据实时分析、模型科学决策、智能精准执行，实现城市的模拟、监控、诊断、预测和控制，解决城市规划、设计、建设、管理、服务闭环过程中的复杂性和不确定性问题，全面提高城市物质资源、智力资源、信息资源配置效率和运转状态，实现智慧城市的内生发展动力。

数字孪生城市基于数字化标识、自动化感知、网络化连接、普惠化计算、智能化控制、平台化服务的信息技术体系和城市信息空间模型，在数字空间再造一个与物理城市匹配对应的数字城市，全息模拟、动态监控、实时诊断、精准预测城市物理实体在现实环境中的状态，推动城市全要素数字化和虚拟化、全状态实时化和可视化、城市运行管理协同化智能化，实现物理城市与数字城市协同交互、平行运转。

数字孪生城市具有四大特点：精准映射、虚实交互、软件定义、智能干预。

(1) 精准映射。数字孪生城市通过空天、地面、地下、河道等各层面的传感器布设，实现对城市道路、桥梁、井盖、灯盖、建筑等基础设施的全面数字化建模，以及对城市运行状态的充分感知、动态监测，形成虚拟城市在信息维度上对实体城市的精准信息表达和映射。

(2) 虚实交互。城市基础设施、各类部件建设即有痕迹,城市居民、来访人员上网联系即有信息。未来数字孪生城市中,在城市实体空间可观察各类痕迹,在城市虚拟空间可搜索各类信息,城市规划、建设以及民众的各类活动,不仅在实体空间,而且在虚拟空间得到极大扩充,虚实融合、虚实协同将定义城市未来发展新模式。

(3) 软件定义。孪生城市针对物理城市建立相对应的虚拟模型,并以软件的方式模拟城市人、事、物在真实环境下的行为,通过云端和边缘计算,软性指引和操控城市的交通信号控制、电热能源调度、重大项目周期管理、基础设施选址建设。

(4) 智能干预。通过在"数字孪生城市"上规划设计、模拟仿真等,将城市可能产生的不良影响、矛盾冲突、潜在危险进行智能预警,并提供合理可行的对策建议,以未来视角智能干预城市原有发展轨迹和运行,进而指引和优化实体城市的规划、管理、改善市民服务供给,赋予城市生活"智慧"。

5.4.2 数字孪生城市总体架构及运行机理

数字孪生城市建设依托以云、网、端为主要构成的技术生态体系,如图 5-11 所示,端侧形成城市全域感知,深度刻画城市运行体征状态。网侧形成泛在高速网络,提供毫秒级时延的双向数据传输,奠定智能交互基础。云侧形成普惠智能计算,以大范围、多尺度、长周期、智能化地实现城市的决策、操控。

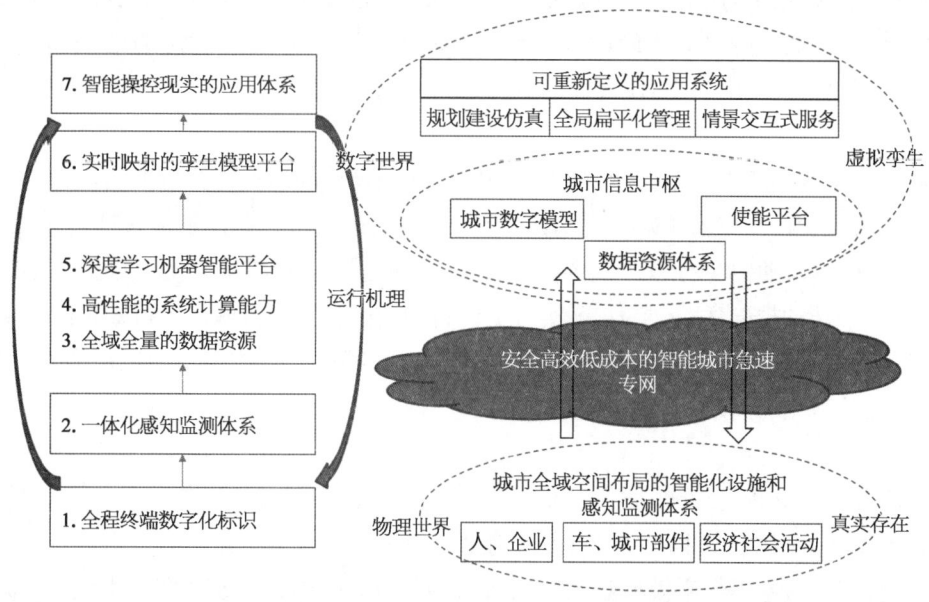

图 5-11 智慧城市总体架构及运行机理

数字孪生城市以全域数字化标识和一体化感知监测为数字孪生基础,以全域全量的数据资源(数据)、高性能的协同计算(算力)、深度学习的机器智能平台(算法)为城市信息中枢,以数字孪生模型平台为城市运行信息集成展示载体,操控城市治理、民生服务、产业发展等各系统协同运转,形成一种自我优化的智能运行模式,实现"全域立体感知、万物可信互联、泛在普惠计算、智能定义一切、数据驱动决策"。

(1) 全域终端数字化标识。它是万物互联的基础,是数字孪生城市构建的前提条件,是数字空间中用于区分实体身份的基础信息。

(2) 一体化感知监测体系。它是万物感知、万物互联、万物智能的通道、入口和"神经系统",是数字孪生城市实现物理世界到虚拟世界转化的"连接器"。

(3) 全域全量的数据资源。它是数字孪生城市构建的基础,为深度学习自我优化功能提供"数据"要素(人工智能三要素之一)。

(4) 高性能的协同计算能力。它是数字孪生城市构建的效率保障,为深度学习自我优化功能提供"算力"要素(人工智能三要素之一)。

(5) 深度学习机器智能平台。它是数字孪生城市构建的运行决策保障,为深度学习自我优化功能提供"算法"要素(人工智能三要素之一)。

(6) 实时映射的孪生模型平台。它是构建数字孪生城市综合信息载体平台,是城市统一"展示窗口""决策中心"。

(7) 智能操控现实的应用体系。它是构建数字孪生城市的"总控开关""指挥中心"。

5.4.3 数字孪生城市应用方向

数字孪生模式下,提供了一种能力,包括实时、动态、精准、定位、可视化展示,仿真、验证、回溯、协同、联动等。城市的运行状态将与以往大为不同,可以肯定的是,未来科学发现和智慧应用将会不断涌现,使我们的生活充满了惊喜体验。

1) 城市规划

通过构建数字孪生城市模型,可以支持城市规划设计的模拟仿真与推演,从而实现规划方案的最优设计。在新城新区规划前,数字孪生城市的可视化图形展现能力可较早还原规划目标效果,助力"一张蓝图绘到底",实现质量变革;在已有城市的基础上规划时,数字孪生城市的模拟推演仿真能力,可实时呈现新规划内容要素对城市运行效果的影响,制定最优化规划决策方案,实现动力变革;在城市规划的方法上,数字孪生城市的数字空间组件组装能力,可提高规划效率,实现效率变革。

2) 城市建设

随着城市化进程的加快,城市建设的规模和复杂度不断增加,以传统方式开展城市建设变得力不从心,数字孪生城市将有效应对城市建设管理这个难题。

在建设阶段,基于数字模型对工程项目从图纸、施工到竣工交付的全过程进行监管,对重大项目的进度、资金、质量、安全、绿色施工、原材料、劳务和协同协作进行数字化监管,实现动态、集成和可视化施工管理,确保重大工程项目的按时、高质、安全交付。每个在建的建筑和基础设施,都有物理实体和虚拟实体,可实时追踪、定位、分析工程施工、交付、监管等环节的质量,实现各建造方的实时沟通、多方协同,建设成果的模型预先比对、实体多轮迭代,确保城市建设的提质降本、绿色低碳、保障安全。

【案例 5-6】 浙江台州智慧工地"黑科技"

台州市"智慧工地"系统通过搭建科技创新、资金保障、管理优化平台,初步形成"同一个平台、管两个重点、抓三方主体"的监管新模式,实现了资源整合、集中管控、实时监管和全过程追溯。

(1) 考勤管理子系统。考勤管理系统以每天进出数据作为考勤依据,通过对进出时段的计算,统计每日的工时,为工资清算提供可靠的数据来源。系统以人脸识别或虹膜识别验证人员到场的真实性,有效避免了传统打卡到岗方式存在的作弊行为,成为建筑行业一大"稳定器"。

(2) 扬尘在线监管子系统。工地扬尘在线监测系统能够实时"捕捉"温度、湿度、风力、风向、噪声、PM2.5、PM10 等指标。喷淋系统、物炮机每天按规定时间启动,并根据天气情况加大频率,时刻将湿度和污染物浓度控制在先关标准之内。每当有运输车辆驶离工地,还要经过地理式冲洗机,几分钟内,车轮、底盘和车体外侧的泥沙就被冲洗干净,确保工地周围街路的整洁,不再让现场作业人员"吃灰"。

(3) 施工现场实时在线监管子系统。实时在线 AI 监控视频系统能够对现场进行多维度实时监控,智能视频算法为施工现场监管提供"千里眼",不仅带来了全新的交互式体验,而且能有效管理人员的设备安全,保障工程的进度及质量。系统通过后台运营分析,能主动发现早期烟火告警、危险区域人员入侵、安全帽未佩戴、违规停放导致通道阻塞等安全隐患,提高对工程现场的远程管理水平,加快工程现场安全隐患处理的速度。

(4) 建筑起重机械管理子系统。台州智慧工地管理系统将起重机械一一绑定,确保每个设备的每个标准皆在系统中具有唯一的"身份"信息,从源头上解决了设备套牌、超期使用等问题。把全市起重机械安拆人员和在台州的起重机械检测人员的相关资料,包括人脸和虹膜等信息在管理系统中统一登记入库,实现人员可控。维保作业过程中通过扫码校验,同步记录存在问题的构件与设备,即时生成设备履历,实时查询设备和构件的位置、使用时间和维保记录,确保过程可溯。

(5) VR 混合现实系统。基于施工现场,将 BIM 模型与虚拟危险源相结合,1:1 真实还原工地现场,内含高空坠落、火灾、触电等潜在的危险源,让工人体验到事故发生之后的真实感受,增强安全意识。每个接受培训的工人在戴上 VR 眼镜后,通过操作手柄选取界面,整个工程形象都会逼真地呈现在眼前。

3) 城市治理

在社会信息化、经济全球化的今天,城市聚集了越来越多的社会因素,随之而来的城市治理问题在城市尤其在大城市中愈加严重。随着数字孪生城市的建设,城市治理将依托数字城市精准管理物理城市,通过虚拟服务现实、数据驱动决策,使城市治理像绣花一样精细,为现代化治理体系和治理能力的构建奠定坚实基础。

【案例 5-7】 南明区"数智花果园"

位于贵州省贵阳市的南明区"数智花果园"是亚洲最大的棚户区改造项目,占地面积 10 km²,区域内高层建筑密布,总人口峰值近百万,聚集了近 30 000 余家工商注册户。

"数智花果园"作为贵州省城市综合体建设的重点项目,由软通智慧负责统筹建设并跟进,该项目以建设"花果园社区大脑"为核心,全面汇聚、整合、计算全社区数据资源,通过建设"一个全息大脑、四个智慧集群",借助大数据、人工智能、物联网、云计算等先进科技手段,以"建设＋运营"的模式,来实现社区从政府、到物业管理、到社区商户、到居民自上而下的全方位智慧化、智能化、智享化管理,图 5-12 所示为"数智花果园"调度运营中心。

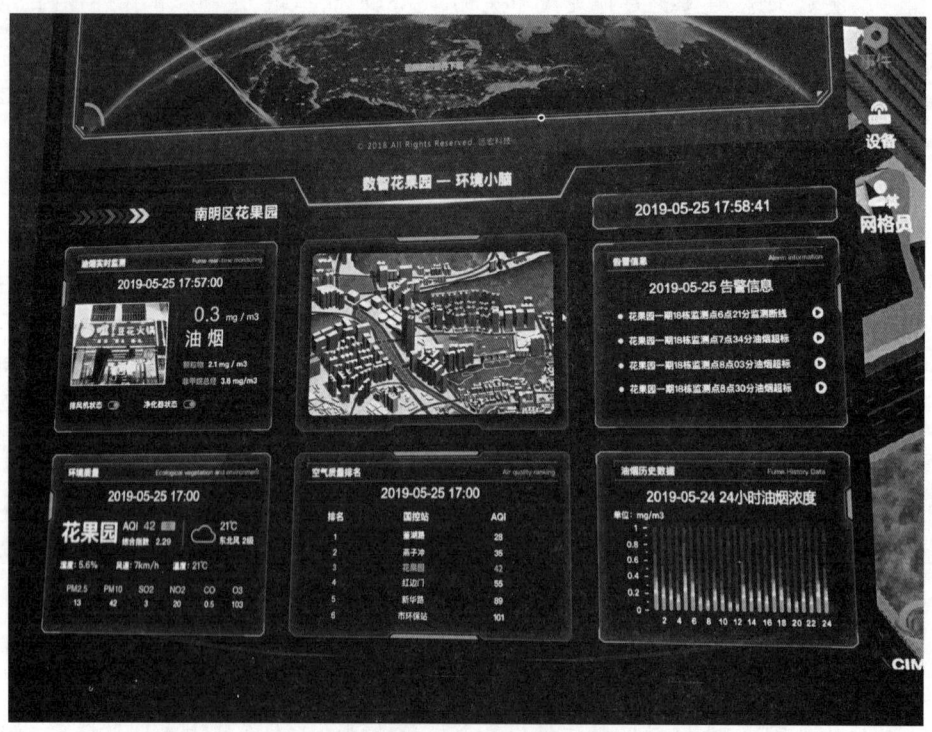

图 5-12 "数智花果园"调度运营中心

该平台是基于数字孪生技术及物联网打造的一体化服务平台。可通过直观监测花果园社区各种管理和运营情况,总体呈现整个花果园的各项运营指标,同时对异常指标进行报警和预判,为社区管理者和运营者提供决策支撑,以数化万物的思路通过数字孪生技术模拟出每一栋每一层每一户的楼宇内部情况。

社区大脑集合了社区基础数据库、数据整合平台、智能 AI 引擎,为社区治理大数据的分析挖掘提供技术支撑。社区大脑建设包括:花果园数字皮肤实时感知体系,社区大脑下的公安、环境、物业、消防、城管、工商、医疗等分布式小脑,社区调度治理中心,新型智慧社区仿真中心,数字孪生中心。通过整合这些小脑,实现政府管理和社会服务的价值提升。从整体上提高社区公共安全级别,有效解决电梯困人、人口走失、弱势群体关怀、打击传销等民生问题。

对政府而言,将通过公安小脑、政务小脑、工商小脑、城管小脑等实现政府的科学化管理,实现群众家门口办事,提高政府办事效率,改善政务服务水平;对物业而言,通过物业小脑实现楼宇智能化管理、智慧停车、电梯监测与运维、社区消防等精细化管理;对社区商户而言,通过环境小脑提高对分散型企业及餐饮店面的集中管理效果,降低监管部门人员压力,提高企业的环保责任主体意识,切实落实环保责任制;对老百姓,将通过"数智花果园"微信端、服务小程序、社区 app 等实现在衣、食、住、行、用、医等全面的智慧化生活管理。

4) 城市交通

随着经济快速发展、城市规模扩张、人口向城市快速集中,许多城市面临人口拥挤、交通拥堵、公共资源紧张等"大城市病"的困扰。如何高效、精准地缓解交通拥堵,提升通行效率,优化出行体验,成为众多城市的痛点。数字孪生城市通过全域覆盖的感知体系、全网共享的城市数据资源体系、全时可用的城市大脑支撑平台、全程可控的城市操作系统,实现了数据驱动的城市道路预警、应急救援路线定制和信号联网优化,带来面貌一新的交通管理和服务。

【案例 5-8】 杭州城市大脑

杭州摒弃"数据已用""交通专治"的固有观念,通过政府部门主导、主动、主控,企业提供技术支撑,打破数据壁垒,在数据利用上真正体现服务民生的价值,结成了以企业为主体的协同创新共同体,并从以下三个方面展开合作。

(1) 以政企合作为框架,搭建组织平台。杭州市政府协调交警、城管、建委等 11 个政府部门开放高达百亿的数据资源接入项目数据库,涵盖交通、市场、网络、公共服务等各个方面。此外,政府(公安部门)、企业(阿里巴巴)相关人员共同组成了工作专班,萧山公安联合阿里集团、数梦工厂、浙大中控、浙江大华等公司的高端技术专家,进行政企合作实体化运作,具体负责设备安装、调试、维护以及政府部门间的对接协调。

(2) 以数据归集为基础,搭建数据资源平台。"城市大脑"接入了静态和动态两类数据。在静态数据方面,主要针对道路、车辆、商场、医院、小区等各种可能影响交通组织的因素,先后整合接入交通、城管、气象、公交等13个行业部门57类交通相关数据200亿条。在动态数据方面,实时接入试点区域内电子警察卡口、治安监控等近1 000路视频,日接入视频量达36 TB,从而打通了互联网、政务网、公安网、业务VPN网四大网络,唤醒了大量沉睡数据,实现"城市大脑"和前端数据实时互通。

(3) 以提供算法为核心,搭建通用计算平台。配备500余台云计算服务器搭建通用计算平台,利用大数据、云计算、人工智能等技术,对在线监控视频进行结构化处理,配套数据资源平台的海量数据、交通体系仿真模型,用于信号控制配时优化、交通事件感知等现实应用,让路口同一根灯杆上的视频监控和红绿灯这对"既最近又最远"的组合实现了互联互通。

2017年,阿里云与杭州合作的城市大脑1.0正式发布,在治理拥堵和科学决策方面取得了显著成效。杭州"城市大脑"架构如图5-13所示。在全域感知方面,"城市大脑"基于全网多数据源融合,可自动对各类交通事件进行全天候自动巡检,使机器识别视频的能力有了新的飞跃;还可将视频自动检测数据与各类网络数据匹配对比,融合分析球机与固定枪机卡口视频,完整还原事件轨迹,实现了全面感知、分级报警、精准处理。在海量数据处理方面,杭州"城市大脑"接管杭州128个信号灯路口,杭州市内安装摄像头超过50 000个,交通指挥中心人数不足20人,仅凭人力无法对24 h数据进行充分运用,但通过城市大脑,结合人工智能技术,能够实现自动分析、辅助决策。在实时预警方面,已实现每天500多次的事件报警,并且将其准确率保持在92%,其中试点区域内的有效事件自动报警量总数已超过5 400起,让政府部门主动发现异常事件、主动指挥调度处置、及时清除隐患变为现实。杭州"城市大脑"监控界面如图5-14所示。

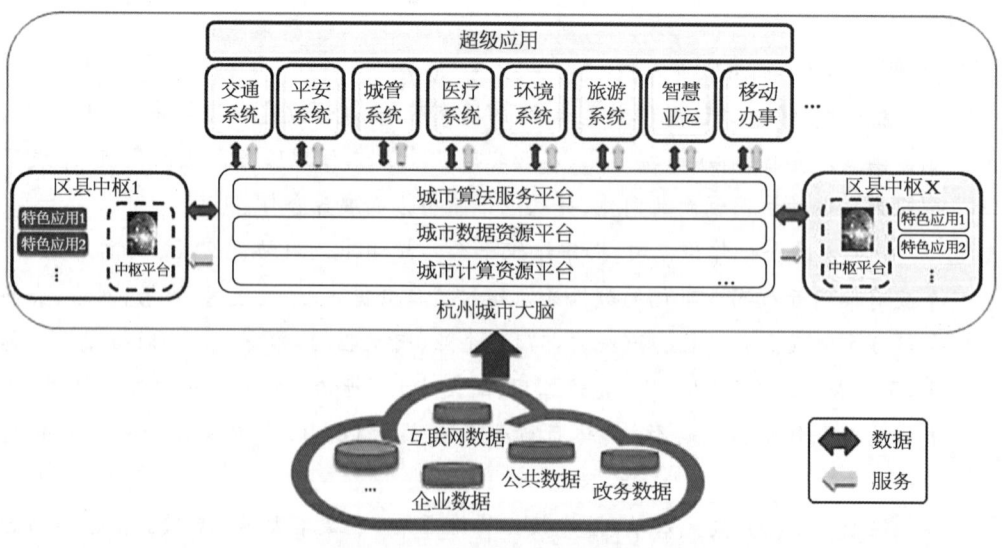

图5-13 杭州"城市大脑"架构

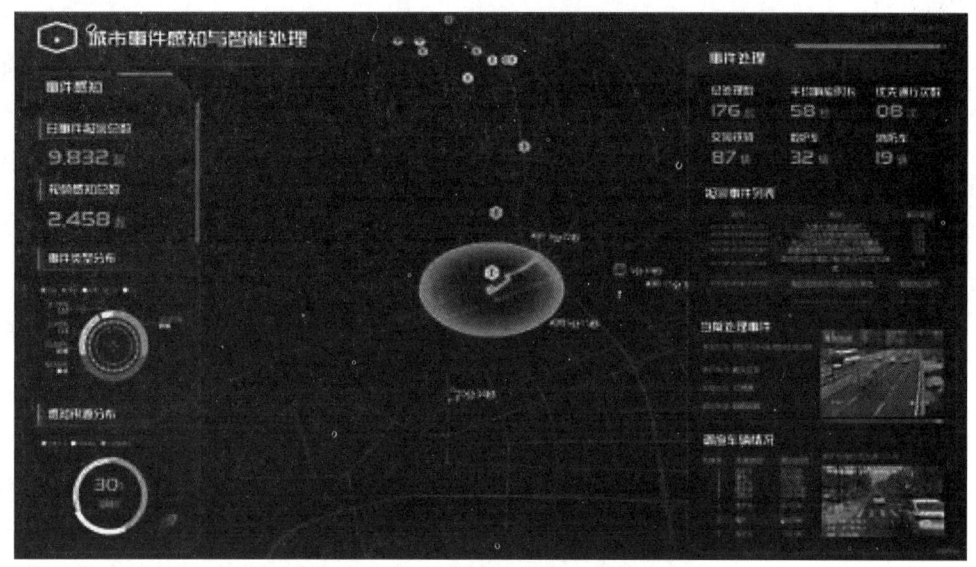

图 5-14　杭州"城市大脑"监控界面

经过 2 年多的试点,"城市大脑"2.0 版本将覆盖杭州主城区、余杭区、萧山区共 420 km²,一年覆盖范围扩大 28 倍,相当于 65 个西湖大小。接管 1 300 个路口信号灯、接入 4 500 路视频,通过 7 大生命体征全面感知城市交通,并通过移动终端直接指挥杭州 200 余名交警。在交通治理方面,受益于这个交通大脑,实时分析各项交通指标。3 年内,杭州从全国"堵城"第 3 位降至第 57。目前,城市大脑 2.0 版每 2 min 便对城市道路交通状况进行一次扫描,实时感知在途交通量、延误指数、拥堵指数、快速路车速等 7 项"生命指标",并对可能发生异变、突变的交通趋势,提前做出警示,为指挥人员采取交通诱导和调整交通组织、勤务部署等应对措施赢得时间、占据先机。

5)城市安全

安全是城市居民的基本诉求之一,无法保障居民安全的城市发展是空中楼阁。传统的公共安全防范与治理多是依靠"人治",随着数字孪生技术的深度应用,城市中的部件、事件、人员状态随时可感可知可控,人——机共治的格局将逐步形成。

【案例 5-9】 阿里云 ET 城市大脑基于数字孪生城市开展警情自动监控

(1)"全城感知"升级。以机器视觉、互联网/物联网数据分析代替交警巡逻,检测交通事件。以杭州交警建设的城市大脑为例,交通数据中台广泛连接、共享分析四类城市大数据源:① 高德等互联网实时交通数据,作为决策基础;② 路面视频数据,汇聚不同厂商摄像头全量视频;③ 路口地下线圈数据;④ 交警机构的卡口等数据。打穿政府部门间的数据孤岛、系统孤岛、决策孤岛,实现从"单点感知"到"全面感知",从识别车牌到识别路面万物的智能进化,ET"城市大脑"中的"天曜"产品如同一个

"眼观六路,耳听八方,运筹帷幄于千里之外"的虚拟交警,用全城路网上24 h在线、360°观测的球机监控替代一线警力巡逻,实时报警全城交通事故,20 s内识别出汽车走快车道、摩托车上高架、行人横穿马路等全部交通违法行为,甚至发现案例多发路口的不合理交通规则进行优化,不增加任何外场设备,在复杂社会环境中实现精准布警、警力资源的可再生式发展。另一方面,全局感知带来全局智能,萧山"城市大脑"为赶赴伤病患者地点的999急救车开设一路绿灯的"生命快速通道",恰到好处的动态路权精准分配,既是城市对交通正义的最佳体现,又是政府对挽救生命的极致追求。

(2)"全城检索"升级。"天曜"服务以视觉搜索代替警力去挖掘海量视频,让涉案目标"主动现出原形"。对于每天发生的儿童走失、肇事车辆逃逸等报案,传统手段是投入大量警力的人海战术来查看各路口的监控视频数据,而ET城市大脑中的"天鹰"产品如一位"过目不忘,明察秋毫,全城寻踪"的在线福尔摩斯,具有世界第一的行人识别准确率(行人Re-ID on Market1501比赛),"天鹰"(96%)甚至超过了人类识别能力(94%),业界智能安防产品部署在6~12 m高的路面摄像头上,根本无法看清人脸,只能看到头顶发际线,加上天气环境多变、摄像头分辨率较低等因素,追踪行人误差很大,而阿里云在嘉兴、衢州的"雪亮工程"中,"天鹰"产品依靠行人、车辆、物体的全方位细节识别,首次在警务实战中实现"精准搜人",对中国两亿老年人群体和老龄化社会具有巨大的公益价值。

(3)"全城预警"升级:以数据流预测车流和人流,精准预知交通拥堵并防患于未然。在苏州,"城市大脑"的"天机"产品如同一位"以古推今,洞悉未来"的在线交通顾问,凭借城市交通历史数据,预判某个区域未来10 min~1 h的交通态势,帮助交通管理在交通堵点出现前制定应急预案、提前实施交通疏导措施,根据社会性赛事演出活动、城市出行历史数据、天气数据预判特定时间段的交通状况,这项阿里云的独家绝技正在苏州落地。

(4)"全城创新"升级:提供大规模、高并发的视觉计算开放平台,承载"天曜""天鹰""天机"和第三方生态应用,汇聚大众智慧,解决百姓问题。作为城市大脑的"加速器","天擎"处理16 h视频仅用1 min,实现"千倍加速"。平台包含视频接入系统、实时/离线计算系统与视觉搜索系统三大组件,以开放服务平台共享大规模视觉计算解决方案,交管机构能够使用多摄像头联动研判、跨摄像头合作分析、百万亿级图片以图搜图、高精度全覆盖抽取图像特征等丰富治理功能。

6)应急指挥

随着我国经济社会的发展,城市的规模快速扩大,企业工厂越来越多,火灾、水旱、地质灾害、安全生产等时有发生,相关应急系统平台之后,新技术手段缺乏,给人民生命财产带来了巨大的损失。当前,以物联网、大数据、人工智能等新技术为代表的数字浪潮席卷全球,数字孪生技术应运而生,深刻影响着应急管理,开启应急"智"理新时代。

【案例 5-10】 武警交通部队应急救援模拟演练系统

针对部队练兵任务少而实战演练成本过高的问题,武警交通部队推出一套"武警交通部队应急救援模拟演练系统"。该系统运用虚拟现实、数字仿真和信息可视化技术,模拟构建地震、泥石流、山体滑坡、洪涝等自然灾害和恐怖袭击、战争造成的交通基础设施损毁灾害场景,使受训者"沉浸"于真三维的虚拟灾害环境中完成各种演练任务,为各级指挥员搭建一个"常态化"的演练练兵平台,实现同网协同演练战法、演练指挥,全面提升部队指挥控制、快速反应、立体侦察和应急处置能力,最终构建基于信息化条件下的"抢险救援自动化指挥系统(C4ISR)、应急救援综合信息数据库、模拟演练系统"三位一体的现代化武警交通作战指挥、专业训练体系。

模拟演练系统依托武警交通部队综合信息网运行,由综合数据库、导演组客户端、演练组客户端和评估组客户端四部分构成。应急救援模拟演练平台技术架构如图 5-15 所示。

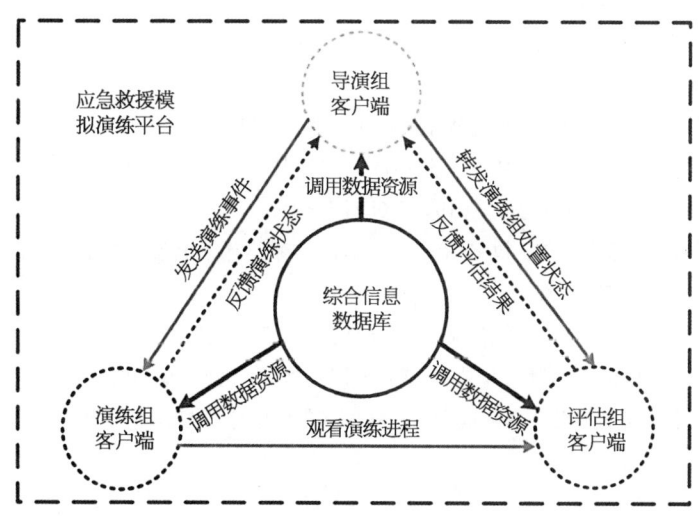

图 5-15 应急救援模拟演练平台技术架构

综合数据库为系统的内核。包括供导演组客户端调用的三维地形数据库、灾害类型数据库、气象条件数据库、导调事件库及考核试题库;供演练组客户端调用的交通基础设施地理、属性信息数据库,兵要数据库、工作图标绘组件库等;供评估组客户端调用用于模拟演练客观评估的救援时限、物资消耗等技术指标。

导演组客户端是演练中的发起者和控制者。分为演练编辑与演练控制两个功能模块。在演练准备阶段,根据事先想定演练背景、目的、对象及任务,快速搭载三维虚拟演练环境和演练事件。在演练实施阶段,对演练进程进行实时监控,对演练事件实施临机导调,实现"临机导、设局考、实时评",在险局、困局和变局中检验和提高部队快速反应和应急处置能力。

演练组客户端是演练中的受训者和参与者。按照武警交通部队首长机关带部分实兵抢险救援指挥程序的六个阶段设计。演练形式与演练对象多样化,既可实现对总队、支队级指挥机关全要素、多部门协同演练和考核评估,也可针对大、中队级抢险救援能力考核评估设置演练任务;既可以对六阶段全指挥流程进行演练,也可以着重针对某一阶段进行全要素演练。

评估组客户端是演练中的观察者和评价者。包括主观评估与客观评估两个功能模块。客观评估依据行动效能、物资装备损耗、救援时限、兵力编成等评估指标,系统可实现对参演部队演练效果的自动打分。主观评估功能的实现主要依托专家组对指挥机构、各级指挥员的作战指挥和应急处置能力进行总体评估。

参考文献

[1] 时培昕. 数字孪生的概念、发展形态和意义[J]. 软件和集成电路,2018(09):30-33.

[2] 中国信息通信研究院. 数字孪生城市研究报告[R]. 北京:中国信息通信研究院,2018.

[3] 陶飞,刘蔚然,刘检华,等. 数字孪生及其应用探索[J]. 计算机集成制造系统. 2018,24(01):1-18.

[4] 陶飞,张萌,程江峰. 数字孪生车间——一种未来车间运行新模式[J]. 计算机集成制造系统,2017,23(01):1-9.

[5] 高艳丽,陈才. 数字孪生城市:虚实融合开启智慧之门[M]. 北京:人民邮电出版社,2019.

[6] 褚乐阳,陈卫东,谭悦,等. 虚实共生:数字孪生(DT)技术及其教育应用前瞻——兼论泛在智慧学习空间的重构[J]. 远程教育榨汁,2019,37(05):3-12.

[7] 庄存波,刘检华,熊辉,等. 产品数字孪生体的内涵、体系结构及其发展趋势[J]. 计算机集成制造系统,2017,23(04):753-768.

[8] 胡虎,赵敏,丁振波,等. 三体智能革命[M]. 北京:机械工业出版社,2016.

[9] 彭俊松. 工业4.0驱动下的制造业数字化转型[M]. 北京:机械工业出版社,2016.

[10] 赵敏. 探求数字孪生的根源与深入应用[J]. 软件和集成电路,2018(09):50-58.

第6章

5G 与工业应用

与 2G 萌生数据、3G 催生数据、4G 发展数据不同，5G 是跨时代的技术。5G 除了更极致的体验和更大的容量，它还将开启物联网时代，并渗透进至各个行业。它将和大数据、云计算、人工智能等一道迎来信息通信时代的黄金 10 年。

数字化技术催生各行业的不断创新，零售、汽车、油气化工、健康、矿业、农业等行业都在加速其进程。连接一切技术的正是通信网络。

5G 是新时代的跨越，它能带来超越光纤的传输速度，超越工业总线的实时能力以及全空间的连接。移动网络正在使全能行业数字化，成为基础的生产力。

网络能力长足发展支撑更多样的业务存在。云业务发展迅速，其存储、计算、渲染能力逐步提升，很多业务可以在云端完成处理，以降低终端成本和实现复杂的跨平台协作。VR 云的结合能够大大推进业务的普及：不论是 VR 游戏还是工程建模，都在云端进行渲染，通过可靠的高速网络实时返回给终端，使得业务获取性提升，体验提升。

5G 视频业务观看者不仅是人，还有机器。如人工智能机器视觉在云端的应用，使得无人机可以实时识别车牌、油气泄漏。无线工业相机实时识别位置、产品检错。机器看视频，$7\times24\text{ h}$ 不停歇。

移动网络的目标是全连接世界，产生的数据通过连接在云端构建，不断创造价值。车联网、智能制造、全球物流跟踪 系统、智能农业、市政抄表等，是物联网在垂直行业的首要切入领域，都将在 5G 时代蓬勃发展。5G 技术结合了大数据、人工智能、物联网技术，可以和垂直行业实现深度融合。2019 年 11 月工信部印发了《"5G＋工业互联网"512 工程推进方案》，明确了工业互联网作为未来 5G 技术落地的重要应用场景之一，在 5G 通信产业和应用场景暴发的初期更要做好夯实基础、探索路径和完善环境三大工作，进一步推进"5G＋工业互联网"融合创新发展。

5G 将开启万物互联的数字化新时代，工业互联网是 5G 最主要应用场景，两者融合发展已成为产业界探索的重要方向，将对经济社会发展带来重大影响。本章讨论 5G 技术、应用场景及相关案例。

6.1 5G发展背景

6.1.1 移动通信技术发展史

通信技术从原始的烽火通信等发展到现代的数字移动通信，走过了极其漫长的道路。移动通信技术成长道路呈现出不断改进、不断完善、不断突破的渐进式创新特点。图6-1为通信技术发展逻辑示意图。

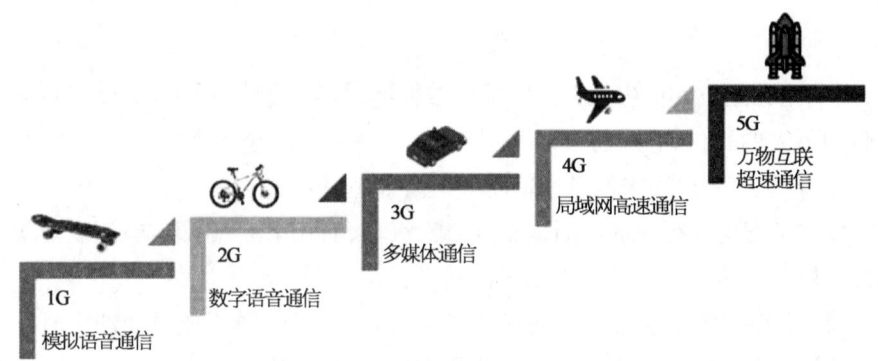

图6-1 逻辑示意图

(1) 1G：模拟语音通信。高级多物理性模拟(advanced multi-physics simulation，AMPS)的出现标志着移动通信技术进入1G时代。第一代移动通信系统脱胎于军事专用通信网络的民用移动通信技术系统，典型频段为800/900 MHz，主要用途是打电话。因此，其本质上是一种语音传输技术，1G也常常被称为语音时代。1G主要采用的是模拟技术和频分多址(frequency division multiple access，FDMA)技术，缺点是语音品质低、信号不稳定、涵盖范围不够全面，安全性也存在较大问题。

(2) 2G：数字语音通信。第二代移动通信技术(2G)发端于20世纪90年代初期。2G克服了模拟移动通信系统的弱点，提高话音质量、保密性，实现了省内、省际自动漫游，从模拟技术转变为数字技术，除语音通话外还可以传输数据。2G技术基本可被划分为两种：一是基于时分多址(time division multiple access，TDMA)所发展出来的，以全球移动通信系统(global division multiple access，GSM)为代表；二是码分多址(code division multiple access，CDMA)技术，复用形式的一种。全球以GSM制式为主，到1998年底我国GSM的用户占国内市场97%。由于CDMA制式具有抗多径延迟扩展、抗窄带干扰、抗多径干扰、抗人为干扰的能力，同时具有提高蜂窝系统的通信容量和便于模拟与数字制式的共存与过渡等优点，美国高通公司的CDMA技术在商业领域中占据绝对领先地位。尽管2G有诸多优点，后来又增加了收发电子邮件、浏览互联网等新功能，但是2G仍存在传输速度较慢、频率资源已近枯竭、语音质量不高等缺点。

(3) 3G：多媒体通信。第三代移动通信技术(3G)始于21世纪初。3G是一种支持高速数据传输的蜂窝移动通信技术。3G 的基础是一种分组交换的网络,能够把无线通信与国际互联网等多媒体通信结合在一起,主要特点是速度更快、容量更大,能实现声音、图像等数据信息的同时传送。第三代移动通信系统的通信标准共有 WCDMA、CDMA2000 和 TD-SCDMA 三大分支,但第三代移动通信系统还存在系统不兼容、频谱利用率低、速率仍然不高等诸多问题。

(4) 4G:局域网 4G 通信。第四代移动通信系统其技术测试始于 2007 年。早在 2010 年,德国就在欧洲开始捆绑式拍卖 4G 牌照,其后 4G 开始在西欧、北美、日本和韩国等国家(地区)陆续投入商用。很快,全球移动通信系统进入 4G 时代。第四代移动通信技术是基于 IP 协议的高速移动通信网络,是移动通信技术发展史上的一次重大变革。它比 3G 的传输容量大、速率更快,并且具备了长期演进语音承载通信技术,实现了系统向宽带无线化和无线宽带化的演进。国际电信联盟在 2012 年无线电通信全会全体会议上,正式审议通过了 IMT-Advanced 国际标准,全球开始掀起建设 4G 网络的热潮,标志着移动通信技术进入 4G 时代。2012 年和 2013 年新投入商用的 4G 网络分别达到 100 个和 114 个,覆盖了全球发达国家和各主要大洲的发展中国家。2013 年 12 月 4 日,我国工业和信息化部正式向中国移动、中国电信和中国联通三大运营商颁发了"TD-LTE"经营许可,我国正式拉开 4G 移动通信时代的大幕。4G 通信在图片、视频传输上能够实现原图、原视频高清传输,其传输质量与电脑画质不相上下。应用程序、文件、图片、音视频下载的速度最高可达到每秒几十兆,这是 3G 通信技术无法实现的。总之,4G 系统具有更高的数据传输率、安全性、智能性、灵活性以及更高的业务质量和服务质量。

(5) 5G:万物互联超速通信。5G 通信技术的含义是第五代移动电话行动通信标准,也成为第五代移动通信技术。在过往 1G~4G 通信技术的迭代过程中,基本是在移动宽带性能上做文章,针对个人用户,速度不断提升,网络质量不断优化。直到 5G,其新拓展出的低时延高可靠通信、低功耗大连接场景,才真正推动了更为广泛的物与物之间的连接。相较于 4G,5G 的性能得到了全面的提升:用户的体验速率将达到 1 GB/s;不仅单项空口时延能够低至 1 ms,可靠性也提高到了 99.999%;同时,也实现了每平方千米百万量级的连接密度。

6.1.2　国外 5G 发展

(1) 欧盟国家。欧盟在 2012 年 9 月启动了"5G NOW"的研究课题,项目归属于欧盟第七框架计划 FP7,课题主要面向 5G 物理层技术进行研究。

2012 年 11 月正式启动名为"构建 2020 年信息社会的无线通信关键技术"的 5G 科研项目,持续时间两年半,投资总计达 2 700 万欧元,项目分为八个组,分别对 5G 的应用场景、空口技术、多天线技术、网络架构、频谱分析、仿真及测试平台等方面进行深入研究。2014 年 1 月欧盟启动了"5G 公私合作",项目总投资达到 14 亿欧元,并将 METIS 项目的主要成果作为重要的研究基础,以更好地衔接不同阶段的研究成果。

(2) 日本。日本无线工业及商贸联合会(Association of Radio Industries and Businesses, ARIB)在2013年10月设立了5G研究组"2020 and Beyond AdHoc",由NTTDoCoMo牵头,其工作目标是研究2020年及未来移动通信系统概念、基本功能、5G潜在关键技术、基本架构、业务应用和推动国际合作。

ARIB分设服务与系统概念工作组和系统结构与无线接入技术组,前者负责研究2020年及以后移动通信系统中的服务与系统概念,如用户行为、需求、频谱、业务预测等;后者研究无线技术,比如无线接入技术、网络技术等。

(3) 韩国。2013年6月,韩国成立"5G Forum"开展5G研究及国际合作,成员包括十多家韩国主要设备制造商、运营商、高校和研究机构。"5G Forum"研究5G概念及需求,培育新型工业基础,推动国内外移动服务生态系统建设。韩国政府计划在2018年平昌冬奥会期间开展5G预商用实验,并在2020年提供正式的5G商用服务。

2014年5月,韩国三星演示了5G系统,其在28 GHz的宽带中实现1 GB/s的速率,并达到2 km的覆盖距离。韩国SK电讯也计划在2018年韩国平昌冬奥会上推出5G,争取2020年在全球第一家商用5G。对韩国而言,5G以及成为其实现世界通信强国梦的核心战略。

(4) 美国。在4G时代,美国是继芬兰之后第二个拥有4G LTE综合网络的国家,取得了辉煌的成绩。苹果、谷歌、脸书、亚马逊、奈飞等美国公司利用LTE网络带来了大宽带和与之相对应的手机新功能,研发了新的应用程序和服务,推动美国在全球无线和互联网服务领域占据主导地位。美国通过引领4G的发展建立了一个由网络供应商、设备制造商和应用程序开发商组成的全球生态系统。

美国总统特朗普在2019年上半年的5G部署活动中,放出豪言"5G的竞争已经开始,美国必须赢",并表示无线行业计划将在5G上投资2 750亿美元,迅速为美国创造300万个就业机会,为美国经济增加5 000亿美元的动力。

6.1.3 中国5G发展

目前,我国政府高度重视5G发展,把5G作为网络强国建设重点突破的领域。5G被认为是未来网络的基础设施,是新一代信息技术的发展方向。2017年政府工作报告指出:"全面实施战略性新兴产业发展规划,加快新材料、人工智能、集成电路、生物制药、第五代移动通信等技术研发和转化,做大做强产业集群",5G第一次在政府工作报告中被提及。在随后两年的政府工作报告中,均提出了加快5G发展的要求。尤其是2019年的省级政府工作报告中,共26省指出要加快5G商用进程。工信部信息通信管理局副局长鲁春丛表示:"5G将构筑新型网络基础设施,汇聚集成新一代信息通信技术,打通信息大动脉"。

2019年6月6日,工信部向中国电信、中国移动、中国联通、中国广播电视网络有限公司正式发放了4张5G商用牌照,中国信息通信研究院副院长、IMT-2020(5G)推进组组长王志勤表示:"5G商用牌照的发放标志着我国正式进入5G商用元年。"5G牌照正式发放代表我国5G通信产业链已经成熟,具备规模化商用的条件。5G正式商用必将有力促进信息通信产业的繁荣进步,必将有力推动网络强国建设。

从"1G 空白、2G 跟随、3G 突破"到"4G 同步、5G 引领",我国通信行业实现了跨越式发展。毫无疑问,我国在5G发展中的领先地位有目共睹,并开始成为全球 5G 发展的领军国家。

6.2 5G 应用场景及技术

6.2.1 5G 三大应用场景

根据国际电信联盟(International Telecommunication Union,ITU)的定义,5G 网络将支持更高速率、更低时延和更大连接密度,并将能够满足增强移动宽带(enhanced mobile broadband,eMBB)、低时延高可靠通信(ultra reliable low latency communication,uRLLC)和低功耗大连接(massive machine type communication,mMTC)这三大应用场景的主要业务需求。5G 为我们带来的不仅仅是更快(更低的时延),还包括更大的宽带、更可靠的连接保障和更大规模的连接,如图 6-2 所示。

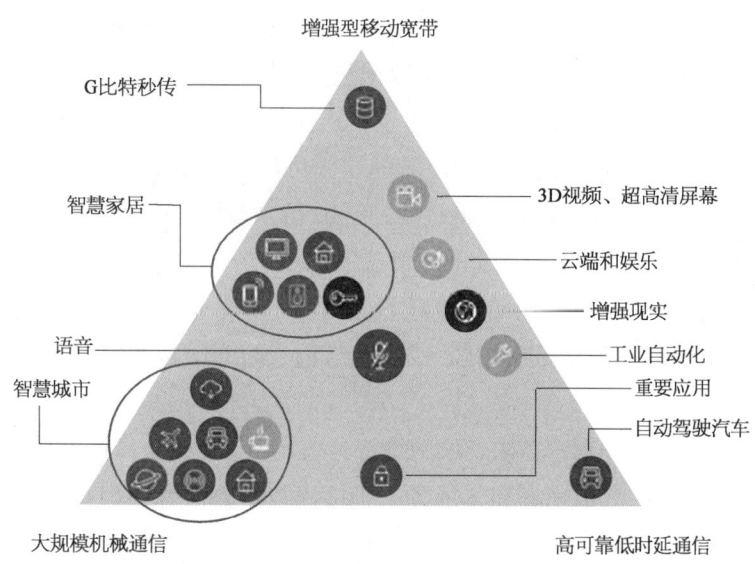

图 6-2 逻辑示意图

(1)增强移动宽带场景。可细分为连续广域覆盖场景和热点高容量场景。连续广域覆盖场景是移动通信最基本的覆盖方式,以保证用户的移动性和业务连续为目标,为用户提供无缝的高速业务体验。这个场景的主要挑战在于随时随地地(包括小区边缘、高速移动等恶劣环境)为用户提供 100 MB/s 以上的用户体验速率。热点高容量场景主要面向局部热点区域,为用户提供极高的数据传输速率,满足网络极高的流量密度需求。这个挑战的主要亮点是 1 GB/s 用户体验速率、数十 GB/s 峰值速率和每平方千米数十 TB/s 的流量密度需求。

5G 的网络速度是 4G 的 11.2 倍,在 4G 网络下 0.5 h 才能下载的大型游戏和视频文件,在 5G 网络下,起身接杯水的时间就能高速、无损地完成。相同的时间,用 4G 网络只能下载半集电视剧,用 5G 网络可以下载 10 集电视剧。换一个角度看,如果在 5G 网络下可以在线流畅观看高清视频,那么下载需求也不会那么强烈。

5G 业务的第一个场景,还是传统意义的移动通信能力的进一步提升。简单来说,就是我们个人在使用手机等移动终端的时候,速度越快越好,稳定性越来越好。接下来的两个场景,则蕴藏着改变行业和社会的潜能。

(2) 低时延高可靠场景。主要面向车联网、工业控制等垂直行业的特殊应用需求,这类应用对时延和可靠性具有极高的指标要求,需要为互用提供毫秒级的端到端时延和接近 100% 的业务可靠性保证。

人类眨眼的时间为 100 ms,而 5G 的时延小于 1 ms,再也不用担心网络视频画面卡顿和操作效果延时,5G 时代信息交换可以完全精准流畅地进行。以无人机操控为例,4G 网络下的无人机由于时延严重,反应迟钝容易撞上障碍物,5G 网络下的无人机能够灵敏地躲过障碍平稳飞行。

(3) 低功耗大连接场景。主要面向智慧城市、环境监测、智能农业、森林防火等以传感和数据采集为目标的应用场景,具有小数据包、低功耗、海量连接等特点。这类终端分布范围广、数量众多,不仅要求网络具备超千亿连接的支持能力,满足每平方千米 100 万的连接数密度指标要求,而且还要保证终端的超低功耗和超低成本。

5G 网络每平方千米最大连接数将是 4G 的 10 倍。预计 2025 年全球 5G 连接数将达到 14 亿,中国将达到 4.6 亿。在 5G 网络覆盖下,每平方千米内,可支持 100 万台设备同时高速上网。试想每个人所使用的可穿戴设备,每个家庭中所有电器、家居实现智能物联,连接数量的提升将实现指数级增长。5G 网络将人与人的连接推广到物与物、人与物的连接。

为了满足三大应用场景的需求,5G 网络将具备比 4G 网络更高的性能,如表 6-1 所示,特别是在空口时延、峰值速率和每平方千米接入数量方面有了显著提升,包括支持毫秒级的空口时延(4G 的 1/10)、峰值速率 20 Gbit/s(4G 的 20 倍)、每平方千米接入数量 100 万个(4G 的 100 倍),这三个指标作为 5G 最基本的三个性能指标,可以概况为低时延、高带宽和大连接三大特性,在满足以上三大应用场景的同时,更好地服务生活、改变社会。

表 6-1 4G/5G 性能指标对比

性能指标	指 标 解 释	4G	5G
峰值速率(Gbit/s)	单用户可获得的最高传输速率	1	20
用户体验速率(Mbit/s)	真实网络环境下用户可获得的最低传输速率	10	100

续　表

性能指标	指标解释	4G	5G
移动性(km/h)	满足一定性能要求时,收发双方间的最大相对移动速度	350	500
端到端时延(ms)	数据包从源节点开始传输到被目的节点正确接收的时间	10	1
连接数密度(万/km^2)	单位面积上支持的在线设备总和	10	100
区域流量容量(Mbit/m^2)	单位区域的总流量	0.1	10
频谱效率(倍)	每小区或单位面积内,单位频谱资源提供的吞吐量	1	3
能源效率(倍)	每焦耳能量所能传输的比特数	1	100

6.2.2　5G核心网关键技术

2017年5月,在国际移动通信标准组织3GPP专业会议上,3GPP正式确认5G核心网采用中国移动牵头并联合26家公司提出的基于服务的网络架构(service-based architecture,SBA)作为统一基础架构,意味着5G网络真正走向开放化、服务化、软件化方向,有利于实现5G与垂直行业融合发展。

目前国际标准组织已经基本完成5G核心网标准(3GPP R15)的制定,标准已经覆盖了5G核心网的基本特性,可以满足5G三大基础场景之一的eMBB场景。5G核心网采用了与传统移动网络不同的全新架构和技术,开启了传统电信网络向IT技术全面重构的第一步,并且与行业深度融合,满足垂直行业终端互联的多样化需求。

1) 5G核心网架构

5G网络基础架构采用服务化架构,为用户提供数据连接和数据服务业务,基于NFV和SDN等新技术,其控制面网元之间使用服务化的接口进行交互。5G核心网系统架构主要特征如下:

① 承载和控制分离,承载和控制可独立扩展和演进,可集中式或分布式灵活部署;
② 模块化功能设计,可以灵活和高效地进行网络切片;
③ 网元交互流程服务化,按需调用,并服务可重复使用;
④ 每个网元可以与其他网元直接交互,也可通过中间网元辅助进行控制面的消息路由;
⑤ 无线接入和核心网之间弱关联,5G核心网是与接入无关并起到收敛作用的架构,3GPP和非3GPP均通过通用的接口接入5G核心网;
⑥ 支持统一的鉴权框架;
⑦ 支持无状态的网络功能,即计算资源与存储资源解耦部署;
⑧ 基于流的QoS,简化了QoS架构,提升了网络处理能力;
⑨ 支持本地集中部署的业务的大量并发接入,用户面功能可部署在靠近接入网络的

位置,以支持低时延业务、本地业务网络接入。

服务化的5G核心网架构示意图如图6-3所示。

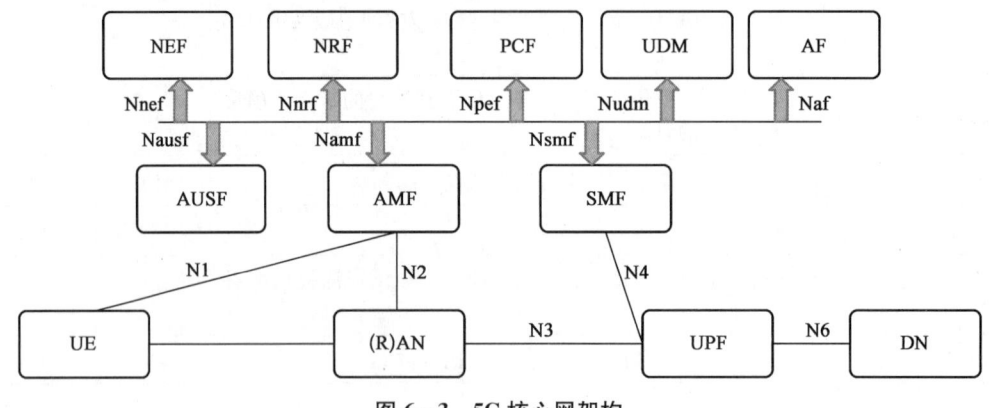

图6-3　5G核心网架构

5G核心网涉及的主要网元和功能如下:

① AMF(接入和移动性管理功能):负责用户的接入和移动性管理;

② SMF(会话管理功能):负责用户的会话管理;

③ UPF(用户面功能):负责用户面处理;

④ AUSF(认证服务器功能):负责对用户的3GPP和非3GPP接入进行认证;

⑤ PCF(策略控制功能):负责用户的策略控制,包括会话的策略、移动性策略等;

⑥ UDM(统一数据管理):负责用户的签约数据管理;

⑦ NSSF(网络切片选择功能):负责选择用户业务采用的网络切片;

⑧ NRF(网络功能注册功能):负责网络功能的注册、发现和选择;

⑨ NEF(网络能力开放功能):负责将5G网络的能力开放给外部系统;

⑩ AF(应用功能):与核心网互通来为用户提供业务。

UPF属于用户面,除了UPF之外的5G核心网网元都属于控制面。控制面网元全部都采用了服务化架构设计,彼此之间通信采用服务化接口;用户面继续采用传统架构和接口。控制面和用户面之间的接口(N4)目前还是传统接口,控制面和无线网以及控制面与终端之间也是传统接口(N2和N1)。

将5G核心网与4G核心网EPC进行比较,可以看出5G相比4G在基本功能如认证、移动性管理、连接、路由等方面不变,但是方式和技术手段发生了变化,更加灵活。主要体现在:AMF和SMF分离,AMF和SMF的部署可层级分开;承载与控制分离,UPF和SMF的部署层级也可以分开;AMF和UPF根据业务需求、信令和话务流量以及传输资源灵活部署;采用服务化架构设计,网元功能进行了模块化解耦,接口进行了简化。总体上看,5G核心网的组网更加灵活,但部署灵活性也对传输,以及网络规划、网络运营管理等能力提出更高的要求。

2) 5G 核心网关键技术

(1) 服务化架构。5G 核心网的控制面采用服务化架构设计,借鉴 IT 系统服务化的理念,通过模块化实现网络功能间的解耦和整合,各解耦后的网络功能(服务)可以独立扩容、独立演进、按需部署;各种服务采用服务注册、发现机制,实现了各自网络功能在 5G 核心网中的即插即用、自动化组网;同一服务可以被多种 NF 调用,提升服务的重用性,简化业务流程设计。关键技术点如下:

① 服务的提供通过生产者(producer)与消费者(consumer)之间的消息交互来达成。交互模式简化为两种:Request – Response、Subscribe – Notify,从而支持 NF 之间按照服务化接口交互,如图 6 – 4 和 6 – 5 所示。

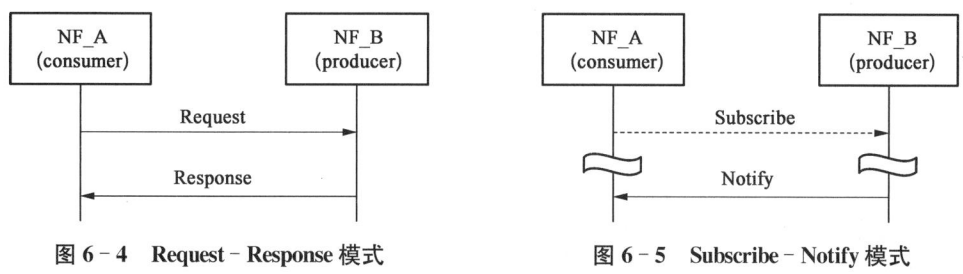

图 6 – 4　Request – Response 模式　　　　图 6 – 5　Subscribe – Notify 模式

Request – Response 模式下,NF_A(网络功能服务消费者)向 NF_B(网络功能服务生产者)请求特定的网络功能服务,服务内容可能是进行某种操作或提供一些信息;NF_B 根据 NF_A 发送的请求内容,返回相应的服务结果。

Subscribe – Notify 模式下,NF_A(网络功能服务消费者)向 NF_B(网络功能服务生产者)订阅网络功能服务。NF_B 对所有订阅了该服务的 NF 发送通知并返回结果。消费者订阅的信息可以是按时间周期更新的信息,或特定事件触发的通知(例如请求的信息发生更改、达到了阈值等)。

② 实现了服务的自动化注册和发现。NF 通过服务化接口,将自身的能力作为一种服务暴露到网络中,并被其他 NF 复用;NF 通过服务化接口的发现流程,获取拥有所需 NF 服务的其他 NF 实例。这种注册和发现是通过 5G 核心网引入的新型网络功能 NRF 来实现的:NRF 接收其他 NF 发来的服务注册信息,维护 NF 实例的相关信息和支持的服务信息;NRF 接收其他 NF 发来的 NF 发现请求,返回对应的 NF 示例信息。

③ 采用统一服务化接口协议。R15 阶段在设计接口协议时,考虑了适应 IT 化、虚拟化、微服务化的需求,目前定义的接口协议栈从下往上在传输层采用了 TCP,在应用层采用 HTTP/2.0,在序列化协议方面采用了 JSON,接口描述语言采用 OpenAPI3.0,API 的设计方式采用 RESTFul。

可以看出,目前 5G 核心网采用服务化架构的接口协议栈与传统移动核心网的协议相比,变得更加复杂。用同样的硬件来实现的话,其性能相对传统协议是下降的,因此需要通过高性能的云资源来抵消接口性能的损失。对于服务化架构的自动化组网,目前能力也还不完善,例如在容灾和过载控制方面和在多 NRF 级联方面。这都需要在标准组织进行进一步的推动和研究,在实际网络部署和运营中也需要加以注意。

(2) 支持边缘计算。相比于 4G 核心网对边缘计算支持能力不足而带来种种问题,5G 核心网在架构中就考虑了支持边缘计算需求,在网络层面和能力开放层面都支持边缘计算。在网络层面,5G 核心网支持多种灵活的本地分流机制、支持移动性、支持计费和 QoS 以及合法监听。在能力开放层面,5G 核心网支持 APP 路由引导、支持对未网络及用户的信息获取和控制。对于本地分流机制,5G 核心网支持如下几种:

① 上行分类器 UL-CL(Uplink Classifier),可以基于目的地址进行本地分流 UL-CL 的机制如图 6-6 所示。

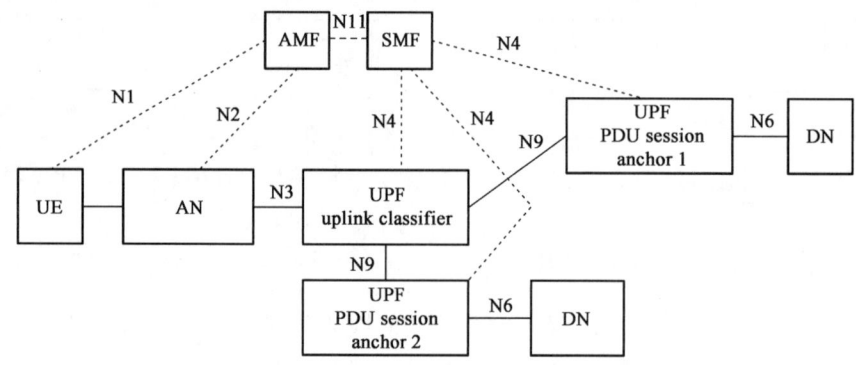

图 6-6 UL-CL 机制的用户面架构

根据边缘计算业务需求,当用户设备(user equipment, UE)移动到某个位置时,会话管理功能(session management function, SMF)插入本地的用户面功能(user plane function, UPF)进行分流,UPF 根据 SMF 下发的分流规则过滤上行数据包 IP 地址,将符合规则的数据包分流到本地数据网络(data network, DN)。UL-CL 机制下 UE 只有一个 IP 地址,不感知数据分流,对 UE 没有特别要求。

② IPv6 多归属(IPv6 Multi-homing),基于源地址进行本地分流 IPv6 Multi-homing 的机制如图 6-7 所示。

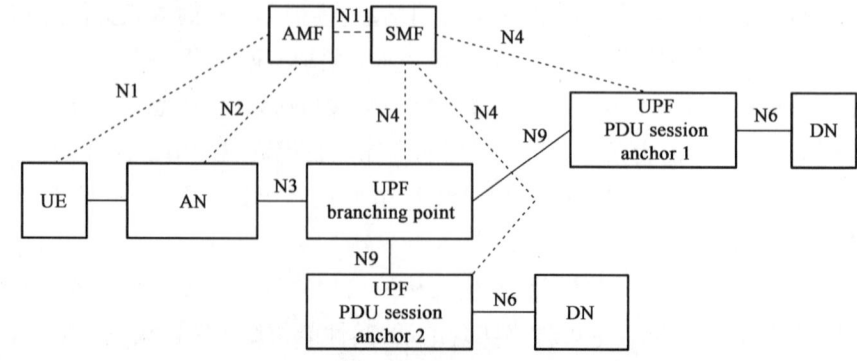

图 6-7 IPv6 多归属机制的用户面架构

此机制利用了 IPv6 多归属(Multi-homing)的特性,将 UE 的一个 IPv6 地址用于边缘计算业务。SMF 根据 UE 位置选择本地的共同分流点(branching point,BPF)进行分流,不同的 IP 锚点通过这个 branching point UPF 实现用户面路径的分离。Branching point UPF 根据 SMF 下发的分流规则过滤上行数据包源 IP 地址,符合规则的数据包分流到本地 DN。IPv6 Multi-homing 机制下 UE 需要支持 IPv6 Multi-homing,一个 PDU 会话分配两个 IPv6 前缀,并且 UE 能感知并控制数据分流。

③ 本地区域数据网(local area data network,LADN),基于特定的 DNN 进行本地分流。

LADN 机制与前面两种不同,需要 UE 建立新的 PDU 会话接入本地 DN 来用于边缘计算业务。UE 在 5G 核心网注册成功后,AMF 告知 UE 其 LADN 信息(服务区域、LADN DNN)。UE 移动到 LADN 服务区域内时发起 PDU 会话,SMF 根据 UE 的位置选择本地 UPF,将会话路由到 LADN。UE 离开区域后 SMF 发起会话释放。LADN 机制下 UE 需要支持 LADN,并且能感知并控制数据分流。

5G 核心网支持边缘计算的分流机制提供了多种灵活的方式,每种方式有其特点和对网络和终端的能力要求。在提供 5G 网络的边缘计算服务时,需要根据技术的成熟度、终端的能力、对网络的影响、运营成本等多方面综合考虑来选择合适的方案。另外,由于边缘计算需要将 5G 核心网的 UPF 尽量下沉以满足业务时延、服务覆盖范围等要求,运营商部署边缘计算能力时需要结合自身网络设施的 DC 化改造进程,选择具备能力的相应层级的数据中心。

(3) 网络切片。网络切片是 5G 网络的重要使能技术,实现了基于业务场景按需来定制网络,不同的网络切片之间可共享资源也可以相互隔离。网络切片是端到端的逻辑子网,涉及核心网络(控制平面和用户平面)、无线接入网、IP 承载网和传送网,需要多领域的协同配合。目前来看,核心网切片的标准相对进展更快,5G 核心网网络和终端支持切片的功能、流程基本完成,但是切片管理还不完善。无线网切片由于具有一定的技术难度,业界还在进行技术和方案研究。承载网切片目前相对独立发展,缺乏与移动网跨专业间的联动/打通。

5G 切片的定制和自动化部署是通过切片管理来完成的,网络切片管理架构如图 6-8 所示。

网络切片管理架构包括通信业务管理、网络切片管理、网络切片子网管理。其中通信业务管理功能(CSMF)实现业务需求到网络切片需求的映射;网络切片管理功能(NSMF)实现切片的编排管理,并将整个网络切片的 SLA 分解为不同切片子网(如核心网切片子网、无线网切片子网和承载网切片子网)的 SLA;网络切片子网管理功能(NSSMF)实现将 SLA 映射为网络服务实例和配置要求,并将指令下达给管理和编排(MANO),通过 MANO 进行网络资源编排。对于承载网络的资源调度,将通过与承载网络管理系统的协同来实现。

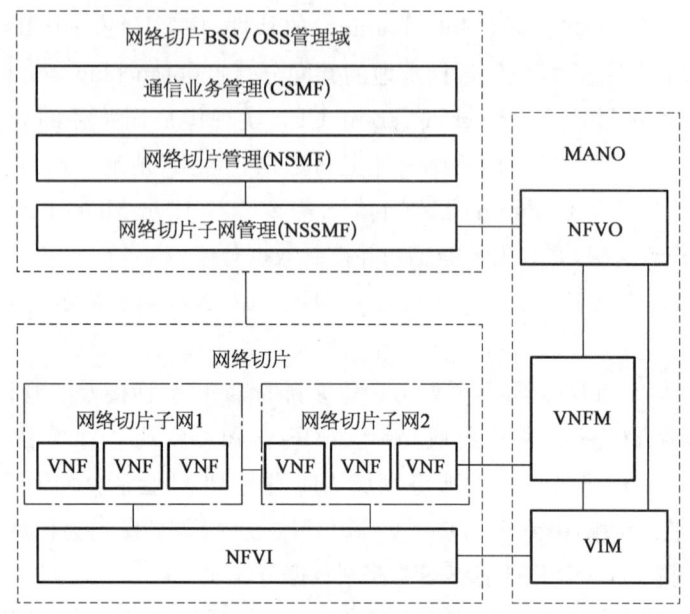

图 6-8 切片管理架构

可以看出,切片是在 NFV/SDN 之上的一种业务,其运维难易程度与 NFV/SDN 技术的成熟度是相关的,因此需要尽快促进 NFV/SDN 技术的落地和运营。鉴于 5G 网络端到端的切片还不成熟,当前需要加强网络切片的设计、编排以及管理方面的研究,例如网络切片管理/网络切片子网管理与 MANO 的相互协同、切片管理与 OSS/BSS 的融合、切片的跨专业(核心网、无线、承载)协同。由于任何 UE 都需要在网络切片框架下使用 5G 网络,在初期可以先提供简单的 eMBB 核心网切片,掌握 5G 网络的基本运营能力,然后再逐步细分切片,面向垂直市场打造行业切片,提供差异化的网络服务,充分挖掘切片的商业价值。

6.3 5G 的工业应用场景

5G 与工业融合之后,逐步成为支撑工业生产的基础设施。5G 与工业生产中既有研发设计系统、生产控制系统及服务管理系统等相结合,可以全面推动 5G 垂直行业的研发设计、生产制造、管理服务等生产流程的深刻变革,实现制造业向智能化、服务化、高端化转型。

6.3.1 5G+机器视觉

机器视觉是人工智能的一个重要分支,简单来讲就是指用机器代替人眼做测量和判断。机器视觉通过摄像机拍摄获取图片信息,通过算法分析图片信息,智能判断决策和机械控制执行命令。

在工业领域,机器视觉更加复杂。典型的场景包括机械臂引导、工件螺栓漏拧的缺陷检测、包装缺陷检测、铭牌识别等。这些场景中,通过部署 5G 边缘计算+机器视觉缺陷检测,代替人工的巡检和视检,提升数据传输速度及能力,随时监控运行状态。

基于 5G 边缘计算的机器视觉,相比传统机器视觉有两大提升:

(1) 分析、控制速度更快,机器视觉对网络时延和网络带宽都有明确的要求,需要在工厂就地部署 5G 基础网络和边缘计算能力。高清工业相机和图像处理器可通过高速 5G 通道,实现稳定传输,并将视觉处理后的数据结构返回 5G 网络,传输至自动化控制装备。

(2) 终端设备轻量化,传统机器视觉场景下,都是单机视觉监测,一个图像采集前端配一个处理单元。而通过边缘计算,可以将算法处理统一规划到边缘端,产线机器视觉应用点只保留工业相机,取消单独的工控机,工厂货园区统一部署边缘计算硬件及能力。通过 5G 边缘计算和云计算平台,运维或算计更新迭代可以统一安排,可以有效降低布线、硬件成本,减少算力浪费。

6.3.2 5G+远程现场

在 4G 时代,移动互联网拉进了线上、线下的距离,实现"永远在线"。5G 时代,万物互联将我们同步感知虚拟世界和现实世界,虚拟和现实将充分融合,体验不再受时间和空间的限制,实现"永远在场"。

要实现沉浸式的现场体验,AR 眼镜的显示内容必须与 AR 设备中摄像头同步,以避免视觉范围失步现象。通常从视觉移动到 AR 图像反应时间低于 20 ms,会有较好的同步性,所以要求从摄像头传送数据到云端再回传至 AR 显示的时延小于 20 ms。考虑到屏幕刷新和云端处理的时延,需从无线网络的双向传输时延在 10 ms 内才能满足实时性体验的需求。5G 网络可以很好地满足上述需求。

(1) 借助 5G+AR 实现远程运维指导和应急指挥。针对大型机械的运维管理,对运维人员的技能要求极高,专家资源也相对稀缺,无法及时赶到运维现场。通过 AR 远程运维指导,一线作业人员所佩戴的 AR 设备成为专家的眼睛,及时待机现场图像信息。一线作业人员与创城专家进行实时双向音频视频通话,在远程专家指导下解决问题。

(2) 借助 5G+AR 实现设备装配辅助工作。在高端复杂设备研制中,装配工作占工作量的 40%~50%,通过 5G 通信,运用 AR 技术实现 3D 虚拟模型与真实零部件在佩戴者眼中 1∶1 虚实结合,动态展示零部件的标注信息,提高装配效率。前端工作人员佩戴 AR 终端设备,对相关工作场景进行第一视角拍摄,把相关的视频资料通过 5G 传递给工厂的边缘计算服务器,服务器根据用户类型对数据进行识别和运算,把相关数据通过 5G 网络回传到 AR 终端设备,通过定位叠加技术,在需要显示的地方进行 AR 融合显示。这无疑大大减少了装配人员理解和记忆压力,降低错装漏装概率。

(3) 借助 5G+AR 提升设备点检准确率及效率。为了维持生产设备的原有性能,点检人员需要按照预先设定的周期和方法，对设备的规定部位进行有无异常的预防性检查。通过算法优化点检流程，为点检人员进行线路设定。

在 5G 网络低时延、大宽带、海量连接的能力支持下，AR 眼镜对主芯片的计算能力需求大大下降，将带动主芯片成本下降。同时设备的云端能力提升，本地存储的需求也同时下降，可以将现在的主流 256 GB 存储下降到 8 GB。终端运算能力下降后，电池续航的需求也可以进一步减少，电池将有可能变得更轻更小。5G 对 AR 终端产品的改变，一方面推动成本降低；另一方面也使产品更轻便，实现了 AR/VR 眼镜从"胖"终端到"瘦"终端的转变，极大地拓展了应用的场景与适用人群，继而推动整个产业的发展。

6.3.3　5G＋远程控制

远程控制一直是工业生产中解决人员安全、提升生产效能、实现多生产单元协作的必要手段。远程控制直接影响生产环节的产品质量和产出效能，现阶段远程控制的通信方式大多利用有线网络实现，从根本上限制了生产环节的灵活部署能力，也在一定程度上限制了生产过程的控制范围。5G 以其低时延、高可靠的通信保障能力打破远程控制的现状，在可移动性和生产车间灵活部署等方面带来突破。

利用 5G 网络可以实现弹簧机、粘胶机等新旧设备与 SCADA 系统的采集之间高效的互联互通，该方案端到端时延控制在 25 ms。5G 可以实现远程厂内 PLC 程序升级；同时，通过 5G 网络获取远端机器人、机械臂的运行参数、故障参数、远程 PLC 数据采集分析等进行远程 AR/VR 远程精准运维支撑，使产品在售后服务时更加快捷、迅速，解决厂内工程技术人员匮乏的问题，现场支撑难以保障等问题。

通过 5G 核心网下沉及边缘云集中化部署，实现设备数据采集、远程控制与管理。当机械臂出现系统问题时，设备提供商的运维人员可以在异地登录设备管理平台，依据身份权限进行远程故障策略下发、故障处理、控制设备开机、关机、状态调整等操作；同时通过 5G 安防摄像头排石图像回传至云平台，判断人员与设备的安全距离，当超出安全范围时系统将进行报警，并向现场员工发出警示信息。5G 网络具有端到端加密的特性，且其低时延、高可靠的性能，更适用于厂内设备连接与应用。

6.4　5G 工业应用案例

6.4.1　5G＋智能工厂

5G 独立网络切片支持企业实现多用户和多业务的隔离和保护，大连接的特性满足工厂内信息采集以及大规模机器间通信的需求，5G 工厂外通信可以实现远程问题定位以及跨工厂、跨地域远程遥控和设备维护。在智能制造过程中，高频和多天线技术支持工厂内的精准定位和高宽带通信，毫秒级低时延技术将实现工业机器人之间和工业机器人与机器设备前所未有的互动和协调,提供精确高效的工业控制。在柔性制造模式中,5G可满足工业机器人的灵活移动性和差异化业务处理的高要求,提供涵盖供应链、生产车间和产品全生命周期制造服务。智能工厂建设过程中,5G可以替代有线工业以太网,节约建设成本。

【案例6-1】 中兴通讯5G+工业数字孪生平台

中兴通讯5G+工业数字孪生平台荣获"2019年度中国5G最佳行业应用奖"。中兴通讯打造的5G+工业数字孪生平台,依托5G网络,保障多种业务的差异化连接需求;同时借助数字孪生、AIoT等技术,实现包括生产要素和管理要素在内的全要素可视、可控、可优,提高生产和管理效率,用数据驱动制造和决策,从而促进生产力发展。

中兴通讯长沙工厂是工信部智能制造示范基地,主要生产机顶盒、客户终端设备等家庭信息终端等产品。基于5G+工业数字孪生平台,中兴通讯成功实践了5G云化AGV调度、VR 360°生产线监控、基于MEC的机器视觉质检、AR远程故障诊断等在内的多种应用。

(1) 5G工业物联:通过5G网络重塑工业互联,实时采集并监控工厂车间内温度、湿度、工位静电、粉尘、气压等参数,进而提升制造合规率、促进节能降耗、减少静电释放及粉尘危害,保障产品制造的质量。

(2) 5G+MEC视觉导航+云化AGV调度:这一环节采用视觉及低成本激光融合导航,利用5G网络进行调度和视觉、传感信息的传输;在MEC进行视觉SLAM及指挥调度。目前基于5G+MEC视觉导航的AGV已经投入实际生产,这种AGV的优势有两个方面:一是与传统磁条AGV相比灵活度具有很大提升;二是相对激光导航AGV,单台成本可节省10%以上。

(3) 5G机器视觉产品质量检测:这一环节基于5G+MEC技术将机顶盒上盖检测、装配检测、包装盒体检测等工位采集的机器视觉图片传送到MEC侧集中处理,随后将检测结果下传到各个工位。此模式与传统单工位自动光学检测设备相比,不仅单台成本至少降低50%,还较大增强地了部署产品换线生产算法处理的灵活性。

(4) 5G AR辅助远程指导:在生产、运维等环节,当一线人员遇到疑难杂症时,可使用AR眼镜呼叫后方专家远程指导。该技术的优势是在解放双手的情况下可以通过远程高清音视频沟通。此外,这一技术可以实现基于电子白板的图像共享,快速提升现场作业效率。

6.4.2 5G+智能电网

智能电网作为新一代电力系统,具有高度信息化、自动化、互动化等特征。5G通信网络所具备的高速率、低时延以及海量连接的特点,以及网络切片、边缘计算等创新功能,能够满足电力业务发、输、变、配、用各个环节的安全性、可靠性和灵活性需求,实现差异化服务保障,进一步提升电网及发电企业对自身业务的自主可控能力,促进未来智能电网取得更大的技术突破。

【案例 6-2】 广东 5G 智慧电网试点

依托中国移动 5G 联合创新中心,2018 年广东移动联合华为在深圳坂田打造了首个 5G 智慧园区,并与南方电网、华为以及中国移动政企分公司、中国移动研究院就 5G 智慧电网课题进行了深度合作。目前,已开展的智慧电网探索包括分布式配网差动保护、能源调控、配网计量、在线监测等方面。

(1)分布式配网差动保护:智能分布式配电自动化的通信时延要求为 50 ms,通过 5G 低时延、高可靠特性可以保障差动保护业务信号的传输,从而实现配电网的差动保护控制。差动保护控制可以通过继电保护自动装置检测配电网线路或设备状态信息,快速实现配网线路区段或配网设备的故障判断及准确定位,快速隔离配网线路故障区段或故障设备,并对非故障区域恢复供电。

(2)分布式能源调控系统主要利用 5G 来实现大规模分布式能源业务的海量接入及管理,这一系统可以提供数据采集处理、电压有功功率调节、电压无功功率控制、孤岛检测、调度与协调控制等服务,因此实现了对分散电力需求和资源分布的统一调控,减少了输配电网升级换代所需的巨额投资。分布式能源调控系统与大电网互为备用,提高了配电网的可靠性、灵活性及效率。

(3)配网计量及在线监测:高级计量以智能电表为基础,开展用电信息深度采集,以满足智能用电和个性化客户服务需求。5G 网络与现有远程抄表、负荷监测、线损分析、电能质量监测、停电时间统计、需求侧管理等业务进行结合,将扩展更多新的应用需求,如支持阶梯电价等多种电价政策、用户双向互动营销模式、多元互动的增值服务、分布式电源监测及计量等。

6.4.3 5G+家电制造

随着竞争的加剧以及人们对美好生活的向往,家电制造业在面临较大用工成本压力的同时,也面临越来越多的用户定制化等新需求。家电制造工厂涉及的生产流程较多且监管复杂,亟须通过工厂智能化来提升生产效率并增强行业竞争力。随着 5G 网络的部署,可以有力促进工厂的智能化、网络化、数字化,进而为相关企业带来更好的技术和产品。

【案例 6-3】 海尔智能+5G 智联工厂

在 2019 世界工业互联网产业大会"工业互联网生态创新论坛"上,海尔联合中国移动和华为正式发布全球首个智能+5G 智联工厂,以企业组织方式、商业模式及

ICT 技术的创新与变革,人工智能、5G 等关键技术的深度融合,重新定义未来智能制造。

海尔天津园区通过 5G 网络实现的主要应用场景包括：天津 5G 园区智能监控平台、AR 眼镜安保、机器人(地面)巡逻、无人机(高空)巡逻、生产线视觉检测、智能讲解机器人、成品库无人夹抱车搬运、智能物联网(井盖、垃圾桶、路灯照明、烟感、停车)等。

(1) 智能监控平台：借助 5G 边缘计算 MEC 就近部署了园区智能监控平台,实现了针对异构物联网设备的实时跟踪检测、大数据统计分析、告警预警等。

(2) AR 眼镜安保：通过 5G 的低延迟特性实现了 AR 眼镜安保,解决了以往对重要区域内非法进入人员的辨识完全依靠安监人员的"人眼"识别和"人脑"判断的问题,大大提高了准确性和工作效率。

(3) 机器人(地面)巡逻：通过 5G 大带宽特性,实现了机器人(地面)巡逻,把园区巡逻的高清视频回传到"5G 园区智能监控平台"查看并分析,提高了巡逻效率减轻了安保人员劳动强度。

(4) 生产线视觉检测：通过 5G 室内覆盖,实现了生产线视觉检测,解决了原来对冲压钢板的品质检查依靠质检人员完成而易疲劳漏检的问题。

(5) 成品库无人夹抱车搬运：借助 5G 网络,用于成品洗衣机搬运的无人夹抱车可以在不同信号覆盖区域无缝切换,提高了运行效率和工作区域员工的安全性。

6.4.4　5G+仓储物流

目前仓储物流 AGV 一般采用分布式控制,主要导航方式有磁条导航、电磁导航、视觉标记导航和激光导航。磁条和电磁导航方式均需花费较高成本对 AGV 的工作环境进行改造,并且灵活性较差,适用于流程和场景固定的场合,而激光导航成本较高,不利于工厂降低成本。

随着视觉识别定位技术的发展,视觉导航逐渐成为一种可行方法,这种方法能够基于较低成本的传感器实现 AGV 的定位与控制,但是其需要较大计算量,传统低成本嵌入式计算无法满足其运算需要。

【案例 6-4】 浙江兆丰机电探索打造"5G+柔性作业车间"

位于浙江杭州萧山区的兆丰机电是商务部与发改委联合授牌的全国首批百家"汽车零部件出口基地企业"之一,在工业信息化方面始终是一个积极的践行者。

随着定制化生产需求越来越多,该公司生产线的灵活性受到了巨大的挑战。在个性化产品需求的驱动下,生产线的调整频率将得以大大提高,但在传统车间的固定场景中,传感信息与控制指令等的传递大多依赖于有线接入方式,当生产线需要调整时,线缆的重新布置将会耗费巨大的成本和时间。移动场景如 AGV,使用工业 WiFi

又面临着信号不稳定、带宽受限和可接入终端数量受限等问题,大大影响生产效率。

针对兆丰机电这一痛点,中国电信浙江公司为其特别设计了解决方案——运用中国电信天翼云平台的快速部署、强大的云计算能力以及 5G 大带宽、低时延和广连接的特性,助力兆丰机电打造"5G+柔性作业车间",打造 5G 工业数据采集、AGV 云边协同、5G 智能淬火、5G 低时延机械臂、5GAR 设计与培训等应用场景。

浙江兆丰在 5G 网络环境下对 AGV 在仓储和生产线进行试验应用。借助 5G 网络低时延、大带宽的技术特性,将 AGV 所需计算资源通过 5G 网络进行云化,在园区实行层级部署;并借助 5G 网络无缝切换的移动性,实现在线实时协同调度,大幅度提高人机信息交互和反馈处理速度,降低仓储 AGV 的掉线率,提升 AGV 运行效率,提高仓储物流管理、运送的灵活性。

在兆丰机电项目中,落地的 5G 云化 AGV 系统,包含了一个中小规模的集中式云化 AGV 集群和相应控制系统,在一个扇区内可包含大约 10~20 辆中小型 AGV。集群的规划与控制由 5G MEC 云端统一执行。MEC 通过 AGV 上传的图像以及传感器信息,能够实现对所有 AGV 的全局定位和实时控制;同时仓储管理人员能够通过云端系统直接介入操作,实时远程驾驶其中一台 AGV。单台 AGV 小车均只带有基本的低成本图像传感器、惯性测量单元、执行机构以及 5G 移动终端,具有较为明显的成本优势,有利于仓储物流园区大规模部署。

参考文献

[1] 中国移动通信有限公司政企客户分公司. 5G 落地:应用融合与创新[M]. 北京:机械工业出版社,2019.

[2] 小火车,好多鱼. 大话 5G[M]. 北京:电子工业出版社,2016.

[3] 培育形成 5G+工业互联网互促共进态势——《"5G——工业互联网"512 工程推进方案》解读[N]. 中国电子报,2019-11-29(3).

[4] 支少婷. 浅谈我国移动通信产业生态系统发展历程[J]. 中外企业家,2019(36):229-231.

[5] 苗晶良,王国强. 移动通信的发展历程[J]. 张江科技评论,2019(05):72-77.

[6] 姜帆. 移动通信技术发展趋势与展望探讨[J]. 科技论坛,2019(10):127-128.

[7] 华为技术有限公司. 5G 时代十大应用场景白皮书[R/OL]. (2019-02-27)[2020-04-22]. https://www.huawei.com/cn/industry-insights/outlook/mobile-broadband/insights-reports/5g-unlocks-a-world-of-opportunities.

[8] 赛迪智库. 5G 十大细分应用场景研究报告[R/OL]. (2019-04-29)[2020-04-22]. http://www.cbdio.com/BigData/2019-04/29/content_6097150.htm.

[9] "5G+工业互联网"渐行渐近[N]. 经济日报,2019-12-2(10).

[10] 工业互联网产业联盟. 5G 与工业互联网融合应用发展白皮书[R/OL]. (2019-10-31)[2020-04-22]. http://www.aii-alliance.org/index.php?m=content&c=index&a=show&catid=23&id=817.

[11] 聂衡,赵慧玲,毛聪杰. 5G 核心网关键技术研究[J]. 移动通信,2019,43(01):2-6.

第7章
工业互联网与中台技术

工业互联网是一个开放、全球化的网络,将人、数据和机器连接起来,是全球工业系统与高级计算、分析、传感技术及互联网的高度融合。工业互联网的本质和核心是通过工业互联网平台把设备、生产线、工厂、供应商、产品和客户紧密地连接融合起来,可以帮助制造业拉长产业链,形成跨设备、跨系统、跨厂区、跨地区的互联互通,从而提高效率并推动整个制造服务体系智能化。有利于推动制造业融通发展,实现制造业和服务业之间的跨越发展,使工业经济各种要素资源能够高效共享。

工业互联网在全面互联的基础上,通过数据流动和分析,形成智能化变革,形成新的模式和新的业态。互联是基础,工业互联网是工业系统的各种元素互联起来,无论是机器、人还是系统。然而更重要的是数据端到端的流动,跨系统的流动,在数据流动技术上充分分析、建模。智能化生产、网络化协同、个性化定制、服务化延伸是在互联的基础上,通过数据流动和分析,形成新的模式和新的业态。

工业互联网平台是新一代信息技术与制造业深度融合的产物,是基于云计算的开放式、可扩展的工业操作系统。与传统工业IT架构解决方案相比,工业互联网平台解决方案实现了流程驱动的业务系统转变成数据驱动的平台应用新范式,为工业企业提供基于数据的新技术、新方法、新服务和新价值。

工业互联网作为全新工业生态、关键基础设施和新型应用模式,通过人、机、物的全面互联,实现全要素、全产业链、全价值链的全面连接,正在不断颠覆传统制造模式、生产组织方式和产业形态,推动传统产业加快转型升级、新兴产业加速发展壮大。本章讨论工业互联网的概念、架构、平台及其中枢——数据中台。

7.1 工业互联网概念及架构模型

2014年,世界经济论坛与工业互联网联盟和埃森哲合作,做了一个工业互联网研究项目,给出了工业互联网的定义:"工业互联网:IOT工业应用的简称,也称为工业物联网或IIOT"。按照埃森哲的描述,工业互联网的高速发展,通常要经历四个阶段,四个阶段各自有不同的主题和发展重点,如图7-1所示。

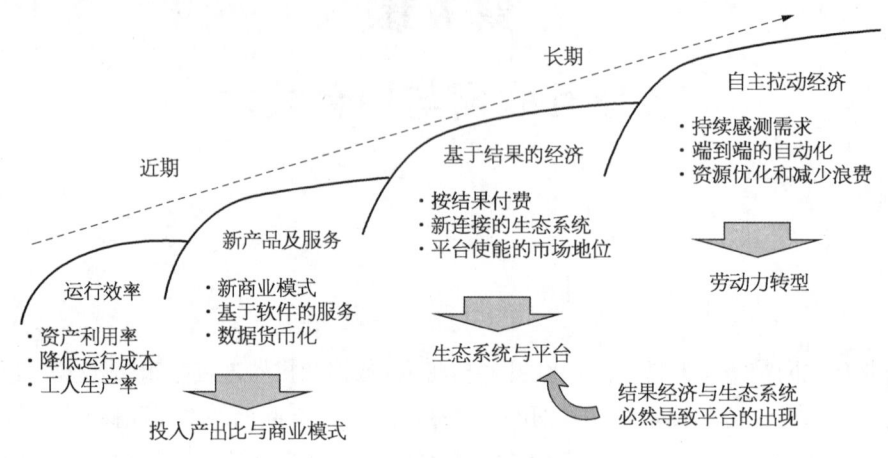

图7-1 工业互联网四个发展阶段

从近期来看,工业互联网首先要达成的目标是通过降本增效来提高运行效率,这是第一阶段的目标;第二阶段则要由工业互联网来发展出新模式、新产品、新服务,由此而改善企业的投入产出比。

从长期来看,在第三阶段,"结果经济"的概念被提了出来,在永远追求确定性结果的工业基因驱动下,在网络泛在化发展与市场竞争的综合作用下,客户不再安于只是购买产品,而是希望能够按照结果来付费,即要求生产企业不仅提供产品和服务,而且提供能够产生确切结果的、可以量化的服务,如确切的节能数量、确切的谷物产量或较为准确的机器正常运行时间等。

以一个通俗的例子来比喻"结果经济",就是客户要的是"直径20 mm的孔",而不是去买一个20 mm的钻头来自己打孔。因此,当客户需求从"购买钻头"转变成为需要"20 mm的孔"这样一个确切结果之后,生产企业就必须要考虑以新模式、新技术、新生态来提供新型的"结果经济"服务。

因此,企业必须要改变原有的商业模式了。这就不难理解为什么现在不少生产企业开始免费提供产品,按照用户开机使用的有效结果时间或使用效果来收费,用了产品才收费,不用不收费,这彻底改变了原有的卖产品的商业模型。

结果经济的需求牵引要求各种设备必须时刻在网、泛在连接、准确感知、实时分析、精确计算、随时服务。于是,一批与这类服务有关的企业就找到了生存与发展的空间,与设备生产厂商建立优势互补的关系,生态系统自然建成,工业互联网平台必然出现,人们需要构建在云上的操作系统(从单机操作系统、工业局域网操作系统到基于云的操作系统)来采集边缘层的设备数据,监测客户使用情况,预测设备寿命和客户需求,实现弹性供给、资源优化、高效配置。

到了第四阶段,会出现大规模的"劳动力转型",即人体、人脑离开系统回路,基于"人智"的数字化劳动力(智能机器)大规模登场,真正实现机器换人,以泛在连接、自主自治的智能机器来拉动经济的彻底转型。这就是智能制造发展到第三代范式的美好前景。

工业互联网系统将所有智能物体接入互联网,通过互联网连接起来。运用物体感知技术,采集智能物体的标识、位置、状态、场景数据,通过互联网快速传输到工业互联网平台。利用云计算技术提供的低成本的庞大计算能力,工业互联网平台上的大数据分析工具对采集到的智能物体的海量工业数据进行分析,获取工业智能,并将其反馈到智能物体的设计、制造、使用中,达到提高工业生产率的结果,从而实现提高人类社会生产力、改善人类生活的目的。

工业互联网系统包括四个部分:感知识别层、网络连接层、平台汇聚层、数据分析层。图 7-2 所示为工业互联网的体系架构。

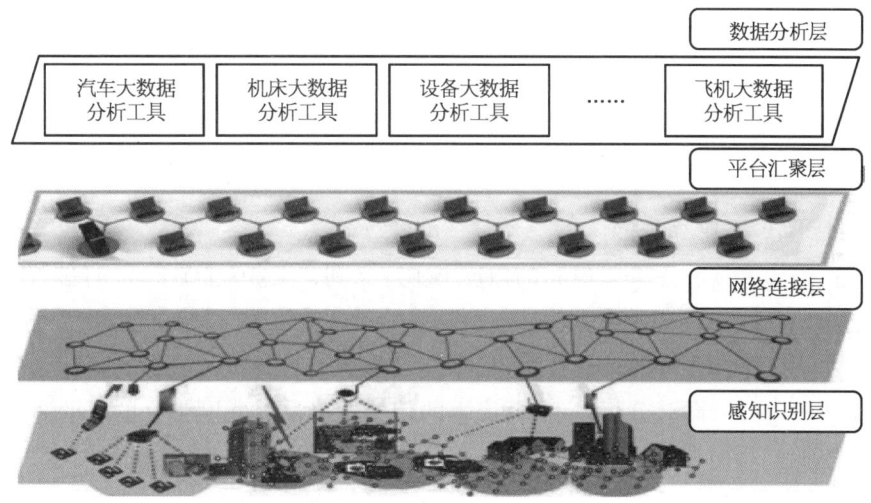

图 7-2 工业互联网的体系架构

(1) 感知识别层负责数据采集,是工业互联网系统的基础层。感知层是工业互联网的皮肤和五官,用于识别物体、采集信息。感知层解决的是人类世界和物理世界的数据获取问题,它通过物体感知技术,采集智能物体的标识、位置、状态、场景等工业数据。

(2) 网络连接层解决的是智能物体的接入和感知识别层获得数据的传输问题。网络连接层是工业互联网的神经系统,用于将各类智能物体通过有线或无线方式接入互联网,并将感知识别层获得的数据传输到工业互联网平台。在工业互联网的四层模型中,网络连接层接驳感知识别层和平台层,起到传输管道的作用。

(3) 平台汇聚层汇聚工业数据,提供数据存储服务和供数据分析的计算能力。平台汇聚层是工业互联网的大脑,用于接受并存储从感受认知层获取的工业数据,同时集聚大量的计算机服务器,提供强大的计算能力。

(4) 数据分析层提供各类智能物体工业数据的分析工具。数据分析层利用平台层提供的强大的低成本的计算能力,对感知识别层获得的海量数据进行分析,从中获得机器智能,并反馈到设计、制造、使用的工业过程中,达到提高效率、提高生产力的目的。数据分析层是工业互联网的核心。数据分析层各类数据分析工具主要采用机器学习的方法,对感知识别层获得的海量数据进行分析,获得机器智能。主要解决三类问题:

① 预测。通过把机器学习算法运用到海量的数据上来预测事情发生的可能性。在工业上,机器智能可以用来预测机器的工作情况,在机器出现故障征兆时发出预警,从而可以在故障发生前消除故障因素,避免故障的发生。

② 分析。机器智能的一个重要应用是其提供的分析能力。对于许多工业上的复杂问题,人类目前还无法对其构造模型。通过使用大数据分析方法,可以帮助我们对复杂问题进行分析,找到问题的解决方案。

③ 反馈。机器智能的反馈是将通过工业大数据分析获得的结果反馈到产品的设计中,从而改进下一代的产品设计。

7.2 国内外工业互联网

7.2.1 GE 工业互联网

GE 于 2012 年 11 月 26 日发布的白皮书中定义到:"工业互联网——打破智慧与机器的边界。"工业互联网将工业革命(图 7-3)带来的无数的机器、设施、机群和系统网络与互联网革命中涌现出的先进的计算技术、信息技术与通信系统技术融合到一起。融合的全球工业系统、先进的计算、分析技术、低成本的传感器以及互联网带来的新的高质量的连接能力将工业互联网带入大众视线。

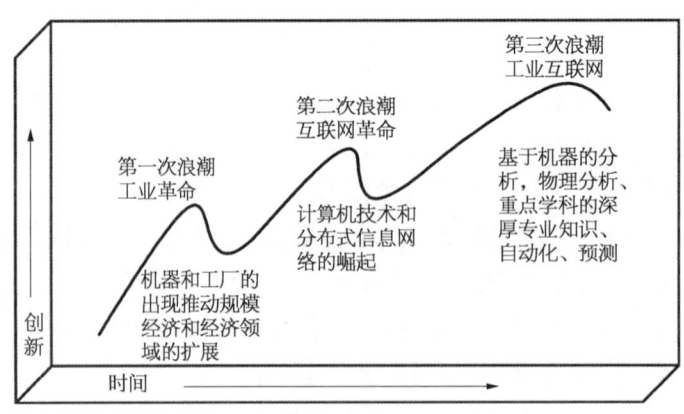

图 7-3 工业革命

GE 工业互联网由智能机器、工业分析和工作中的人三部分组成(图 7-4)。GE 工业互联网既是战略也是战术:战略——通过提高机器设备的利用率并降低成本,取得经济的效益,引发新的革命;战术——智能机器+数据+分析模型这样一条具体的技术路线。

1. 智能机器	2. 高级分析	3. 工作中的人
• 将世界上各种机器、设备组、设施和系统网络与先进的传感器、控制和软件应用程序相接	• 利用物理分析、预测算法、自动化以及材料科学、电气工程及其他了解机器及更大系统运转方式所需的重点学科的深厚专业知识	• 在任何时候将人相连-无论他们在办公室还是在行进中-以支持更加智能的设计、运营、维护,以及更高质量的服务和安全性

图 7-4 GE 工业互联网的构成要素

GE 工业互联网可以被理解为国内经常提到的工业化与信息化的两化融合。准确地说,是两化融合的子集,是两化融合的一种形式,只是要解决企业设备等重资产利用率与使用成本方面的问题。

然而,不能简单地将 GE 工业互联网等同于"互联网 Internet"+工业。GE 工业互联网除了利用"互联网 Internet"的低成本、大空间尺度的连接能力之外,还涉及传感、控制软件、云计算、大数据分析等其他的信息通信技术。GE 工业互联网要解决对象运行的效率及成本问题,而不是对象自身的运作过程中出现的问题。对于制造企业而言,明显缺少了设计、销售、物流、售后服务等环节。

同任何信息技术的应用一样,通过提高机器(机器、机器组、设施、系统网路)的运行效率,降低机器的运行成本,从而产生效益。表 7-1 就是 GE 广为人知的 1%理论。

表 7-1 GE 工业互联网产生的效益

行 业	部 门	节约种类	15 年内(2012—2027 年)的估计价值
航业	商用	节约 1%的燃料	300 亿美元
电力	天然气发电	节约 1%的燃料	660 亿美元
医疗	整个系统	系统效率提高 1%	630 亿美元
铁路	货运	系统效率提高 1%	270 亿美元
石油天然气	勘探与开发	系统支出降低 1%	900 亿美元

GE 工业互联网推进策略是构建 Predix 平台。GE 是一个高端设备制造企业集团,其制造的航空发动机、内燃机、发电设备等高附加值的设备居于全世界的前列,其工业互联网实践的确取得了巨大的成功。GE 希望实现数字化转型,要从高端设备制造商,转变为提供数字服务的公司,一个软件服务公司,一个 IT 公司。最好能像 Google、Facebook、Amazon 那样,在很短的时间内有一个爆发式增长,做到市值第一,聚集起巨量的财富。

GE 的策略就是:"GE for GE, GE for Customer, GE for Industry, GE for World",即将 GE 在高端装备制造领域取得的成功经验、软硬件成果(GE for GE)进行提炼、通用化,研发出类似计算机操作系统哪样的通用平台,为本行业或其他行业的客户服务(GE for Customer, GE for Industry)。再借鉴互联网的发展模式,建立开放式平台打造一个创新生态,聚集起数万、数十万、数百万的用户以及第三方软件开发者或解决方案供应商(GE for World),然后坐收流量带来的巨额红利,这似乎是 GE 工业互联网最佳的发展模式。在 GE 打出工业互联网大旗之前,其支撑平台 Predix 就已经存在了,但其通用性、开放性与 GE 宏大的战略构想不匹配。GE 基于 Predix 平台推进工业互联网的战略遇到了挫折。

7.2.2 IIC 工业互联网

在 GE 提出工业互联网的概念之后,为了实现自身的战略意图,GE 联合了 IBM、Cisco、Intel and AT&T 信息通信业的巨头,成立了世界上推广工业互联网的最大组织 Industrial Internet Consortium(IIC),并发布了 IIC 工业互联网参考架构,定义了工业互联网系统的四个维度,见图 7-5。然而,这一参考架构并未给出具体的指导意见。

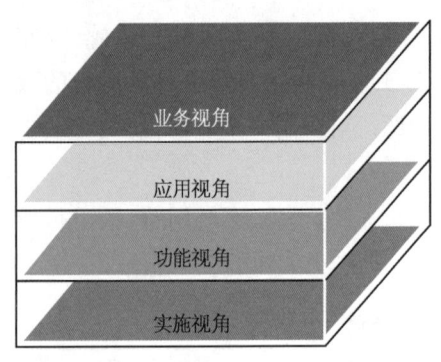

图 7-5　工业互联网系统的四个维度

IIC 要将 GE 工业互联网的内涵扩展为了工业物联网,将 GE 的依靠机器+数据+分析这一技术路线来提高机器利用率的思想,扩展为依靠互联来提高机器、系统、管理、研发设计、服务、价值链等全部工业元素的运作效率,需要 GE 工业互联网这一金字招牌,或者说是"互联网"这一金字招牌。

很显然,IIC 工业互联网的目标,远比 GE 工业互联网的目标要宏伟得多。两者明显的区别是:GE 工业互联网是以应用或问题为导向的,目的是提高机器利用率,比较单一;IIC 工业互联网,如果理解为工业物联网,则是以技术手段为导向的,理论上可以解决工业中与物联相关的所有问题,有着更大的作用域。

相较于 GE 的工业互联网,IIC 工业互联网更贴近我国的两化融合理论。

7.2.3 中国工业互联网

自 2017 年起,在工业 4.0 热度消退、智能制造日渐式微之后,国内工业互联网的热度高涨。但此"工业互联网"绝非完全指 GE 工业互联网或 IIC 工业互联网,为避免引起混淆,本书称之为中国工业互联网产业联盟(Alliance of Industrial Internet,AII)官方主页上是这样描述的:为加快我国工业互联网发展,推进工业互联网产学研用协同发展,在工业和信息化部的指导下,2016 年 2 月 1 日由工业、信息通信业、互联网等领域百余家单位共同发起成立工业互联网产业联盟。

根据 AII 于 2019 年 2 月发布的工业互联网术语与定义:工业互联网是新一代信息通信技术与工业经济深度融合下的关键基础设施、新型应用模式和全新工业生态。工业互联网通过人、机、物的全面互联,实现全要素、全产业链、全价值链的全面连接,将推动形成全新的工业生产制造和服务体系。

与 GE 工业互联网相比,AII 工业互联网给出了解决问题的途径——融合,及解决问题的手段——全面互联,但没有直接给出要解决的问题,反过来可以理解为要解决所有问题。

AII 工业互联网平台与传统的企业信息化相比最大的区别是,系统建在一张网上(互联网),一个平台上或几个平台、十几个平台甚至几十个平台之间互联互通。由于是基于如此庞大、统一的基础设施,加之平台的开放性,自然会像互联网那样,形成新的应用模式与新的生态。

总体上看,中国工业互联网按其内涵,大体上可以分为四种:
① 与 GE 工业互联网的原意相一致;
② 与 IIC 工业互联网相一致;
③ 互联网+工业,或互联网在工业中的应用扩展,或互联网体系与工业体系的融合;
④ 比 GE 工业互联网、IIC 工业互联网的内涵都大,或者说是两化融合的翻版。

7.3 工业互联网平台

7.3.1 工业互联网平台发展历程

工业互联网平台是在传统云平台的基础上叠加物联网、大数据、人工智能等新兴技术,实现海量异构数据汇聚与建模分析、工业经验知识软件化与模块化、工业创新应用开发与运行,从而支撑生产智能决策、业务模式创新、资源优化配置和产业生态培育的载体。目前我国市场上有以下几类工业云平台:一是利用平台对接企业与用户,形成个性化定制服务能力,例如海尔 COSMOPlat 云平台打通需求、设计、生产等环节,实现个性化定制应用模式;二是借助平台打通产业链上下游,进而优化资源配置,例如航天云网 INDICS 和树根互联等平台,通过汇聚需求与供给双方而实现供需对接、资源共享的功能;三是管理软件企业,依托平台实现从企业管理层到生产层的纵向数据集成,进而提升软件的智能精准分析能力,典型案例如 SAP HANA 平台;四是设计软件企业借助平台强化基于全生命周期的数据集成能力,形成基于数字孪生的创新应用,进而缩短研发周期,加快产品迭代升级,如索为系统的 SYSWARE 平台。

工业互联网平台的发展历程如图 7-6 所示,工业互联网平台发展经历了以下几个时期:

(1) 工业互联网平台萌芽期(2010 年以前)。2009 年,阿里公司率先开展云平台的研究,并逐步与制造、交通、能源等众多领域的领军企业合作,成为一些工业企业搭建云平台的重要推手。

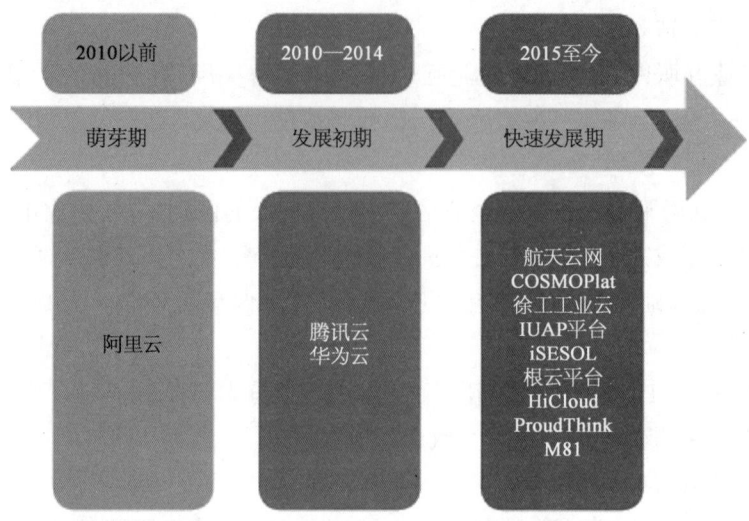

图 7-6 工业互联网平台的发展历程

(2) 发展初期(2010—2014 年)。2010 年,腾讯开放平台接入首批应用,腾讯云正式对外提供云服务。2011 年,华为公司依托其资本和云计算研发实力,发布华为云平台,面向互联网增值服务运营商、大中小型企业、政府、科研院所等广大企事业用户提供包括云主机、云托管、云存储等基础云服务、超算、内容分发与加速、视频托管与发布、企业 IT、应用托管等服务和解决方案。

(3) 快速发展期(2015 年至今)。2015 年以后,国内企业积极开展布局,航天云网、三一重工、海尔、富士康等企业依托自身制造能力和规模优势,推出工业平台服务,并逐步实现由企业内应用向企业外服务的拓展;和利时、用友、沈阳机床、徐工集团等企业则基于自身在自动化系统、工业软件与制造装备领域的积累,进一步向平台延伸,尝试构建新时期的工业智能化解决方案。当然,客观地说,目前中国工业互联网云平台产业的发展仍处于初级阶段。

7.3.2 工业互联网平台功能层次

基于对国内外工业互联网平台应用的分析,可以发现平台推动了企业信息化能力提升、数据分析水平增强和资源灵活调配,带动从信息化到智能化的多层次应用发展,主要解决三方面问题。

一是推动信息化大规模部署,解决效率提升和成本降低的问题,信息系统和工业软件迁移至平台,依托平台实现客户关系管理、财务人力管理等应用,带动信息化成本降低和大规模部署;二是推动工业数据深度分析挖掘,解决产品和服务价值提升的问题,基于平台的大数据汇聚和分析能力,实现设备、生产、管理等场景的深层次优化和服务增值;三是推动业务商业模式的创新,解决跨领域资源灵活调配和协同协作问题,通过平台进行产业链、供应链、价值链各环节的实时连接和资源共享,以实现不同主体间的高效协作和供需精准对接。因此，工业互联网平台应用实现了从信息化到网络化、智能化的全覆盖，以信息化为基础，呈现出三大功能层次，参见图 7-7。

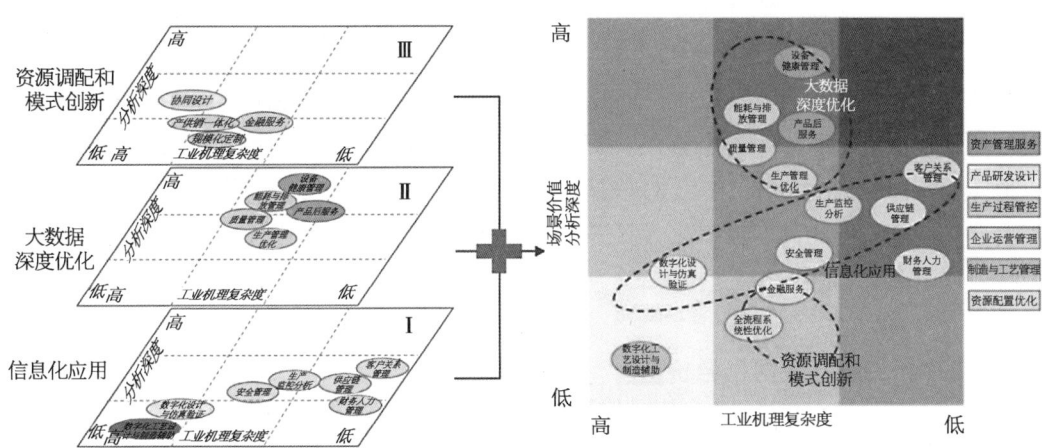

图 7-7 工业互联网平台应用三大功能层次

（1）层次一：基于平台的信息化应用。

得益于平台的"连接＋数据可视化"能力，传统的生产管理类信息化应用得到更为广泛的普及。其中，在生产监控分析领域应用最为广泛，在物料管理、排产调度等方面也有初步探索。PTC、微软、思科、罗克韦尔、树根互联、宝信、阿里云等企业的平台均推出了面向生产过程可视化应用。这类应用主要提供数据汇聚和描述基础，帮助管理者直观了解工厂运行状态，其更高价值的实现依赖于在此基础之上的更深层次数据挖掘分析。

基于平台的"软件上云＋简单数据分析"在客户关系管理、供应链管理和部分企业计划资源管理领域获得应用，有效降低中小企业软件使用成本。如 SAP、Oracle、Salesforce、微软、用友浪潮、金蝶等企业提供大量管理软件 SaaS 服务。如 Salesforce 所提供的云化 CRM 软件服务已聚集超过 15 万客户，同时除通用软件工具之外，还提供基于社交网络的客户关系与需求分析，为中小企业提供销售渠道服务。用友提供采购、供应链、物流、财务、人力资源等工业云服务，服务工业企业客户 44 万家。

（2）层次二：基于平台大数据能力的深度优化。

基于平台的大数据能力，以"模型＋深度数据分析"模式在设备运维、产品后服务、能耗管理、质量管控、工艺调优等场景获得大量应用，并取得较为显著的经济效益。GE、西门子、ABB、富士康、树根互联、东方国信、日立、C3IoT 等企业已经推出了上百个上述类型的应用服务，如 Uptake 帮助美国最大核电站 PALO Verde，通过提高资产性能，实现每年 1 000 万的成本节省，成本降低 20%。又如青岛纺织机械厂依托海尔 COSMOPlat 平台通过数据采集及分析实现设备远程运维，每年可节省 96 万元，宕机时长从每次的三天缩短为一天，可降低直接损失 64 万/次。

(3) 层次三：基于平台协同能力的资源调配和模式创新。

借助平台整合产业链资源，探索制造能力交易、供应链协同等应用，成为部分企业的实践选择。如智能云科依托 iSESOL 平台开放共享自身生产力，提高闲置设备的利用率，目前已对 24 000 台机床提供超过 533 万小时的交易共享服务。再如中船集团利用船海智云平台对船舶制造企业、船用设备制造企业等开展纳期监控等应用，提升供应链协同水平。基于平台进行深层次的全流程系统性优化尚处在局部的探索阶段。无论是产业链、价值链的一体化优化、产品全生命周期的一体化优化，还是生产与管理的系统性优化，都需要建立在全流程的高度数字化、网络化和模型化基础上，仅有个别龙头企业具备相关基础并开展了简单实践。

7.3.3 工业互联网平台价值

近年来，随着大数据、云计算、物联网、人工智能等技术与制造业的深度融合，制造企业正加速向数字化、网络化、智能化方向转型。工业互联网平台是工业领域的数字新经济，它以智能技术为主要支撑，通过打通设计、生产、流通、消费与服务各环节，构建基于云平台的海量数据采集、汇聚、分析服务体系，支撑制造资源泛在连接、弹性供给、高效配置，正在催生出一系列 产用融合、制造与服务融合、资源协同、共创分享的新业态新模式。

我国经济已由高速增长阶段转向高质量发展阶段，正处在转变发展方式、优化经济结构、转换增长动力的攻关期。在此背景下，更好释放工业互联网平台的发展潜力，切实发挥其对其他行业的巨大带动作用，成为产业升级和经济高质量发展的新引擎，意义重大。推动工业互联网平台更好发展正逢其时，工业互联网平台作为重要的生产组织方式创新，为我国产业升级乃至经济高质量发展开辟了新路径。

一是可实现基于数据驱动的创新发展，形成经济增长的新动力。工业互联网平台具有典型的数据和知识驱动特征，其基于智能互联的机器设备和终端用户需求采集海量数据，并通过机器学习算法实现对数据的分析建模优化，能够形成涵盖企业研发设计、生产管理、运行维护、销售服务等全生命周期的优化决策和解决方案。

二是可引领生产方式智能化变革，促进产业发展提质增效。工业互联网平台可引领新一代智能制造的发展，通过构建柔性化智能化生产系统，联通企业内外部数据，连接工业全要素、全产业链、全价值链，发展按需定制、用户参与设计、大规模个性化定制等新模式，促进供需灵活高效匹配。平台通过将自身的生产系统与全球智慧供应链相连接，在更大范围内优化配置资源，也可进一步提高发展的质量和效益。

三是可促进先进制造业与现代服务业深度融合，推动经济转型升级。制造企业依托工业互联网平台，可以提供基于智能设备的全生命周期管理、远程运维、在线监测以及信息增值等服务，从而实现"智能产品（装备）＋智能服务"一体化发展，构筑制造与服务融合型的产业价值链。

四是可构筑共创共享的创新创业创造生态,激发经济高质量发展新动能。工业互联网平台具有的分布式、开放性、连接性等特点,使其能够吸引全球的开发者、生产者和消费者,催生出众包设计、网络化协同研发、协同制造等新模式,从而形成价值共创共享的创新创业创造生态。

目前,全球工业互联网平台仍处于发展的初期阶段,领先的装备自动化企业、信息技术服务企业、垂直领域制造企业等凭借自身优势加紧平台布局,尽管在技术标准、商业模式、生态系统建设等方面尚处于探索开拓阶段,但已进入规模化扩张的时间窗口期。对我国而言,发展工业互联网平台正逢其时。一方面,我国传统产业转型升级对通过工业互联网解决供需不匹配、资源不协同、质量效率不高等痛点问题有巨大需求;另一方面,我国消费市场发展空间广阔,互联网应用创新十分活跃,这为工业互联网平台更好发展提供了深厚的土壤。

7.3.4 工业互联网平台应用分布

国内外制造企业数字化基础不同,在平台应用路径上各有特色。基于对国内外366个平台应用案例的分析发现,当前工业互联网平台应用主要集中于设备管理服务、生产过程管控与企业运营管理三大类场景。资源配置优化与产品研发设计获得初步应用,但总体仍有待培育。

相对于国外而言,我国平台应用分布(图7-8)更为均衡,各类应用均有所涉及。一方面,与国外类似,我国平台应用同样关注设备管理服务,体现了设备物联与数据价值挖掘的共性趋势,这在电力、石化、钢铁等流程制造业和高端装备领域的应用最为普遍。另一方面,与国外不同的是,我国平台应用更加关注生产过程管控、资源配置优化等场

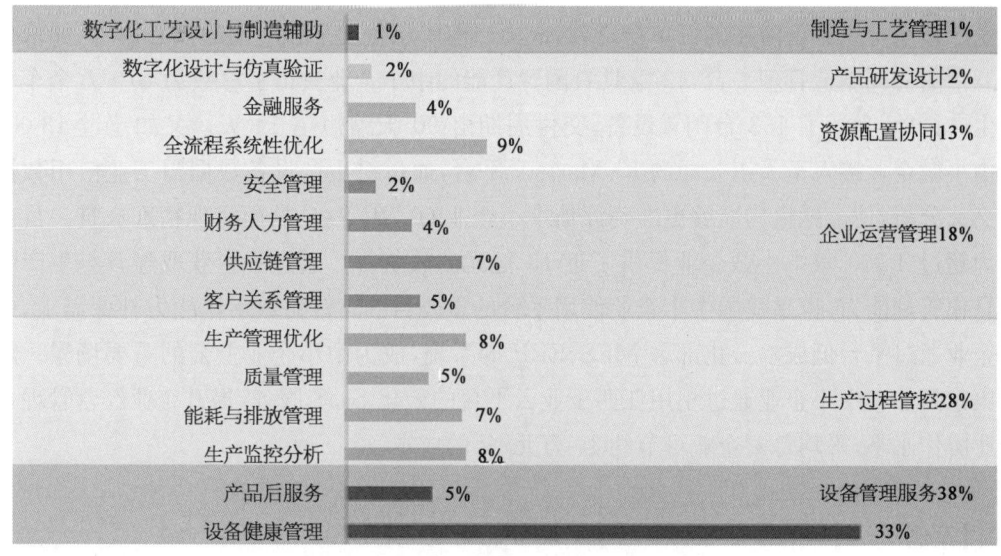

图7-8 我国工业互联网平台应用分布统计

景。主要原因一方面是我国制造企业生产管理系统需求旺盛但普及率低,因而形成了一批提供云化生产管理应用的平台企业,开展了大量应用实践;另一方面是我国有大量中小型制造企业,这些企业通过使用工业互联网平台,将自身的能力融入社会化生产体系,借助制造能力交易获取订单和潜在市场机会,并通过创新性金融服务解决贷款难等问题。

在工业互联网平台发展的过程中,企业逐步成为应用主体。我国具备庞大的市场基础和海量的应用场景,大中小企业均参与到平台应用,并形成了不同的发展特色。

大企业围绕"强化数据、创新模式"重点聚焦高价值应用。我国大企业具备较好的信息化基础,借助平台提升数字化分析决策能力,布局两大类高价值应用。一是对特定场景进行深度的数据分析挖掘,优化设备或设计、生产、经营等具体环节,在现有基础上借助平台增强能力。例如,为有效避免设备故障造成的巨大损失,西安陕鼓动力与北京工业大数据创新中心合作,基于平台对远程机组状态进行数据分析,为设备健康运行与维修保养提供有效指导,实现正常检修工期缩短33.3%以上,平均节约设备管理内耗成本42%。二是对产业链条进行要素打通并叠加一定程度的数据分析,提升上下游协同与资源整合能力,积极拓展创新型应用。大企业在全流程系统性优化应用中,借助平台实现现有各类系统的互联互通、数据分析与整体优化。如海尔基于COSMOPlat平台对用户需求、反馈与制造能力数据进行整合与分析,某新产品上市周期由6个月降低至45天,一年时间内产品实现3次迭代升级,价格提升10%以上。

中小企业围绕"抓资源、补能力"诉求布局平台应用。我国中小企业以工业传统应用的普及为主,部分创新型应用更为聚焦。一方面,基于平台SaaS服务部署的经营管理类云化应用,以及基于广泛连接的简单生产管理系统应用,构成了存量"补能力"的主体;另一方面,"抓资源"诉求使中小企业聚焦于金融服务等创新型应用。通过平台融入到社会化生产体系中以获得潜在的订单与贷款,成为当前中小企业平台应用的核心诉求,如依托生意帮的协同制造管理平台,62家具有闲置产能的中小企业获得了总数为470万个车牌的生产订单,盘活了153台闲置设备,交付周期由90天缩短至14天。又如超过13 000家中小微企业接入至天正公司的I-Martrix平台,通过对生产设备数据与工业信用数据的交叉分析,使金融机构能够更准确评估中小企业的信用等级,从而实现精准放贷。目前已为超过1 200家中小微企业提供了近13亿元的放贷额。通过平台获取经营与生产的信息化管理能力,也是我国中小企业使用平台的重要目的。针对数字化能力补课需求,中小企业通过平台低成本云化部署MES、ERP等系统,成为中小企业上云的重要场景。如南康家具加工中小企业通过租用江西工业云平台的云化SaaS服务,提升企业经营管理与产业协作水平,平均每家企业可节约10万元/年的成本。

【案例7-1】 鸿富锦可携式电子产品智能制造

在新一轮科技革命和产业变革的时代趋势下,鸿富锦(成都)把握数字化、网络化、智能化带来的历史性机遇,加快制造业转型升级,提高供给对需求的适应性和灵活性,形成新的增长动力,并应用到可携式电子产品的智能制造中。

鸿富锦(成都)着力建立"软硬整合、虚实结合,万物互联"的智能工厂,致力于高精密堆叠的时尚平板、笔记本等可携式电子产品的智能制造。基于工业互联网天行者平台,将智能生产管理、智能分析决策等十二大智能系统进行集成,以自动化设备为基础,以智能生产系统为导向,最终实现增质高效的无人化关灯智能生产。同时,深化平台安全防护,与客户携手,永续经营。

平台包含边缘层、IaaS 层、PaaS 层、SaaS 层。IoT 连接现场移动终端、传感器、机器人与工业电脑,采集关键有效数据,并通过统一协议平台提供开放的业务接口,进行大数据分析和计算,最终为 SaaS 应用开发提供各种易用高效的微服务功能模块,从而实现生产状态实时监测、生产过程灵活控制、生产决策智能制定,解决了人工作业失误多、应急处理难度大等问题。

依托平台对生产过程实现"七化"智能改造:在边缘层引入工业机器人、应用 SMT 高端智能化设备,并大量部署智能传感器,提高原有短板设备的智能化程度;在 IaaS 层完善物联网生态,联通 PDCA、SFC、Office、Internet,并利用科学合理的软硬件手段,保证网络和数据安全;在 PaaS 层搭建云平台,进行大数据分析计算,向外提供多类服务;在 SaaS 层利用 PaaS 层提供的服务,集成开发各种分析和管理类的智能应用程序。图 7-9 所示为智能改造项目的整体架构。

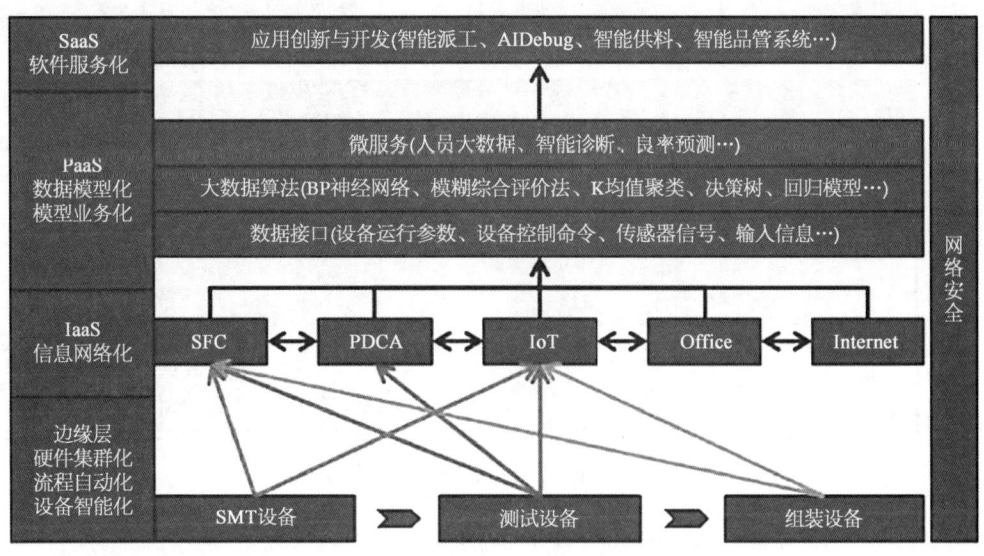

图 7-9 智能改造项目整体架构

智能改造项目涵盖众多先进技术,如计算机视觉、机器学习等,不仅利用诸多现有大数据模型,还优化自创设计反馈、智能派工及 Smart Debug 等模型,智能化水平处于国内外制造业先进行列。除此之外,还有以下先进性:

(1) 设备智能化(图7-10)。收集数据是基础。对于传感器、小型仪器和原有短板设备,利用自主开发的嵌入式系统、数据采集卡和智能网关获取数据;对于高新设备,则结合设备厂商提供的资料,开发中间件,实现与设备各模块的数据交互。

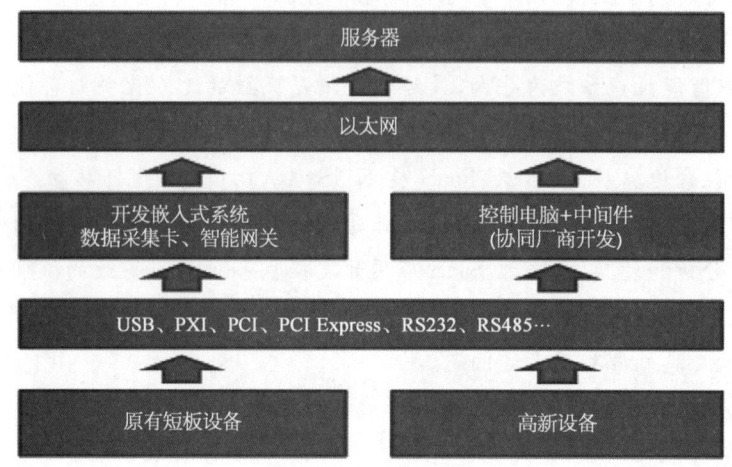

图7-10 设备智能化

(2) 数据管理与资源调度(图7-11)。为了满足海量数据存取与计算,搭建稳定高效的私有云平台。

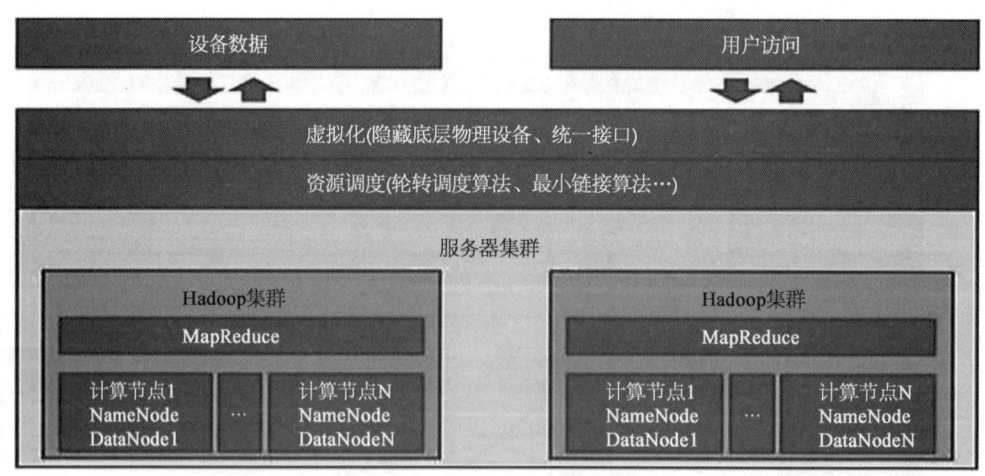

图7-11 数据管理与资源调度

(3) 大数据和AI的应用(图7-12)。从4M1E分析数据,建立业务模型,利用大数据分析技术,挖掘不可见问题并借此开发大数据及AI系统预测未来,助力关灯生产的实现。

(4) 工业互联网项目落地八步心法(表7-2)。在如此众多工业互联网项目落地的过程中,总结成功方法,并将其归纳为八个步骤,称之为八步心法。

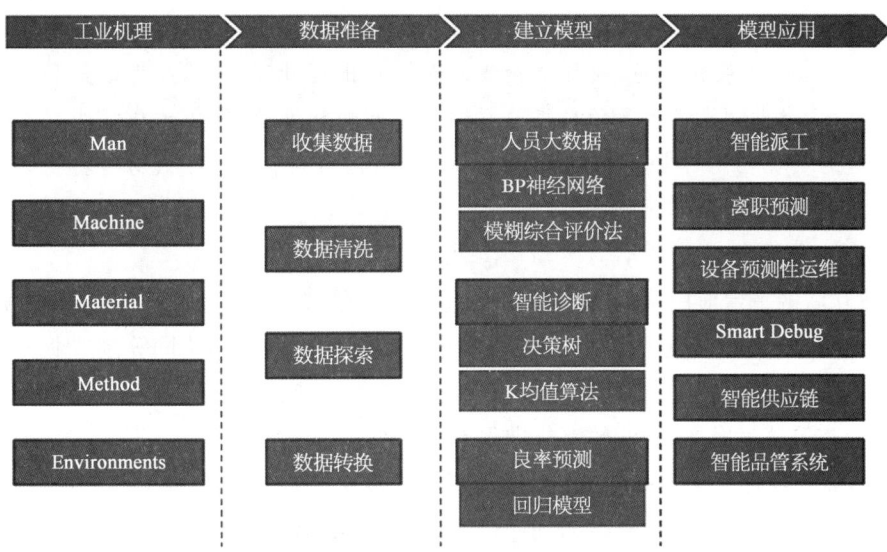

图 7-12 大数据和 AI 应用

表 7-2 工业互联网八步心法

实施步骤	实施方法	用户部门	PM	SaaS PaaS	IaaS 核心层
1. 项目选定	① 业务痛点检讨 ② 模式创新思考	V	V		
2. 需求定义	① 工业原理/流程与失效模式分析 ② 需求细化 ③ 预期效果	V	V	V	
3. 参数选择	① 参数罗列与分析 ② 关键参数确定	V	V	V	V
4. 系统评估	① 系统架构规划 ② 模型评估 ③ 技术与经济可行性分析		V	V	V
5. 数据采集与储存	① 采集方式 ② 数据传输 ③ 数据存储	V	V	V	V
6. 数据分析与建模	① 数据预处理(清洗、重组、补差等) ② 特征提取(提取对结果显著影响的变量) ③ 数据建模			V	
7. 系统开发	① UI 设计 ② 前后端开发 ③ 系统测试与优化	V	V	V	
8. 上线应用	① 上线试用 ② 优化与标准化 ③ 推广应用	V	V	V	

智能改造项目是一次大规模的工业互联网实践,为鸿富锦(成都)可携式产品的生产带来了发展新机遇,项目试验线的人均产出提升了300%,产品良率也提高了1.3%,同时也积累了大量的数据与算法。庞大的数据量、算法库与制造业务的有机结合,为实现无忧的生产管理提供了基础,也为同行企业提供了效仿与发展参考。

7.3.5 垂直行业应用

工业互联网平台应用从局部突破走向垂直深耕阶段,目前已渗透到了机械、服装纺织、电子、航空航天等领域和行业,在质量管理、工艺优化、供应链协同等制造业关键环节上,涌现出一批基于平台的创新解决方案和典型案例,按需定制、分享制造、产融合作等新模式、新业态等蓬勃发展,产业数字化进程不断加快。

1)高端装备行业重点围绕产品全生命周期开展平台应用

高端装备行业具有产品复杂、价值高、生命周期长以及生产与管理复杂等特点。当前平台应用以全链条打通的协同设计、基于模型开展深度数据分析的设备健康管理等创新应用为主,兼具数字化分析的工艺调优及软件上云叠加简单数据分析的供应链管理等传统应用。主要表现在以下四个方面:

(1)在研发设计环节,重点关注复杂产品多专业协同设计与仿真验证。例如,为提升研发效率,波音基于达索3DEXPERIENCE平台实现了多专业协同设计,提升数字化协同能力,成本降低40%~60%。再如,中国航天科工集团第四研究院基于索为SYSWARE平台实现商用航天的固体火箭发动机总体论证,通过13个设计流程、30个专业算法、7个工具软件开展仿真,设计人员工作效率提升14倍。

(2)在生产制造环节,重点关注关键生产工艺优化。例如,德马吉森精机基于CELOS系统将工件生产的整个工艺流程在计算机上进行1:1仿真,根据仿真验证结果优化加工工艺,从而确保加工计划完整正确,有效避免碰撞并最大限度缩短装卡时间。

(3)在经营管理环节,重点关注供应链深度协同与优化。例如,空客集团依托富士通Colmina平台整合众多上游供货厂商,通过平台的自动标识与数据分析服务,实现飞机制造零部件的高效管理与精准采购,减少供应链成本20%。

(4)在设备运维环节,重点关注高价值设备的预测性维护。例如,树根互联联合广州柴油机厂股份有限公司,基于人工智能、边缘计算、预测性维护为中低速船用柴油发动机提供智能服务平台,为列装的万吨级船舶用户提供设备连续性保障,形成产业链上下游联动,帮助广柴降低30%的设备管理成本,缩短20%运行管理反应时间,提升柴油机连续性运行能力。泰隆减速机公司基于徐工信息汉云平台对机床联网采集数据,结合机床机理模型,通过大数据分析技术对机床进行实时监测与预测性维护,设备利用率提高了7.65%,设备运维成本降低20%。中联重科通过中科云谷平台建立基于机理和机器学习的模型,对主油泵等核心关键部件进行健康评估与寿命预测,实现关键件的预测性维护,从而降低计划外停机概率和安全风险,提高设备可用性和经济效益。

2) 流程行业以资产、生产、价值链的复杂与系统性优化为应用重点

此类流程行业具有原材料与产品价格波动频繁、资产价值高、排放耗能高、生产安全风险大等特点,由于其连续生产要求,行业普遍具有较高的自动化与信息化基础。现阶段平台应用多为全流程系统性优化的全价值链一体化、运用新技术的资产管理等创新型应用,部分为基于模型开展深度数据分析的生产管理优化、能耗及安全管理等传统应用。具体包括四个方面:

(1) 开展高价值设备的资产管理优化。例如,中化能源科技依托中化工业互联网平台,运用工业大数据及人工智能等技术,对泵机群、压缩机、蒸汽轮机等装备进行健康管理,实现了设备故障的诊断、预测性报警及分析,设备维护成本每年减少15%。

(2) 生产环节通过对原料配比与控制参数的优化,提升生产效率。例如,中国石化依托平台对近4600批次的石脑油原料进行分析建模,形成13个典型操作类型,组成了操作样本库。通过该方法计算优化工艺操作参数,使汽油收率提高0.22%、辛烷值提高0.9,实现生产工艺优化。再如,华能重庆珞璜电厂基于华能 AIdustry 工业互联网平台,构建18个设备的热力学模型,通过历史数据基于模型计算出平均工况下最优发电技术煤耗比平均发电煤耗降低了 2.2 g/(kW·h),可节省 7 480 t 标煤,全年节约 598 万元左右。

(3) 提升能耗、排放与安全管理水平。例如,为降低成本,酒钢集团基于东方国信 Cloudiip 平台通过大数据分析计算出不同设备和系统的能源数据实现能耗管理,单座高炉每年降低成本 2 400 万元、单座高炉每年减少碳排放 20 000 t,冶炼效率提升 10%。再如,为增强安全保障,九江石化基于石化盈科 ProMACE 平台,将监测到的数据进行识别和分析,实现 HSE 系统对 3.85 万个 HSE 观察卡、35 处废水等监测点开展安全管理,环境信息可通过"环保地图"实时可视化;在作业许可票证签发环节,通过身份识别和物联网等技术可实现作业票管理"定时、定位、定票、定人",提升了安全管理水平。

(4) 基于平台的产业链、价值链一体化协同。例如,为加强产品竞争力,推动向"基地间生产合同分工制造"的转变,宝武集团基于宝信工业互联网平台将多属地云平台集成为一个整体的分布式平台系统,并叠加生产与经营管理数据的分析,促进多基地生产、销售等层面的协同与整合,实现整体产销能力的提升。

3) 家电、汽车等行业侧重于规模化定制、质量管理与产品后服务应用

此类行业具有产品同质化严重、市场竞争激烈特点,在工业互联网平台的应用中,创新型应用重点关注全流程系统性优化的大规模定制、基于产品大数据分析挖掘的产品后服务等场景,传统应用升级以大数据分析优化的质量管理为代表。主要聚焦于以下三个方面:

(1) 开展大规模定制,通过产品差异化提升利润水平。例如,康派斯房车基于海尔 COSMOPlat 平台开展大规模定制,用户参与到定制需求提交、设计解决方案交互、众创设计、预约下单等产品全生命周期,综合采购成本下降 7.3%,生产周期从 35 天缩短到 20 天,产品溢价达 63%。

(2) 拓展产品后服务市场,提升产品附加值。例如,树根互联帮助 200 多家离散装备制造企业打造资产管理、备件管理、保险服务、融资租赁、基于设备的软件增值等服务能力,为离散装备制造业产业集群每年提升超过百亿的收益。北汽福田汽车通过车联网建立基于客户"车生活"的生态系统,开展车队管理、汽车金融服务、数据服务、车货匹配及影音娱乐等增值服务,提高市场竞争力和占有率。再如,一汽集团基于平台依托车联网开展车载娱乐、道路救援、智慧停车、车险服务等增值业务,现已有 200 万入网车辆得到服务。

(3) 提升质量管理水平,降低不良品率。例如美的基于 M. IoT 平台通过对系统中品质数据进行大数据自学习优化,品质一次合格率从 94.1% 提升到 96.3%。

4) 制药、食品等行业的平台应用以产品溯源与经营管理优化为重点

此类行业具有产品安全要求高、市场销售压力大、资金周转与库存管理难度大等特点。平台应用以软件上云叠加数据分析的库存管理、销售与财务管理等应用为主,部分为产品溯源等特色创新型应用。当前主要聚焦在以下两方面:

(1) 产品溯源,保证食品药品安全。例如,茅台酒厂基于浪潮平台通过由浪潮质量链发码系统实时提供的酒瓶二维码,可追溯每瓶酒的生产、原料等数据,并且通过 APP 将扫描的销售时间、地点等信息更新到平台,以保证酒的品质。

(2) 提升库存、销售与财务管理水平。例如,今麦郎基于金蝶财务管理平台规范业务流程,制定各类销售政策,实现集团对子公司业务管控,业务流程匹配度由 40% 提升到 95%,销售政策执行有效性由 90% 提升到 100%,财务结账速度由 10 天缩减为 5 天,库存呆滞发生可能性由 100% 降低到 5%,提升运营效率。

5) 电子信息制造业重点关注质量管理与生产效率提升

该行业具有产品种类多、升级换代周期短、生产质量要求较高等特点。当前平台应用以软件上云叠加数据分析的库存管理等应用为主,同时开展了基于模型开展深度数据分析或运用新技术的质量管理等应用。当前主要聚焦以下两方面:

(1) 基于平台的大数据分析能力,提升产品质量。例如,富士康基于电子元器件表面贴装制造平台开展车间设备实时可视化、设计与制造协同、大数据智能决策,从而实现人均产出提升 20%,产品良率提升 30%。再如,华星光电依托 TCL 格创的 Getech 东智平台通过海量图像样本库和基础算法库,基于 AI 开展视觉检测和缺陷判定,目前的缺陷识别速度达到 50 ms,缺陷分类识别准确率为 90%,为华星光电每年增收约 1 000 万元。再如,为加强质量管理,华为打通供应商、研发、制造、市场返还等产业链全流程关键质量数据,构建全球测试大数据质量预警体系,实现供应商来料质量预警、制造过程质量预警及网上返还质量预警,驱动质量管控从事后拦截向事前预测、预防方向转变,批量问题起数降低 9%,开局坏件数改进 15%,早期返还率改进 24%。

(2) 生产效率提升与库存优化,提升企业运营效率。例如,顺络迅达电子公司基于航天云网 INDICS 平台通过大数据分析,实现产品从设计研发、采购、生产、质量、销售、物流等全业务流程的监控和运行调度,使其生产经营效率提高 30%,年度生产成本降低 200

万元。再如,新华三基于紫光云引擎平台将印刷机、贴片机、AOI等设备接入,采集设备运行数据和工艺数据,实现企业全过程数据融通,新华三生产库存周转率在过去三年提高50%以上,运营效率得到提升。

【案例7-2】 汽车零部件行业网络化协同应用案例

上海新朋联众汽车零部件公司是上海新朋实业股份与上汽集团所属上海赛科利共同投资的汽车零部件配套企业。公司建立了上海、扬州、宁波、长沙标准化生产制造基地,为乘用车主机厂提供优质的产品和服务。公司主营业务为乘用车大型覆盖件的开卷、冲压及车身总成件的焊接制造。

当全球车市趋缓的大环境下,主机厂层面已经出现了缩减成本、关闭工厂等趋势,市场压力也将传导到上游的零部件企业。作为上汽大众汽车的核心零部件提供商的新朋联众,面对配套厂商多、协同难度高,以及大众FORMAL-Q体系要求全生命周期质量追溯等各种挑战。

基于用友精智工业互联网平台,为汽车零部件制造企业提供多系统集成互联的一体化服务,对外连接主机厂、供应商、物流商,对内实现多地点、多工厂互联互通,实现人、物料、设备、信息系统互联和协同,为企业数字化、网络化、智能化转型提供支持。

(1) 智能物流:实现了从主机厂接单到计划下达、供应商接单、供应商发货、现场收货、散件入库、散件消耗、总成入库以及总成发货的全流程应用。

(2) 智慧物联:通过对工厂内设备进行网络重构与升级,实时采集每台设备的工作信息,并与订单、工艺相关联,做工业大数据分析与挖掘,实现现场产线实时监控、实时报警。

(3) 产业链协同:通过EDI接口、供应商协同系统、劳务工系统,汽配企业与整车厂、供应商、劳务公司、运输公司实现了在线协同。

(4) 移动管理:系统全面接轨移动应用,管理人员通过APP,随时随地查看OEE、CMK、VBZ、生产异常、实时物流、实时产线、实时质量等信息。

(5) 实时追溯:通过唯一标识产品与生产资源、实时采集生产大数据,能够进行产品的全生命周期追溯。

(6) 技术创新:本解决方案采用视觉识别技术实现机器人同AGV交互,完成自动下料装箱。应用OCR技术快速识别标签,通过唯一标识进行产品全生命周期追溯,实现产品信息一键查询。

(7) 模式创新:基于用友精智平台实现零部件产业链协同与网络化协同制造(图7-13)。应用了数字化管理、智能化生产、网络化协同三种模式,并对这三种模式进行行业化融合与创新应用。

上海新朋联众网络化协同制造平台已实现连接设备1 800台,月均采集设备数

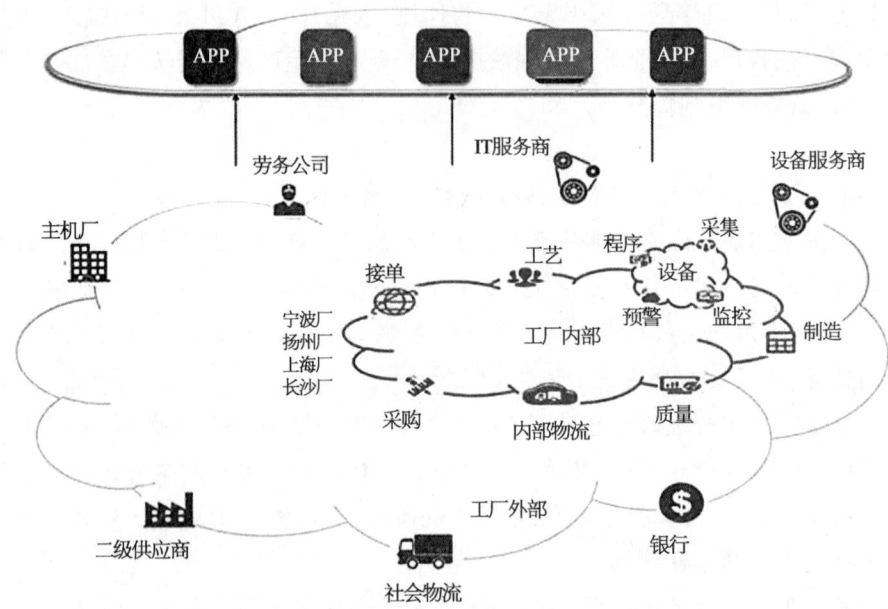

图 7-13 基于精智实现汽配行业网络化协同制造

据 240 亿条；实现与大众整车厂、26 家设备供应商、99 家散件供应商、15 家劳务公司的在线协同，日均物料吞吐量约 65 万件；产量增加 22%、人员减少 31%、缺陷从 3‰ 下降到 1‰。

上海新朋联众网络化协同制造平台在新朋联众的四家属地工厂进行了落地应用，用户反馈与应用效果良好。形成了适合汽车零部件行业的多系统集成互联的一体化解决方案，对外实现主机厂、供应商、物流商信息共享，对内实现多地点、多工厂互联互通，对汽车零部件行业具有重要意义和推广价值。

7.4 中台技术

7.4.1 中台概念起源

近年来随着互联网、移动互联网、IoT、5G 等技术的普及与发展，企业和政府获取的数据以指数级增长，同时数据类型也从最初的结构化数据逐渐扩展到视图声等非结构化数据。为了解决海量异构数据的采集、加工、分析，以沉淀数据资产快速响应上层应用的难题，数据中台的概念应运而生，其在满足常规报表生成、报告数据分析需求的同时，也为业务创新提供了坚实的基础。

数据中台是阿里巴巴公司在 2015 年根据自身业务需要提出来的概念，随着 2018 年各大互联网公司纷纷提出中台战略并随之进行组织架构的调整，将"中台"的概念推向了高潮,各类公司纷纷效仿跟进,一时各种"中台"喷薄而出,技术中台、业务中台、AI 中台、算法中台、研发中台、组织中台、服务中台、数据中台等各种"中台"让人眼花缭乱,应接不暇。不论何种中台,共同的核心是抽象、组件化共性的能力,以降低成本、避免重复建设浪费资源。

表 7-3 所示为中台的不同定义。

表 7-3 中台的不同定义

定　　义	出　　处
中台就是"企业级能力复用平台"	《白话中台战略-3:中台的定义》
中台通过集合整个集团的运营数据能力、产品技术能力,来对各前台业务形成强力支撑	《大型集团性企业的中台战略——阿里的中台战略其实是个伪命题》
中台是一种需求分析的方法论,一套能力接入标准,一套运作机制,集中配置、分布执行的控制台	《中台如何助力标准化业务?中台关键要快!》
中台是强调资源整合、能力沉淀的平台体系,为前台的业务开展提供底层的技术、数据等资源和能力的支持,中台将整合整个集团的运营数据能力、产品技术能力,对各前台业务形成强力支撑	《大中台 小前台》
中台是居于前台和后台之间、位于基础架构和各产品线间的业务架构	《关于架构的思考——评〈阿里巴巴中台战略思想与架构实践〉》
数据中台是将各个业务版块多年来积累的数据,按业务特征进行横向关联和统一,按数据用途进行纵向分层,最终沉淀为公共的数据服务能力	《传统企业数据中台的建设与思考》
数据中台的实质还是组件化、模块化,是设计模式与业务端的应用	袋鼠云数据中台专栏(一):浅析数据中台策略与建设实践
中台是一个用技术链接大数据技术能力,用业务链接数据应用场景的能力平台	《阿里中台建设全解密:包含哪些内容?如何发挥作用?》

目前国内对于数据中台的研究趋于成熟,数据中台在互联网、金融、电力、媒体等多个行业被广泛应用,其中以阿里巴巴的数据中台最具代表性并被大家所熟知。为了更快地响应前台业务,以此应对多变的市场需求及外部竞争压力,2015 年阿里巴巴正式宣布:"构建符合 DT 时代的更创新、更灵活的'大中台小前台'组织机制和业务机制。"构建 OneData 体系实现既"准"且"快"的"全""统""通"的智能大数据体系。通过 OneModel、OneID、OneService 完成数据中台落地,OneModel 实现数据构建及管理;OneID 完成核心商业实体识别;OneService 通过主题式数据开放服务支撑最终的统一数据开放服务。同时,利用计算后台的离线计算能力、实时计算能力和在线分析能力支撑中台运算。电力行业作为应用数据中台较早的行业,提出采用分布式微服务技术架构的方案,通过应用分布式服务治理、分布式数据库、消息队列等成熟互联网技术,保障共享服务中心快速建设与稳定运行,最终为中台赋能。

7.4.2 数据中台的功能定位

数据中台的作用是引领业务，构建规范定义的、全域可连接获取的、智慧的数据处理平台，建设目标是高效满足前台数据分析和应用的需求。数据中台涵盖了数据资产、数据治理、数据模型、垂直数据中心、全域数据中心、数据服务等多个层次的体系化建设。

业务系统的复杂性导致数据源形式的多样性，数据中台的数据处理能力既要满足传统的结构化数据处理需求，又要满足日志、音频、视频等半结构化、非结构化的数据处理需求。因此，中台应该具有丰富的大数据处理能力，如非结构化数据转换为结构化数据、流数据处理能力、海量数据存储能力等。

数据中台首先应该是一个"业务矿产"，可以汇聚来自不同业务系统，不同数据结构、数据格式的平台；其次，还需要把这些"业务矿产"进行统一化，即统一采集、建模、管理与安全，通过加工与提纯，形成企业的数据资产；最后，加工提纯后的"业务矿产"需要对数据进行服务化，即业务数据化、数据业务化，通过数据业务消费数据，再产生新的矿产。

数据中台需要实现数据的分层与水平解耦，并具有沉淀公共数据的能力。数据中台可分为三层——数据模型、数据服务与数据开发，通过数据建模实现跨域数据整合和知识沉淀，通过数据服务实现对数据的封装和开放，快速、灵活地满足上层应用的要求，通过数据开发工具满足个性化数据和应用的需要。

综合而言，数据中台应该具备以下几项能力：

（1）数据整合能力。企业在平台上从事各种商业、消费等活动时，每时每刻都在产生海量的数据，数据采集作为数据中台体系的第一环，尤为重要。因此，需要有一套标准的数据采集体系方案，致力于全面、高性能、规范地完成海量数据的采集，并将其传输到大数据平台。从数据来源来看，需要支持日志采集、文件采集、业务数据库的增量、全量数据传输等。

（2）数据开发计算能力。数据只有被整合和计算才能被用于洞察商业规律，挖掘潜在信息，从而实现大数据价值，达到赋能商业和创造价值的目的。从采集层中获取到的大量原始数据将进入数据计算与开发中被进一步整合与计算。对数据计算来说，需要提供离线计算与实时计算的能力，提供支撑个性化推荐、智能配补货、销量预测、精准营销等数据应用的算法模型能力，此外，还需要进行数据整合及管理体系。

（3）数据服务能力。将数据模型按照应用要求进行服务封装，就构成了数据服务，它跟业务中台中的服务概念是完全相同的，只是数据封装比一般的功能封装要难一点，因为数据分析受市场因素的影响很大，变化更快，从而导致服务封装的难度变大。

随着企业大数据运营的深入，各类大数据应用层次不穷，对于数据服务的需求非常迫切，大数据如果不进行服务化，就无法规模化。

中国制造业发展已进入了数字化快车道，引领全球制造数字化的创新发展。每个制造企业都想搭乘这趟数字快车，在转型创新发展的道路上赢得竞争优势。数字化转型不再是可有可无的，每个企业都意识到这是关乎企业未来发展空间的生存问题。

数字化转型涉及产业、生态、企业等在生产制造整个大闭环上的变革,数字化转型将数字技术应用集成到企业内部的管理领域和外部变化的协同供应链条上去,从对业务链条进行全新的变革,中台技术就是快速将应用需求场景化。

参考文献

[1] 李燕. 推动工业互联网平台成为经济高质量发展新引擎[N]. 经济日报,2019-11-27(12).

[2] 赵敏. 工业互联网平台的六个支撑要素[J]. 中国机械工程,2018,29(08):1000-1007.

[3] 夏志杰. 工业互联网的体系框架与关键技术[J]. 中国机械工程,2018,29(10):1248-1259.

[4] 夏志杰. 工业互联网:体系与技术[M]. 北京:机械工业出版社,2017.

[5] 李少波. 工业互联网:制造业数字化转型的关键支撑[J]. 当代贵州,2019(15):80.

[6] 胡晶. 工业互联网、工业4.0和"两化"深度融合的比较研究[J]. 学术交流,2015(01):151-158.

[7] 工业互联网产业联盟. 工业互联网体系架构(版本2.0)[R]. 北京:中国信息通信研究院,2020.

[8] 工业互联网产业联盟. 工业互联网平台白皮书[R]. 北京:中国信息通信研究院,2019.

[9] 工业互联网产业联盟. 工业互联网优秀应用案例[R]. 北京:中国信息通信研究院,2018.

[10] 国家工业信息安全发展中心. 2019年工业互联网平台创新应用案例[R]. 北京:国家工业信息安全发展中心,2019.

[11] 苏萌,贾喜顺,杜晓梦,等. 数据中台技术相关进展及发展趋势[J]. 数据与计算发展前沿,2019,1(01):116-126.

[12] 陈新宇,罗家鹰,邓通,等. 中台战略:中台建设与数字商业[M]. 北京:机械工业出版社,2019.

第8章
工业智能与边缘计算

新一轮科技革命和产业变革蓬勃兴起，工业智能迎来了发展的新阶段，工业经济数字化、网络化、智能化发展成为第四次工业革命的核心内容。作为助力本轮科技革命和产业变革的战略性技术，以深度学习、知识图谱等为代表的新一轮人工智能技术呈现出爆发趋势。通过海量数据的全面实时感知、端到端深度集成和智能化建模分析，工业智能将企业的分析决策水平提升到了全新高度。

工业互联网的核心是数据驱动的智能分析与决策优化。工业智能是实现工业互联网数据优化闭环的关键。在全面感知、泛在连接、深度集成和高效处理的基础上，工业智能基于计算与算法，将以人为主的决策和反馈转变为基于机器或系统 自主建模、决策、反馈的模式，为工业互联网实现精准决策和动态优化提供更大的可能性。

工业智能实现了从数据到信息、知识、决策的转化，挖掘数据潜藏的意义，摆脱传统认知和知识边界的限制，为决策支持和协同优化提供可量化依据。工业智能的创新突破不断拓宽工业互联网的赋能价值。工业智能技术正迎来多方面创新与突破，为支撑工互联网的数据优化闭环，进一步拓展和丰富工业互联网的能力边界与作用发挥关键作用。工业智能通过技术的持续创新与动态迭代，使工业互联网具备了复杂计算和推理能力，增强了行业应用赋能的价值与潜力，成为释放并拓宽工业互联网赋能价值的关键。

制造业转型升级的最终目的，是从数字化、网络化到最终实现智能化。制造业由数字化、网络向智能发展的核心要求是要实现基于海量工业数据的全面感知，和通过端到端的数据深度集成与建模分析，实现智能化决策与控制指令。基于知识汇聚实现大规模推理，实现更广流程更可靠的管理与决策；通过构建算法模型，强化制造企业的数据洞察能力。

工业（人工）智能是人工智能技术与工业融合形成的，贯穿于设计、生产、管理、服务等各工业领域环节，实现模仿或超越人类感知、分析、决策等能力的技术、产品及应用系统。边缘计算是在靠近物或数据源头的网络边缘侧就近提供边缘智能服务。本章讨论工业智能与边缘计算的概念、架构及应用。

8.1 工业智能发展背景与关键技术

8.1.1 工业智能发展背景

新一轮信息革命与产业变革蓬勃兴起,工业的智能化发展成为全球关注重点与趋势。世界主要发达国家政府及组织高度重视,积极出台相关战略政策,促进人工智能在生产制造及工业领域的应用发展。美国于2016年10月和2018年10月陆续发布了《国家人工智能研究和发展战略规划》和《美国先进制造领导力的战略报告》,重点提及了产品全生命周期优化、先进机器人发展、大数据挖掘、制造系统网络安全等内容。日本从2015年起,发布了4份与工业智能相关的政策文件,分别是《新机器人战略》《2015年制造业白皮书》《日本高级综合智能平台计划(AIP)》《人工智能产业化路线图》,聚焦先进机器人及大数据挖掘领域,推动设备故障智能预测系统的发展。欧盟2016年5月发布了《数字化工业战略》,重点关注先进机器人和工业自治系统的研发。

我国政府双侧发力,推动人工智能与制造业的融合发展。一方面,积极推动人工智能技术为制造业发展注入新动力,在《智能制造发展规划(2016—2020)》《国务院关于积极推进"互联网+"行动的指导意见》《国务院关于深化"互联网+先进制造业"发展工业互联网的指导意见》《增强制造业核心竞争力三年行动计划》等20个政策文件按中均强调推动人工智能等技术在工业制造领域的应用与融合。另一方面,将制造业作为人工智能落地的重点行业,在《互联网+人工智能三年行动实施方案》《新一代人工智能发展规划》《促进新一代人工智能产业发展三年行动计划》等10余个文件中均提出将制造业作为开展人工智能应用试点示范的重要领域之一。同时,辽宁、四川、河南等各地方纷纷出台相关文件,推动人工智能等新一代信息技术与实体经济或制造业融合。

制造业智能化升级需求是工业智能发展的根本驱动。制造业升级的最终目的,是从数字化、网络化转而最终实现智能化。当前制造业正处在由数字化、网络向智能发展的重要阶段,核心是要实现基于海量工业数据的全面感知,通过端到端的数据深度集成与建模分析,实现智能化决策与控制指令。工业智能强化了制造企业的数据洞察能力,实现了智能化管理和控制,是企业转型升级的有效手段,也是打通智能制造最后一公里的关键环节。

人工智能技术体系逐步完善,推动工业智能快速发展。一方面是支撑技术实现纵向升级,为工业智能的落地应用奠定基础。算法、算力和数据的爆发推动人工智能技术不断迈向更高层次,使采用多种路径解决复杂工业问题成为可能。传感技术的发展、传感器产品的规模化应用及采集过程自动化水平的不断提升,推动海量工业数据快速积累。工业网络技术发展保证了数据传输的高效性、实时性与高可靠性。云服务为数据管理和计算能力外包提供途径。另一方面是人工智能技术实现横向融合,为面向各类应场景形成智能化解决方案奠定了基础。人工智能具有显著的溢出效应,泛在化人工智能产业体系正在快速成型,工业是其涵盖的重点领域之一。

8.1.2 工业智能关键技术

工业智能依靠通用技术与专用技术协同实现智能化应用。一方面,通用技术以工业互联网和工业大数据为核心,整体上遵循人工智能的数据、算力和算法三要素的逻辑,包含智能算力、工业数据、智能算法和智能应用四大模块,以工业大数据系统的工业数据为基础,依托硬件基础能力和训练、推理运行框架,完成工业数据建模和分析。工业智能的本质是实现工业技术、经验、知识的模型化,为两大核心技术赋能,从而实现各类创新的工业智能应用。工业智能的部署方式一般有公有云、私有云、边缘和设备四种,整体系统管理和安全防护一般托管给其嵌入的边缘或设备系统,或者是作为组成部分的工业互联网平台。另一方面,通用技术往往无法满足工业场景与问题的复杂性与特殊性要求,现阶段依然存在大量特性问题需要解决,符合工业领域需求的技术定制化是工业智能两大关键技术未来的发展趋势。图8-1所示为工业智能关键技术架构。

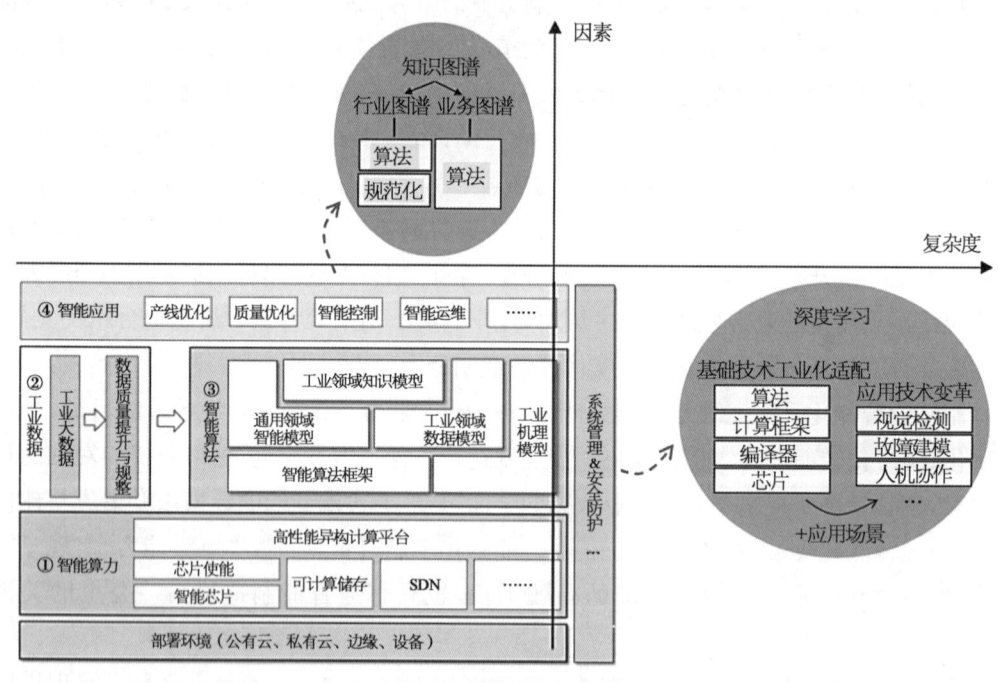

图8-1 工业智能关键技术架构

1) 深度学习基础技术的工业化适配是未来发展方向

深度学习是当前工业智能的两大核心技术之一,基础技术由下至上涵盖芯片、编译器、计算框架和算法四方面。工业领域的特殊性对深度学习基础技术提出了新的要求,基础技术的工业化适配是未来发展方向。

工业问题的复杂性导致深度学习应用具有极高的算力要求,必须通过AI芯片解决。

实时性要求促使专用 AI 芯片向工业领域延伸,端侧推理需求迫切。深度学习包括训练和推断两个环节,训练环节的功耗比和实时性不是首要关注因素,现阶段通常使用离线训练模型随后部署应用的方式,GPU 基本能满足现有需求。相比于云侧推断环节,特定场景工业终端对推理环节实时性要求极高,现有芯片无法满足,专用芯片需求更为迫切。

现场可编程门阵列(field programmable gate array,FPGA)能满足算力与实时性要求,同时兼具功耗比低、价格可控和灵活性高等相对优势。将 FPGA 与 CPU、GPU 进行峰值浮点运算和算法运行时间的对比可以看出,FPGA 的算力远高于 CPU,略低于 GPU,而算法运行时间远小于 CPU 和 GPU,具有较大的优势。与专用集成电路(application specific integrated circuit,ASIC)芯片相比,FPGA 的研发成本低、设计周期短,同时具有多任务灵活处理的优势,而与 GPU 相比,FPGA 具有更高的功耗比。

FPGA 能够提高机器人感知与处理性能、节省能耗,并已逐步融入机器人操作系统中。机器人的感知与处理环节犹如人"眼"和"脑"。在感知环节中,通过 FPGA 和 CPU 运行 SIFT、SURF、SLAM 算法的加速比与能耗比可以看出,FPGA 能提高感知帧率,让感知更加精准,并且 FPGA 运行功耗较低,可使计算持续多个小时。在处理环节,以卷积神经网络(convolutional neural network,CNN)计算过程为例,与 CPU 相比,FPGA 具有更高的速度和极低的计算能耗,使深度学习实时计算更容易在端侧执行。进一步,FPGA 正逐步融入机器人 ROS 中,为其未来在机器人的应用普及奠定了基础。

2)深度学习应用技术变革极大提升可解问题的复杂度与效果

深度学习技术与工业机理或具体场景结合能够明确应用技术路径的形成方式或演进方向,拓展可解问题的复杂度边界,提升应用效果。下面以质量检测技术、故障建模技术及人机协作技术为例进行论述。

随着质量检测复杂性与需求不断提升,深度学习已经针对不同的检测场景形成较为明确的技术路径,可解问题的复杂度上限不断提升,主要为三类模式。一是依赖机理。针对工件缺陷类型可知、机理清晰的任务,如钢板裂纹检测,根据机理或传统图像处理方法检测,无训练过程,计算复杂度较低,应用十分成熟广泛。二是依赖机理+学习。针对工件和缺陷特征较为明显的任务,基于机器学习的检测方法人为提取特征,需要训练过程,已有成熟的产业化应用。三是深度学习发挥主要作用。针对微小瑕疵检测,工件形状、位置、光照或缺陷大小位置变化,如玻璃盖板检测等复杂场景,基于深度学习的检测方法,无须人为提取特征,计算复杂度高,已有相对成熟的产业化应用。未来,预计多技术协作将成为新兴路径。针对未知缺陷、超高精度或三维图像等复杂场景,如精密元器件质量检测。使用深度+半监督学习、深度+光学显微镜、深度+三维视觉技术等,国外基本处于试验室阶段,国内相对较少。

故障建模技术的演进路径相对清晰,领域知识逐步弱化,深度学习技术重要度提升,技术演进分为三个阶段。阶段一为机理模型发挥主导作用。设备运行模型的建立是关键环节,即利用物理、热力、动力学等机理建立航空发动机、涡轮机组、燃气轮机等设备的理论模型，人为设定故障阈值实时监测。此阶段设备专业知识的重要性占据绝对比重。阶段二为数据统计模型发挥主导作用。数据预处理和特征工程是关键环节，即确定所需数据类型，如电压、电流、振动数据等，人为进行特征选择，需要了解设备运行知识。此阶段专业知识与机器学习技术重要性相当。阶段三为深度网络模型发挥主导作用。模型选择与超参数优化是关键环节，模型选择环节是根据主要数据类型进行模型算法的选择，需要的领域知识较少；超参数优化环节中，参数调整直接影响建模效果，往往需要经验丰富的算法工程师完成。此阶段深度学习技术重要性极大提升。

人机协作技术的计算复杂度增加，深度学习提升协作机器人性能。一是协作机器人的感知能力不断增强，替代传统基于机理的感知方式。传统依靠触觉、力觉或距离等物理机理的机器人仅具有防碰撞等简单功能，深度学习使机器人具有复杂的智能功能，能感受工作环境，甚至听懂人说的话。如越疆科技人机协作机器人通过语音识别与视觉识别技术，实现物体的识别和任务识别并实施。二是协作机器人的学习能力不断增强，替代传统基于编程的控制方式。传统协作机器人只能通过编程或示教器等方式进行编程学习，深度学习方法使机器人能够进行复杂计算，完成智能学习功能。如在复杂指令解析方面，西门子协作机器人依靠深度学习复杂计算能力自动读取并遵循 CAD 说明，无须编程构建零件；在复杂动作学习方面，谷歌机器人通过深度学习＋强化学习方法，能进行物体分割抓取，且错误率大幅降低。

3）知识图谱通用技术的规范化适配成为主要推进方向

依托知识建模、知识抽取、知识融合、知识存储和知识计算五大关键环节，已形成较为成熟的技术体系。知识建模是建立知识图谱的概念模式的过程，通常采用自顶向下或自底向上两种方式。知识抽取是从不同来源、不同类型数据中进行提取，形成知识存入到图谱的过程。知识融合将不同来源的知识进行对齐、合并，形成全局统一的知识标识和关联，包含数据模式层的融合和数据层的融合。知识存储包括单一式存储和混合式存储两种方案，对于知识存储介质，可以分为原生和基于现有数据库两类，目前尚无统一的存储方式，需要根据自身特点选择特定方案。知识计算是工业知识图谱能力输出的主要方式，以图挖掘计算和知识推理为代表，其中图挖掘计算基于图论实现对图谱的探索与挖掘，知识推理包括基于本体的推理和基于规则的推理，一般需根据业务特征进行规则定义，并基于本体结构与所定义的规则执行推理过程并给出结果。图 8-2 所示为知识图谱技术体系。

工业知识图谱按用途分为两类。一是行业知识图谱，以行业内的查询检索功能为主，具有行业通用性要求。规范约束是核心，与人类通用知识不同，现阶段工业各行业内的技术标准、接口、组件规范差异较大，行业技术体系的规范化是行业知识图谱构建基础。二是业务知识图谱，遵循提出问题、业务分析、图谱构建和部署应用的步骤，以解决单点或某类工业问题为主，应用成本是关键问题，通常不具有行业通用性。成本约束是核心，通用知识图谱异常巨大，极为耗费计算资源，如百度知识图谱拥有亿级实体、千亿事实，依托于约 3W 台服务器；Google 知识图谱规模已经达 700 亿左右，依靠超过 45W 台服务器。从

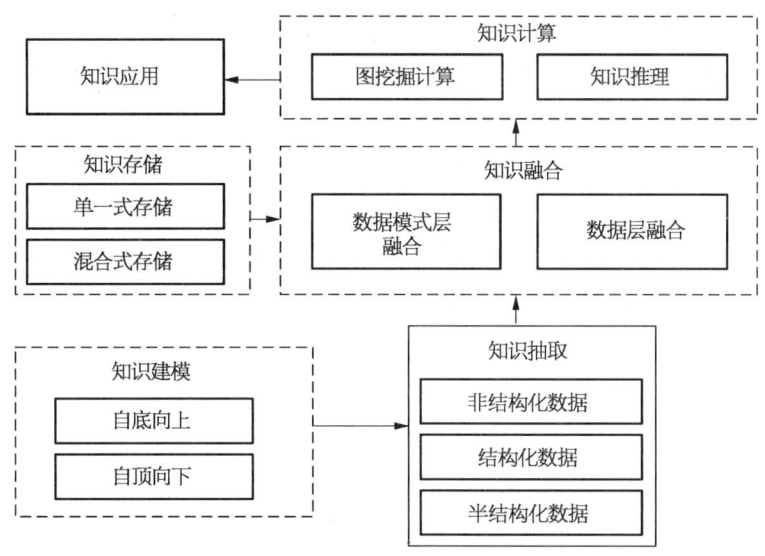

图 8-2 知识图谱技术体系

计算成本角度来看,将业务知识图谱设计成小而轻的存储载体极为重要,高效的建模方式降低业务图谱构建与部署成本。

8.2 工业数字化智能化关系

8.2.1 智能化与工业大数据

智能化就是通过数字化和网络技术提升信息获取或决策的能力,决策的主体可以是机器,也可以是人。大数据促进了机器学习技术的发展,推动了新一代人工智能的发展,但智能化的内涵应该远大于人工智能,只有认识到这一点,才能看到更多的机会和可能。

从某种意义上讲,智能化就是人机工作界面的改变,是借助信息通信技术实现业务活动方式的创新。在信息获取、知识获取、决策、执行等环节,我们都可以采取新的工作方式。比如,在信息获取方面,当数据太多太散时,可以让机器去查找信息;数据组织得好时,就可以让人去查找信息。又如,在知识获取方面,可以用人机协同的方式获取知识,也可以让机器自行去获取知识。可以说,在智能化方面,我们要有想象力,不要局限于只从数据中发现知识。比如,实现机器"用"知识推动设备智能化,或直接为人类提供可用的知识。现在,知识的人类用户可以是工程师,也可以是消费者。因此,工业大数据技术落地的前提常常是具体业务牵引,即所谓"先有需求,再找方法"。

在多数业务系统中,数据在业务活动中产生,业务活动结束后,数据也就基本没用了。工业大数据的重要用途往往发生在业务场景结束之后,故而称之为二次应用。二次应用的价值在于:用过去产生的数据让现在的业务活动做得更好。工业大数据的一个重要用途是促进企业的转型升级、业务活动的创新。创新的成功逻辑往往是"先做成、后做好"。强调二次应用,指的是把工业大数据应用于"做好"这一优化阶段。

8.2.2 从人工智能到工业智能

在工业界,设备在机器端对数据进行采集与分析,会呈现出很多关于设备的洞察,包括目前的运行状态与健康程度,跟其他设备与历史状态进行比较,可以自主预测未来设备的状态。最终,这些信息汇集之后传输回设备端,实现自我的维护和调整。

工业界过去主要关注两个方面。第一个是可制造性,运用多种建模手段,如冲压制程等,通过对物理指标的仿真考察规格是否合格,但无论怎样仿真,有些问题还是难以被发现和关注,最终导致仿真中优秀的模型用到实际生产中仍可能会产生次品。第二个是生产系统设计,即对于设备综合效率的管理和设计以及整个制造系统当中的设计管理,大多数企业会用到仿真软件,但无论怎样设计生产线,都很难保持设备的不间断运行。最主要的原因是设备会产生衰退,衰退到一定程度后会发生停机,进而导致生产线停止运行,最后导致过去的数据模型失效。所以设计建模与实际生产制造之间存在很大的差距。

在过去的生产线中,目标是实现减少工作以及减少浪费,现在的生产目标是零忧虑,即如何把生产过程中原本不可见的东西变得可见,从而去管理这些由于未知所造成的忧虑。将设备中所有造成停机、浪费、次品的风险全部加以控制,最终实现三个零:零停机、零次品、零浪费,消除生产过程中的忧虑。

美国 IMS 中心在 2000 年成立时,曾提出"未来智能工业系统"的概念。当时发现每个产品或者系统中都会有上百个维度的数据,但那时数据并不像现在这么容易被提取出来。后来又提出基于嵌入式的智能终端,并结合有效的分析方法,用 Watchdog Agent 分析引擎,在边缘端处理信息之后,传输出当前状态和健康相关的信息,再跟运营系统相连,最终通过可视化的服务传递回设备端,传递时间既不过早也不过晚,从而实现近零停机,即任何一次停机都处在预料之中。如此可以对机器进行主动维护,实现对设备的改善,最终实现信息的闭环。

目前,工业系统主要表现在零部件级、设备级、生产系统这三个维度上。从零部件级看,现在关注的是精密性,以及如何通过更加精密的传感器实现更加精密的动作,未来的智能化需要具备自预测性和自省性,设备需要精密,但外部原因或者自身衰退都会造成精密性发生变化,这时零部件可以将设备的状态和造成的后果反馈给操作者。

从设备级看,现在关注的是性能和连续生产质量达标的产品,未来将更加关注设备的自比较性。麦肯锡在数字化制造的战略当中,提出了自比较性这个概念,它既包括设备与自身历史最优状态的对标,也包括在不同的环境下,集群内与其他设备之间的对标。这样可以清晰地了解设备目前状态的好坏与否,如果设备状态不好,还可以进一步了解故障在哪里发生,以及是哪种原因造成的。

从生产系统层面看,是实现最大的生产性以提升设备综合效率。主要关注的是系统中各个设备、工序之间怎样配合。配合的概念是指当上游产生了质量误差时,及时发现并在下游进行补偿。在这个过程中如果有设备出现问题,可以用其他的途径进行改善,这就实现了具有强韧性的系统,即系统内部可以通过协同性的优化,把问题的影响降到最小。

8.3 工业智能化发展层次与应用

8.3.1 工业智能化五个发展层次

当今,全世界数字经济都发展得很猛烈,根据中国信息通信研究院的数据,中国的数字经济规模在全世界处于第二位,但是和第一位的美国相比差距甚大。数字经济可以分为两类:一类是数字产业化;另一类是产业数字化。构成数字经济的主体是产业数字化,数字产业化由于它提供基本技术,所以很重要。中国在数字产业化方面表现得比较差,数字经济对工业的渗透率很低,只有17%。德国、英国、美国的渗透率都超过了40%,好在中国的增速比较快,达到15%以上,而美国的增速大概在7%左右。

工业互联网是数字经济的一部分,工业互联网在2008—2016年期间专利发展得很快,从2016年开始专利增长速度下降,这和两个新技术出现有很大关系,一个是5G,一个是人工智能2.0。当工业互联网、5G和人工智能结合起来,对工业经济会有重要影响,也就是说,人工智能和工业经济深度融合之后将会产生深远变化,主要体现在五个层次上,如图8-3所示。

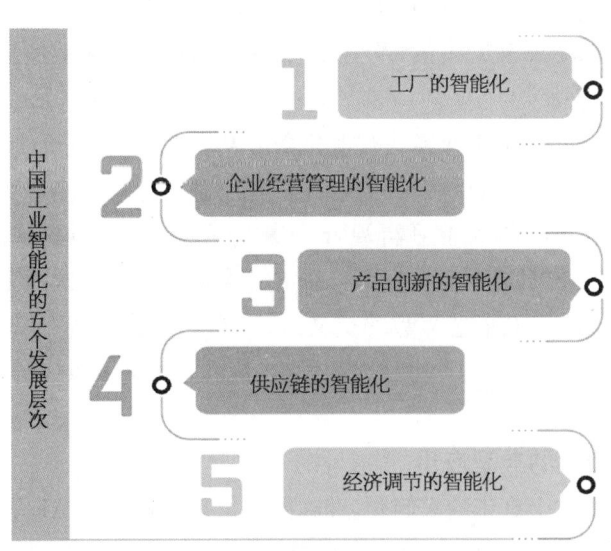

图8-3 中国工业智能五个发展层次

(1)工厂的智能化。工厂智能化主要体现在两个方面:首先是生产过程智能化。包括各流程的智能化改造,如部件的分拣、装配、焊接、搬运,各种各样的机器人,各种各样的环节进行智能改造,比如质量检测、设备运维、工艺优化等,这些都是生产过程的智能化,实际上工业4.0瞄准的也是这个方面的问题；其次是生产管理的智能化，包括生产的排程、协同制造、柔性制造、员工管理、能源管理、安全管理、工厂优化等。一个很好的例子是浙江新昌轴承有100多家轴承厂参与了网络化平台服务，最后使得轴承设备平均利用率提高了20%，能耗下降了10%，利润提高了5%，产生了非常好的效果。

（2）企业经营管理的智能化。工业互联网到目前为止讨论最多的是生产过程智能化和生产管理的智能化，在这个过程中，还有一个企业经营管理的智能化，包括对用工需求预测和分析，如生产成本管理、财务管理、资产管理、情报管理、决策管理等，有大量决策的问题，大量对市场、技术方向抱窝的问题。

（3）产品创新的智能化。包括智能产品的创新，AR/VR+产品、个性化定制等，很多内容在工业智能化中都可以进行。比如2019中国设计智造大奖金奖作品——盲人眼镜。众所周知，盲人不需要眼镜，盲人需要拐杖和导盲犬，但是杭州一家企业设计了一个盲人眼镜，这个眼镜有两个摄像头和一个计算机。盲人用了这个眼镜发现不但可以知道前面有没有障碍、有没有台阶，而且还可以读书看报。盲人过去看书要用盲文书，现在可以用摄像头识别手指指的那一行字，并念出来，任何报纸拿起来都可以念。

（4）供应链的智能化。包括供应链的风险管理、物流管理、零部件管理、供应链金融管理、供应链优化等。华为的供应链管理就非常优秀，通过汇集学术论文、在线百科、开源知识库、气象信息、媒体信息、产品知识、物流知识、采购知识、制造知识、交通信息、贸易信息等信息资源，构建华为供应链知识图谱，实现供应链产品最优化。

（5）经济调节的智能化。包括产业的市场趋势分析、政策分析、优势分析、竞争和合作的分析、产业画像、招商辅助决策，及引才辅助决策，还包括区域经济分析、经济景气预警、经济协调的辅助决策。

这五个层次形成了中国工业经济智能化深度发展的模型，这五个层次对应着五种视野：工厂智能化对应着工厂视野和车间视野，企业经营智能化对应着企业的视野，产品对应着产品的视野，供应链对应着企业群视野，区域经济调节对应着区域的视野。政府会对第三、四、五层次的工业经济智能化感兴趣，而企业会对一——四层次的工业智能化感兴趣。其中第三和第四是企业和政府感兴趣的交叉点，一个企业的产品不仅对本企业和行业有影响，实际上对地区的经济也将产生巨大的影响，这就是地区的供应链问题。

8.3.2 工业智能的典型应用

工业智能应用是一个真正的大问题，存在的难点是工业中的AI应用，它"是一个系统工程"，感知信息、传输、数据清洗、数据特征提取，以及最终的控制、执行等都是必须紧密配合的。数据采集准确与否取决于传感器的精度，数据的特征提取则依赖于行业的工艺，而在执行的时候又需要考虑执行机构的机械特性，AI的应用是否成功并非AI本身的问题，而是一个系统工程。

人工智能技术在工业各环节的应用是新一代智能制造系统实现的基础。在需求分析环节,客户画像、舆情分析等人工智能技术的应用可以提升企业对生产个性化需求分析的准确性,从而提升企业的生存能力;在企业关键绩效指标分析方面,成品过程效率分析、物流能效分析、分销商行为分析、客户抱怨求解等人工智能技术的应用能够为企业隐性问题的挖掘提供依据;在企业运行优化方面,先进生产排程、生产线布置优化、工艺分析与优化、成品仓优化等人工智能技术的应用能够为企业在生产、物流等环节的优化调整提供辅助决策;在产品生命周期控制方面,基于AR的人员培训、智能在线检测等人工智能技术的应用能够提升产品在设计、生产等环节的效率与质量。

人工智能技术在智能制造系统各环节中的应用能够推动制造系统的效率和产品的质量提升至新的水平;为企业运行提供优化和决策依据,减小企业人员工作强度,提升企业各项关键绩效指标;促进制造业企业向自感知、自决策与自执行的方向发展。

人工智能技术在智能制造领域已经实现了一定范围的应用,见表8-1。通过综合考虑相关应用在产品生命周期所处位置以及对产品全面质量管理关键要素的影响,从产品生命周期与人、机、料、法、环等关键要素两个维度给出了人工智能在智能制造中的典型应用矩阵,所涉及的共性技术包括:机器学习、生物特征识别、计算机视觉、自然语言处理与知识图谱等。同时,上述应用主要围绕产品质量检测、工艺分析与优化等特定及重复性的问题,并为企业管理者或车间运维人员提供辅助优化与辅助决策以提升企业的效率和减小人员的工作强度。

表8-1 人工智能技术在智能制造系统各环节中的应用

要素	设 计	生 产	物 流	销 售	服 务
人	人员资质能力图谱 文档搜索优化 设计整理及优化 生产线布置优化 文档库管理、协同 研发过程和流程优化	产品生产过程指导 基于AR的人员培训 生产经验的累积和总结 从经验到实训的闭环 特定生产环节的优化	辅助供应链管理 基于在线监测大数据的云评价及智能推送物流设计辅导 实时物流数据智能推送	企业产品营销需求/销量预测 分销商行为分析 客户画像 销售成本效率优化	基于AR的设备维修维护 舆情分析 服务计划匹配 客户抱怨求解
机	产品持续改进 产品立项模拟 资源共享 多专业协同	智能实时质量检测 智能生产过程监控 工业设施优化 机器人协作与感知 生产信息透明化管理与决策 人机结合	物品包装检测系统 成品无损检测 入出厂物流求解	产品虚拟体验设备 销售过程分析及优化 销售分析工具	设备预测性维护与服务 服务效果总结 服务数据分析

续 表

要素	设 计	生 产	物 流	销 售	服 务
料	产品质量预测 生产效果预测 成品过程效率分析	持续质量管理 企业资源规划 成品仓优化 来料字符检测 生产数据库优化 质量数据库	原材料价格预测 采购提前期预测 采购流程优化 来料质量预测 物流优化工具	清仓定价 物料调拨优化 销售合同在线审定 风险评估	备品备件预防性服务 服务数据库管理 运维图像处理 运维数据标记 一体化设计到一体化 运维的协同
法	设计规则库	制造系统分析与决策 一贯制管理 制造过程及装配线规划 动态智能推产 质量分析 工艺实时分析与优化 能源流优化	效能工具 供应商健康评级 采购行为健康评级 物流能效分析	业务支撑自动化 精准营销	售后服务时间优化 重复劳动(常规巡检、辅助工序)效率提升
环	项目评审优化 环境影响效能分析	能耗与环境分析 污染物实时监控 全生产环节环境提升	物流对于场外交通 负荷分析	—	恶劣工序、废物回收等优化

人工智能的典型应用包括：基于AR的人员培训、预测性维护、动态智能排产、智能在线检测及能耗与环境分析等。

针对基于AR的人员培训，传统的培训方式由于缺乏灵活性、活动性、难以理解、成本高等因素严重影响了学员的培训效果。AR设备能够为学员提供实时可见、现场分步骤的指导，从而改善上述问题，尤其是在产品组装等领域。通过将图纸转换为可视三维模型，指导操作人员完成所需的步骤。以波音公司为例，基于AR的Boeing 737引擎装配及故障检修系统，提高了装配效率约20%，提升了一次装配正确率约24%。

针对预测性维护，当传统生产线的生产设备出现故障报警时可能已经生产了大量的不合格品，给整个企业带来损失。预测性维护依据实时采集的设备运行数据，通过机器学习算法辨识故障信号，从而实现对故障设备的提前感知与维护，最终减少设备所需的维护时间与费用，提高设备利用率，避免因设备故障所引起的损失。

针对动态智能排产，传统的人工排产方式通常工作强度较大，对人员依赖度较高，而且由于工序繁多还有可能导致生产计划不合理、效率低。智能排产系统通过机器学习算法等帮助企业进行资源和系统的整合、集成与优化，实现动态最优化的排程，进而帮助企业实现按需生产，提高运行效率，缩短产品周期，提升企业的产能。以电梯制造企业为例，动态智能排产系统可以将计划制定的时间缩短 75%。

针对智能在线检测,传统的产品表面缺陷、内部隐裂、边缘缺损等缺陷的检测主要依靠人眼判断,由于工作强度高,容易引起操作人员的疲劳,从而导致次品率高,尤其在芯片行业、家电行业、纺织行业等。智能在线检测技术依据传感器采集的产品照片,通过计算机视觉算法检测残次品,从而提高产品检测速度及质量,避免因漏检、错检所引起的损失。以芯片企业为例,该项应用的实施可以大幅降低次品率,同时通过分析次品原因还可以降低产品的报废率,并优化产品设计与生产工艺达到进一步降低测试成本的目的。

机器视觉系统和人工相比,有以下几点优点:

① 精确性—由于人眼有物理条件的限制,即使人眼依靠放大镜或显微镜来检测产品,机器仍然会更加精确,因为它的精度能够达到千分之一英寸。

② 重复性—机器可以以相同的办法一次一次的完成检测工作而不会感到疲倦。但是人眼每次检测产品时都会有细微的不同,即使产品是完全相同的。

③ 速度—机器能够更快的检测产品。特别是当检测高速运动的物体时,比如说生产线上,机器能够提高生产效率,而人工却没办法做到。

④ 客观性—人眼检测还有一个致命的缺陷,就是情绪带来的主观性,检测结果会随工人心情好坏产生变化,而机器没有喜怒哀乐,检测的结果自然非常可观可靠。

⑤ 成本—由于机器比人快,一台自动检测机器能够承担好几个人的任务。

⑥ 而且机器不需要停顿、不会生病、能够连续工作,所以能够极大的提高生产效率。

【案例 8-1】 布匹生产与机器视觉

机器视觉是人工智能正在快速发展的一个分支。简单说来,机器视觉就是用机器代替人眼来做测量和判断。机器视觉系统是通过机器视觉产品(即图像摄取装置,分 CMOS 和 CCD 两种)将被摄取目标转换成图像信号,传送给专用的图像处理系统,得到被摄目标的形态信息,根据像素分布和亮度、颜色等信息,转变成数字化信号;图像系统对这些信号进行各种运算来抽取目标的特征,进而根据判别的结果来控制现场的设备动作。

在国外,机器视觉的应用普及主要体现在半导体及电子行业,其中大概 40%~50% 都集中在半导体行业。具体如 PCB 印刷电路:各类生产印刷电路板组装技术、设备;单、双面、多层线路板,覆铜板及所需的材料及辅料;辅助设施以及耗材、油墨、药水药剂、配件;电子封装技术与设备;丝网印刷设备及丝网周边材料等。

在中国,视觉技术的应用开始于 20 世纪 90 年代,因为行业本身就属于新兴的领域,再加之机器视觉产品技术的普及不够,导致以上各项行业应用几乎空白。目前国内机器视觉大多为国外品牌。国内大多机器视觉公司基本上是靠代理国外各种机器视觉品牌起家,随着机器视觉的不断应用,公司规模慢慢做大,技术上已经逐渐成熟。

在布匹的生产过程中,像布匹质量检测这种有高度重复性和智能性的工作只能靠人工检测来完成,在现代化流水线后面常常可看到很多的检测工人来执行这道工序,给企业增加巨大的人工成本和管理成本的同时,却仍然不能保证100%的检验合格率(即"零缺陷")。

在流水线上,所有布匹的颜色及数量都要进行自动确认(以下简称"布匹检测")。采用机器视觉的自动识别技术完成以前由人工来完成的工作,用机器视觉检测方法可以大大提高生产效率和生产的自动化程度。

(1) 特征提取辨识。一般布匹检测(自动识别)先利用高清晰度、高速摄像镜头拍摄标准图像,在此基础上设定一定标准;然后拍摄被检测的图像,再将两者进行对比。但是在布匹质量检测工程中要复杂一些:

① 图像的内容不是单一的图像,每块被测区域存在的杂质的数量、大小、颜色、位置不一定一致;

② 杂质的形状难以事先确定;

③ 由于布匹快速运动对光线产生反射,图像中可能会存在大量的噪声;

④ 在流水线上,对布匹进行检测,有实时性的要求。

由于上述原因,图像识别处理时应采取相应的算法,提取杂质的特征,进行模式识别,实现智能分析。

(2) 颜色检测。一般而言,从彩色电子相机中获取的图像都是RGB图像,也就是说每一个像素都由红(R)绿(G)蓝(B)三个成分组成,用来表示RGB色彩空间中的一个点。色彩之间细微的改变是人眼觉察不出的,但颜色空间中位置却不同。

(3) 色斑检测。根据上面得到的处理图像,根据需求,在纯色背景下检测杂质色斑,并计算出色斑的面积,以确定是否在可以检测的范围之内。因此图像处理软件要具有分离目标、检测目标、并且计算面积的功能。

色斑分析是对图像中相同像素的连通域进行分析,该连通域称为blob。经二值化处理后的图像中的色斑可认为是blob。blob分析工具可以从背景中分离出目标,并可计算出目标的数量、位置、形状、方向和大小,还可以提供相关斑点间的拓扑结构。

在处理过程中不是采用单个的像素逐一分析,而是对图形进行操作。图像的每一行都用游程长度编码来表示相邻的目标范围。这种算法与基于像素的算法相比,大大提高了处理速度。

(4) 结果处理和控制。应用程序把返回的结果存入数据库或用户指定的位置,并根据结果控制机械部分做相应的运动。

根据识别的结果,存入数据库进行信息管理。以后可以随时对信息进行检索查询,管理者可以获知某段时间内流水线的忙闲,为下一步的工作做出安排;可以获知内布匹的质量情况等。

【案例 8-2】 S 公司制造企业基于高级计划与排程理论的供应链采购管理优化

S 公司主要产品是笔记本计算机的转轴组件、液晶屏幕的转轴组件、笔记本计算机的电池、塑料外壳等,公司是集设计、生产、销售、服务为一体的笔记本零件供应链上的生产厂家,其中笔记本计算机组装中所运用到的转轴组件的产品就占有全球市场份额的 30% 以上。

S 公司在笔记本计算机的整个供应链条上的角色是属供应链环节上的制造商,S 公司供应链模式属于拉式供应链。目前 S 公司的供应链流程主要有采购、生产、库存和销售几个主要环节。其中,采购环节负责成品所需的原材料以及半成品的购买;生产环节是按需生产模式下的生产管理;库存环节是包括了原材料,半成品以及成品的管理;销售环节则是直接针对客户的需求,包括预测、订单管理、出货管理等。

S 公司供应链的问题主要在三个方面,包括供应商端的采购管理、公司生产管理以及客户需求管理。这三个环节紧密相关,由客户需求产生了销售订单,生产依据客户需求安排生产计划并生产,根据公司现有库存,生产所需零件不足的部分由采购负责向供应商采购。同时,如果由于生产所需零件无法及时供应,导致生产过程中的缺料问题,从而影响产品的正常生产计划,无法按照约定时间交货,影响客户需求。

目前 S 公司在采购管理中的问题是供应商采购订单无法准时交货,根据生产部门每月生产报告中的生产异常原因统计可以看出,由零件缺料导致的生产异常占比达到 27%,接近三成。

在 S 公司生产异常的统计中,由于生产异常、返工的原因的占比很高,还有采购部分的缺料和品质不良,由于生产效率低导致无法满足需求等一系列的原因。

客户需求无法快速响应,实际出货达成率并不理想,达成率低于 80%,这意味着超过 20% 的量没有达成,这不仅是公司利润的损失,更重要的是信誉损失。

供应链上从供应商,生产者再到客户是密切相关的,需要对 S 公司供应链上各环节进行流程的梳理,提高信息流的效率,加快产品流通的速度。这需要供应链上各环节之间的协同合作,来达到供应链整体优化的目标。

图 8-4 所示为 S 公司供应链优化方案,在采购管理优化方案中,S 公司结合 APS 物料管理的思想,通过以下方面对公司的采购管理流程进行优化。

(1) 加强短期物料的管理。物料管理部门将从 ERP 系统获得的资料转换至 APS,APS 根据转换的信息在生产计划之前。一旦完成转换,紧缺材料清单(关键材料条件由供应商确定,如果他们不能提供),并且敦促材料清单(最近一周生产所需的材料)将激增。物料管理部门和采购部门完成缺料和催料清单后,将查询短期所需缺陷的情况,并督促生产材料。物料管理部门将向采购部门申请确认采购条件,然后将结果报告给生产管理部门,提供确认的催促材料清单,替代材料报告数据和紧缺材料清单。最后,生产管理将更新 ERP 系统中生产的短期材料的信息。

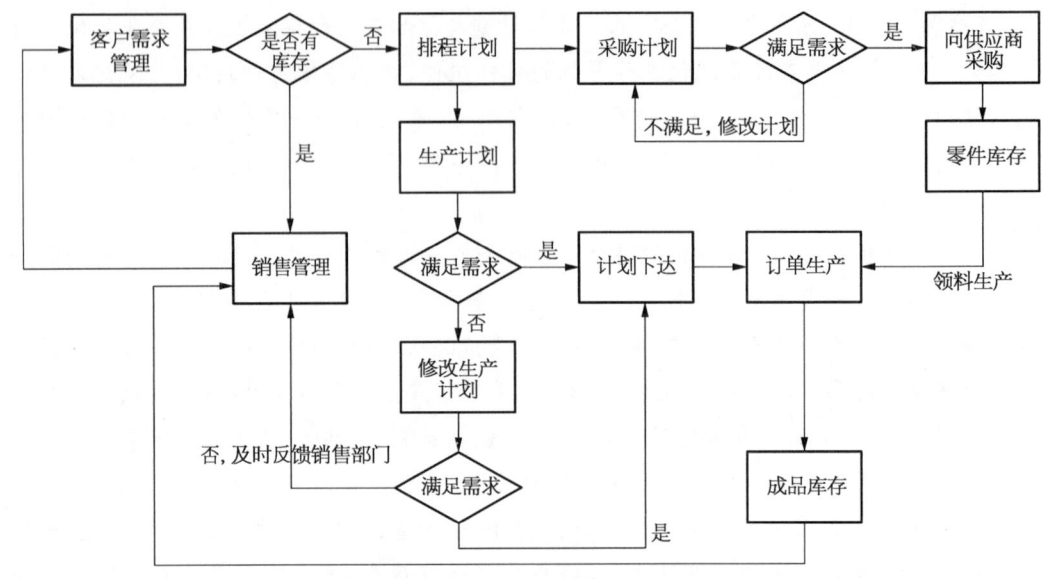

图 8-4 公司供应链优化方案

（2）加强采购订单列表的管理。当 APS 继续进行生产计划时，首先从 ERP 系统获取相关信息（作为对关键材料、订单、工作单等的响应量和条件的供应的要求和修改）。APS 在规划后根据转换后的档案进行生产计划；APS 会同时对推荐的购买清单进行修改。购买的修改是由客户增加、减少和取消订单引起的，导致需要修改采购订单的购买条件。物料管理部门和采购部门检查建议的采购订单和采购订单提前、延期、取消建议。物料管理人员通知采购人员和供应商有关采购订单的修改信息，并就采购订单的修改进行协商。达成协议后，将在 ERP 系统中修改采购订单，并将修改后的采购订单发送给供应商。

（3）加强对异常订单的跟踪。在 APS 每日的例行任务中，将日常档案从 ERP、外部信息等数据转换到 APS 以进行生产计划。S 公司的销售、采购、生产人员将能够在第二天检查订单的状况。如果 APS 所建议的结果不能满足客户的需求（参考延迟交货日期订单），销售人员可以在 APS 建议结果中寻求帮助，使用其延期订单跟踪机制，他们可以快速检查延迟的原因，并制定对策。

（4）采购方式的优化。

① 建立集中化采购模式。加强集中统一的采购方式，减少目前分散的采购方式。通过运用 APS 采购管理机制，调整目前 S 公司的采购下单模式，将过去分散采购下单的模式调整为每周固定一次下单，减少不必要的重复操作和相关的管理工作，从而提高 S 公司的工作效率降低成本。

② 准时制采购模式。准时制采购模式的基本思想是将需要的材料按需要的数量在需要的时间准时送达，不产生任何多余的等待时间和浪费资源，其核心是零库存的生产系统。它产生于多品种、小批量混合生产条件，是一种追求极致的东主管理思

想。所以,准时制必须建立在买卖双方互相合作共赢的战略伙伴关系基础上才能实行,双方的生产信息必须实时共享充分信任,当买方对原材料或半成品的有需求时,卖方必须要有能力随时供应与买方所需相一致质量要求的物料。准时采购模式由于与战略合作的供应商合作,通过供应商准时准点准货交货到所需要的地方,大大减少原材料和外购件的库存以及生产过程中的搬运、等待时间,从而提高了生产效率等明显的效用。

(5) 采购流程在优化过程需要关注的重点。通过对 S 公司的采购模式进行优化,不仅可以提高 S 公司采购的效率,降低采购成本,关键是从整个供应链的角度来思考采购,使采购过程透明化,促进采购的量化、科学管理,使公司的基准采购从库存到采购订单的思维方式,体现了供应链扩张的特点:从 S 公司内部资源管理到外部资源管理的发展。值得注意的是,优化采购模式与内部和外部必须注意协调企业、供应商关系管理、完善的采购绩效评估体系和合理的采购流程管理等问题。

(6) 与公司内部以及外部的部门合作配合。为了实现高效率,S 公司需要协调各个业务部门的采购,包括设计开发部门,生产部门和财务部门,充分利用采购功能。这些要求不仅需要在公司内部进行协作,还需要在外部供应商公司之间进行协作。在采购流程优化模式下,应该关注采购部门和其他相关部门,如生产部门的重组过程,逐步从注重职能收集转向注重流程重组,加强采购过程中的沟通协调,这种协同作用不仅包括及时调整采购计划和实施过程中,通过共享信息与供应商的库存和需求,但也与供应商合作的整个过程,也就是说,开发产品与供应商在同一时间。另外,注重采购价格的协同效应,保持价格的最佳竞争优势。

(7) 供应商集中化管理的采购模式。S 公司应当加强供应商选择和评估,并与供应商建立战略合作伙伴关系,共同制定产品开发计划,与采购工作流程供应商联系,直接处理两者的综合服务。集中采购、全球采购和其他现代采购促进供应商的专业发展。制造商有可能也有必要在更大的规模上选择更合适的供应商。在全球供应链环境中,制造商和供应商之间的合作越来越困难。任何一个错误都会导致供应链效率和利润不佳,因此加强与供应商的关系管理以优化采购尤为重要。

8.4 边缘计算架构与平台

边缘计算是集先进网络技术、大数据、人工智能于一身,横跨通信、计算机、自动控制等多领域的综合性技术。不同领域内的边缘计算技术的侧重点有所不同,工业互联网智能制造对系统的确定性、实时性和安全性有着很高的要求,边缘计算产业联盟(Edge Computing Consortium,ECC)给出了工业互联网智能制造领域边缘计算的定义:边缘计算是在靠近物或数据源头的网络边缘侧就近提供边缘智能服务,满足行业数字化在敏捷连接、实时业务、数据优化、应用智能、安全与隐私保护等方面的关键需求。

8.4.1 边缘计算及其发展

近年来,国际著名咨询公司高德纳每年都会发布本年度的新兴技术周期曲线和下一年度十大战略技术趋势,对新兴技术的发展趋势进行了准确的预测。边缘计算以及边缘智能,与人工智能、深度学习、区块链技术这些炙手可热的科技名称并列,连续出现在高德纳公司的咨询报告上。边缘计算已经受到学术界、工业界以及政府部门极大关注,目前学术界发表了很多边缘计算综述,工业界成立了边缘计算产业联盟等多个边缘计算联盟组织,政府部门也发布了一系列边缘计算重大研究计划,人工智能标准化机构也将边缘计算列为人工智能的重要组成部分。

边缘计算的发展与云计算、大数据以及物联网技术的发展息息相关,其核心是如何保障网络边缘侧应用的实时性问题。不同领域应用实时性挑战的来源不同,因此各个领域研究边缘计算的侧重点并不相同,例如人工智能标准化机构将可穿戴式计算列为边缘计算的一个核心场景。

2016 美国韦恩州立大学施巍松教授给出了边缘计算的一般性的定义:"边缘计算是指在网络边缘执行计算的一种新型计算模型,边缘计算操作的对象包括来自云服务的下行数据和来自万物互联服务的上行数据,而边缘计算的边缘是指从数据源到云计算中心路径之间的任意计算和网络资源。"

虽然近年来边缘计算受到了广泛的重视,但它并非一个新的概念。2003 年 IBM 已经开始在 WebSphere 上提供基于 Edge 的服务,2004 年新加坡信息通信研究所发表关于边缘计算的学术论文。近年来,随着 5G 和物联网的发展、智能终端设备不断普及,网络边缘侧数据的爆发式增长推动了边缘计算的发展。2014 年欧洲电信标准化协会(ETSI)成立移动边缘计算(MEC)标准化工作组;同年,AT&T、思科、通用电气(后简称为通用)、IBM 和英特尔成立工业互联网联盟(IIC)。2015 年,ARM、思科、戴尔、英特尔、微软和普林斯顿大学建立开放雾(OpenFog)联盟。2016 年,电气和电子工程师协会(IEEE)和国际计算机学会(ACM)共同发起了边缘计算研讨会,中国工业、信息通信业、互联网等领域百余家单位共同发起成立工业互联网产业联盟;同年,由中国科学院沈阳自动化研究所等单位联合倡议发起成立了边缘计算产业联盟(ECC)。在学术科研方面,中国自动化学会于 2017 年率先成立了边缘计算专业委员会,并在《IEEE COMMUNICATIONS Surveys&Tutorials》等著名学术期刊上发表了很多边缘计算综述性文章。在标准制定方面,国际电信联盟电信标准分局(ITU-T)SG20 发起了"边缘计算需求和能力要求"的国际标准立项,中国通信标准化协会(CCSA)也陆续开展多项边缘计算行业标准立项。

2018 年是边缘计算蓬勃发展的一年:在微软 2018 年度开发者大会上,微软公司发布"Azure IoT Edge"等边缘侧产品,将业务重心从 Windows 操作系统转移到智能边缘计算方面;亚马逊公司发布"AWS Greengrass"边缘侧软件,将 AWS 云服务无缝扩展至边缘设备;阿里云宣布 2018 年将战略投入边缘计算技术领域并推出边缘计算产品 Link Edge。

图 8-5 所示为边缘计算发展历程。

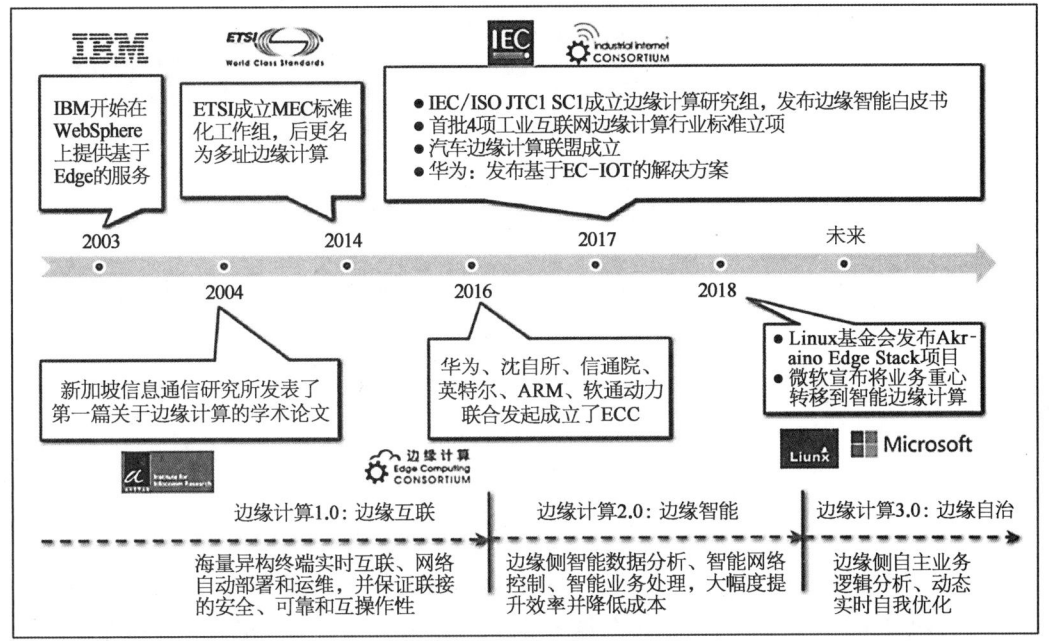

图 8-5 边缘计算发展历程

8.4.2 边缘计算的参考架构

边缘计算的参考架构基于模型驱动的工程方法(model-driven engineering，MDE)进行设计。基于模型可以将物理和数字世界的知识模型化，从而实现以下项目:

(1) 物理世界和数字世界的协作,对物理世界建立实时、系统的认知模型。在数字世界预测物理世界的状态、仿真物理世界的运行、简化物理世界的重构,然后驱动物理世界优化运行。能够将物理世界的全生命周期数据与商业过程数据建立协同,实现商业过程和生产过程的协作。

(2) 跨产业的生态协作,基于模型化的方法,ICT 和各垂直行业可以建立和复用本领域的知识模型体系。ICT 行业通过水平化的边缘计算领域模型和参考架构屏蔽 ICT 技术复杂性,各垂直行业将行业 Know-How 进行模型化封装,实现 ICT 行业与垂直行业的有效协作。

(3) 减少系统异构性,简化跨平台移植,系统与系统之间、子系统与子系统之间、服务与服务之间、新系统与旧系统之间等基于模型化的接口进行交互,简化集成。基于模型,可以实现软件接口与开发语言、平台、工具、协议等解耦,从而简化跨平台的移植。

(4) 有效支撑系统的全生命周期活动,包括应用开发服务的全生命周期、部署运营服务的全生命周期、数据处理服务的全生命周期、安全服务的全生命周期等。

基于上述理念，ECC 提出了如下的边缘计算参考架构3.0，如图 8-6 所示。

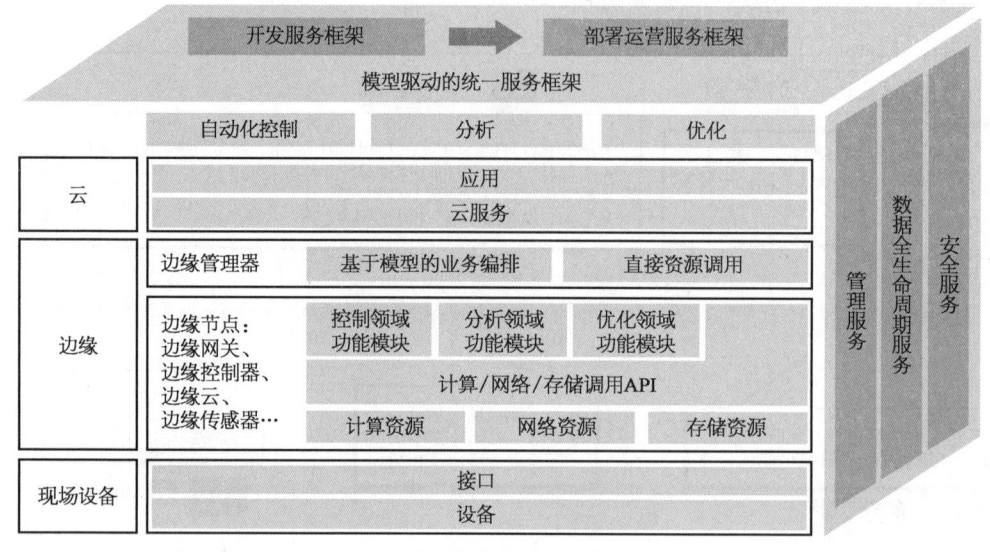

图 8-6 边缘计算参考架构 3.0

边缘计算参考架构3.0的主要内容包括：整个系统分为云、边缘和现场三层，边缘计算位于云和现场层之间，边缘层向下支持各种现场设备的接入，向上可以与云端对接。

边缘层包括边缘节点和边缘管理器两个主要部分。边缘节点是硬件实体，是承载边缘计算业务的核心。边缘计算节点根据业务侧重点和硬件特点不同，包括以网络协议处理和转换为重点的边缘网关、以支持实时闭环控制业务为重点的边缘控制器、以大规模数据处理为重点的边缘云、以低功耗信息采集和处理为重点的边缘传感器等。边缘管理器的呈现核心是软件，主要功能是对边缘节点进行统一的管理。

边缘计算节点一般具有计算、网络和存储资源，边缘计算系统对资源的使用有两种方式：一是直接将计算、网络和存储资源进行封装，提供调用接口，边缘管理器以代码下载、网络策略配置和数据库操作等方式使用边缘节点资源；二是进一步将边缘节点的资源按功能领域封装成功能模块，边缘管理器通过模型驱动的业务编排的方式组合和调用功能模块，实现边缘计算业务的一体化开发和敏捷部署。

8.4.3 工业边缘计算平台

工业边缘计算平台现今有两大主流平台：Predix 和 Mindsphere。2012 年通用提出工业互联网的概念，随后推出 Predix。通用 Predix 分为边缘端、平台端和应用端。在边缘端，Predix 提供网关框架 Predix Machine 以实现数据的采集和连接，支持工业协议解析、数据采集、多平台协同、本地存储和转发、多种安全策略，以及本地设备通信等。平台端 Predix Cloud 集成了工业大数据处理和分析、Digital Twin 快速建模、工业应用快速开发等各方面的能力,以及一系列可以快速实现集成的货架式微服务。在应用端,通用Predix 采用数据驱动和机理结合的方式,提供设备健康和故障预测、生产效率优化、能耗管理、排程优化等解决方案。

2016 年 4 月,西门子推出的基于云的开放式物联网操作系统 MindSphere。MindSphere 向下提供数据采集接入方案 MindConnect,可以直接到达车间级工厂设备,支持开放式通信标准 OPC UA,实现西门子和第三方设备的数据连接;MindSphere 向上为应用软件的开发层提供一个开放的架构,用户可以针对不同场景来开发相应的软件。

【案例 8-3】 电子制造领域边缘计算解决方案实践

电子产品技术更新快,制造过程复杂,制造工艺和检验标准不完全一样的产品会在同一个工厂并行生产。电子制造行业注重生产设备的运转效率,对生产过程质量要求高,以满足客户对质量、交货期的严苛要求。同时,由于传统的电子行业的工厂在生产现场数据采集和数据分析利用方面存在着欠缺,在生产营运方面存在着许多不足,问题分析及成因主要表现在如下几个方面:

(1) 生产线自动化程度不高,存在大量的人工插件、手工焊接、离线自动光学检测等,成为产线效率提升和生产质量改进的瓶颈。

(2) 由于生产前端实时数据采集机制的欠缺,生产管理信息的传递大量依赖纸质文件、电子表格等传统方式,业务信息传递不畅通,无法做到信息流跟踪,生产实绩等数据实时透明共享。

(3) 数字化编码不完善,包括设备编码、原材料批次和包装编码、工装夹具等生产资源编码、产品部件编码等都不能完全满足数字化管理的要求,存在编码分类不完整、编码缺失等典型问题。

(4) 设备管理和维护流程不健全,未有效建立维护等级评价机制,缺乏完整的设备台账和设备状态监控机制,大部分设备没有联网和互通,设备运行状态、设备参数、设备异常报警信息没有自动化采集和集中存储,设备生产效率指标无法准确统计和计算。

(5) 由于缺少生产动态数据采集并与计划数据整合分析,使得生产计划协同方面存在的欠缺,同时,边缘层数字化基础薄弱,生产过程管控能力不能满足未来数字化生产要求。

(6) 由于缺少仓储物流前端的实时感知和数据采集,仓储物流管理方面存在的问题。

针对上述问题,边缘计算将原本完全由工业云实现的服务能力加以分解,切割成颗粒度更小的服务,分散到中心节点和多个边缘节点去处理,并通过工业互联网实现服务的协同。边缘节点更接近于工业现场设备或数据源,可以减少传输延迟,加快处理速度,满足低时延的数据处理的要求,提高服务的确定性,提供具备高速响应性的高可靠服务,能够更好地支撑工业应用场景的实时控制与应用服务。

采用电子生产数字化车间方案(图 8-7),以电子生产所要求的工艺和设备为基础,以信息技术、自动化、测控技术等为手段,用数据连接车间不同单元,对生产运行过程进行管理、诊断和优化。该解决方案集边缘计算、工业互联网、工业机器人、工业视觉、二维码、AGV 小车等先进技术于一体,基于边缘云平台作为整个数字化车间建设和运行的核心支撑系统。

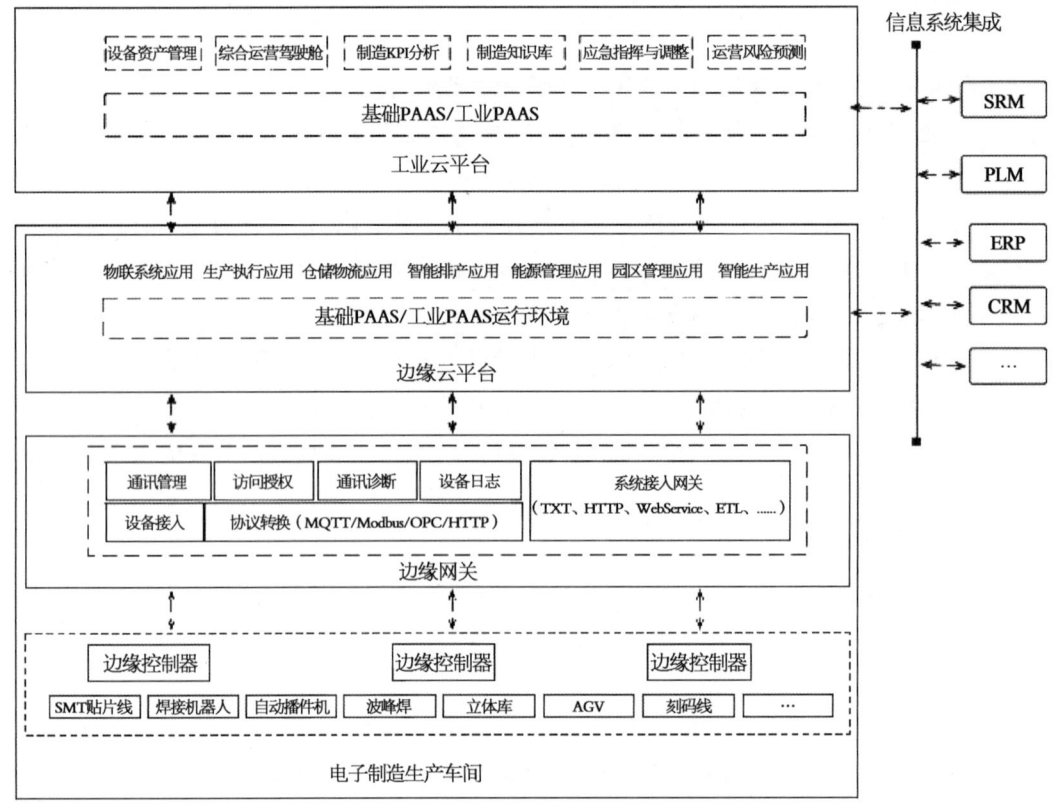

图 8-7 电子生产数字化车间方案

针对电子制造行业中小企业面临的共性问题,该解决方案的目标是打通生产计划、电子生产车间制造、仓储管理、质量管理、设备管理、工艺管理等相关业务模块的数据流和信息流,实现数字化车间。具体的建设目标包括:

(1) 基于边缘控制器和智能设备设计和建设自动化柔性生产线,包括智能立体库、自动化生产线、智能电子看板、柔性装配测试线和 AGV 自动化物流仓储系统等,以减少人工作业,提高生产效率,保证产品生产质量。这些自动化生产设备包括自动插件机、激光刻码设备、视觉识别设备、光学检测机、检测机、机器人、AGV 等。

(2) 基于边缘网关和边缘云平台搭建车间数据集成平台,面向生产过程环节,采用采集、检测、识别、控制、计算、存储、通信等技术,基于 OPC UA 工业标准,支持异构数据集成,构建一个全互联的数字化虚拟工厂,实现电子生产车间的生产过程和设备运行相关数据的采集、存储和分析,并为信息化集成和数字化管理提供数据支撑。

(3) 基于边缘云平台开发和提供各种车间生产制造执行应用,包括生产过程管理、设备管理、质量管理、能源管控、物料管理等工业 APP。

(4) 基于边缘云平台开发和提供各种仓储管理应用,实现原材料批次、产品的全方位追溯,主要功能包括:实现储位的精确管理,货架、存位的定置定位管理;实现货物精准管理,在出库环节使用了整体调度,所以保证了库存商品的新老更替,较老的批号优先发货;加强库房可管理性,任务执行、工单任务状态、任务优先级、库内各环节管等。

(5) 构建边缘云平台与工业云平台的协同框架,实现云边协同的生产计划协同及生产过程优化管理,实现与企业资源管理系统、产品数据管理系统、办公系统等信息化系统之间的数据信息实时交互。

基于边缘计算的电子制造行业解决方案能显著提高生产效率,提升产品质量,实现产品、质量、物料和生产过程的全面追溯和可视化,节省人工成本30%以上,产品一次通过率提升到99.5%以上,年产能提升2倍以上。

自动化生产线可实现生产节拍的自适应平衡调整,自动识别和测试产品,实现生产一次的自动筛选与报警,生产作业自动化率达85%以上,实现生产过100%可追溯性。

自动数采率可显著提高到90%以上,实现数据一次采集或录入,各处使用,实现生产报工、订单完工率等信息从生产现场秒级同步到上层ERP等信息系统,基本上可实现实时数据交互。

参考文献

[1] 阎喆.浅谈工业智能化、制造数字化之路[J].汽车工艺师,2019(07):25-27.
[2] 郭朝晖.工业大数据与智能化[N].中国信息化周报,2019-3-18(14).
[3] 刘宗长.从人工智能到工业智能[J].软件和集成电路,2018(06):34-39.
[4] 潘云鹤.中国工业智能化的五个发展层次[J].纺织科学研究,2019(11):16-17.
[5] 工业互联网产业联盟.工业智能白皮书[R].北京:中国信息通信研究院,2020.
[6] 边缘计算,工业智能化的最佳"搭档"[J].智慧工厂,2019(09):36-37.
[7] 工业互联网产业联盟.离散制造业边缘计算解决方案白皮书[R].北京:中国信息通信研究院,2020.
[8] 边缘计算产业联盟,工业互联网产业联盟.边缘计算参考架构3.0(2018)[R].北京:边缘计算产业联盟,工业互联网产业联盟,2018.
[9] 李瑞琪,韦莎,程雨航,等.人工智能技术在智能制造中的典型应用场景与标准体系研究[J].中国工程科学,2018,20(04):112-117.
[10] 李冰洋.基于高级计划与排程理论的供应链优化研究——以S制造企业为例[D].上海:上海外国语大学,2020.

第 3 篇

应用与实践

智能制造是未来全新的制造模式，是应对制造企业普遍面临的提高质量、增加效率、降低成本以及快速响应不断增长的客户个性化消费需求的挑战的必然选择，是集成了技术创新、模式创新和组织方式创新的先进制造系统，同时也是集成制造、精益生产、敏捷制造、虚拟制造、网络化制造等多种先进制造系统和模式的结合体。但是，智能化过程是个系统性工程，企业走向智能智造的数字化、网络化和智能化转型需要在组织、人员发展、技术基础设施及资源整合能力建设方面做出变革。

智能制造能力成熟度模型框架帮助企业识别智能制造发展现状和差距，明确改进方向和改进措施，持续提升智能制造能力。智能制造能力成熟度模型框架给出了制造、人员、技术和资源四个能力要素和应开展的能力管理活动。能力要素是驱动智能制造能力提升的元素集合，是能力提升的关键点。这些要素中人员是核心，技术是关键，资源是保障，制造是结果，能力管理是企业持续提升智能制造能力的方法。模型的各组成要素反映了人员利用资源，将技术应用于制造环节以提升智能制造能力的过程。

本篇各章给出各能力域的成熟度级别要求并分析相关案例。第 9 章讨论企业战略(人员、技术和资源等要素)下各能力域的成熟度级别要求并分析相关案例。第 10 章讨论产品设计和工艺设计的成熟度级别要求并分析相关案例。第 11 章讨论计划与调度、生产作业、设备管理、安全环保、仓储配送、能源管理等生产环节的成熟度级别要求并分析相关案例。第 12 章讨论采购、物流、销售、客户服务等供应链环节的成熟度级别要求并分析相关案例。

智能制造的不断演进过程可归纳为数字化制造、网络化制造和智能化制造三个基本范式。智能制造不可能一蹴而就，需要补齐短板、循序渐进、并行推进。智能化转型需要在战略和架构规划的指引下，进行多次的业务功能和平台能力迭代才能使智能化转型逐步逼近目标，最终通过工业制造领域全要素、全产业链、全价值链的工业互联网平台融合新一代人工智能的赋能技术实现智能化转型，实现更加高效、科学、精准、及时的决策，提升企业的战略核心能力。

第9章
案例——人员、技术与资源

企业战略是对企业各种战略的统称，其中既包括竞争战略，也包括营销战略、发展战略、品牌战略、融资战略、技术开发战略、人才开发战略、资源开发战略等。企业战略规划是指企业根据环境变化，依据本身资源和实力选择适合的经营领域和产品，形成自己的核心竞争力，并通过差异化在竞争中取胜。企业战略规划的内容包含明确企业方向与目标、寻找环境和机会与企业组织资源的匹配、设定考核指标和制定发展路线图。

当前我国正在大力推进"中国制造2025"国家战略，很多企业将"智能制造"列为其战略愿景和奋斗目标。企业走向智能智造的数字化、网络化和智能化转型需要在组织、人员发展、技术基础设施及资源整合能力建设方面做出变革。

人员、技术和资源这三个能力要素属于战略层面的内容，本章将从人员、技术、资源三个要素下的各个能力域出发，分析相关的案例。人员包括组织战略、人员技能两个能力域；资源包括装备、网络两个能力域；技术包括数据应用、集成和信息安全三个能力域。

智能化转型战略是企业适应数字经济发展的主动选择，智能化转型战略是企业级战略，需要制定战略规划来指引。智能制造能力成熟度模型框架帮助企业识别智能制造发展现状和差距、明确改进方向和改进措施，持续提升智能制造能力。智能制造能力成熟度模型框架给出了人员、技术、资源和制造四个能力要素和应开展的能力管理活动。本章讨论企业战略（人员、技术和资源等要素）下各能力域的成熟度级别要求并分析相关案例。

9.1 组织战略

9.1.1 战略管理与组织战略

战略管理是指对一个企业或组织在一定时期的全局的、长远的发展方向、目标、任务和政策，以及资源调配做出的决策和管理艺术。战略管理包括公司在完成具体目标时对不确定因素做出的一系列判断，公司在环境检测活动的基础上制定战略。

战略管理是一个不确定的过程，因为不同公司对于危险和机遇的区别有不同的理解。

具体而言,战略管理是指企业确定其使命,根据组织外部环境和内部条件设定企业的战略目标,为保证目标的正确落实和实现进度谋划,并依靠企业内部能力将这种谋划和决策付诸实施,以及在实施过程中进行控制的一个动态的管理过程。

组织战略则是指根据企业总体经营战略要求、经营环境、方针以及组织之间的相互关系,对企业内部组织结构模式的发展变动所作的长期性策划。

企业所拟定的战略决定着组织结构类型的变化。当企业确定战略之后,为了有效地实施战略,必须分析和确定实施战略所需要的组织结构。因为战略是通过组织来实现的,要有效地实施一项新的战略,就需要一个新的,或者至少是被改革了的组织结构。

企业应根据外界环境的要求去制定战略,然后再根据新制定的战略来调整企业原有的组织结构。

战略与组织结构的主从关系体现在以下四个方面:
① 管理者的战略选择规范着组织结构的形式。
② 只有使结构与战略相匹配,才能成功地实现企业的目标。
③ 组织结构抑制着战略,与战略不相适应的组织结构,将会成为限制、阻碍战略发挥其应有作用的巨大力量。
④ 一个企业如果在组织结构上没有重大的改变,则很少能在实质上改变当前的战略。

9.1.2 组织战略能力子域成熟度模型

组织战略能力子域属于智能制造能力成熟度模型中的人员要素,其各级能力成熟度等级的要求如表9-1所示。

表9-1 组织战略成熟度模型各级能力要求

一级	二级	三级
1) 应具备发展智能制造的愿景 2) 应对发展智能制造所需的资源投入做出规划	1) 应具备智能制造的发展战略,对智能制造的组织结构、技术架构、资源投入、人员配备等进行规划,形成具体的实施计划 2) 应明确智能制造责任部门和各关键岗位的责任人,并且明确各岗位的岗位职责	1) 应对智能制造战略的执行情况进行监控与评测,通过对各指标、战略相关性检验和调整,持续优化战略 2) 应建立优化岗位结构的机制并定期对岗位结构和岗位职责的适宜性进行评估,基于评估结果实施岗位结构优化和岗位调整

9.1.3 案例分析

【案例9-1】 长虹电子组织战略

1) 背景

四川长虹电子控股集团有限公司(简称长虹),创始于1958年,公司前身国营长虹机器厂是我国"一五"期间156项重点工程之一,是当时国内唯一的机载火控雷达生产基地。

长虹从军工立业、彩电兴业,到信息电子的多元拓展,已成为集军工、消费电子、核心器件研发与制造为一体的综合型跨国企业集团,并正向具有全球竞争力的信息家电内容与服务提供商挺进。

多年来,长虹坚持以用户为中心、以市场为导向,强化技术创新,夯实内部管理,积极培育集成电路设计、软件设计、工业设计、工程技术、变频技术和可靠性技术等核心技术能力,构建消费类电子技术创新平台,立足互联网面向物联网,大力实施智能化战略,不断提升企业综合竞争能力,逐步将长虹建设成为全球值得尊重的企业。

2) 组织战略

传统家电企业在拥抱互联网过程中,长虹第一个系统地对智能战略进行了诠释。组织结构必须服从战略,跟随企业战略的转变进行适应性的调整。长虹公司的组织结构与管理模式随着公司的发展战略转型和集团规模的扩张而持续进行相应的演变。

2004—2010年,基于"三坐标"战略的需要,长虹的产业发展模式逐步从"火车头"向"联合舰队"转变,公司总部以产品为主线明晰责权利,进行授权经营,经营职能及权限下放各产业公司,采用的是事业部导向的组织结构,并初步构建了产业集团的雏形。组织结构如图9-1所示。

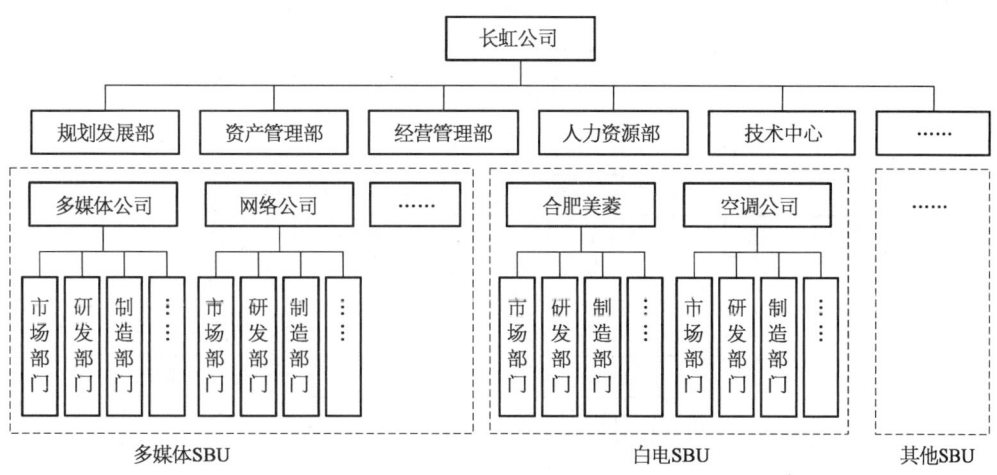

图9-1 长虹事业部制组织结构

2010年开始,长虹公司提出了"千亿长虹"的战略目标。为推进战略目标的顺利达成,长虹启动了新一轮变革,推行"三级管控",加强分权管理,在组织结构上做实二级产业集团,强化产业集团的战略发动和战略推动功能。在新的管理模式下,长虹构建了"总部为财务管控中心、产业集团(SBU)为战略管控中心、子公司(BU)为经营管控中心"的三级管控体系。组织结构如图9-2所示。

2013年10月,长虹发布面向互联网时代的全新战略规划。在长虹"新三坐标战略"体系中,首次提出将智能化、网络化和协同化作为新的三坐标体系的发力方向,通过各类智能终端、云服务平台、大数据商业模式的开发,最终在互联网时代激活长虹原有业

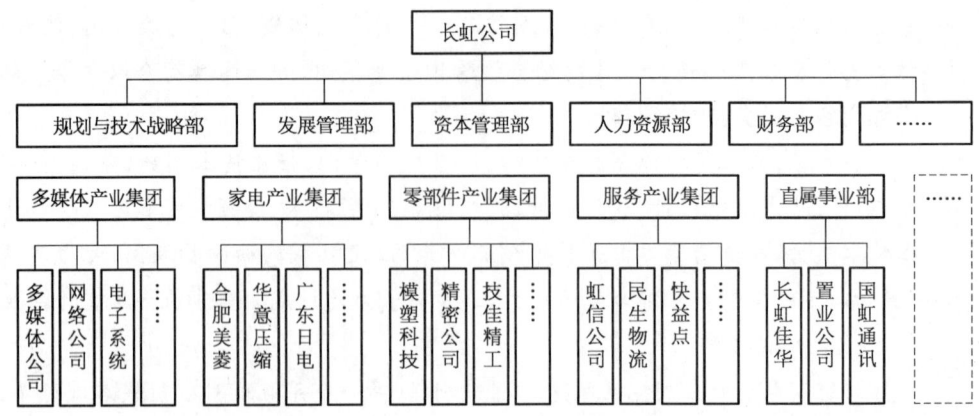

图 9-2 长虹三级管控组织结构

务并且获得新的竞争力。长虹打造起"智能化研发、智能化制造和智能化交易"的三大智能平台,通过广泛链接用户和一流资源,形成协同、高效、开放的全新互联网运营模式。

在"新三坐标"智能战略下的组织结构进行系统规划和设计,建立了"横向赋能、纵向激活"的矩阵式组织结构,如图 9-3 所示。

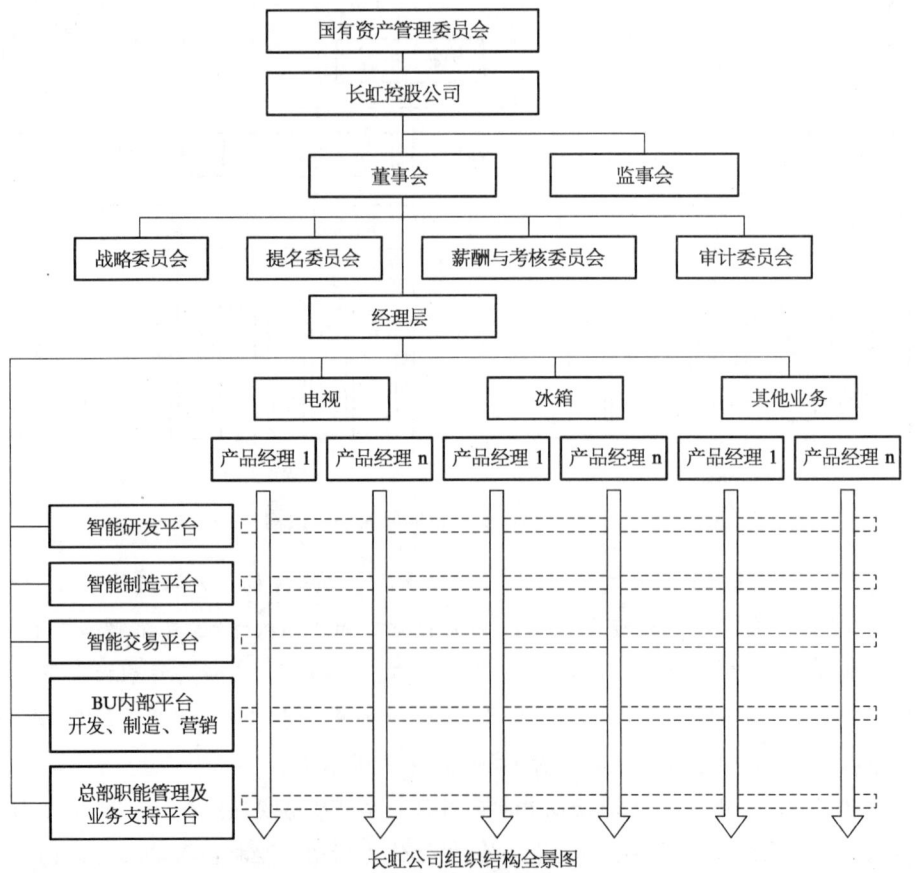

图 9-3 长虹矩阵式组织机构

3) 与成熟度模型等级的对应

长虹的组织战略随着企业战略的调整持续优化，并实施了相应的岗位结构优化，符合成熟度模型组织战略能力子域三级的要求。

9.2 人员技能

9.2.1 人员技能

智能制造的工作特点决定了其需要更多跨学科背景的复合型人才，即更多具备通用性、专业性、融合性技能的人才。

1) 通用性技能

智能制造将会改变从业人员原有的工作范式，对从业人员的专业性、能动性、灵活性、协作性等通用技能提出更高的要求。

（1）专业性技能。智能机器人可替代部分"低技能"劳动力，但智能化生产线和大数据系统的指挥、操作和运营需要更具专业能力的从业人员弥补机器的不足。从业人员需要能够将所学的知识和技能应用于构建真实的工业系统，以应对自动化系统故障。

（2）能动性技能。智能制造工作内容的变化要求从业人员兼具多种工作技能，以能动性地应变复杂性的工作要求。

（3）灵活性技能。智能制造要求能够迅速根据市场需求调整其生产适应能力。新形式的协作工厂让虚拟工作和移动工作成为现实，多模式、用户友好界面的智能辅助系统将协助从业者的工作。这些都可以帮助从业者实现更灵活的操作方式。

（4）协作性技能。一方面是"人人协作"，不同职业之间的分工运行模式将逐渐被合作模式所取代。智能制造将制造各个环节的联系变得更加紧密，不同的职业分工将需要更多的沟通与合作；另一方面是"人机协作"，在智能工厂里，人、机器和资源如同在一个社交网络里一般沟通协作，相互配合，重塑传统制造模式下人与设备之间的机械关系。

2) 专业性技能

当前，制造企业包括很多专家都意识到一个问题，即企业无法明确需求，对自身的流程、内部业务关系无法理清，"专业性技能"的缺乏影响了智能制造工作推进的进程。

（1）精益化技能。精益生产本身提出了量化基础，而数字化车间的根基是可量化的被测对象。数学建模的控制过程、可量化的信息模型，都是依赖于精益提供基础数据源，精益缺乏的情况下也就会失去"数字化"的根基。

（2）信息化技能。很多精益生产基础很好的企业，同样困惑如何推动智能制造。因为，在传统的制造业里，也有所谓的"首席信息官"(chief information officer, CIO)，这些

CIO可能是IT出身,但是对于如何将底层数据、智能分析进行融合,由于缺乏对工艺对象的了解,使得具备智能制造意义下信息化技能的人才极其缺乏。

(3) 自动化技能。自动化衔接了机器控制与数据采集,但是自动化在向更为智能的机器开发时,需要基于PLCopen的标准化编程、OPC UA、机器人应用与集成系统的规划与开发等技术人才。随着机器的智能性、集成性的提高,对于自动化本身的人才需求也与以往更加不同,对于软件工程的能力,包括软件开发、软件质量与进度控制这些综合能力的要求较之以往更高。

3) 融合性技能

技术的融合,包括OICT(operational、information、communication、technology)的融合是一种趋势,但是规划与设计的全局性人才是缺乏的,这类人才需要具有统筹运作与规划的技能。

(1) 项目规划技能。这项技能要求懂得精益生产,了解生产过程与工艺,能够将信息通过组织分类来设定企业的制造目标,并能够统筹自动化、信息化与通信规划流程、制定执行路线图,推动项目的进度并持续推进设计的改善。

(2) 资源整合技能。整合技能包括内部各个部门之间的沟通、外部力量的协调,类似于一个中央节点来协调各方,对各方设定目标、提出需求,并定义标准接口,设计流程与检查,以及进行阶段性的目标监视。

(3) 结构化思维与思维完整性技能。与所有的创新一样,智能制造的创新也不是大脑灵光一现的结果。创新需要系统性的思维,需要在一个问题中能够按照逻辑顺序将可能潜藏的问题进行结构化的规划,包括对问题的结构化思考、策略性思考,而这需要具备标准化、模块化思想,以及完整性思考的能力。

9.2.2 人员技能能力子域成熟度模型

人员技能子域属于智能制造能力成熟度模型中的人员要素,其各能力成熟度等级的要求如表9-2所示。

表9-2 人员技能成熟度模型各级能力要求

一级	二级	三级	四级
1) 应充分意识到智能制造的重要性 2) 应培养或引进智能制造发展需要的人员	1) 应具备智能制造统筹规划能力的个人或团队 2) 应具备掌握IT基础、数据分析、工业信息安全、系统运维、设备维护、编程调试等技术的人员 3) 应制定适宜的智能制造人才培训体系、绩效考核机制等,及时有效的使员工获取新的技能和资格,以适应企业智能制造发展需要	1) 应具备创新管理机制,持续开展智能制造相关技术创新和管理创新 2) 应建立知识管理体系,通过信息技术手段管理人员贡献的知识和经验,并结合智能制造需求,开展分析和应用	1) 应建立知识管理平台,实现人员知识、技能、经验的沉淀与传播 2) 应将人员知识、技能和经验进行数字化与软件化

9.2.3 案例分析

【案例 9-2】 彼得罗矿业人力技能培训

1)背景

采矿业面临诸多挑战,不确定性充斥大宗商品市场,高技能劳动力短缺,投入成本不断上升。彼得罗采矿位于印度尼西亚加里曼丹的偏远地区,周边人口稀少,高等院校资源匮乏,进一步加剧了挑战。为了应对现状,彼得罗以创新项目为平台,对员工展开技能培训,利用新的数字化工具,线上分享知识,提高员工的工作热情和能力,同时优化偏远工厂的日常运营。

数字化为彼得罗带来了"质变",使公司能够利用数据和网联彻底转型。彼得罗的目标是精简组织,同时培养员工的必需技能,适应第四次工业革命,所以公司将技术与商业技能培训、领导力与品性提升放在了首位。

2)人员技能

为了提高技术能力,彼得罗对车间操作员和采矿主管实施了强化培训。培训人员每周都会向主管传授有效采矿方法和新技术工具相关知识,还会支持新方法的落地,避免实施过程对日常业务造成不良影响。与此同时,数千名一线员工接受了新型数字工具的培训。彼得罗推出了一款技术培训移动 APP,使学习流程数字化,并融入了流行的游戏化元素,宣扬学习文化,令员工时刻保持学习热情,坚持学习。现在,员工可随时随地关注自己感兴趣的培训话题,并同事"比赛"学习。它鼓励员工阅读 SOP,以便更好地理解和执行这些程序。在旧系统中,SOP 由多个数字化文档组成,文字内容较多,只能在公司内网访问。重新设计后,员工可通过 Minerva 移动应用程序阅读 SOP,减少文字,突出视觉化内容和动画,增强学习效果。为了在阅读和理解过程中提升趣味性,让员工真正遵守操作程序,员工需要回答 3 000 多个相关问题,成绩会计入测验排行榜,按名次划为相应级别,最低级别是"士兵",最高级别是"将军"。这种趣味学校不仅将"遵守程序"的合规性提升到历史新高,还营造了积极的安全文化。

此外,游戏化元素也为公司领导层提供了有价值的洞见,使之能够了解员工对 SOP 的理解。"Minerva 采矿作业数字化令我既激动又高兴",Tabang 项目副经理 H. Katimin 说,"现在,我们能随时获取生产、设备、生产效率和绩效的相关信息。我们可以快速识别问题,并立即采取措施,也能根据员工的操作行为,培训他们的特定技能。"彼得罗还挑选了 20~30 名表现好的员工和未来领袖作为变革推动者。他们接受了为期 6 个月的特别培训,重点发展领导技能和个人品行,课程涵盖了问题解决、团队合作、沟通和人际关系等主题,并配合在职实践,确保这些技能与日常工作挂钩。

最后,彼得罗启动了一个再培训项目,计划让公司员工赶上"数字化和数据分析"

的新世界。彼得罗成立了数字化训练营,传授敏捷工作法、大数据、IT 安全和数字化分析等知识。员工掌握新技能后,便可填补数据分析师、系统开发人员和数字化产品经理等新职位的空缺。采矿与矿业服务总经理 Iman Darus Hikhman 对彼得罗的数字化转型成果发表了自己的看法:"这些项目不仅让团队反应速度更快,还能预测下一次会发生什么。在 6 个月里,我们发现员工的绩效有所提高,士气也更加高昂。现在面临挑战时,员工充满活力,十分乐观。数字化给予了我们丰硕的成果,不仅增加了产量,还降低了成本,也不仅提高了绩效,还转变了思维。"

3) 与成熟度模型等级的对应

彼得罗采矿建立技能知识库,自动给出基本培训建议,使人员掌握必须技能,并建立创新管理机制,鼓励员工持续进行技术创新和管理创新,通过信息技术手段管理人员贡献的知识和经验,并结合业务需求,开展分析应用符合成熟度模型人员技能能力子域三级的要求。

9.3 数据

9.3.1 工业大数据的战略作用

大数据是制造业提高核心能力、整合产业链和实现从要素驱动向创新驱动转型的有力手段。对一个制造型企业来说,大数据不仅可以用来提升企业的运行效率,更加重要的是如何通过大数据等新一代信息技术所提供的能力来改变商业流程及商业模式。与大数据战略相关的三种主要关系如图 9-4 所示。

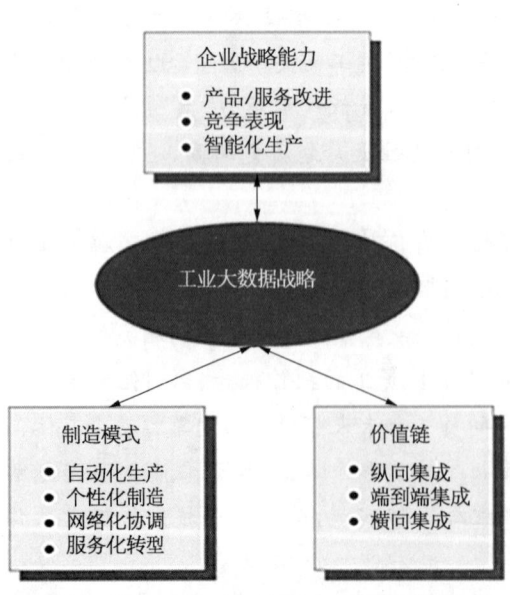

图 9-4 与大数据战略相关的三种主要关系

(1)大数据与战略核心能力:大数据可以用于提升企业的运行效率。

(2)大数据与价值链:大数据及相关技术可以帮助企业扁平化运行、加快信息在产品生产制造过程中的流动。

(3)大数据与制造模式:大数据可帮助改变制造模式,形成新的商业模式。其中比较典型的智能制造模式有自动化生产、个性化制造、网络化协调及服务化转型等。

工业大数据挖掘和分析的结果可广泛应用于企业研发设计、生产制造、物流供应链、客户与产品服务和企业运营管理等各个环节。在研发设计环节,可实现工艺管理优化和工艺流程优化;在生产制造环节,可实现设备诊断与维护、智能排程、智能生产、产品质量优化、个性化定制;在供应链环节,可实现供应链全局优化;在客户与产品服务环节,可实现产品远程监测与维护。大数据可以帮助企业更全面、深入、及时地了解市场发展趋势、用户潜在需求、竞争对手态势,以推出更有竞争力的创新产品。以下为工业大数据的一些应用领域,帮助企业提升核心能力:

(1) 大数据支持产品创新。大数据可以支持企业以众包、众创的手段利用企业外部力量进行产品研发工作。同时,新产品研制过程中产生的海量实验数据利用大数据技术来管理分析也将大大加速产品试制迭代过程。

(2) 大数据支持质量管理。通过建立包括产品生产过程工艺数据、在线监测数据、使用过程数据等在内的产品全生命周期质量数据体系,可以有效追溯质量问题的产生原因,并持续改进生产过程的质量保障能力。通过关联企业内外部多数据源的大数据分析,可以挖掘发现复杂成因品质问题的根本原因。

(3) 生产工艺与流程优化。生产工艺与流程优化是指应用大数据分析功能,评估和改进当前操作工艺流程,对偏离标准工艺流程的情况进行报警,快速地发现错误或者瓶颈所在,实现生产过程中工艺流程的快速优化与调整。

(4) 智能生产排程。智能生产排成是指收集客户订单、生产线、人员等数据,通过大数据技术发现历史预测与实际的偏差概率,考虑产能约束、人员技能约束、物料可用约束、工装模具约束,通过智能的优化算法,制定生产计划,并监控计划与现场实际的偏差,动态的调整计划排产。

(5) 供应链配送体系优化。供应链配送体系优化主要是通过射频识别和二维码等产品电子标识技术、物联网技术以及移动互联网技术获得供应商、库存、物流、生产、销售等完整产品供应链的大数据,利用这些数据进行分析,确定采购物料数量、运送时间等,实现供应链优化。

(6) 设备预测维护。设备预测性维护是指建立大数据平台,从现场设备状态监测系统和实时数据库系统中获取设备振动、温度、压力、流量等数据,在大数据平台对数据进行存储管理,进一步通过构建基于规则的故障诊断、基于案例的故障诊断、设备状态劣化趋势预测、部件剩余寿命预测等模型,通过数据分析进行设备故障预测与诊断。

(7) 能源消耗管控。能源消耗管控是指对企业生产线各关键环节能耗排放和辅助传动输配环节的实时监控,收集生产线、关键环节能耗等相关数据,建立能耗仿真模型,进行多维度能耗模型仿真预测分析,获得生产线各环节的节能空间数据,协同操作智能优化负荷与能耗平衡,从而实现整体生产线柔性节能降耗减排,及时发现能耗的异常或峰值情况,实现生产过程中的能源消耗实时优化。

9.3.2 数据能力域成熟度模型

数据能力子域属于智能制造能力成熟度模型中的技术要素,其各能力成熟度等级的要求如表 9-3 所示。

表 9-3 数据成熟度模型各级能力要求

一级	二级	三级	四级	五级
1) 应通过人工方式采集业务活动所需的数据 2) 应基于人工经验开展数据分析	1) 应采用二维码、条形码、RFID、PLC等方式,实现数据采集 2) 应基于信息系统数据和人工经验开展数据分析,满足特定范围的数据使用需求 3) 应实现数据及分析结果在部门内在线共享	1) 应使用传感技术,实现制造关键环节数据的自动采集 2) 应建立统一的数据编码、数据交换格式和规则等,整合数据资源,支持跨部门的业务协调 3) 应实现数据及分析结果的跨部门在线共享	1) 应建立企业级的统一数据中心 2) 应建立常用数据分析模型库,支持业务人员快速进行数据分析 3) 应采用大数据技术,应用各类型算法模型,预测制造环节状态,为制造活动提供优化建议和决策支持	1) 应对数据分析模型实时优化,实现基于模型的精准执行

9.3.3 案例分析

【案例 9-3】 翔港科技数据应用

1) 背景

上海翔港包装科技股份有限公司(以下简称翔港科技)创立于 2006 年,是上海市高新技术企业,公司吸收国内外市场先进的工艺技术的同时,积极开展校企合作,不断提高自身技术水平。翔港科技业已成为全球包装印刷产值排名第三的中国包装印刷业。

2) 数据采集、分析应用

翔港科技充分认识到大数据的战略作用和价值,并通过相关系统的实施,建立了数据采集平台、实现了生产过程的数据分析。

(1) 生产过程数据采集平台。数据采集系统提供了一个平台,可满足工业自动化与信息人员的所有底层设备互联互通和生产与绩效管理要求。该平台有助于提供一致且可靠的操作,这些操作涵盖了生产操作和工业操作,从而保证了数据完整性。通过该平台,能够以任何方向扩展系统,以满足当前和未来的要求。其框架如图 9-5 所示。

(2) 生产过程数据分析。通过数据分析实现了:

① 基于物料谱系的产品全周期追溯。将关键物料与流转过程中涉及的计划、加工设备、人员、质量等信息关联起来,可以从物流谱系的任意节点,进行双向展开追溯:按时间顺序向前追踪至最终产品的产品号,按时间顺序向后可回溯至所用原料/辅料批号。

② 分析报表定制。通过物料谱系查询,可追溯产品的历史生产过程,以及物料变迁轨迹,系统提供各类报表。重要报表有:人员作业追溯报表、设备加工追溯报表、设备状态历史报表、设备维修统计报表、各工序生产记录表、质量追溯表、生产状

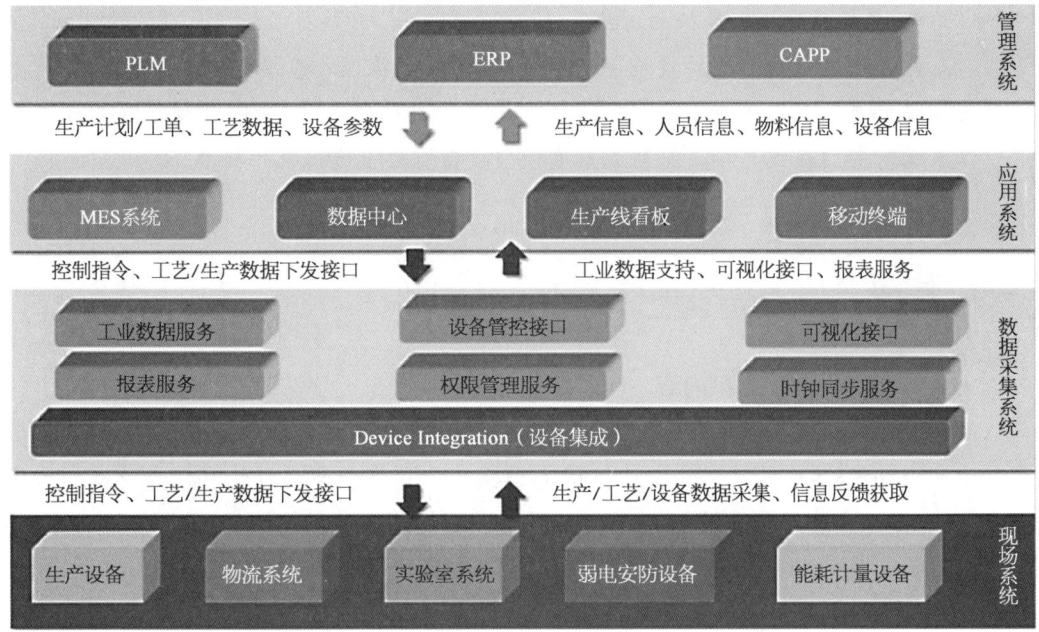

图 9-5 翔港数据平台

态报表、工艺参数报表等。

③ 数据挖掘与分析。系统提供各种关联性分析、数据追溯,以及设备状态分析功能。在系统中,生产计划,工艺数据,设备数据,产品定义等信息是一个有机的整体,通过建立各种数据的关联性进行数据分挖掘与分析,包括:质量 SPC 分析、质量缺陷分析、设备故障预测及运行维护、订单交期预测等。

3) 成效

(1) 设备集成接口。通过支持多种通用工业通信协议和定制化接口,完成双向实时通信,达到信息系统与真实设备互联互通的目的。

(2) 设备管控接口。平台提供 MES 系统与现场设备、第三方软件系统的通信通道,辅助 MES 系统完成生产计划、工艺参数下发,获取执行结果信息反馈等。

(3) 可视化接口。平台提供数据中心、生产线看板、移动应用终端与现场设备、第三方系统的信息交互接口,辅助上述应用、展示系统完成可视化功能。

(4) 生产数据服务。实现生产工艺的实时/历史数据、产品数据(生产时间、工位、班组信息、关键工艺参数)以及设备数据(生产和物流设备的实时运行状态、能耗数据)的存储及访问功能;为 MES 系统、数据中心、现场看板系统等提供报警信息、事件信息以及工业音视频服务的远程数据访问接口。

(5) 报表服务。提供报表生成和打印驱动服务,支持生产数据(非工业音视频)以表格或图表的形式发送给相关系统、数据中心等信息化系统,辅助信息化系统显示及打印输出。

4) 与成熟度模型等级的对应

翔港通过上述系统的实施,实现了数据的自动采集;建立了统一的数据编码、数据交换格式和规则等,整合数据资源,支持了跨部门的业务协调;实现了数据及分析结果的跨部门在线共享。符合成熟度模型数据能力子域三级的要求。

9.4 集成

9.4.1 集成的意义和内容

制造企业的集成包括了系统间的集成、设备间的集成以及设备与系统间的集成,构成了从生产自动化、生产管理到经营决策的完整系统。它将企业自动化和信息化有机地融合在一起,提高企业经营的效率,为实现企业战略目标服务。具体体现在以下三个方面。

(1) 纵向集成。纵向集成是指将不同层级的设备与系统集成在一起,如传感器层、控制层、生产管理层、制造和执行层及企业计划层。

纵向集成是在工厂进行。在智能化工厂里,制造业结构不会固定或被先期限定,而是根据个性化需求定制的一组IT结构化模块,根据不同情况下产品生产的需要自动搭建出特定的结构——包括模型、数据、通讯和算法等所有相关需求。

实现纵向集成,确保不同层次的设备和装置的信息传输到经营管理层与战略决策层。同时,顶层的信息也可贯通到底层。不同层级的信息通过纵向集成而融合在一起,并支持工艺过程端对端的数据融合与共享。

(2) 横向集成。横向集成指将应用于不同制造阶段的各种系统、企业计划过程以及涉及一个公司(例如进入物流、生产、外场物流、市场)和几个不同公司之间(价值网络)的原材料、能源和信息的集成起来。在互联网的背景下,价值网络横向集成的范围将是世界范围的,如为实现某一智能产品的生产,该产品也许需要世界范围的资源配置,需要分布在全球的公用机器设备,通过价值网络连接产品所需的自动化系统,集成了各个智能工厂的相关信息,为智能制造服务,制造出目标产品。

(3) 端到端集成。跨越整个价值链的端到端集成,是指跨越企业整个价值链的生产过程各阶段(设计和开发、生产计划、生产工程、产品和服务)的端到端的集成。

生产过程包括设计和开发、生产计划、生产工程、产品和服务五个阶段。每个阶段都会有相应的设备和系统的支持,这些信息,通过接口被集成在一起,进入了生产工程数据库或云平台。于是各阶段的信息在数据库中融合、交互,生产工程实现了端到端的集成。

9.4.2 集成能力子域成熟度模型

集成能力子域属于智能制造能力成熟度模型中的技术要素,其各能力成熟度等级的要求如表9-4所示。

表 9-4 集成成熟度模型各级能力要求

一级	二级	三级	四级
1）应意识到系统集成的重要性	1）应开展系统集成规划，包括网络、硬件、软件等内容 2）应实现关键业务活动设备、系统间的集成	1）应形成完整的系统集成架构 2）应具备设备、控制系统与软件系统间集成的技术规范，包括异构协议的集成规范、工业软件的接口规范等 3）应通过中间件工具、数据接口、集成平台等方式，实现跨业务活动设备、系统间的集成	1）应通过企业服务总线（ESB）和操作数据存储系统（ODS）等方式，实现全业务活动的集成

9.4.3 案例分析

【案例 9-4】 航天八院集成平台

1）背景

中国航天科技集团公司第八研究院，又称上海航天技术研究院（以下简称航天八院），位于中国的经济中心和最大的工业城市——上海，创建于 1961 年 8 月，是国家高新技术企业，同时也是中国航天科技集团公司三大总体院和八大科研生产联合体之一。

航天八院科研技术力量雄厚，现有员工 2 万余名，其中包括中国工程院院士、国家级和省部级专家、国家级和省部级学科技术带头人、上海市领军人才及各类专业技术人员 7 000 余人。在十多种学科专业领域内具有国际先进、国内领先的科研实力。

航天八院以科技为先导，经过近五十年的发展，技术进步不断加快，研制水平不断提高，科技成果不断涌现，经营领域不断拓展。旗下现有 11 家总体设计、总装单位和专业研究所，20 家企业以及 1 家上市公司。承担研制的航天型号产品主要涉及战术导弹、运载火箭、应用卫星、载人飞船、深空探测等五大领域。

2）集成平台的建立

在航天八院的科研生产、物资管理、质量管理、设计管理、仓储管理、仪器仪表管理、经营统计、财务、人力资源等方方面面都广泛地使用了信息系统，信息系统已经作为八院运营的重要工具。

通过规划，航天八院将这些系统集成在用友 NC UAP 平台上，功能涵盖计划、物资、生产、质量等多个核心业务，实现全院 11 家单位全型号上线应用，实现了"一次建模、整体关联，一次录入、整体共享"的一体化应用，如图 9-6 所示。

通过设计制造一体化，实现 AVIDM 设计管理平台到 MES 的信息传递。MES、AVIDM、CAPP 均实现了与院集中部署的公共基础区的集成，采用相同的编码体系。工艺 CAPP 与 AVIDM 集成，组成各厂所的 AVIDM 设计平台，并由该平台完成与院集中部署的 MES 系统集成。

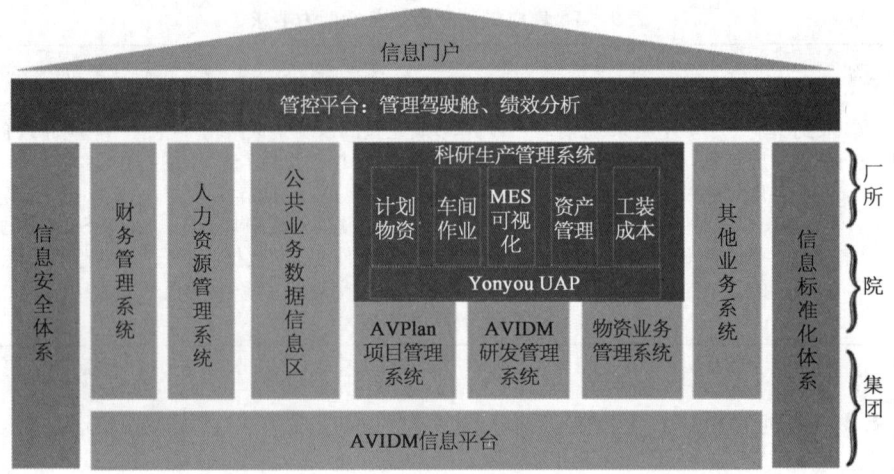

图 9-6 航天八院集成平台

通过集团、院、厂所之间的多级计划协同,实现与院型号计划管理软件 AVPLAN 的集成,协同完成院厂所间的多级计划管理将院级 AVPLAN 中相关的计划项(生产备料计划、投产计划、调试及试验计划)下发到 MES。MES 接收计划指令后,从 AVIDM 设计平台提取产品 BOM、工艺定额及加工信息,分解计划、执行计划、及时反馈计划。

3)成效

集成平台的构建最终达到了以下效果:

(1)纵向集成。MES 系统已经在多家厂所正式上线运行。实现了信息系统和科研生产设备的互联,实现了车间生产管理过程的"可视化、自动化、无纸化",实现了生产过程信息采集融入业务活动中,提高了车间的精细化管理能力、质量问题的快速响应能力。

以 802 所应用后为例,电装车间插件效率提升 33%、数据输入效率提高 50%、无纸化程度达到 100%、生产任务完成时间减少 30%。

(2)横向集成。MES 系统已经覆盖八院下属的 10 家军品单位科研生产核心业务,优化了核心流程 38 个,实现了军品科研生产网络化无缝信息传输和科研生产全过程网络协同,减少了信息不对称和协调成本。

以 800 所为例,物资请购、采购订单处理周期减少 30%;库存盘点时间减少 50%;库存物资准确率提高 50% 以上。

(3)端到端集成。设计端、生产端、服务端、管理端的人、机、料全部实现单人、单台、单件网络身份识别,实现了产品从设计到生产、服务全生命周期的数据连接,实现了产品、设备以及人的集成。全院共实现了 28 万余种物料,9 万余件资产设备、数千名员工的端化集成。

4)与成熟度模型等级的对应

航天八院通过 NC UAP 平台的建设,形成了完整的系统集成架构,通过设备、控制系统与软件系统间集成的技术规范实现了现有设备间、系统间以及系统与设备间全面集成,符合成熟度模型集成能力子域三级的要求。

9.5 信息安全

9.5.1 工业领域中的信息安全

随着计算机和网络技术的发展,特别是信息化与工业化深度融合以及物联网的快速发展,工业控制系统产品越来越多采用通用协议、通用硬件和通用软件,以各种方式与互联网等公共网络连接,病毒、木马等威胁正在向工业控制系统扩散,工业控制系统信息安全问题日益突出。尤其是有大量知名企业遭受了恶意程序"Havex"的攻击,该程序可篡改设备生产商网页、非法访问工控系统和操作系统信息、下载会损害生产设备的模块等,对企业识别安全事故的能力提出了新挑战。随着动态通信的不断增加及服务商的不断参与,攻击的可能性会增加,相应地会带来新的威胁,不仅影响到管理网络,还将影响自动化网络。

在实施具体的工业信息安全建设中,应包括工业防火墙、主机安全防护系统、工控安全审计平台、工控威胁检测系统、账号管理及运维审计系统、工控入侵检测系统以及工控安全监管和分析平台为一体的整体解决方案。

通过工业信息安全建设,实现工控系统的主机层和网络层进行安全加固、搭建监测、审计、预警平台。同时,制定一套信息安全管理措施和标准,以有效抵御来自工控网络内部、外部的病毒、入侵、渗透以及违规操作行为对工业控制系统造成破坏,防范信息安全事故的发生。

9.5.2 信息安全能力子域成熟度模型

信息安全能力子域属于智能制造能力成熟度模型中的技术要素,其各能力成熟度等级的要求如表9-5所示。

表9-5 信息安全成熟度模型各级能力要求

一级	二级	三级	四级
1)应制定工业信息安全管理规范,并有效执行 2)应成立工业信息安全协调小组	1)应定期对关键工业控制系统开展工业信息安全风险评估 2)应在工业主机上安装正规的工业防病毒软件 3)应在工业主机上进行安全配置和补丁管理	1)工业控制网络边界应具有边界防护能力 2)工业控制设备的远程访问应进行安全管理和加固	1)工业网络应部署具有深度包解析功能的安全设备 2)应自建离线测试环境,对工业现场使用的设备进行安全性测试 3)在工业企业管理网中,采用具备自学习、自优化功能的安全防护措施

9.5.3 案例分析

【案例 9-5】 玉环电厂工控信息安全平台

1) 背景

华能玉环电厂是由华能国际电力股份有限公司开发、建设的全资电厂。电厂位于浙江省台州市玉环市大麦屿开发区,华能玉环电厂是国家"863"计划中引进超临界机组技术,逐步实现国产化的国家重点依托工程。是全国第一个投产百万千瓦超临界机组、第一座拥有4台百万千瓦机组的燃煤电厂。

2) 工控信息安全平台

充分结合华能集团玉环电厂工控系统的实际情况,有针对性地制定具体解决方案:

(1) 加强顶层设计,制定电力行业信息安全解决方案,完善电力行业信息安全管理标准制度,建立电力行业信息安全监测、通报预警、应急处置、协同联动机制,构建电力行业信息安全纵深联动防御标准体系。

(2) 建立电力行业统一信息安全基础平台,具体包括电力行业信息安全通信平台和电子认证服务平台。

(3) 开展电力行业生产控制大区试点示范。

该方案采用三层分布式架构,由安全监测层、区域管控层和全网分析层组成。安全监测层包含流量监测模块、行为监测模块、威胁监测模块、主机监测模块和监测数据存储模块,负责建立厂级电力工控系统信息安全纵深监测体系,并完成各安全分区内安全数据的存储转发。平台架构如图9-7所示。

(1) 监测模块可以实现对生产控制大区的工控系统和业务的安全状态进行实时监测和安全事件分析。

(2) 预警模块采用事件搜集及深度分析技术,从全局角度进行安全事件实时分析处理,为管理者提供网络安全风险的实时告警;帮助决策者根据生产控制网络的安全形势,及时调整安全策略和有效部署安全措施;及时消除网络系统中的安全隐患;实现可视化的网络安全管理,帮助用户实现网络系统的持续安全运营。

(3) 审计模块对威胁进行闭环管理的过程,从全局角度进行安全事件实时分析处理;帮助管理者掌握网络运行情况。

(4) 接入防护模块部署与生产控制系统类型无关,不影响生产控制系统的安全性和可靠性。针对电力行业信息安全防护特点,采用并接、串接、信息摆渡等方式实现对生产控制系统的安全防护和审计,确保本地终端及远程终端的安全接入。不影响系统控制系统的安全性和可靠性,不增加新的系统风险点。

在该项目中,网络互联技术负责的是能源信息安全数据的识别、采集、分析、传送、管理等方面,是实现多种信息内容合理调配的关键。在信息采集和处理方面,在

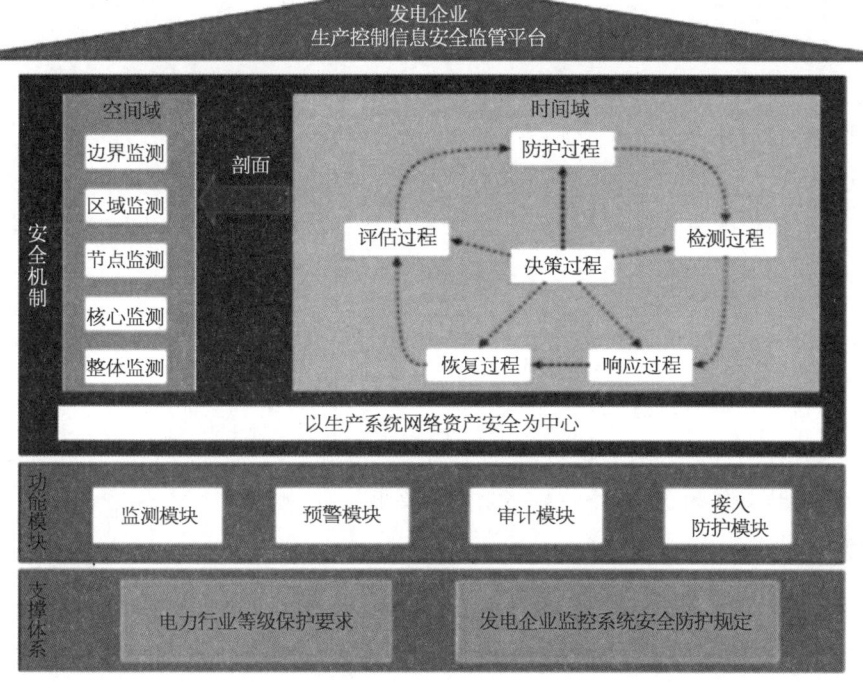

图 9-7 玉环电厂信息安全平台架构

基于电厂自身的信息采集与传输上,基于旁路的防署部署数据采集节点,包含海量数据采集、预处理、存储、分析等功能的大数据技术等。在设备与平台方面,应用具有可产业化的、工业环境下的专业设备进行对整个信息平台的建设。在通信安全、传输协议和标准方面,具备专业协议深度解析,支持工控协议包括 Modbus/TCP、OPC、IEC104、DNP3、S7 等,并可对协议数据包深度解析。

3) 成效

该项目通过采用一整套的工控系统信息安全解决方案,以建立纵深防御策略为主要思想,主要达到了如下效果:

(1) 入侵检测。对缓冲区溢出、SQL 注入、DoS 攻击、蠕虫病毒、木马后门等各类黑客攻击和恶意流量进行实时检测及报警,并通过与防火墙联动、安全中心显示、日志数据库记录等方式进行动态防御。

(2) 深度检查。面向应用层对特有的工业通信协议进行内容深度检查,告别病毒库升级缺陷。

(3) 通信管控。对数据流量进行管控,通过端口、地址、协议等方式对数据流量进行筛选,保证流量合法性。

(4) 实时报警。所有部署的安全设备都能由管理平台进行实时监控,任何非法的访问,都会在管理平台产生实时报警信息,从而故障问题会在原始发生区域被迅速地发现和解决。

(5) 主机防护。安装了主机防护的电脑在面对自身与外界的安全威胁有了更深的防护级别,深度执行白名单数据库的数据运行。

(6) 流量审计。完善的安全审计平台,对网络运行日志、操作系统运行日志、安全设施运行日志等进行集中收集、自动分析,及时发现各种违规行为以及病毒和黑客的攻击行为。

(7) 操作行为的监控与审计。依靠主机防护软件的主机审计和工控安全审计系统的网络审计对整个电力生产监控系统进行操作行为的监控与审计,记录操作行为,便于事件追溯。

4) 与成熟度模型等级的对应

华能玉环电厂通过工控信息安全平台的建设,实现了主机防护和网络防护,并实现了入侵检测和防火墙的联动,支持针对协议数据包的深度解析,符合成熟度模型集成能力子域三级的要求,并满足部分四级要求。

9.6 网络

9.6.1 工业网络概述

以网络为基础的工业互联网将成为推进信息化和工业化深度融合的催化器。网络应用是信息化建设最大的推动力,将开启两化深度融合发展新时代,为推进两化深度融合注入新动能。网络应用以业务内外协同为抓手,倒逼工业企业加快研发设计、生产制造、仓储物流、经营销售等信息化改造,加快企业数字化、软件化、网络化推进步伐,促进网络互联互通、系统整合共享、数据自由流动。以国内的相关信息化标杆企业,无一不是网络应用的先行者,企业通过网络,打通了内外数据流通渠道,建立了以数据创新应用为导向的企业信息化推进机制。

工业互联网将成为加强产业资源整合的连接器。新一代信息技术促进了产业竞争模式不断升级和演化,正在开启新一轮产业竞争模式。网络为产业资源整合带来了新机遇,工业互联网平台构建起了产业生态圈中的信息交换核心枢纽,促进了产业资源快速集聚、有效整合和高效利用,成为核心企业产业互联网时代塑造竞争新优势的重要抓手。工业互联网平台以开放接入模式,整合了研发设计、生产制造、仓储物流、经营销售等各个领域资源,促进了产业生态圈各方供需对接,优化了各方资源配置。

工业互联网将成为推动制造业业态创新的孵化器,为制造业发展创造了新的网络运行空间,打通了车间、仓储、市场三者之间信息流动快速渠道,构建起了生产、物流和需求之间的信息流动和利用机制,使得各环节获取和传递信息成本大大降低,驾驭和利用信息能力大大增强,极大地促进了制造业业态创新。个性化定制、用户全程参与、即时生产、网络制造、远程监测、在线维护等新制造和新服务模式,得益于信息获取和利用成本的大幅降低,将得到大规模广泛应用。工业互联网应用将培育大量基于网络的制造业信息服务,促进面向制造业的生产性网络信息服务业的繁荣和深度创新,为新制造模式和服务模式的发展提供更多的技术、平台、应用和服务等重要支撑,成为制造业业态创新的重要动能来源。

工业互联网将成为推进制造业供给侧改革的助推器。制造业是供给侧结构性改革的主战场,推进制造业供给侧结构性改革是形成中国经济增长新动力和经济发展新优势的重要举措。工业互联网应用为制造业推进供给侧结构性改革提供了重要契机,打通了供给侧和需求侧之间信息流通渠道,改变了以前盲目化、大规模、批量化、备货式的生产制造模式,依托网络和大数据,实现了有计划、精准化、个性化、零库存生产,供给和需求之间的需求对接和信息匹配能力极大增强,有效地推动了产品和服务供给模式的创新。

工业互联网将成为推进智能工业发展的加速器。智能工业是现代工业的发展趋势,是新一轮工业革命各国竞相抢占的战略制高点。工业互联网应用打通了工业企业研发设计、生产制造、仓储物流、经营销售等各环节数据流通的血管,让企业总控中心大脑能够依托网络数据信息采集和分析,实现对企业整体运行的有机管控,制造效率、产品质量、生产成本、资源消耗、采购仓储、经营销售等各方面的大幅改善和优化,企业数字化、软件化、网络化、智能化运行水平全面提升。

9.6.2 网络能力子域成熟度模型

网络能力子域属于智能制造能力成熟度模型中的技术要素,其各能力成熟度等级的要求如表9-6所示。

表9-6 网络成熟度模型各级能力要求

一级	二级	三级	四级
1)应实现办公网络覆盖	1)应实现工业控制网络和生产网络覆盖	1)应建立工业控制网络、生产网络和办公网络的防护措施,包括不限于网络安全隔离、授权访问等手段 2)网络应具备远程配置功能,包括不限于带宽、规模、关键节点的扩展功能和升级功能 3)网络应能够保障关键业务数据传输的完整性	1)应建立分布式工业控制网络,基于软件定义网络的敏捷网络,实现网络资源优化配置

9.6.3 案例分析

【案例9-6】 九江石化网络建设

1)背景

中国石油化工股份有限公司九江分公司(简称九江石化)在中国石化集团九江石油化工总厂的基础上重组改制设立的。2000年3月主业全部划入中国石化集团上市部分,组建了中国石油化工股份有限公司九江分公司,分公司是国家扶持的512户重点企业之一。

2) 网络建设

九江石化从2012年开始建设智能工厂,在此之前,公司在网络系统建设方面面临着一些问题:首先,中石化智能工厂对生产管理提出了可视化、实时化、智能化的要求;其次,由于厂区扩建,新增业务,炼化厂有许多监测点;再次,九江石化的对讲机系统采用的是模拟无线制式,由两台模拟中继台、模拟手持对讲机等组成,采用的是单一中继站技术;最后,在巡检过程中,部分外操人员有时漏检、脱岗、不按规定路线巡检,给生产带来一定的安全风险,现有的巡检棒无法拍照和取证,难以保障巡检质量。

针对上述的业务需求和挑战,九江石化选择了华为的无线智能工厂解决方案。九江石化厂区总面积大约5 km²,现在已经部署了两个基站覆盖了分公司大楼、锅炉发电区、常减压车间、催化车间、二联合车间、连续重整车间、焦化车间等,接下来计划再部署一个LTE基站,覆盖800万吨油品升级项目的新区,就实现全厂区的无缝信号覆盖。LTE基站单扇区带宽可以达到上行50 Mbps,下行100 Mbps,凭借其高带宽,在网络上可以同时承载储罐储备情况、火灾、流量和能耗计量等数据的回传,临时工程点、卸油码头、生产区周界、河流排放区的视频监控,巡检过程中的集群调度,突发事件的应急指挥等生产和管理业务。

九江石化网络建设方案如图9-8所示。

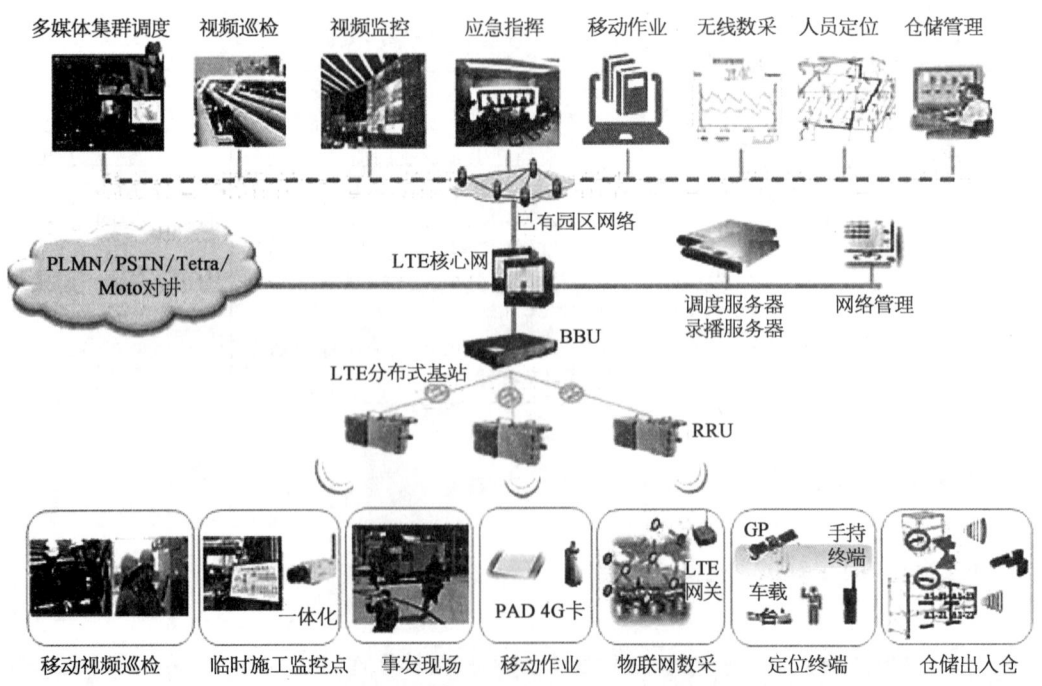

图9-8 九江石化网络建设方案

3)成效

2014年9月完成了LTE无线宽带网络、调度系统、视频会议系统、视频监控系统、存储、巡检终端等设备的交付,系统覆盖了分公司大楼、锅炉发电区和各车间等大部分厂区,已经正式投入运营并带来了明显的效果。

(1)以往语音通话经常说不清道不明,现在专家、内操、外操人员之间通过实时、高清、流畅的视频通话,快速沟通并确认问题。例如交接班,以往需要内操人员、外操人员在操作间逐一确认,现在只需班长在中控室通过视频会议与现场外操人员手持终端视频通话,就可以远程完成交接班,整个交接班过程从原来的30 min缩短到现在的5 min,大大提高了工作效率。

(2)以100个监测点的网络部署工程为例,以往挖沟布线和设备安装大约需要半个月时间,现在采用LTE无线网络,工程时间缩短到1~2天。在运维方面,扁平化的无线网络结构使得我们只需关注基站点和接入点,快速简易。

(3)原模拟集群调度系统只支持16个群组,现在LTE集群调度系统最大支持1 024个群组,远远满足厂区调度和应急指挥的场景使用;另外,新系统内引入错误校正功能,通话质量更高;最后,现有对讲系统对传输信号进行了多重加密,防止窃听,安全性更高。

(4)以往巡检过程中外操人员需要携带巡检棒、手电筒、照相机、巡检终端(包含测温、测震、RFID扫描)、纸笔等工具,非常不方便,现有巡检终端集成了上述所有功能,巡检人员只需要携带一部终端就可以轻松完成巡检业务,大大提高了员工操作的满意度;另外,通过五元组(人、时间、位置、数据、拍照)信息确认,详细记录巡检路线、仪表数据、现场照片,从根本上杜绝了假巡检、脱岗和漏检等行为。

4)与成熟度模型等级的对应

九江石化通过网络建设,实现了应实现工业控制网络和生产网络覆盖,符合成熟度模型网络能力子域二级的要求。

9.7 装备

9.7.1 智能制造装备概述

智能制造装备是指具有感知、分析、推理、决策、控制功能的制造装备,它是先进制造技术、信息技术和智能技术的集成和深度融合。

智能制造装备是一种由智能机器和人类专家共同组成的人机一体化智能系统,它在制造过程中能进行智能活动,如分析、推理、判断、构思和决策等。通过人与智能机器的合作共事,去扩大、延伸和部分地取代人类专家在制造过程中的脑力劳动。智能制造装备最终要从以人为主要决策核心的人机和谐系统向以机器为主体的自主运行方向转变。

装备的智能化体现在不仅可以操控和监控生产执行流程、通过联网实现搜集生产数据，还能够基于采集的数据进行实时的分析，给生产提供实时的帮助，例如：

（1）供工人使用的人机图形界面：基于下一个生产步骤或者被扫描的产品/订单，动态刷新用户界面，从而避免工人手工进行交互。

（2）面向流程的模拟和可视化：显示可视化的辅助信息（三维模型图像），让工人可以更快、更好地理解工艺、变更和指令。通过与软件之间的交互工作，例如通过 Kinect（手势控制或语音控制）来查看工作指令。

（3）动态的工作指令：根据被生产的产品或被查看的工作站，动态地改变工作指令。

（4）动态的信息挑选、过滤和显示：基于工人的要求提供所需的信息，这样可以限制工人必须要应对的信息量，工人的请求可以通过声音发出命令。

（5）提前通知：在生产步骤、生产工作或产品发生改变的时间提前给工人发出通知，这样可以消除对工人的打扰，节省返工或维护的时间。

（6）动态的生产服务分配：包括注册、监控和重新调度。

9.7.2 装备能力域成熟度模型

装备能力域属于智能制造能力成熟度模型中的资源要素，其各能力成熟度等级的要求如表9-7所示。

表9-7 装备成熟度模型各级能力要求

一级	二级	三级	四级	五级
1）应在关键工序应用自动化设备 2）应对关键工序设备形成技改方案	1）应在关键工序应用数字化设备 2）关键工序设备应具备标准通信接口（例如：RJ45、RS232、RS485等），并支持主流通信协议（例如：OPC/OPC UA、MODBUS、PROFIBUS等）	1）关键工序设备应具备数据管理、模拟加工、图形化编程等人机交互功能 2）应建立关键工序设备的三维模型库	1）关键工序设备应具有预测性维护功能 2）关键工序设备应具有远程监测和远程诊断功能，可实现故障预警	1）关键工序设备三维模型应集成设备实时运行参数，实现设备与模型间的信息实时互联 2）关键工序设备、单元、产线等应实现基于工业数据分析的自适应、自优化、自控制等，并与其他系统进行数据分享

9.7.3 案例分析

【案例9-7】 许昌远东传动轴股份有限公司智能装备

1）背景

许昌远东传动轴股份有限公司始建于1953年，1969年被国家机械部认定为全国第一家传动轴专业制造厂，2004年改制为有限责任公司，2007年整体变更为股份有限公司，2010年5月18日在深交所正式挂牌上市。

远东传动是国内知名的非等速传动轴研发、生产和销售的企业，是国家高新技术企业，被授予"中国汽车零部件传动轴行业龙头企业""中国机械500强—汽车零部件50强"等荣誉称号。2018年在"强国之基——中国优秀汽车零部件企业"评选中荣获"中国制造功勋奖"。

2）智能装备应用

为进一步提升智能制造能力，许昌远东传动轴股份有限公司应用了沈阳机床42台i5智能机床构成花键轴叉自动化生产线。

2014年2月，沈阳机床全球首发i5系列智能机床，配合其"i5智能数控系统"，成为"中国制造"向"中国智造"升级的范本。i5智能机床不仅实现了机床的自身主动控制，同时互联网将机床与维修、客服联系在一起，实现在线诊断、故障数据传输及在线故障排除，从而降低设备停机给用户带来的巨大经济损失。

沈阳机床针对传统加工工艺存在加工效率低、加工精度不稳定、产品换产周期长、工人生产劳动强度大、生产管理手段落后等问题，结合项目合作企业实际加工工艺的特点，通过信息化技术和i5智能化数控系统，提出了系统性解决方案，实现了车间软件管理等MES管理，从根本上解决了原有的问题。

沈阳机床根据许昌远东传动轴股份有限公司花键轴工序及设备的特点，将其中的部分工序组成自动化智能化生产线，根据各工序节拍进行各项设备的数量匹配及自动线成线布局方案，由工业机器人将机床分别组成自动化智能加工单元，并整体形成一套花键轴叉的大型柔性自动化智能化生产线。多套智能化柔性自动化加工单元组成智能工厂，并依托i5系统的WIS车间管理系统，组件智能化数字化车间。

3）成效

花键轴工序是许昌远东传动轴股份有限公司的关键工序，该工序应用了数字化装备（i5智能机床）自动生产线，提高零件加工的可靠性和稳定性，降低材料废品率，实现材料利用率提高10%~15%；并且该装备具备联网能力和数据管理能力，实现人机交互。通过CMMM标准对该车间成熟度进行评估，许昌远东传动轴股份有限公司在装备能力域能达到了三级成熟度。

参考文献

[1] 刘冰. 面向智能制造新时代的战略思考[J]. 造纸信息，2019(11)：20-22.

[2] 张梅燕. 新科技革命下"智能制造"人才技能分析[J]. 合作经济与科技，2017(13)：148-151.

[3] 刘刚. 以数据要素驱动制造业智能转型[N]. 经济日报，2020-01-18(007).

[4] 王恩海. 系统集成支撑智能制造的未来发展[J]. 现代制造技术与装备，2019(11)：194-195.

[5] 朱洪辉，朱育林. 全面系统应用信息化技术提高企业装备智能制造能力[J]. 现代工业经济和信息化，2019,9(11)：47-48+51.

第 10 章
案例——产品与工艺设计

企业在信息化过程中建立系统的最终目的是为了解决业务问题,利用数字化让企业在产品生命周期中先知先觉,在这个进程中设计的数字化、智能化是智能制造的关键之一,通过数字化设计,数字化工艺,数字化仿真和数字化质量,真正实现基于 MBD 的设计、工艺、制造、检测、试验、仿真、服务的数字化研制协调,帮助企业快速向数字化企业转型,提高企业的竞争力。

设计的数字化、智能化是智能制造的关键之一,通过数字化设计,数字化工艺,数字化仿真和数字化质量,真正实现基于 MBD 的设计、工艺、制造、检测、试验、仿真、服务的数字化研制协调,帮助企业快速向数字化企业转型,提高企业的竞争力。本章讨论产品设计和工艺设计的成熟度级别要求并分析相关案例。

10.1 产品设计

10.1.1 人工智能对产品设计思维的影响与塑造

信息化时代设计思维贯穿产品生命周期全程,且信息主导性、先导性作用更加突出。清华大学柳冠中教授提出:设计思维可归结为"观察、分析、归纳、联想、创造、评价"六个步骤,都是以海量设计信息的获取、加工、传递和分配为基础,加以数字化技术深度融合设计的全过程。这深刻影响设计者本身思维活动,缩短产品设计周期,塑造产品设计最终成果,使得产品设计以物质生产和物质消费为主,向以精神生产和精神消费为主阶段的转变,也正是这种特殊的文化性特质,使得产品设计思维更加契合人本价值。

产品设计是一个交互反复的过程,产品设计思维存在于客户与设计方之间共同实现设计目的各个阶段。产品设计思维随时代发展而发展,引领产品设计不断提升质量层次,推动社会生产力进步。前瞻思考智能化大趋势下,产品设计思维如何创新发展具有重要理论价值和现实意义。

(1) 产品设计思维。产品设计思维本身作为产品设计理念的重要体现和折射,所关注的重点不在于使用本身,而在于洞悉用户需求,以此驱动设计出真正能够融入他们生活、为他们所信赖的产品,"其核心精神在于以人为本,尊重'用户'主体地位"。

(2) 智能化的本质内涵。究其实质而言,智能化是现代通信与信息技术、计算机网络技术、行业技术、智能控制技术汇集而成的广泛应用,它不是简单意义上信息化的高级阶段,而是脱胎于信息化并独立于信息化的一个新时代。人工智能技术历经60多年累积,尤其在近10年加速发展,在新理论新技术新应用融合催化之下,已呈现深度学习、跨界融合、人机协同、群智开放、自主操控等鲜明特征。人工智能技术链式突破,推动各领域智能化加速发展与运用,引领推动第四次工业革命浪潮,人类社会将步入智能化时代,这个时代是有别于信息化时代的全新时代。

(3) 产品设计的环境升级。新一代信息技术将出现新的数量级、机理性升级,多方面、全方位的智能化产品加速推出,智能网络、智能家居、智能交通、智能医疗全面进入生活,智能化生存已经成为未来社会模式的发展趋势。人工智能以拓展人的"感知—学习—抽象—推理"能力为核心,促进神经科学、认知科学、计算机科学等多个学科交叉融合,不断催生形成完备的人工智能学科体系。同时,人工智能技术存在"双刃剑"作用,当弱人工智能向强人工智能的发展推进,会带来诸多不确定性。这些都为产品设计构成了一个全新的时代大环境和设计小环境,深刻影响产品设计内外条件环境的显著性改善升级,为产品设计创新思维提供新沃土。

(4) 产品设计的需求精准。借助5G、物联网、人机互动、大数据等人工智能技术运用,能够实现人与产品之间信息收集、反馈、交流、互动,完全打破人与产品的关系间隔,将更为个性化、实时化地反映并实现多元、可变化的产品设计需求,从而建立全新的人机关系与新体系的关系,创造出全新的生活模式,达到人性的最优释放为目的,使产品设计的用户需求实现更为精准。SAP认为,智能化时代产品设计在于:多元化实时协同,保证扩展企业之间的产品数据一致;需求驱动产品研发,保证客户需求与产品数据的关联,进而使得全生命周期的数据处于可追溯状态;实时产品智能分析,使产品研发者和用户对产品有全面的把控,并能快速采取有效措施。未来产品设计思维必然是产品智能化设计、智能化设计产品的思维融合体。

(5) 产品设计的方式自主。产品设计的核心在于解决问题,基于智能化人机信息交流与互动技术在产品设计领域的运用,产品设计方式自主方面更加具备可行性,通过实现产品设计呈现人机交互协同、人机自主协同,智能化设计的体验模式与互动模式带来的,不仅是设计者富于创造激情,用户也能直接、深度、自主参与设计问题解决,同样有为设计求创新求发展的好奇心与求知欲,在快速测试与反馈、在立体呈现与实现过程中,产品设计思维整体效能必然全面提升。

10.1.2 产品设计子域成熟度级别要求

设计子域成熟度包括产品设计与工艺设计,其中产品设计成熟度评估的核心内容在于产品设计方式、设计知识应用、仿真技术应用、协同/集成/模式创新;工艺设计成熟度评估的核心内容在于工艺设计方式、工艺数据管理/知识应用、仿真技术应用、协同/设计集成/模式创新。

产品设计从一级规划到五级引领的关键特征如图 10-1 所示；产品设计能力子域各等级能力如表 10-1 所示。

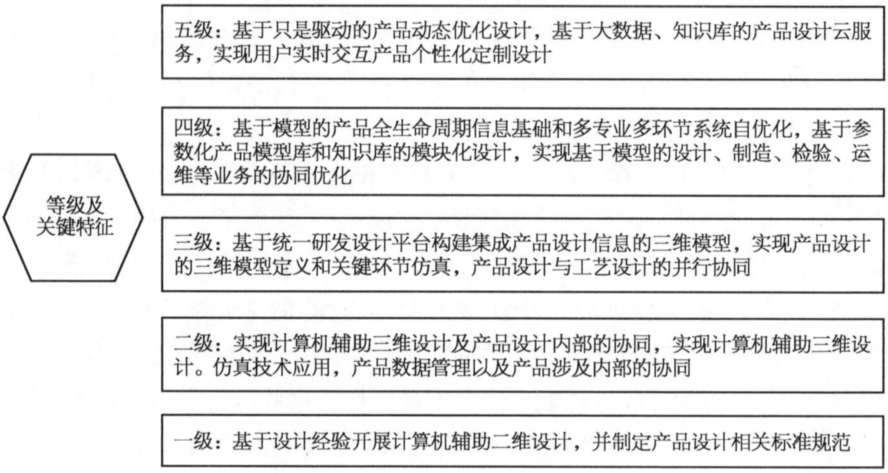

等级及关键特征

五级：基于只是驱动的产品动态优化设计，基于大数据、知识库的产品设计云服务，实现用户实时交互产品个性化定制设计

四级：基于模型的产品全生命周期信息基础和多专业多环节系统自优化，基于参数化产品模型库和知识库的模块化设计，实现基于模型的设计、制造、检验、运维等业务的协同优化

三级：基于统一研发设计平台构建集成产品设计信息的三维模型，实现产品设计的三维模型定义和关键环节仿真，产品设计与工艺设计的并行协同

二级：实现计算机辅助三维设计及产品设计内部的协同，实现计算机辅助三维设计。仿真技术应用，产品数据管理以及产品涉及内部的协同

一级：基于设计经验开展计算机辅助二维设计，并制定产品设计相关标准规范

图 10-1 产品设计各级关键特征

表 10-1 产品设计能力子域各等级的能力

一 级	二 级	三 级	四 级	五 级
1) 应基于计算机辅助开展二维产品设计 2) 应根据用户需求，按照设计经验进行产品设计方案的策划 3) 应制定产品设计过程相关规范，并有效执行	1) 应基于计算机辅助开展三维产品设计 2) 应通过产品数据管理系统实现产品设计数据或文档的结构化管理及数据共享，实现产品设计的流程、结构的统一管理，以及版本管理、权限控制、电子审批等 3) 应实现产品不同专业或者组件之间的并行设计	1) 应建立典型产品组件的标准库及典型产品设计知识库，在产品设计时进行匹配和引用 2) 三维模型应集成产品设计信息（尺寸、公差、工程说明、材料需求等），确保产品研发过程中数据源的唯一性 3) 应基于三维模型实现对外观、结构、性能等关键要素的设计仿真及迭代优化 4) 应实现产品设计与工艺设计间的信息交互、并行协同	1) 应基于产品组件的标准库、产品设计知识库的集成和应用，实现产品参数化、模块化设计 2) 应将产品的设计信息、生产信息、检验信息、运维信息等集成于产品的数字化模型中，实现基于模型的产品数据归档和管理 3) 应构建完整的产品设计仿真分析平台，并对产品外观、结构、性能、工艺等进行仿真分析与迭代优化 4) 应通过产品设计、生产、物流、销售或服务等系统的高度集成，实现产品全生命周期跨业务之间的协同	1) 应基于参数化、模块化设计，建立产品个性化定制平台，具备个性化定制的接口与能力 2) 应基于统一的三维模型，实现产品全生命周期动态管理，满足设计、生产、物流、销售、服务等应用需求 3) 应基于产品标准库和设计知识库的集成和应用，实现产品智能设计 4) 应建立产品设计云平台，实现用户、供应商等多方信息交互、协同设计和产品持续创新

10.1.3 案例分析

【案例 10-1】 西安精密机械研究所三维数字化协同平台

西安精密机械研究所经过多年的发展,在水下航行体总体、制导、动力推进、发射等专业领域汇集了一批具有专业理论知识并长期从事科研、试验的高级专业人才,建成了计算机、仿真、控制、水声、动力等 20 多个技术先进、设备配套的大型实验室和国家重点实验室。

通过三维数字化协同设计项目的实施,建立以 Teamcenter 及 NX 为支撑的三维数字化协同设计平台,使西安精密机械研究所及配套单位之间能进行多方三维可视化设计和数字化协同管理,为研发团队和集成产品研发环境的建立提供技术支撑。实现了以产品为核心,对产品相关的数据、流程、资源一体化集成管理,促进产品研发设计管理向数字化、协同化方向发展,缩短产品开发周期,提升设计复用率,提高设计创新能力,满足所内设计与科研业务不断发展变化的需求,提高核心竞争力。

结合项目实施目标及西安精密机械研究所业务人员对系统的需求,实施团队为西安精密机械研究所三维数字化协同平台制定了详细的技术和架构规划,构建西安精密机械研究所三维数字化协同设计平台,建立全三维的设计工作环境,建立符合业务需要的管理制度及设计规范。构建一个统一的、集成化的、安全的图文档知识管理库,对预研项目和型号项目过程中产生的图文档进行分类和管理;实现图文档的完整性、一致性和信息的共享、重用;规范图文档审批工作流程,实现电子化的审批和发布,控制图文档更改过程,提高更改处理效率,实现以电子数据为主的产品数据及技术状态管理和控制;实现产品 BOM 的统一管理,建立规范的产品 BOM 管理机制。

利用信息化手段打通了西安精密机械研究所三维数字化协同设计的各个环节,产品设计、变更全程可控。该项目的上线有力地促进了产品设计模式的转变和设计效率的提高,显著推动了信息化水平的提升。对研发设计流程的有如下几点实施效果。

(1) 提升数据管理规范性。PDM 系统有着核心的数据版本管理和更改管理模块,相比纸质图纸管理的弊端,对数据规范性提升、减少出错概率有着明显的提升。

(2) 提升设计和审批效率。实施 PDM 电子流程审批,图文档可视化查看,高级查询,协同设计等重要功能模块,提升了设计和审批效率。

(3) 提高设计重用率,沉淀知识。通过项目的实施,为该所积累了 23 000 多条资源库数据,满足设计过程的调取和应用,后期可根据需要继续进行扩充维护,形成资源知识的沉淀。数据的集中管理为在线设计提供了良好的共享平台,借用更加方便高效,能极大提高设计重用率,缩短研发周期。

本案例在成熟度模型的产品设计能力子域中各等级的现状如下:

(1) 在规划级层,制定了详细的技术和架构规划。

（2）在规范级层，建立全三维的设计工作环境，建立符合业务需要的管理制度及设计规范；构建一个统一的、集成化的、安全的图文档知识管理库，对预研项目和型号项目过程中产生的图文档进行分类和管理；实现图文档的完整性、一致性和信息的共享、重用；规范图文档审批工作流程，实现电子化的审批和发布。

（3）在集成级层，实现了以产品为核心，对产品相关的数据、流程、资源一体化集成管理；形成资源知识的沉淀。

综上，对比设计能力子域各等级要求，西安精密机械研究所三维数字化协同设计项目，在产品设计子域可达到集成级（三级）要求。

10.2 工艺设计

10.2.1 智能化的制造工艺

在产品设计数字化的同时，产品工艺设计也借助于数字化的手段，实现了基于三维设计模型实现工序模型和工序简图的快速设计、结构化工艺设计和组织管理、工艺检验一体化设计、多专业工艺并行协同设计、现场工艺执行及更改管理以及基于工艺资源库和工艺知识库的快速工艺设计，提高工艺编制效率和工艺设计水平。且产品设计与工艺设计通过数字化平台完成从设计制造协同、工艺规划、工艺设计、工装设计、工艺签审与变更、技术状态管理及与 ERP/MES 集成的完整业务过程，使得产品设计数据和工艺数据的交互变得越来越紧密，也大大缩短了产品的研发周期，提高了产品的加工质量。

无论是传统生产方式还是工业 4.0 环境下的智能工厂，都需要有精益稳定的制造工艺，在工厂的生产全流程相关业务中，工艺工作处于基础与先导地位。如果说设备是工厂的肌肉，传感器和网络是工厂的神经，那么工艺则是工厂的灵魂。因此，改进工艺工作势在必行。

工艺设计的智能化需要将现实中的环境与状态，在虚拟的数字空间中模拟出来，创造一个与真实工厂一模一样的虚拟数字工厂，虚拟现实环境，对工艺、流程、规划等进行验证、反馈和完善。智能化工艺设计要转变工艺思想，一切变革最开始都是源于思想的转变，传统工艺员的主要工作是编制单一流程的工艺规程，在未来，工艺技术人员的主要工作将是提炼工艺思考逻辑，不断地补充、完善、优化庞大的工艺数据库，维护工艺知识数据，而实际的工艺设计工作将可能由计算机来完成。

在各项业务中，工艺信息化的水平是比较高的，但现有的信息化建设缺乏整体的统筹策划，各信息系统相对独立，没有共享信息资源，形成了一个个信息孤岛，对于提升整体业务效率造成了很大障碍。因此，现在需要站在公司整体的层面，对工艺信息系统进行统一平台的集成工作，将信息化系统的作用真正发挥出来。工业互联网和制造融合可以很好地解决工艺设计与其他信息系统的集成问题，有效地将工艺设计与生产、检测反馈连接，缩短工艺创新的过程。

10.2.2 产品设计与工艺设计协同

随着设计与制造数字化进程的发展,产品数字化的要求越来越高。在产品设计和制造过程中,数字化设计技术得到了广泛推广和应用,很多企业引进 CAD/CAPP/PDM 等系统一起构建数字化管理平台,对整个产品进行数字化管理。在产品设计过程中,工艺协同的重要性也越来越凸显,因为在同一平台下共享数据资源,使得产品设计数据和工艺数据的交互变得越来越紧密,产品设计与工艺设计相互依赖、互为反馈,工艺设计应支持产品设计,实现产品设计确定的产品功能,同时也反馈产品设计的不足;反过来,产品设计也应考虑生产工艺的实现能力,确保产品能以适当的成本、交期和质量生产出来也大大缩短了产品的研发周期,提高了产品的加工质量。

如图 10-2 所示,在整个产品设计研发过程中,并行设计要比串行设计缩短研发周期 $T1$,协同设计要比并行设计缩短研发周期 $T2$,协同设计的效率最高。在协同设计过程中,整个产品设计和工艺设计是在同一个环境下进行的,通过数字化平台共同进行产品的设计研发。协同设计能让工艺设计更早地参与进产品的设计过程中,在进行产品概念设计时,就能通过数字化平台让工艺设计人员参与进来,了解设计师的设计理念,从而让工艺设计人员参与整个产品的设计过程,这样能及时发现设计缺陷,进行工艺性研究,提出好的建议,提高设计方案的可行性和可靠性,最终提高产品的研发能力,缩短研发周期。

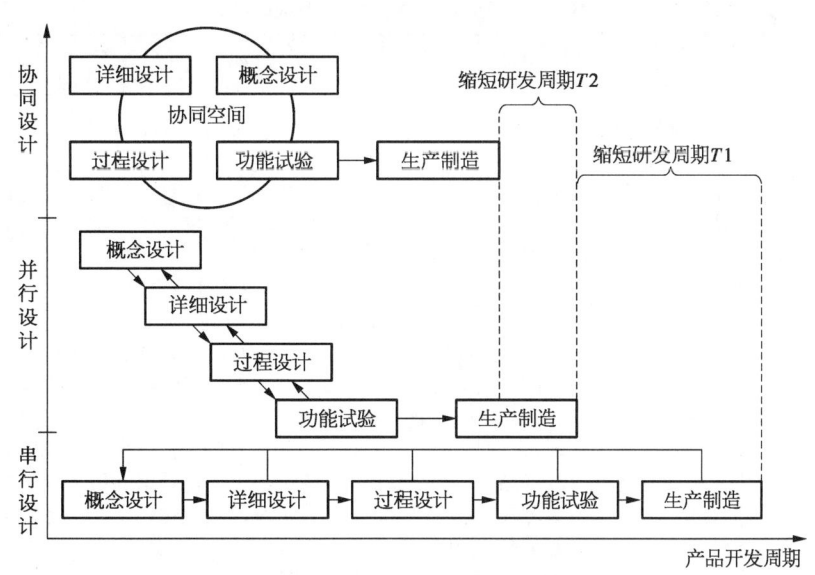

图 10-2 产品设计模式比较图

10.2.3 工艺设计子域成熟度级别要求

设计子域成熟度包括产品设计与工艺设计,其中产品设计成熟度评估的核心内容在于产品设计方式、设计知识应用、仿真技术应用、协同/集成/模式创新;工艺设计成熟度评估的核心内容在于工艺设计方式、工艺数据管理/知识应用、仿真技术应用、协同/设计集成/模式创新。

工艺设计从一级规划到五级引领的关键特征如图 10-3 所示;各等级的能力要求如表 10-2 所示。

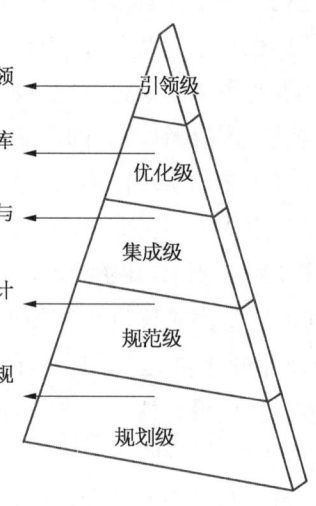

图 10-3 工艺设计各级关键特征

表 10-2 工艺设计能力域各等级的能力

一级	二级	三级	四级	五级
1) 应基于产品设计数据开展工艺设计和优化 2) 应制定工艺设计过程相关规范,并有效执行 3) 应建立工艺文档或数据的管理机制,能够对工艺信息进行记录、查阅和执行	1) 应基于计算机辅助开展工艺设计和优化 2) 应基于典型产品或特征建立工艺模板,实现关键工艺设计信息的重用 3) 应实现工艺不同专业之间的并行设计	1) 应通过工艺设计管理系统,实现工艺设计文档或数据的结构化管理、数据共享、版本管理、权限控制和电子审批 2) 应建立典型制造工艺流程、参数、资源等关键要素的知识库,并能以结构化的形式展现、查询与更新 3) 应基于数字化模型实现制造工艺关键环节的仿真分析及迭代优化 4) 应通过实现工艺设计与产品设计之间的信息交互、并行协同	1) 应实现基于模型的三维工艺设计和优化,并将完整的工艺信息(工装、工具、设备等)集成于三维工艺模型中 2) 应基于工艺知识库的集成应用,实现工艺流程、工序内容、工艺资源等知识的实时调用,为工艺规划与设计提供决策支持 3) 应实现基于三维模型的制造工艺全要素的仿真分析及迭代优化 4) 应基于工艺设计、生产、检验等系统的高度集成,通过工艺信息下发、执行、反馈、监控的闭环管控,实现工艺设计与制造协同	1) 应基于工艺知识库的集成应用,辅助工艺创新推理,实现工艺智能设计 2) 应基于设计、工艺、生产、检验、运维等数据分析,构建实时优化模型,实现工艺设计动态优化 3) 应建立工艺设计云平台,实现产业链跨领域、跨区域、跨平台的协同工艺设计

10.2.4 案例分析

【案例 10-2】 晨光数字化工艺设计单元项目

南京晨光集团有限责任公司(以下简称"南京晨光")隶属中国航天科工集团第四研究院,在中国航天防务领域具有重要的战略地位。南京晨光是国家高新技术企业,数字化工艺设计单元项目受到公司各级领导的高度重视。公司副总亲自组织系统调研,通过双方项目组专业、严格的论证确定实施方案,并在项目实施过程中完成详细设计和系统规划。目前系统运行稳定,第一个产品已完成试运行,其他批产产品也将按计划陆续进入系统运行。

本项目亮点包括:基于结构化工艺设计与管理,实现工艺管理的标准化;支持三维工艺设计,在工艺阶段重用设计成果,提高工艺设计的效率;实现三维工艺下现场,提高工艺规划对现场操作的指导作用,减少现场操作的培训,加快现场操作人员的技能成长;构建工艺知识库,将个人的知识沉淀为企业的知识,提高新工艺人员的工作效率;工艺技术状态的准确记录、追溯,实现技术状态变更的有效控制、贯彻落实,减少更改的漏灌漏发。

通过将正确的数据在正确的时候提供给正确的人,系统平台提高了工艺规划进度的可见性,提高了设计效率,减少了工艺规划过程对个人的依赖,增进了部门之间的协同;通过操作现场与工艺规划甚至产品设计的无缝对接、互动迭代,南京晨光提高了产品质量,减少了生产过程中的浪费,为未来的产品设计与工艺规划积累了知识,为实现全方位的智能制造打下坚实的基础。

晨光数字化工艺设计单元项目利用数字化手段实现操作现场与工艺规划甚至产品设计的运用三维技术的无缝对接、互动迭代,工艺技术状态的准确记录、追溯,构建工艺知识库,进而达到对工艺管理的标准化、状态的有效控制及知识沉淀,提高了协同生产效率及产品质量,减少了生产过程中的浪费,积累了产品设计与工艺规划知识,为数字化、网络化以及智能化应用到企业其他环节打下了坚实的基础。

本案例在成熟度模型的工艺设计能力子域中各等级的现状如下:

(1)在规划级层,项目组专业、严格的论证确定实施方案,并在项目实施过程中完成详细设计和系统规划。

(2)在规范级层,基于结构化工艺设计与管理,实现工艺管理的标准化;在工艺阶段重用设计成果,提高工艺设计的效率。

(3)在集成级层,通过操作现场与工艺规划甚至产品设计的无缝对接、互动迭代;构建工艺知识库,将个人的知识沉淀为企业的知识,提高新工艺人员的工作效率。

综上,对比设计能力子域各等级要求,晨光数字化工艺设计单元项目,在设计子域工艺设计可达到集成级(三级)要求。

【案例 10-3】 中国航发成发公司数字化装配工艺仿真系统项目

航空发动机是飞机的动力核心，其制造质量的好坏直接影响着飞机的使用性能和使用寿命。重要的是航空发动机的装配工艺非常复杂，涉及众多内容，装配要求非常高。中国航发成发公司通过近几年的数字化建设，已具备了数字化装配工艺设计和仿真能力，为了进一步快速响应产品设计制造不断变化的需求，迫切需要按业务领域聚焦打造更专业化的数字化装配工艺仿真系统，从而进一步缩短制造周期、降低制造成本、提高质量等，为后续全面开展数字化装配仿真奠定基础。

中国航发成发公司数字化装配工艺仿真系统项目自启动以来，受到中国航发成发公司和能科股份双方领导的高度重视。中国航发成发公司为此专门成立项目团队，全程参与、共同完成项目的需求调研、方案设计和测试推广等工作。该项目实施过程中，能科股份实施团队严格按照技术协议要求，认真严格执行项目交付节点，严格遵守并满足高质量的交付标准，实现了发动机装配工艺的快速设计和详细的装配工艺的虚拟仿真，对发动机装配工艺进行有效管理，提升了装配工艺设计效率。具体工艺仿真能力建设如图 10-4 所示。

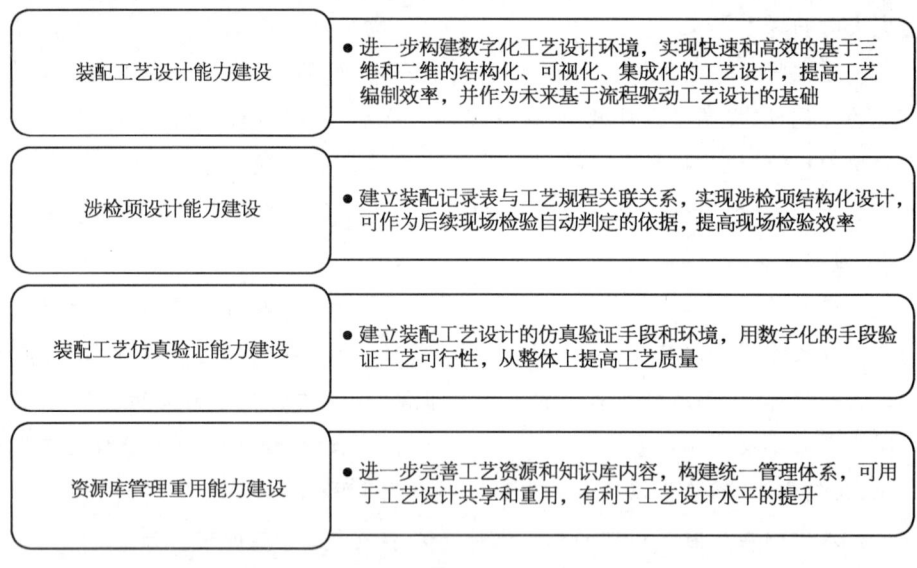

图 10-4　数字化装配工艺仿真系统能力建设

中国航发成发公司数字化装配工艺仿真系统针对装配工艺设计、涉检项设计、装配工艺仿真验证以及资源库管理等方面，打造数字化的工艺设计环节，实现装配记录与工艺规程关联、仿真，沉淀了工艺资源和知识库，既有利于工艺设计的共享和重用，又提升了工艺质量和检验效率。

本案例在成熟度模型的工艺设计能力子域中各等级的现状如下：

（1）在规划级层，中国航发成发公司为此专门成立项目团队，全程参与、共同完成项目的需求调研、方案设计和测试推广等工作。

(2) 在规范级层,构建数字化工艺设计环境,实现快速和高效的基于三维和二维的结构化、可视化、集成化的工艺设计;建立装配工艺设计的仿真手段和环境,整体提升工艺质量。

(3) 在集成级层,构建统一管理体系,完善工艺资源和知识库内容,实现工艺设计共享和重用。

综上,对比设计能力子域各等级要求,中国航发成发公司数字化装配工艺仿真系统,在设计子域工艺设计可达到集成级(三级)要求。

【案例 10-4】 陕西黄河集团有限公司——数字化管理平台助力设计

陕西黄河集团有限公司拥有大型高、精、尖电子技术武器装备及民用电子产品的开发、研制和生产能力,具有铸造、精密机械加工、工模具设计制造、热处理、表面处理、电子装配、调试、CAD/CAM 等多种工艺加工手段。

在过程产品研发过程中,一个产品在设计阶段,往往需要使用不同的设计软件,如用 AutoCAD 绘制二维模型,用 UG 建立三维模型,因此产生了不同系统之间的信息交互问题。此外,在工艺设计中也存在从设计内容中获取信息时由于设计软件的不同造成数据丢失和数据导入出错等问题。

在产品协同设计过程中开展的设计活动、工艺活动、实验活动及其他和设计相关的活动,都是围绕设计图纸在同一个平台空间下展开的,如图 10-5 所示。这样设计师和工艺师可以同时看到设计图纸,工艺师就能更早地参与产品设计,对设计图纸进行工艺性审查并提出改进意见,或者进行工艺性试验,为最终设计图纸的定型提出技术支持,从而提高产品设计的效率和成功率。

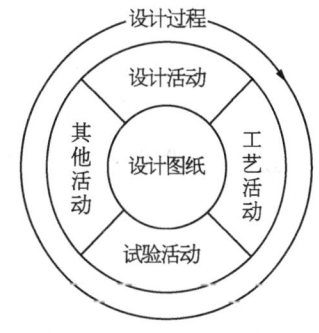

图 10-5 产品协同设计原理图

基于协同原理的 CAD/CAPP/PDM 等系统的集成,以 Web 的项目管理与工作流程管理系统、协同工具集为基础,实现分布式系统的过程集成、信息集成和知识集成,如图 10-6 所示。协同工作模式下,协同平台的建立是实现分布式系统间知识集成的基础。协同设计是指区域分散的设计群体,借助计算机及其网络技术,共同协调与协作来完成一项产品设计任务。在协同设计过程中,协作群体利用协同平台的工作流管理系统、项目管理系统、应用工具集(CAD/CAPP/PDM 等)和协同工具集(电子邮件等)等,通过知识共享、文件传递等方式,对群体联盟内的共享显性知识进行借鉴、引用和采纳,实现知识的融合和内化,并且通过必要的沟通与交流,完成产品的协同设计。

基于协同工作模式的 CAD/CAPP/PDM 等系统集成能较好地处理设计系统和工艺系统之间的数据交互问题,将产品设计和工艺设计有机协同起来。因为产品在设计阶段需要使用的不同设计软件,产生了不同系统之间的信息交互问题。此外,在

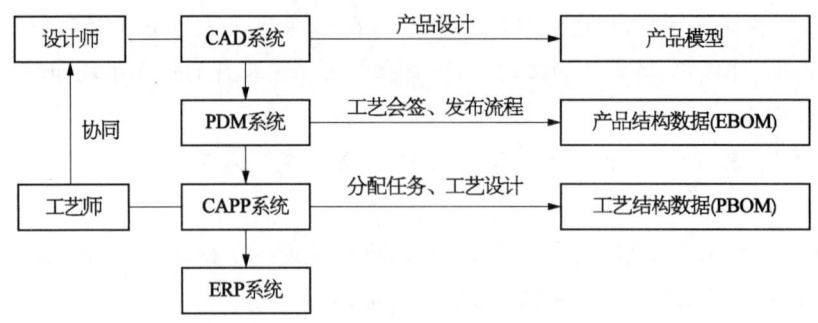

图 10-6 产品协同设计过程图

工艺设计中,也存在从设计内容中获取信息时,由于设计软件的不同造成数据丢失和数据导入出错等问题。通过 PDM 和 CAPP 系统可以解决上述问题。

陕西黄河集团有限公司的数字化管理平台助力产品设计利用 PDM 统一管理与产品相关的全部信息,不同设计软件 CAD、CAPP 的信息传递通过 PDM 系统进行,然后通过 PDM 提取需要的信息,并将结果反馈给 PDM 系统,最终实现产品设计和工艺设计在数据上的交流和共享。

本案例在成熟度模型的工艺设计能力子域中各等级的现状如下:

(1) 在信息化级层,在产品设计和工艺设计上都运用了三维软件 CAD、CAPP 等,进行包含产品、工艺参数数据的设计工作。

(2) 在集成级层,通过过程集成、信息集成和知识集成,形成了知识库,共享显性知识进行借鉴、引用和采纳,实现知识的融合和内化。

(3) 在协同级层,做到产品设计与工艺设计的互相介入与联动,实现了产品设计与工艺设计间的信息交互、并行协同。

综上,对比成熟度模型设计能力子域各等级要求,黄河集团的基于协同原理的 CAD/CAPP/PDM 等系统的集成,在设计子域可达到集成(三级)要求。

参考文献

[1] 易雪峰,刘宇川. 智能化趋势下产品设计思维创新[J]. 西部皮革:2019,41(13):107+109.

[2] 张博,齐晓莉,王聪. 产品设计过程中工艺协同的分析及应用[J]. 河南科技:2018(16):57-58.

[3] 邵秀丽,李慧超,王景军等. 基于 Web 产品协同设计系统关键技术的解决[J]. 智能计算机与应用:2018,8(04):10-16.

[4] 张乃鹏. 基于产品三维模型的数字化工艺设计方法研究[D]. 合肥:合肥工业大学,2013.

[5] 张仲勇,张志辉,韩慧婕. 数字化时代制造企业产品研发新模式[J]. 甘肃科技:2019,35(16):14-15.

[6] 王连坤,闫丽娟,武瑞,等. 全三维数字化产品与工艺设计数据质量控制体系研究[J]. 机电产品开发与创新:2019,32(04):28-30.

第 11 章
案例——智能化生产

智能化生产是将"人、机、料、法、环"五个层面的数据连接、融合并形成一个完整的闭环系统,通过对生产全过程数据的采集、传输、分析、决策,优化资源动态配置,提升产品质量管控。在此基础上,生产全过程智能化的重点工作是打通各种数据流,包括从生产计划到生产执行(ERP 与 MES)的数据流、MES 与控制设备和监视设备之间的数据流、现场设备与控制设备之间的数据流。企业可以基于生产数字化集成平台,将不同生产环节的设备、软件和人员无缝地集成为一个协同工作的系统,实现互联、互通、互操作。

智能化生产可以追溯到精益生产的概念,精益开始于一般生产流程(尤其是重复性生产的装配流水线),随后逐步扩展到其他生产流程(如化学品、食品和饮料等连续流),再到批量处理流程或加工车间(通常用于加工更小规模的更个性化商品)。

实现精益生产,最基本的一条就是消除生产中的浪费,即库存浪费、运输或移动浪费、动作浪费、等待浪费、过量生产浪费、多余工序浪费、缺陷或错误浪费、管理浪费(员工未尽其用)。精益中的浪费概念并不复杂,它实际上是从一个简单的、不同的视觉看待事物。

智能化生产通过对生产全过程数据的采集、传输、分析、决策,优化资源动态配置,提升产品质量管控。生产全过程智能化的重点工作是打通各种数据流,包括从生产计划到生产执行的数据流、MES 与控制设备和监视设备之间的数据流、现场设备与控制设备之间的数据流。本章立足精益生产,结合智能制造成熟度模型制造要素生产域,分别从计划与调度、生产作业、设备管理、安全环保、仓储配送、能源管理六个能力子域开展讨论,并结合实际案例分析企业如何在生产中的每个阶段进行智能化升级,实现智能化生产。

11.1 计划与调度

11.1.1 计划与调度在生产中的作用

生产计划根据销售计划所确定的销售量,在充分利用生产能力和综合平衡的基础上,对企业所生产的产品品种、数量、质量和生产进度等方面所做的统筹安排,是企业生产管理的依据。制定生产计划需平衡生产任务与生产能力;平衡生产任务与生产力;平衡生产任务与物资供应能力;平衡生产任务与生产技术准备;平衡生产任务与资金占用。

生产调度以生产进度计划为依据,为使生产计划能够按照交期顺利完成,从生产物料准备、设备力量配备、劳动力协调、现场问题处理、品质力量配备等生产运行全过程的组织和协调控制。生产调度的工作内容一般包括:实时监控生产各环节工作情况,了解场站运行状况,制定应急措施;根据生产需要合理调配劳动力,督促检查原材料、工具、动力等供应情况和场站运输工作;检查各生产环节的零件、部件、毛坯、半成品的投入和产出进度,及时发现生产进度计划执行过程中的问题,并积极采取措施加以解决;对轮班、昼夜、周、旬或月计划完成情况的统计资料和其他生产信息(如由于各种原因造成的工时损失记录;机器损坏造成的损失记录;生产能力的变动记录等)进行分析研究;检查、督促和协助有关部门及时做好各项生产作业准备工作

11.1.2 计划与调度能力子域成熟度模型

计划与调度属于智能制造能力成熟度模型中制造要素,给出了从规划级(一级)到引领级(五级)各级别的能力要求,指导企业对标各级别关键特征,实现基于智能算法的高级计划与调度。

计划与调度成熟度模型等级关键特征如图11-1所示;各等级的能力要求如表11-1所示。

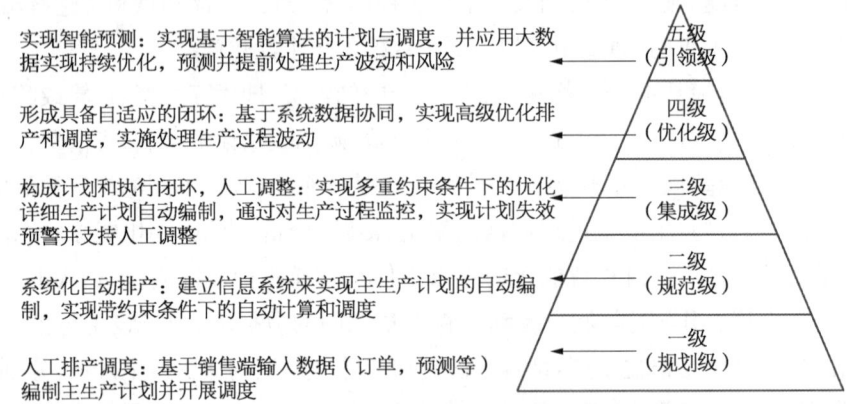

图 11-1 计划与调度成熟度模型等级特征

表 11-1 计划与调度成熟度模型各等级的能力要求

一级	二级	三级	四级	五级
1)应基于销售订单和销售预测等信息,编制主生产计划 2)应基于主生产计划进	1)应通过信息系统,依据生产数量、交期等约束条件自动生成主生产计划 2)应基于企业的安全库存、采购提前期、生产提前期等制	1)应基于安全库存、采购提前期、生产提前期、生产过程数据等要素开展生产能力运算,自动生成有限能力主生产计划 2)应基于约束理	1)应基于先进排产调度的算法模型,系统自动给出满足多种约束条件的优化排产方案,形成最优的详细生产	1)应建立基于智能算法并融合人工智能动态调整的新一代高级计划与高级排产系统,提前处理生产过程中的波动和风险,实现动态

续表

一级	二级	三级	四级	五级
行排产,形成详细生产作业计划并开展生产调度	约要素实现物料需求计划的运算 3) 应基于信息技术手段编制详细生产作业计划,基于人工经验开展生产调度	论的有限产能算法开展排产,自动生成详细生产作业计划 3) 应实时监控各生产环节的投入和产出进度,系统实现异常情况(如:生产延时、产能不足)的自动预警,并支持人工对异常的调整	作业计划 2) 应实时监控各生产要素,系统实现对异常情况的自动决策和优化调度	实时的生产排产和调度 2) 应通过统一平台,基于产能模型、供应商评价模型等,自动生成产业链上下游企业的生产作业计划,并支持企业间生产作业计划异常情况的统一调度

11.1.3 案例分析

【案例 11-1】 舒适刀片拉动式生产计划与控制

1) 背景

舒适刀片(广州)有限公司于1994年在中国广州成立,是舒适双剑集团公司在全球的剃须刀制造中心之一。舒适广州公司属于典型的来料加工的制造型企业,其业务以出口为主,生产的产品90%以上出口到全球不同的国家。舒适广州公司在珠江三角洲有超过30家原材料供应商,包括塑胶,金属和包装材料的生产物料,除了刀片原材料以外,所有的生产原材料基本实现本地采购。舒适广州公司生产部分为刀片装配车间、刀架装配车间和从车间,如果所有设备全部满负荷,每日产能为刀片480 000片,刀架230 000支,包装450 000套。虽然业务迅速增长,但市场竞争越来越激烈,为了使公司可以持续发展,公司开展推行精益生产管理,在现有的推动式供应链模式下实行拉动式生产方式。这种改变对供应链,特别是对生产计划与调度有着较大的影响。

2) JIT拉动生产下的生产计划与调度

舒适广州公司在企业信息化方面,在同类型企业中处于比较先进的水平,其所应用与生产计划相关的系统包括:SAP系统用于MRP管理;Manugistic系统用于DRP管理;I-Seala系统用于Customer Order管理;供应商管理库存(vendor management inventory, VMI)用于供应商库存管理,主要用于管理采购订单,安排送货和供应商交流彼此的产能、排程及计划执行程度的信息。采用JIT生产下的生产计划制定流程:

(1) 物料需求和工业计划。通过VMI系统来改善对供应商库存的控制,根据产品的市场销售情况,原来的采购周期和供应商的生产能力等信息,与供应商协定将原料的库存量控制在一个合理的库存量以内。然后通过VMI将生产作业计划与供应商分享,供应商根据舒适公司每天的生产作业计划进行物料供应。

(2) 生产作业计划。从原来按照部件装配和产品包装工序进行排产,改变为只制定产品包装的生产作业计划,通过JIT拉动式生产中的"看板"工具来拉动产品的部件装配生产,从而使生产过程中的在制品库存大大减少。

(3) BOM结构简化。以前的BOM结构非常复杂,实施JIT生产后,BOM结构为产品作业生产计划直接到单元生产作业计划。

3) 对应计划与调度能力子域智能制造生熟度等级

与计划与调度能力子域的四项关键活动进行对比:

(1) 计划编制的方式方法。舒适公司实现了在销售、采购周期和供应商产能等约束条件下的生产计划编制,并与供应商进行数据分享。

(2) 计划与调度的集成方式。舒适公司根据产品包装生产作业计划,通过"看板"工具拉动产品部件装配生产,实现了灵活的生产调度方式。

(3) 计划与调度的智能化。舒适公司的生产控制属于基于生产计划的被动跟随,无法实现智能化的调度。

综上,对比计划与调度能力子域各等级要求,舒适公司通过拉动式生产计划与控制可达到规范及(二级)要求。

11.2 生产作业

11.2.1 自动化高柔性的自适应生产

生产作业是指将投入的各种资源转化为最终产品的相关活动,包括加工制造、组装、包装、质检、设备维护、印刷和各种设施管理等。

20世纪初,制造业追求目标是成本更低,出现了可互换零件原理,形成了大批大量生产模式。20世纪中叶,为了追求更高的质量,采用了全面质量管理。20世纪80年代,市场需要不同的产品,产品的多样化出现,多品种小批量生产模式流行,计算机技术应用到产品设计制造过程,出现了计算机集成制造系统,也就是信息化系统。不同时代企业追求目标不同,所采用的解决问题的方法也不同。大数据时代,主要体现为技术可以帮助实现生产过程异常发现、产品质量和生产调度优化等方面。

生产作业管理以高效率输出高品质的个性化产品为核心目标,在人、机、料、法、环等方面全面推动向自动化、数字化、网络化和智能化的方向发展。一般企业生产都是经历工业大数据的三个阶段:第一个阶段,从企业相关系统的信息化、数据化;第二个阶段,分析这些数据之间的关联关系,用数据挖掘的方法预测演化规律;第三个阶段,从演化规律中,控制生产过程中易出现问题的阶段。

11.2.2 生产作业能力子域成熟度模型

生产作业属于智能制造能力成熟度模型中制造要素,给出了从规划级(一级)到引领级(五级)各级别的能力要求,指导企业对标各级别关键特征,实现智能化高柔性自适应生产。

生产作业成熟度模型等级关键特征如图 11-2 所示;各等级的能力要求如表 11-2 所示。

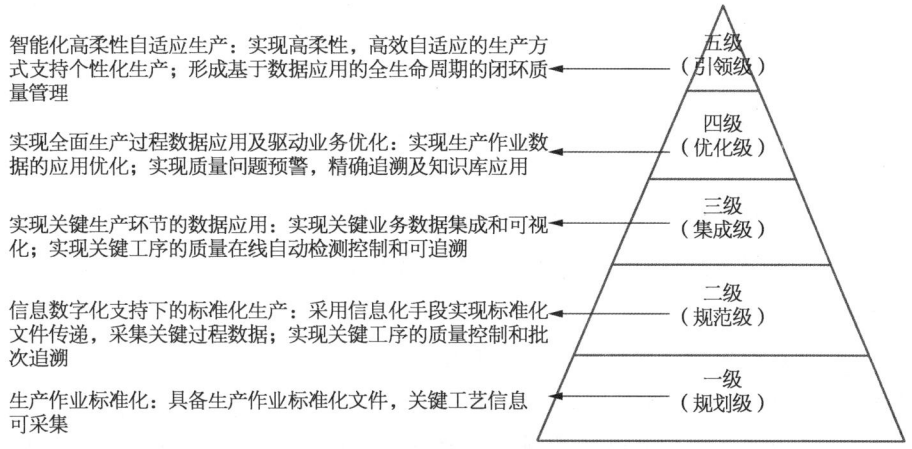

图 11-2　生产作业成熟度模型等级特征

表 11-2　生产作业成熟度模型各等级的能力要求

一级	二级	三级	四级	五级
1) 应制定生产作业相关规范,并有效执行 2) 应记录关键工序的生产过程信息	1) 应通过信息技术手段,将工艺文件下发到生产单元 2) 应基于信息技术手段,实现生产过程关键物料、设备、人员等的数据采集,并上传到信息系统 3) 应通过信息系统记录生产过程产品信息,每个批次实现生产过程追溯	1) 应根据生产作业计划,自动将工艺文件下发到各生产单元电子看板 2) 应实现对生产作业计划、生产资源、质量信息等关键数据的动态监测 3) 应通过数字化检验设备及系统的集成,实现关键工序质量在线检测和在线分析,自动对检验结果判断和报警,实现检测数据共享,并建立产品质量问题知识库 4) 应实现生产过程中原材料、半成品、产品等质量信息可追溯	1) 应根据生产作业计划,自动将生产程序、运行参数或生产指令下发到数字化设备 2) 应构建模型实现生产作业数据的在线分析,优化生产工艺参数、设备参数、生产资源配置等 3) 应基于在线监测的质量数据,建立质量数据算法模型预测生产过程异常,并实时预警 4) 应实时采集产品原料、生产过程、客户使用的质量信息,实现产品质量的精准追溯,并通过数据分析和知识库的运用,进行产品的缺陷分析,提出改善方案	1) 应实现生产资源自组织、自由化,满足柔性化、个性化生产的需求 2) 应基于人工智能、大数据等技术,实现生产过程非预见性异常的自动调整 3) 应基于模型实现质量知识库自由化

11.2.3 案例分析

【案例 11-2】 中兴通讯股份有限公司质量管理

1) 背景

中兴通讯股份有限公司是全球领先的综合通信解决方案提供商,也是中国最大的通信设备上市公司。主要产品包括:2G/3G/4G/5G 无线基站与核心网、IMS、固网接入与承载、光网络、芯片、高端路由器、智能交换机、政企网、大数据、云计算、数据中心、手机及家庭终端、智慧城市、ICT 业务,以及航空、铁路与城市轨道交通信号传输设备。

中兴通讯针对电信大数据进行了专家级的建模,推出 DAP 大数据平台综合解决方案,具有以下特点:

(1) 简化的运维管理。开源组件的集成和运维通常是一个很复杂的问题,DAP 平台提供了批量自动化安装、丰富的服务状态展示、实时事件告警、日志跟踪和审计,提供简洁的运维。

(2) 增强的安全管理。支持基于角色的一整套权限管理,支持数据脱敏,支持同城异地双活灾备,确保客户的数据得到最大的保护。

(3) 开源组件功能和性能增强。在开源的基础上提供配置参数优化提升性能,并做一些功能增强。

(4) 开放数据交易平台 ODPP。在开源的基础上,支持数据的统一开放,支持多租户,并实现数据共享和交换,为数据交易提供基础平台。

2) 中兴 DAP 大数据平台

中兴 DAP 大数据平台在开源的基础上提供了中兴通讯自有的一整套可管可控、高可靠性的商用大数据平台版本,分为数据 ETL(Extract-Transform-Load)层、存储计算层、开放数据服务层、挖掘分析层以及统一管理功能,如图 11-3 所示。

中兴生产质量管理基于 DAP 大数据平台,建立基于生产的大数据中心,生产数据层层汇聚到 DAP 集中管理。

采用通用生产流程管控框架,对生产流程、测试流程、维修流程、返修流程等上下工序的移交进行严格控制,严把质量关,做到质量产品"不流出"。

通过机器学习、数据挖掘等技术对历史数据进行分析,构建工艺专家知识库和模型库,实现各生产工序的闭环控制和参数优化。通过关联分析,实时调控生产线关键参数(如设备工艺参数等),对生产过程进行实时监控和主动维护,实现产品质量和效率的提升,如图 11-4 所示。

在实际应用方面,中兴通讯机顶盒类终端产品通过导入生产质量智能管理系统,全面覆盖深圳和长沙生产基地以及多家外协生产厂家,自系统上线以来产品早期返还率下降 57%,产品的工艺优化时间由 1 月一次降为 1 周一次,现场质量问题和异常

第 11 章 案例——智能化生产 247

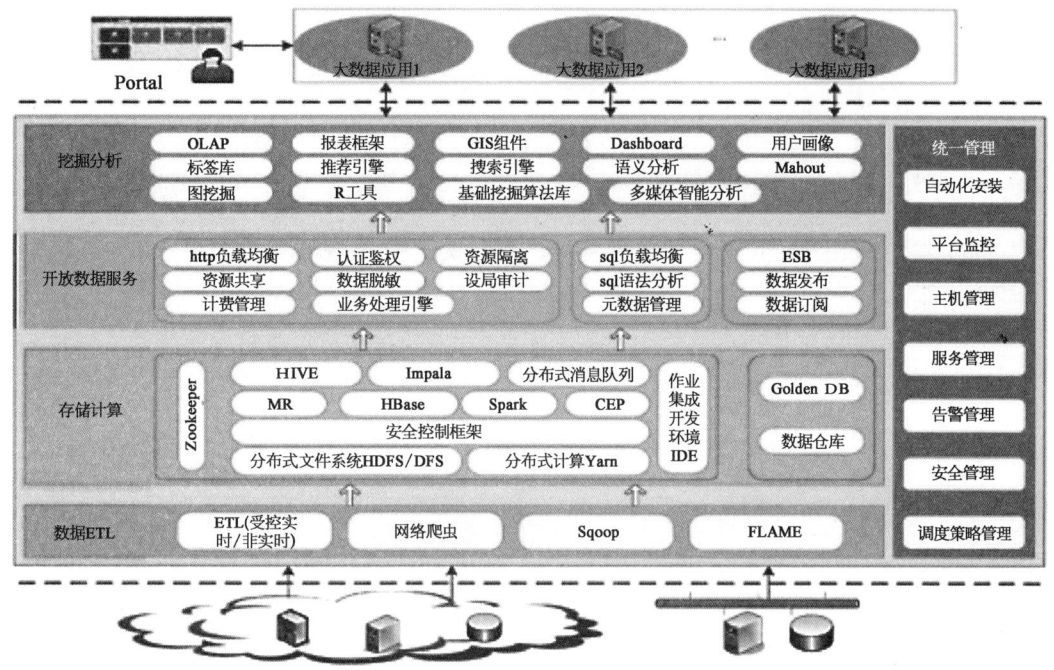

图 11-3 中兴 DAP 大数据平台

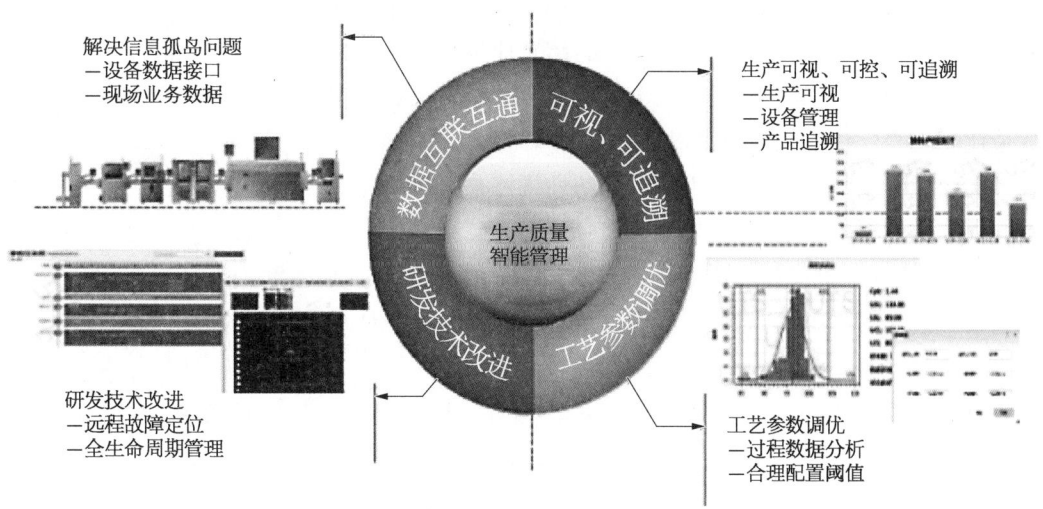

图 11-4 生产质量改进成效

定位时间由 1 天降为 1 小时。

3) 对应生产作业能力子域智能制造生熟度等级

与生产作业能力子域的四项关键活动进行对比：

(1) 生产作业标准化的实现方式。中兴生产质量管理系统基于 DAP 大数据平台，采用通用的生产流程管控架构实时生产作业管理。

(2) 生产作业过程中数据的采集和应用。中兴 DAP 大数据平台通过设备数据接口采集现场业务数据,解决信息孤岛问题,实现生产可视、设备可控、产品追溯。

(3) 过程质量的监控、预防和追溯。中兴生产质量系统对生产流程、测试流程、维修流程、返修流程等上下工序的移交进行严格控制,对生产过程进行实时监控和主动维护。

(4) 质量检测手段和数据应用。中兴生产质量通过机器学习、数据挖掘等技术对历史数据进行分析,构建工艺专家知识库和模型库,实现各生产工序的闭环控制和参数优化。

综上,对比生产作业能力子域各等级要求,中兴在生产作业能力子域基本可达到优化级(四级)要求。

11.3 设备管理

11.3.1 预测性维护

今天的制造流程涉及跨预先定义的、精确步骤协调精密的机器。特别是在那些资产密集型企业中,设备是否能够正常、高效地运转,直接关系到企业的盈利水平。一台机器出现故障就可以导致整个生产线终止运行,传统设备维修通常分成两种:故障维修和预防性维修。故障维修常会带来生产中断,给企业运转带来困扰,其中的安全隐患有时甚至引发灾难,危及员工及客户生命安全。但过早的维护是有成本的,最好有一个保养和维修的最佳时间表:不要太早,也别太晚。

在实际生产中,企业不得不采取预防性维修来减少故障的发生,而预防性维修是根据经验觉得维修周期和维修项目的,方式一般为人工检查,这或多或少有一些不准确。一方面,不能完全杜绝事故的发生;另一方面,频繁的维修又会造成不同程度的浪费。物联网和大数据技术的应用,将使得预测性维修变成现实,从而大大提高设备的可监控性,提高设备故障预测的准确性。

预测性维修(Predictive Maintenance,PdM),是以状态为依据的维修,在机器运行时,对它主要或需要的部位进行定期或连续的状态监测和故障诊断,判定装备所处的状态,预测装备状态未来的发展趋势,依据装备的状态发展趋势和可能的故障模式,预先制定预测维修计划,确定机器应该修理的时间、内容、方式和必需的技术和物质支持。预测性维修集装备状态监测、故障诊断、故障(状态)预测、维修决策支持和维修活动于一体,是一种新兴的维修方式,如图11-5所示。

11.3.2 设备管理能力子域成熟度模型

设备管理属于智能制造能力成熟度模型中制造要素,给出了从人工点检维修(一级)到预知性维护和自适应维修(五级)各级别的能力要求,指导企业对标各级别关键特征,向

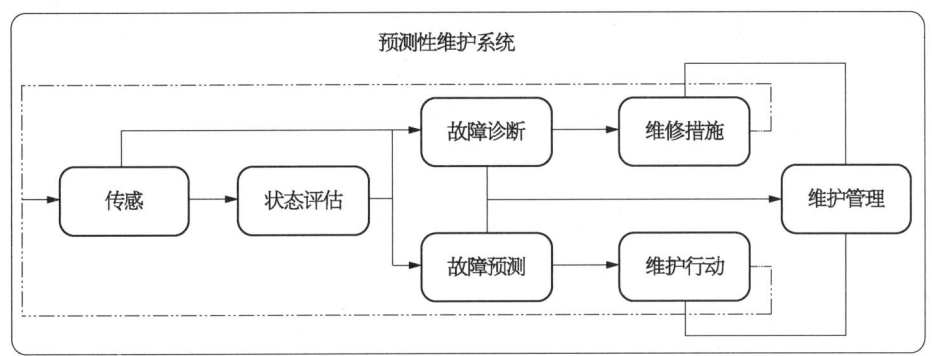

图 11-5 预测性维护系统

设备全生命周期智能化管理转型。

设备管理成熟度模型等级关键特征如图 11-6 所示；各等级的能力要求如表 11-3 所示。

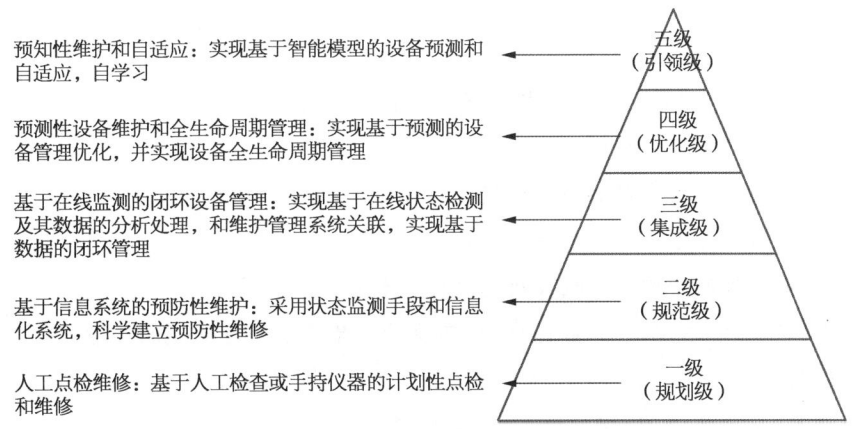

图 11-6 设备管理成熟度模型等级关键特征

表 11-3 设备管理成熟度模型各等级的能力要求

一级	二级	三级	四级	五级
1) 应通过人工或手持仪器开展设备点巡检，并根据人工经验实施检维修过程管理和故障处理	1) 应通过信息技术手段制定设备维护计划，实现对设备设施维护保养的预警 2) 应通过设备状态检测结果，合理调整设备维护计划 3) 应采用设备管理系统实现设备点巡检、维护保养等状态和过程管理	1) 应实现设备关键运行参数（温度、电压、电流等）数据的实时采集、故障分析和远程诊断 2) 应依据设备关键运行参数等，实现设备综合效率统计 3) 应建立设备故障知识库，并与设备管理系统集成 4) 应依据设备运行状态，自动生成检修工单，实现基于设备运行状态的检修维护闭环管理	1) 应基于设备运行模型和设备故障知识库，实现包含自动预警的预测性维护解决方案 2) 应基于设备综合效率的分析，自动驱动工艺优化和生产作业计划优化	1) 应采用机器学习、神经网络等，实现设备运行模型的自学习、自适应

11.3.3 案例分析

【案例 11-3】 华域设备健康管理

1) 背景

华域视觉科技(上海)有限公司从事视觉科技、智能科技、照明及新环境系统技术、电子技术、智能装备技术领域内的技术开发、技术咨询、技术服务、技术转让,从事货物及技术进出口业务,汽车电子设备系统及汽车照明电子部件的生产及销售等。华域专注于全球汽车厂商提供汽车照明电子产品视觉科技解决方案,产品共 6 大系列,500 多个品种,40 多种出口美国、欧洲、日本等国际市场。

随着工厂规模不断扩大,注塑机、空压机等设备的健康状况成为影响产品质量及生产效率的关键因素。同时,顺应物联网、大数据等新一轮信息技术发展,建设"智慧工厂"已是企业未来发展的必然趋势。

2) 设备健康度管理

健康度是基于生产设备管理理念而构建设备健康度的功能模型及信息模型,用来衡量设备运行健康状况的指标。针对设备实施健康度管理,具有以下意义:

① 了解设备当前管理状况;
② 了解设备生产产品质量状况;
③ 了解设备生产产品质量状况;
④ 获得对产品质量影响最大的关键参数;
⑤ 实现对工艺参数的最优控制,实现对产品质量的可靠预测和控制。

通过对设备运行日志、运行参数、MES 系统相关数据进行分析,搭建设备健康度功能模型,从设备管理、模具管理、产品管理、缺陷管理四个维度开展分析,其功能模型如图 11-7 所示。

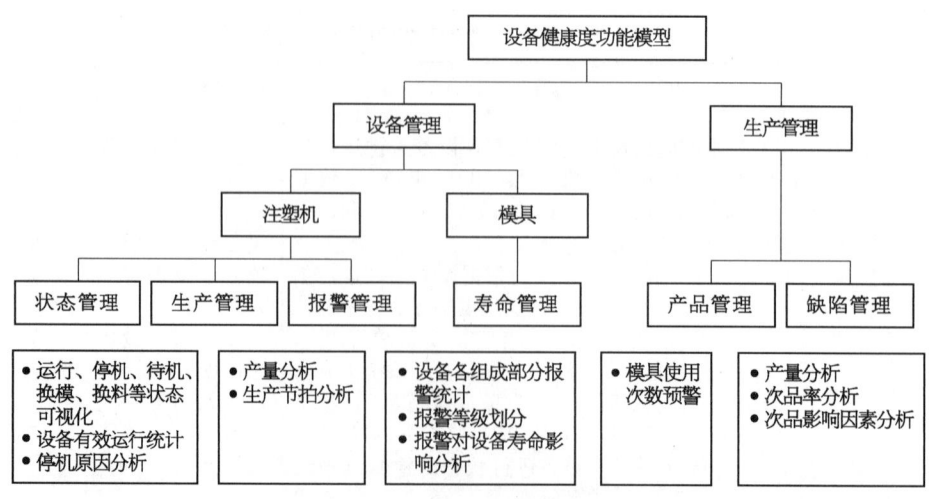

图 11-7 设备健康度功能模型

(1) 注塑机设备管理。分析设备运行、停机、待机、换模、换料等状态的可视化；统计设备有效运行时间；分析设备停机原因。

(2) 模具管理。分析模具使用寿命。

(3) 产品管理。分析生产节拍，及生品。

(4) 缺陷管理。对次品率进行分析，以及次品影响因素分析。

通过数据初步分析，得出设备健康度影响因素：运行参数、产品履历、设备报警、产品缺陷、维修记录，其信息模型如图 11-8 所示。

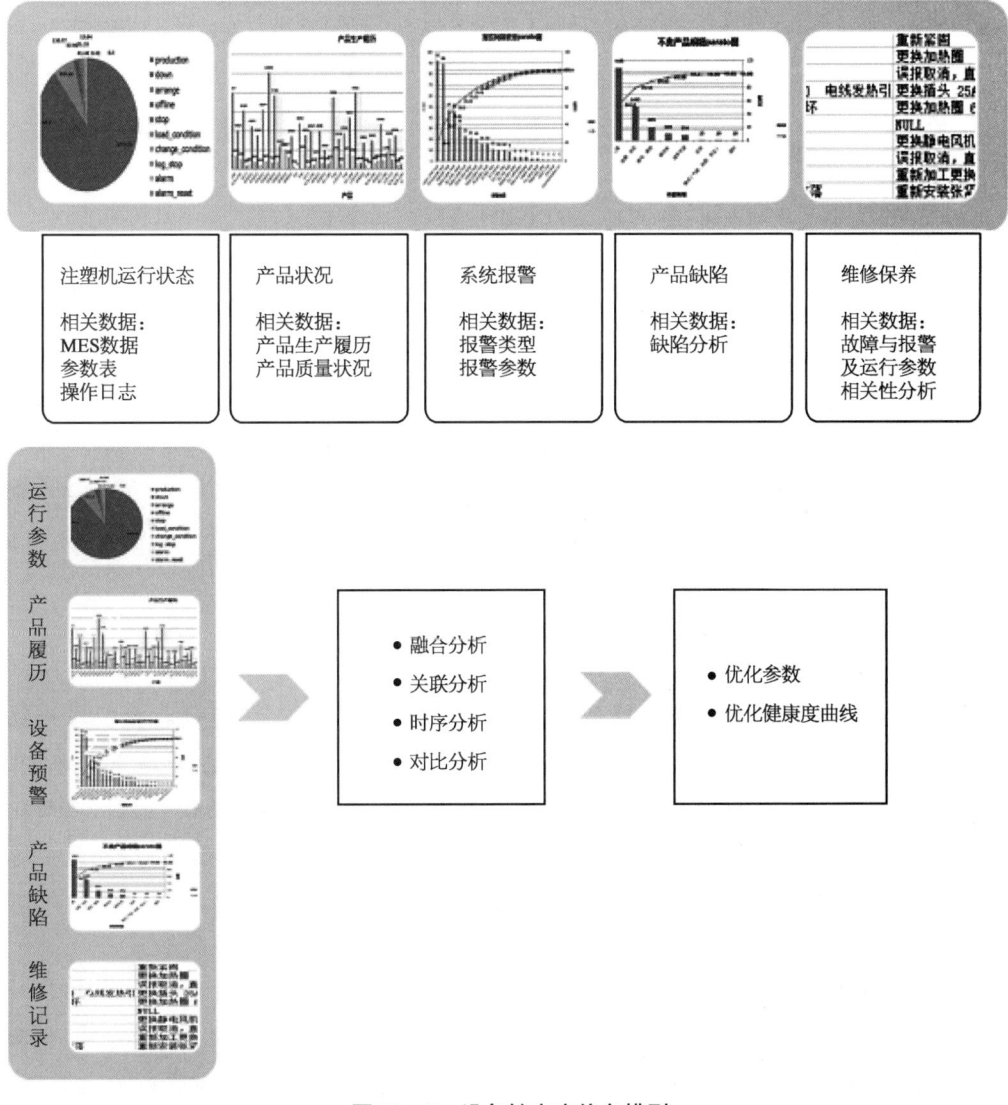

图 11-8 设备健康度信息模型

利用健康度信息模型对设备开展健康度分析，得到设备健康度曲线，如图 11-9 所示。

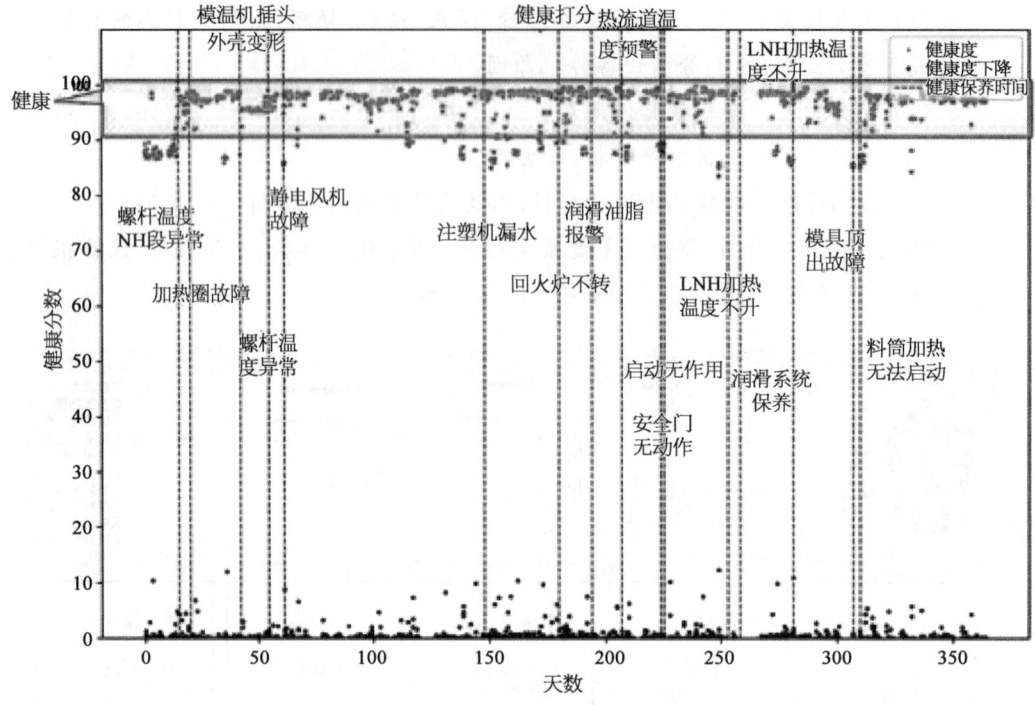

图 11-9 设备健康度曲线

3) 对应设备管理能力子域智能制造生熟度等级

通过对华域开展设备健康度分析前后进行智能制造成熟度评估,华域在设备管理子域从原来的一级上升为二级。

【案例 11-4】 三一重工"树根互联"

1) 背景

三一重工股份有限公司,是由三一集团创建于 1994 年,通过打破国人传统的"技术恐惧症"坚持自主创新迅速崛起。三一重工业务和产业基地遍布全球,在国内北京、长沙、上海、昆山、乌鲁木齐等地建有产业园,在印度、美国、德国、巴西建有海外研发和制造基地。目前是中国最大、全球第五的工程机械制造商,也是全球最大的混凝土机械制造商,公司产品包括混凝土机械、挖掘机械、起重机械、桩工机械、筑路机械。

"树根互联"打造的机器关系管理平台,通过机器的互联和数据的收集整理,对接云端数据存储数据分析和智能服务平台,提供资产管理、设备跟踪、故障预测、保险金融、研发辅助等创新业务,帮助用户降低成本、提高运营效率,实现商业模式创新。"树根互联"IOM 平台可以为设备提供 360°全生命周期管理:涵盖物联监控、智能服务、能耗耗材、资产管理、设备协同、二手交易、设备保险、交易支付、货款保理、共享租赁、改装再造等多个环节,为企业实现增效提速、商业创新等目的。

2) 根云平台

根云平台主要基于三一重工在装备制造及远程运维领域的经验，由OT层向IT层延伸构建平台，重点面向设备健康管理，提供端到端工业互联网解决方案和服务。根云平台能够为各行业企业提供基于物联网、大数据的云服务，面向机器制造商、金融机构、业主、使用者、售后服务商、政府监管部门提供应用服务，同时对接各类行业软件、硬件、通信商开展深度合作、形成生态效应。根云平台主要具备三方面的功能，如图11-10所示。

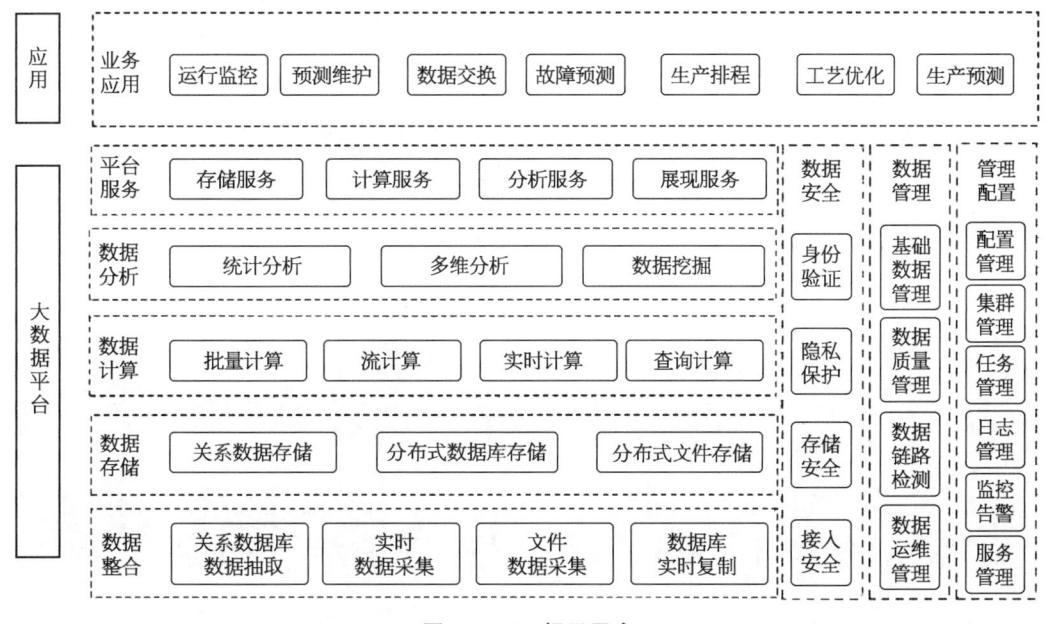

图 11-10 根云平台

(1) 数据整合。通过传感器、控制器等感知设备和机器联网，采集、编译各类设备数据以及其他系统数据。

(2) 大数据平台。面向海量设备数据，提供数据清洗、数据治理、隐私安全管理等服务以及稳定可靠的云计算能力，并依托工业经验知识谱构建工业大数据工作台。

(3) 应用和解决方案。为企业提供端到端的解决方案和即插即用的SaaS应用，并为应用开发镇提供开发组件，方便其快速构建工业互联网应用。

根云平台实现了对全国甚至全球挖掘机等设备的远程管理功能，以及基于设备运行参数的数据分析功能。

设备使用情况如图11-11所示。系统采集设备生产数据，绘制设备最大应力曲线以及各测点应力曲线，分析各段臂架超载使用情况，根据实际使用情况给出研发改进建议。

设备健康管理如图11-12所示。系统采集设备维保数据，结合实时工况数据，分析设备实时状态，预测一定周期内配件发生故障的可能性，并给出故障处理措施。

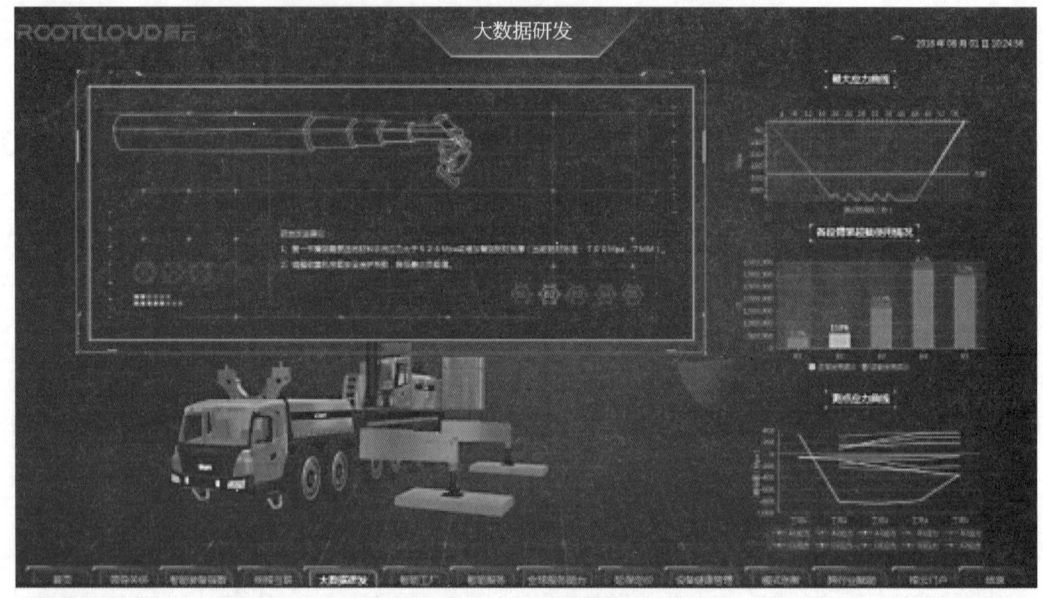

图 11-11　设备使用情况

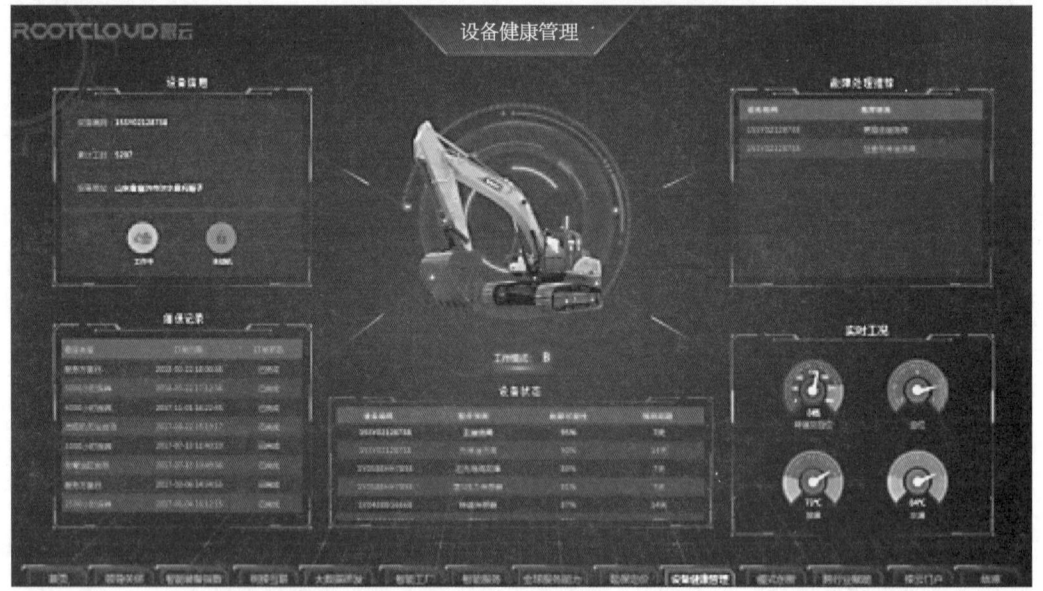

图 11-12　设备健康管理

同时,统计每次故障排查工程师的响应时间、修复率,随时关注常用备件的满足度及旧件的回收比例。

3) 对应设备管理能力子域智能制造生熟度等级

与设备管理能力子域的四项关键活动进行对比:

(1) 设备运行状态的检查方法。根云平台通过传感器在线实时采集设备运行数据,绘制设备及关键配件使用曲线,了解设备运行状态。

(2) 设备状态数据获取、分析和处理。根云平台在线采集设备实时工况,通过大数据分析给出研发改进建议、了解设备健康状况,预测配件发生故障的可能性并给出处理建议。

(3) 基于信息系统的设备管理。根云平台集成设备使用实时工况数据、设备维保数据、设备配件数据等,提供智能服务。

(4) 智能设备状态监测和自适应。根云平台目前只能给出设备的研发改进建议和维修建议,还无法实现设备的自优化和从故障中自我恢复。

综上,对比设备管理能力子域各等级要求,三一重工通过根云平台对挖掘机设备的管理基本可达到优化级(四级)要求。

11.4 安全环保

11.4.1 智能化为安全和环保带来倍增效应

"绿水青山,就是金山银山"。安全环保是我们赖以生存的根本,绿色环保是企业发展的底线,是企业可持续发展的基础。认真、积极做好企业环境改造是推动企业绿色可持续发展的需要。坚持绿色发展之路是企业发展的首要选择。安全环保既要思想保障,也要新技术、新科技推动。

创新安全环保管理模式,要转变思维观念,寻找科学方法,运用智能化、信息化手段,推动安全环保管理体制、机制、模式创新。智能化、信息化管理创新的核心是实现各种日常生产数据和安全指标的自动采集、自动检查、自动评估,自动形成整改方案,让责任主体及时发现、及时响应、及时处理。创新的安全环保管理模式注重数据连续监测、问题动态研判、信息即时反馈,让各种事故隐患、苗头以及低老坏现象无处藏身、无处遁形,安全生产的警钟无时不响、无处不响。创新的安全环保管理模式必须用根本的办法解决根源的问题,从根本上扭转过去搞人海战术、检查铺天盖地、事发应急、事后处罚等被动管理现象,致力追求和实现本质安全。安全环保管理模式创新要从最容易发现的问题、最容易解决的问题、所占比例最大的问题抓起,先期以设备设施为突破口,成立专门课题组,进行设备设施智能化、信息化管理立项攻关,不断探索、实践、改进、推广,推动油田整个安全环保信息化建设进程。

11.4.2 安全环保能力子域成熟度模型

安全环保属于智能制造能力成熟度模型中制造要素,给出了从一级(规划及)到五级(引领级)各级别的能力要求,指导企业对标各级别关键特征,通过智能技术实现安全的预防与环保设备的趋势预警。

安全环保成熟度模型等级关键特征如图 11-13 所示;各等级的能力要求如表 11-4 所示。

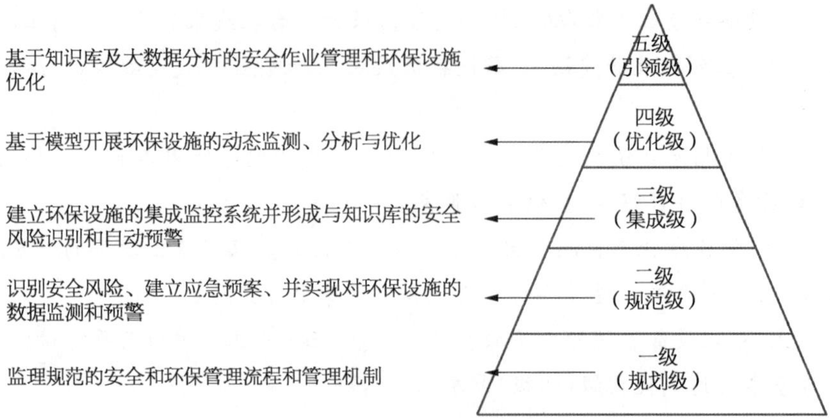

基于知识库及大数据分析的安全作业管理和环保设施 ← 五级（引领级）
优化

基于模型开展环保设施的动态监测、分析与优化 ← 四级（优化级）

建立环保设施的集成监控系统并形成与知识库的安全 ← 三级（集成级）
风险识别和自动预警

识别安全风险、建立应急预案、并实现对环保设施的 ← 二级（规范级）
数据监测和预警

监理规范的安全和环保管理流程和管理机制 ← 一级（规划级）

图 11-13 安全环保成熟度模型等级关键特征

表 11-4 安全环保成熟度模型各等级的能力要求

一级	二级	三级	四级	五级
1）应制定企业安全管理机制和环保管理机制，具备安全和环保操作规程	1）应通过信息技术手段实现员工职业健康和安全作业管理 2）应通过信息技术手段实现环保管理，环保数据可采集并记录	1）应建立安全培训、风险管理等知识库；在现场作业端应用定位跟踪等方法，强化现场安全管控 2）应实现从清洁生产到末端治理的全过程环保数据的采集，实时监控及报警，并开展可视化分析 3）应建立应急指挥中心，基于应急预案库自动给出管理建议，缩短突发事件应急响应时间	1）应基于安全作业、风险管控等数据的分析，实现危险源的动态识别、评审和治理 2）应实现环保监测数据和生产作业数据的集成应用，建立数据分析模型，开展排放分析及预测预警	1）应综合应用知识库及大数据分析技术，实现生产安全一体化管理 2）应实现环保、生产、设备等数据的全面实时监控，应用数据分析模型，预测生产排放并自动提供生产优化方案并执行

11.4.3 案例分析

【案例 11-5】 长庆油田采油二厂"智能化"实现安全环保"精准"管控

1）背景

长庆油田采油二厂地处甘肃庆阳黄土塬区，地质条件差、开发难度大，是典型的低渗、低压、低丰度油田。生产区域分布在生态脆弱和环境敏感区，生产场站点多、面广，管理难度大、安全环保风险大。从 2017 年开始，这个厂就积极探索，将智能化建设和油田发展深度融合，通过不断改造和创新，全面加快智能化油田建设步伐，在推动油田实现安全环保、提质增效方面发挥着越来越重要的作用。

2）数字化油田管理架构

长庆油田开展基于物联网技术的数字化油田建设，如图 11-14 所示，不仅实现了跨地域协同工作，紧密连接生产的各个环节，还可以实现油田业务与技术的整合，

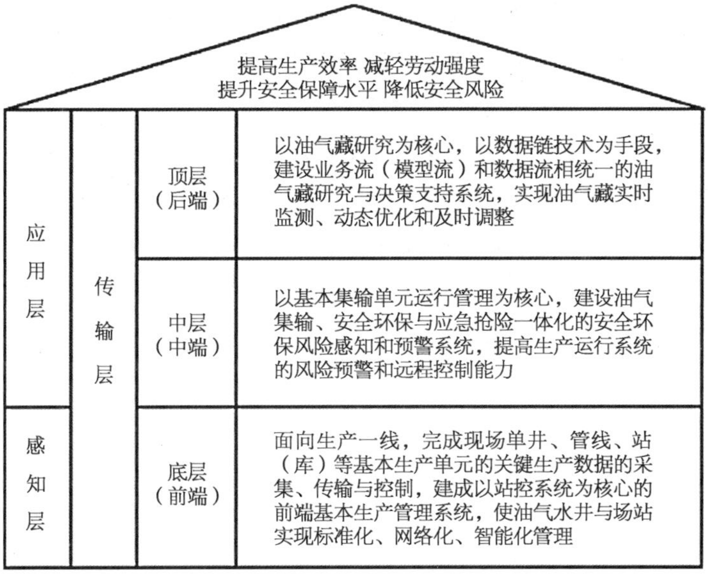

层级			说明
提高生产效率 减轻劳动强度 提升安全保障水平 降低安全风险			
应用层	传输层	顶层 (后端)	以油气藏研究为核心,以数据链技术为手段,建设业务流(模型流)和数据流相统一的油气藏研究与决策支持系统,实现油气藏实时监测、动态优化和及时调整
		中层 (中端)	以基本集输单元运行管理为核心,建设油气集输、安全环保与应急抢险一体化的安全环保风险感知和预警系统,提高生产运行系统的风险预警和远程控制能力
感知层		底层 (前端)	面向生产一线,完成现场单井、管线、站(库)等基本生产单元的关键生产数据的采集、传输与控制,建成以站控系统为核心的前端基本生产管理系统,使油气水井与场站实现标准化、网络化、智能化管理

图 11-14 具有物联网特征的数字油田系统架构图

进一步优化油田生产经营管理,拓宽油田勘探开发业务。

按照物联网的三层架构,结合自身实际,有针对性地确立了数字化建设的前端、中端和后端三个层次。网络传输与安全管理始终底层至高层的纽带。

前端(底层)以数据的采集、传输以及基本生产单元过程的控制为核心,以站(增压点、集气站、转油站、联合站、净化厂/处理厂)为中心辐射到井,构成基本生产单元。感知和采集生产数据,并使油气水井与场站实现网络化和智能化管理,实施生产单元的过程控制,提升工艺过程的监控水平提升和生产管理过程智能化水平。

中端(中层)以数据库为基础,在信息平台上,运用智能化手段,以基本集输单元运行进行优化管理为核心,以厂和作业区为中心,辐射到站(转油站、集气站)和外输管线,构成基本集输单元,提高生产系统的远程控制和优化运行能力以及提高风险预警能力。

后端(顶层)以油气藏研究和地上地下相结合,实施以油藏管理为基础的油田开发综合优化为核心,建立油气藏研究与决策支持系统,实现油气藏实时监测、开发生产的动态优化和及时调整。同时,配套推进企业资源计划系统和管理信息系统的应用,提高油气田开发决策管理的科学化水平。

3) 对应安全环保能力子域智能制造生熟度等级

(1) 安全作业管理。该厂利用网络技术、控制技术的最新成果,开发了一体化监控平台,实现站内运行数据实时监控及视频可视化监控,异常问题及时报警。通过 SCADA 系统监控站内关键点位的流量、压力、温度等数据,超出正常范围会及时报警提示,经过技术人员现场确认处置,消除运行故障及安全隐患。目前视频监控系统实现了生产区域、重点场所全覆盖,拉近了现场和监控人员的距离,实现了生产运行及安全环保可视化管理。

（2）应急管理。借助智能生产调度系统，对管线的压力、流量、温度、数据建立预警模型，对全厂管线运行状况进行实时监控、主动报警，大大提升了管网运行安全指数及应急处置能力，目前对该厂 37 条主干输油管线已经实现了实时监控预警。

（3）环保监测。针对穿越敏感区、输量大的重点管道配套安装泄漏报警定位系统，通过实时采集管道的首末端压力和流量，有效监控管道运行状况，防止管线泄漏造成环境污染，对管线运行起到了预警和报警的作用。

综上，对比安全环保能力子域各等级要求，长庆油田通过开展"智能油田"建设基本可达到集成级（三级）要求。

11.5 仓储配送

11.5.1 供应链中的资源提供者

仓储配送就是利用自建或租赁库房、场地、保管、装卸搬运。传统的仓储定义是从物资储备的角度给出的。现代"仓储"不是传统意义上的"仓库"或"仓库管理"，而是在经济全球化与供应链一体化背景下的仓储，是现代物流系统中的仓储。

随着物流向供应链管理的发展，企业越来越多地强调仓储作为供应链中的一个资源提供者的独特角色。仓储角色的变化，用一句话概括，就是仓库向配送中心的转化。传统仓库与配送中心的本质区别是：仓库侧重于管理空间，而配送中心更侧重于管理时间（即物品周转速度），两者的本质区别是配送中心既管理空间又管理时间。

仓储在物流和供应链中角色分析如下：

（1）仓储是物流与供应链中的库存控制中心。库存成本是主要的供应链成本之一。在美国，库存成本约占总物流成本的三分之一。因此，管理库存、减少库存、控制库存成本就成为仓储在供应链框架下降低供应链总成本的主要任务。

（2）仓储是物流与供应链中的调度中心。仓储直接与供应链的效率和反应速度相关。人们希望现代仓储处理物品的准确率能达到 99% 以上，并能够对特殊需求做出快速反应。当日配送已经成为许多仓库所采用的一种业务方式。客户和仓库管理人员不断提高精确度、及时性、灵活性和对客户需求的反应程度等方面的目标。

（3）仓储是物流与供应链中的增值服务中心。现代仓储不仅提供传统的储存服务，还提供与制造业的延迟策略相关的后期组装、包装、打码、贴唛、客户服务等增值服务，提高客户满意度，从而提高供应链上的服务水平。可以说，物流与供应链中的绝大部分增值服务都体现在仓储。

（4）仓储还是现代物流设备与技术的主要应用中心。供应链一体化管理，是通过现代管理技术和科技手段的应用而实现的，效率，促进了供应链上的一体化运作，而软件技术、互联网技术、自动分拣技术、光导分拣、RFID、声控技术等先进的科技手段和设备的应用,则为提高仓储效率提供了实现的条件。

11.5.2 仓储配送能力子域成熟度模型

仓储配送属于智能制造能力成熟度模型中制造要素,给出了从人工点检维修(一级)到预知性维护和自适应维修(五级)各级别的能力要求,指导企业对标各级别关键特征,通过智能技术实现仓储配送系统集成化。

仓储配送成熟度模型等级关键特征如图 11-15 所示;各等级的能力要求如表 11-5 所示。

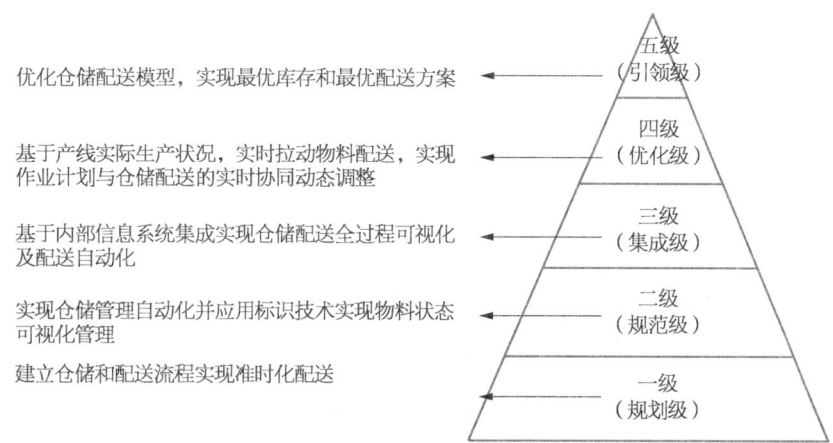

图 11-15 仓储配送成熟度模型等级关键特征

表 11-5 仓储配送成熟度模型各等级的能力要求

一级	二级	三级	四级	五级
1)应制定仓储(罐区)管理规范,实现出入库、盘点和安全库存等管理 2)应基于管理分类和规范要求,实现仓储合规管理 3)应基于生产计划制定配送计划,实现原材料、半成品等定时定量配送	1)应基于条码、二维码、RFID等标识技术,实现出入库管理 2)应建立仓储管理系统,实现货物库位分配、出入库和移库等管理 3)应基于生产单元物料消耗情况发起配送请求,并提示及时配送 4)适用时,应建立罐区管理系统,实现储罐中介质相关数据的实时采集和分析	1)应基于仓储管理系统与制造执行系统集成,依据实际生产作业计划实现半自动或自动出入库管理 2)应采用射频遥控数据终端、声控或按灯拣货等手段进行入库和拣货 3)应通过配送设备(AGV、桁车、手持终端等)和信息系统集成,实现关键件及时配送 4)适用时,应基于工业无线网,通过无线传感器,将罐区相关信息自动采集至罐区管理系统,对储罐状态进行实时监测,储罐状态异常时可自动报警,避免冒罐事故发生	1)应通过数字化仓储设备、配送设备与信息系统集成,依据实际生产状态实时拉动物料配送 2)应建立仓储模型和配送模型,实现最小库存和最优路径 3)适用时,应根据储罐状态实时数据进行趋势预测,结合知识库自动给出纠正和预防措施	1)应基于分拣和配送模型,满足个性化、柔性化生产实时配送需求 2)应通过企业与上游供应链的集成优化,实现最优库存或即时供货 3)适用时,应通过智能仪表、互联网、云计算和大数据技术,实现罐区阀门自动控制,实现无人罐区

11.5.3 案例分析

【案例 11-6】 万络国际物流的精益仓储

1) 背景

万络国际物流是一家第三方物流服务提供商,主要提供物流运输和仓储等业务,他们不仅在许多设备管理运作上实施精益思想,还将之作为企业竞争的武器。在密歇根州的精益项目中,万络国际物流运用 250 000 个设备完成了 8 000 个订单的运输,库存准确率高达 99.99%。

2) 万络的精益仓储策略

万络国际物流主要在以下领域找出浪费点,实时精益仓储策略:

(1) 绘制物料流程图——研究从供应商原材料到客户制成品的物料流动过程,并向每一个物料流动的停顿点发起挑战。要想提高物料运输的速度,可以利用海运集装箱将物料直接从亚洲港口运往内陆地区的仓库,这种方式使得物料的运输速度更快,逐渐替代了在港口卸载物料之后重新将物料装载到卡车上才能进行再次运输的方式;也可以在接到大订单时,直接将物料从工厂运到客户手里,物料不用经过入库和出库两道程序。

(2) 司机和车辆始终保持运作——众所周知,物料的运输和仓库之间装载、卸载常常引起浪费。为解决这一问题,减少浪费,万络国际物流跟承运商联合,拖开拖车,空出四级和拖头,去挂上另外一架满载的拖车继续前行。通过严谨的码头日程安排以及同步的仓储工作流,更快地进行货载运输,减少了司机的等待时间。

(3) 电子数据交换——万络国际物流通过大量使用电子数据交换以及络世达网(RosettaNet)标准,在供应链合作商中进行数据传递。电子化的通信数据减少了人工数据输入错误,准确性更高。

(4) 提高仓库效率——万络国际物流有一组工程师负责设计仓库布局。仓库的物料不管是出库还是入库,都规划为线性流通,实现了劳动力最大化以及传输空间的高度利用。在仓储管理方面,他们主要利用动态时隙、聚类拣取、任务管理以及直接入库系统的方法,实现了劳动力最优化以及空间利用率最大化。

(5) 最优化运输路线——万络国际物流的物流管理系统应用,以低成本和承运商选择为条件,满足交货日期,使每一次运输线路最优化。

(6) 合适的包装——万络国际物流通过与客户一起合作,研究如何利用可回收集装箱重心发货到工厂。他们研究制成品的包装尺寸,从而总结出使用托盘及拖车利用最大化方法,包装尺寸的一个小小的改动都能促成更好的存储利用率和更低的运输成本。

具体的精益工具包括:

① 简单明了的可视化控制。

② 射频设备与条形码技术相结合。

③ 系统引导的仓库周期盘点。

④ 使用六西格玛与统计过程控制。
⑤ 国际标准化过程。
⑥ 电子交换数据。
⑦ 标准化过程。
⑧ 可视化过程文档。
⑨ 组织化工作场所。
3) 对应设备管理能力子域智能制造生熟度等级

与仓储配送能力子域的四项关键活动进行对比：

(1) 仓储管理。万络国际物流采用射频技术与条码技术相结合的方式。

(2) 配送自动化。万络国际物流实现了可视化控制。

(3) 系统集成化。万络国际物流采用电子数据交换，在供应链合作商中进行数据传递。

(4) 系统优化。万络国际物流采用物流管理系统，以低成本和承运商选择为条件，最优化运输路线，未使用模型。

综上，对比仓储配送能力子域各等级要求，万络国际物流通过开展精益仓储项目可达到二级（规范级）要求，部分内容不满足三级（集成级）要求。

11.6 能源管理

11.6.1 智能化的能源管理

随着世界能源需求的日趋紧张，企业能源管理地位越来越重要。切实有效的企业能源管理系统不仅可以帮助企业全面、准确地了解其能源消耗情况及使用情况，而且可以帮助企业进行节能潜力分析，从而发现节能环节所在，对企业降低成本和节能减排增效有着重要的意义。

能源需求量的日益增加以及能源供应形势的日趋紧张，使得企业在能源上的投入比例越来越大，迫使企业管理者不得不努力降低企业生产经营成本，进而增强企业能源管理工作以增强企业竞争力。然而，我国大部分生产企业还处于粗放式经营管理阶段，各种能源浪费现象严重。企业对内部生产设施缺乏有效的管理与监测，在无法实现能量数据信息化的同时，还无法保障企业内生产设备的可靠、安全运行；此外，企业缺乏专业的能源管理机构与专业技术人员，无法提供专业的能源使用与监控方案，以及相应的节能建议措施，这更加加剧了能源浪费这种现象。因此，在工业生产各部门，如何在能耗统计和监控的基础上寻找节能潜力，实现企业管理层对生产过程能源消耗趋势的全面监控和能源利用水平的合理分析，是企业提高管理水平和降低能源成本不得不面对的问题。不同企业如何对能源进行科学管理和使用、如何合理有效地使用能源，成为我国各工业技术改造的重要课题。此外,在提高企业能源管理水平的同时,加强大型工业企业节能技术的研究,促进节能工作方法的不断进步,对缓解我国能源供需矛盾,提高企业的经济社会效益和市场竞争力,具有重要的意义。

采集能源相关数据,分别采用不同的方法对企业生产状态、能耗指标和能效进行分析,对能源的生产、分配、转换和消耗的全过程进行科学的计划、组织、检查、控制和监督,可以达到对企业生产运营状况的评估,以帮助企业管理者掌握企业的运行情况。

11.6.2 能源管理能力子域成熟度模型

能源管理属于智能制造能力成熟度模型中制造要素,给出了从规划级(一级)到引领级(五级)各级别的能力要求,指导企业对标各级别关键特征,实现能源管理由人工向智能化监控转型。

能源管理成熟度模型等级关键特征如图 11-16 所示;各等级的能力要求如表 11-6 所示。

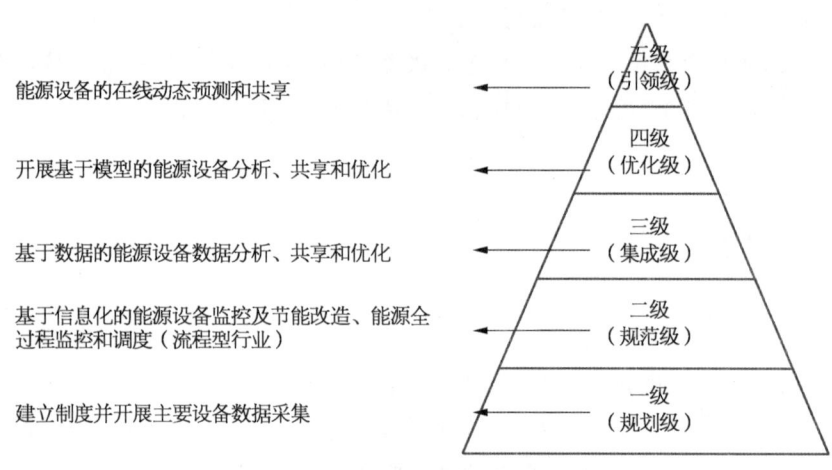

图 11-16 能源管理成熟度模型等级关键特征

表 11-6 能源管理成熟度模型各等级的能力要求

一级	二级	三级	四级	五级
1)应建立企业能源管理制度,开展主要能源的数据采集和计量	1)应通过信息技术手段,对主要能源的产生、消耗点开展数据采集和计量 2)应建立水电气等重点能源消耗的动态监控和计量 3)应实现重点高能耗设备、系统等的动态运行监控	1)应对高能耗设备能耗数据进行统计与分析,制定合理的能耗评价指标 2)应建立能源管理信息系统,对能源输送、存储、转化、使用等各环节进行全面监控,进行能源使用和生产活动匹配,并实现能源调度	1)应建立节能模型,实现能流的精细化和可视化管理 2)应根据能效评估结果及时对空压机、锅炉、工业窑炉等高耗能设备进行技术改造和更新	1)应实现能源的动态预测和平衡,并指导生产

一级	二级	三级	四级	五级
	4）应对有节能优化需求的设备开展实时计量，并基于计量结果进行节能改造	3）应实现能源数据与其他系统数据共享，为业务管理系统和决策支持系统提供能源数据		

11.6.3 案例分析

【案例 11-7】 黄埔文冲动能源监控系统

1) 背景

海洋工程装备和高技术船舶已被"中国制造 2025"明确列为国家十大重点发展领域之一，其产业链覆盖广、规模大、水平高，优势产品地位突出，集聚发展态势明显，行业工业互联网发展对区域经济带动明显。

中船黄埔文冲船舶有限公司是中国船舶工业集团公司属下大型造船企业，由原广州中船黄埔造船有限公司和广州文冲船厂有限责任公司组成，是华南地区军用舰船、特种工程船和海洋工程的主要建造基地，也是目前中国疏浚工程船和支线集装箱船最大最强生产基地。经营范围包括海洋工程专用设备制造、金属废料和碎屑加工处理等。拥有数控切割机、数控弯管机、肋骨冷弯机、数控焊机、管子焊接机器人等一批先进数控加工设备。

为支撑中国船舶工业集团有限公司打造形成"世界领先的海洋科技工业集团"的高质量发展战略目标，针对船海制造行业特点，立足内生需求，中船互联推出船舶行业首个工业互联网平台——"船海智云"。

平台为船舶产业链企业提供设备物联、协同制造等专业工业应用；为区域中小企业提供供需对接等多样化平台服务。中船互联通过平台聚集合作伙伴，共同打造形成工业互联网生态体系；通过优化产业链资源配置，助力我国海洋科技工业高质量发展。

2) 黄埔文冲动能源监控系统

黄埔文冲以现有的动能源监控系统、数据切割机监控系统以及焊机监控系统作为数据基础，通过航海智云预留的接口实现与 PaaS 层的对接，从而在应用层呈现系统功能，如图 11-17 所示。

动能源监控系统实现了电力、气体部分数据的采集与监控。其中电力监控主控中心部署于 1#10 kV 电站内，合计安装 187 个电力仪表、732 个传感器，对 400 A 的低压断路器进行了监控；工业气体及空压机监控部分，合计安装二级支管汇集点 18 个、流量计 116 只、压力传感器 116 只、电动阀门 63 台，根据业务分工不同分别对 2

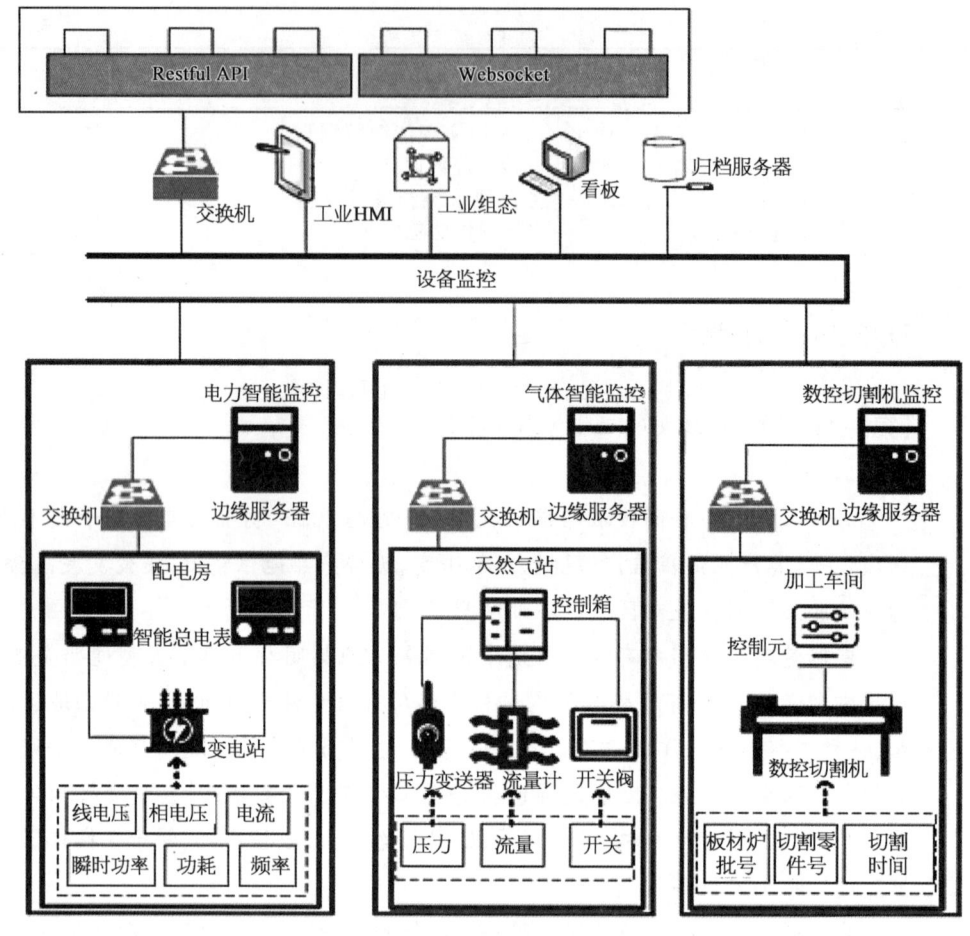

图 11-17 设备物联网拓扑图

座空压站、1 座液态二氧化碳站、1 座液态氧气站、1 座天然气接受站进行监控。

通过动能源监控系统的应用，实现了对电力、气体等各类能源的智慧监控，为后期智能决策提供了数据依据。

数控切割机监控系统通过与 Fanuc 控制元对接共实现了 6 台数控切割机切割板材炉批号、切割零件号、切割时间等必要信息的数据采集。系统针对板材属性及切割任务，将相应的已保存在中央服务器的切割程序传输到对应的切割机上。同时切割机将切割进度、设备状态、采集参数等通过 TCP/IP 报文反馈回上层控制系统。预切割后的板材通过自动物流系统运送入立体库备用或直接上生产线进入生产工序。数控切割机监控系统实现了对数控切割机的智能监控，为智慧生产提供了更好的条件。

焊机监控系统实现了松下手工焊机、二氧化碳焊机、埋弧焊机等多种类共计约 300 台焊机的联网，基于实时焊机工作参数数据，提供了焊机监测、统计分析等功能。工艺人员通过为每台焊机设定焊接电流的上下限值，对操作者的焊接规范进行监督以及及时对操作者超规范焊接情况进行管理，同时对实际焊接电流超出限定值时生成报警统计报表,记录不规范操作。焊机监控系统实现多种焊机的智慧监控,对不合理的数据进行报警,为智慧生产提供了更好的基础。

3) 对应能源管理能力子域智能制造生熟度等级

与能源管理能力子域的四两项关键活动进行对比,分析如下:

(1) 能源设备管控。动能源系统实现对电力系统、工业气体及空压机的监控,包括1♯10 kV电站、2座空压站、1座液态二氧化碳站、1座液态氧气站、1座天然气接受站。

(2) 能源数据采集与共享。中船引进实施了动能源监控系统、空压机监控系统等制造信息化建设,通过动能源改造,实现对水、电、气等的自动化数据采集与监控。该系统通过对能源数据的统一采集、集中存储、多样化展示与专业分析,辅助完善船舶企业能源管理体系,促进能源管理的规范化与数据的标准化;通过及时、准确、翔实的能源数据支撑厂区能源计划与实绩管理工作,完善了厂区能源消耗及物量单耗的管理体系;通过收集原始数据、过程数据、结果数据、分析数据等,提升了船厂对生产制造过程中的能源利用情况分析能力,促进了节能减排工作的有序进行。

综上,对比能源管理能力子域各等级要求,中船在能源管理能力子域基本可达到优化级(三级)要求。

参考文献

[1] 杨莉. 工程项目施工的精益管理[J]. 现代商业,2009(02):70.
[2] 张炜. 长庆油田石油输送管道运行安全管理研究[M]. 西安:西安石油大学,2018.
[3] 魏明,吕永杰,王海国,唐思睿. 物联网技术在油田企业的实践[J]. 重庆科技学院学报(自然科学版).
[4] 毛敏,王坤. 供应链管理理论与案例机械[M]. 成都:西南交通大学出版社,2017.
[5] [美] Paul Myerson,梁峥,郑诚俭,郭颖妍,等译. 精益供应链管理[M]. 北京:人民邮电出版社,2014.
[6] 工业互联网产业联盟. 工业互联网垂直行业应用报告[R/OL]. (2019-02-25)[2020-04-25]. http://www.aii-alliance.org/index.php?m=content&c=index&a=show&catid=23&id=480.
[7] 郑树泉,王倩,武智霞,徐侃. 工业智能技术与应用[M]. 上海:上海科学技术出版社,2019.
[8] 财资中国. 三一集团:退出根云 RootCloud 平台[EB/OR]. (2018-06-23)[2020-04-25]. https://www.treasurychina.com/post/1899.html.
[9] 郑树泉,宗宇伟,董文生,等. 工业大数据:架构与应用[M]. 上海:上海科学技术出版社,2017.

第 12 章
案例——智慧供应链与服务

目前中国制造业正处于转型升级的阶段,智能制造成为中国制造业迈向全球的制胜关键,而智能制造必须要有智能供应链作为保证。智能制造强调数字化、网络化和智能化,强调端到端的拉通,强调横向与纵向协同,不仅仅强调智能制造本身,智能供应链更是智能制造的应有之义。智能制造必须要有智能供应链作为保证,才能够实现精益制造、安定制造、有效制造、有效交付。如果没有智能供应链的协同与匹配,智能制造将停留在实验室阶段——实际上智能供应链的应用场景,更多还是与智能制造相匹配、相适应的。从供应链整体而言,智能制造其实是智能供应链的一个核心环节。通俗而言,它们应该是在一个"生态圈"里。

工业领域端到端集成就是把所有该连接的端头(点)都集成互联起来,通过价值链上不同端口的整合,实现从产品设计、生产制造、物流配送、使用维护的产品全生命周期管理和服务,使客户体验从订购到交付都发生了转变。本章讨论采购、物流、销售、客户服务等供应链环节的成熟度级别要求并分析相关案例。

12.1 采购

12.1.1 供应链条件下的采购管理

采购,是指企业在一定的条件下从供应市场获取产品或服务作为企业资源,以保证企业生产及经营活动正常开展的一项企业经营活动。采购的基本原则包括成本效益原则、质量原则、进度配合原则、公平竞争原则。

采购是供应链管理的关键环节。面向智能制造全生命周期,依托网络环境、大数据、物联网、人工智能等技术手段,构建工业领域智能供应链管理体系,满足工业领域采购管理、物流管理、智能仓储管理、产业链协同、产品可追溯等业务需求。通过供应链协同管理,将生产计划实时转为采购计划,供应商可通过标识解析自主解析实时获取新的采购需求及计划变动情况,安排生产及备货。

传统采购模式下,供应商只关注价格等主要因素,并且与采购方是交易关系,而基于供应链的采购关注采购综合总成本,并注重与供应商建立战略协作伙伴关系。因此,在供应链协同采购的影响下,企业中的采购管理模式不断得到优化创新。

智能供应链管理体系下的供应链采购管理,基于供应链管理协同的需要从传统的采购模式向现代化采购模式转变,即采购战略从传统交易向战略合作转变、采购需求从库存需求向订单驱动转变、采购范围从定向内部向协同外部转变。

在供应链协同条件下,采购管理是以客户或者订单驱动的,从用户需求驱动直接延伸到整个供应链,这种驱动模式可以快速响应客户需求,降低采购整体成本,形成供应链协同下的采购管理理念。

12.1.2 采购能力子域成熟度模型

采购属于智能制造能力成熟度模型中制造要素,给出了从规划级(一级)到引领级(五级)各级别的能力要求,指导企业对标各级别关键特征,实现采购管理的集成化和自动化。

采购成熟度模型等级关键特征如图12-1所示;各等级的能力要求如表12-1所示。

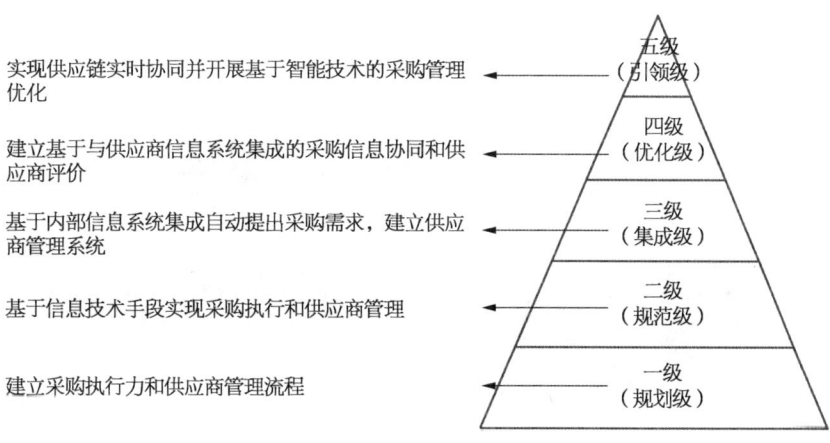

图12-1 采购成熟度模型等级关键特征

表12-1 采购成熟度模型各等级的能力要求

一级	二级	三级	四级	五级
1)应根据产品、物料需求和库存等信息制定采购计划 2)应实现对采购订单、采购合同和供应商等信息的管理 3)应建立合格供应商机制,并有效执行	1)应通过信息系统制定物料需求计划,生成采购计划,并管理和追踪采购执行全过程 2)应通过信息技术手段,实现供应商的寻源、评价和确认	1)应将采购、生产和仓储等信息系统集成,自动生成采购计划,并实现出入库、库存和单据的同步 2)应通过信息系统开展供应商管理,对供应商的供货质量、技术、响应、交付、成本等要素进行量化评价	1)通过与供应商的销售系统集成,实现协同供应链 2)应基于采购执行、生产消耗和库存等数据,建立采购模型,实时监控采购风险并及时预警,自动提供优化方案 3)应基于信息系统的数据,优化供应商评价	1)应实现企业与供应商在设计、生产、质量、库存、物流的协同,并实时监控采购变化及风险,自动做出反馈和调整 2)应实现采购模型和供应商评价模型的自优化

12.1.3 案例分析

【案例 12-1】 徐工集团协同供应链平台

徐工集团以大型主机厂为核心,联合核心零部件制造企业,基于汉云工业互联网平台打造企业柔性、敏捷、智能的供应链体系,打破组织内部及组织间已存在的业务孤岛、信息孤岛,将上下游企业组成整个产业系统的协同供应链网络,集成各成员的核心能力和资源,有效地规划和管理产业链上发生的供应采购、生产运营、分销和所有的物流活动,特别是产业链所有相关方之间的协调和合作,实现采购、物流、信息流、资金流的全方位融合,获得供应链在管理、技术、资源等各方面的强大竞争优势。通过标识解析技术实现对象的标识、解析和信息互通,包括在工厂内部,根据需求对拟跟踪对象进行标识,既包括设备、零部件、在制品、产品,也包括部门机构、订单、工艺、人、行为等对象;部署标识解析管理系统,实现高效率、低成本战略支撑,提升生产体系协同;实现对产品全生命周期管理以及各级异构系统之间的信息交互及管理。供应链实施架构如图 12-2 所示。

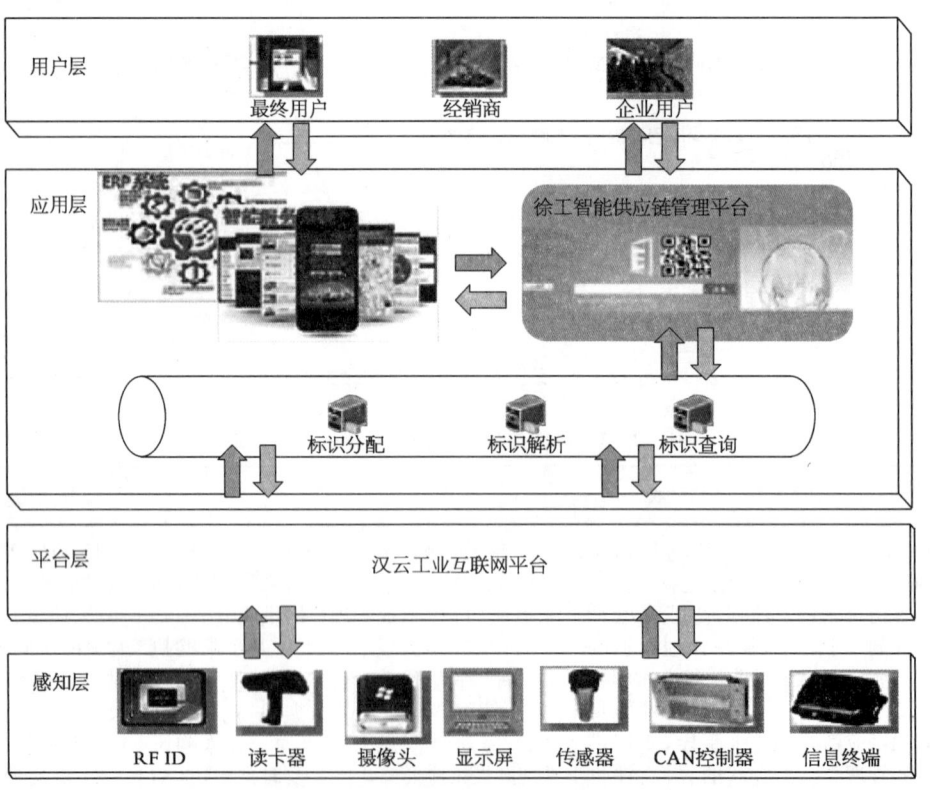

图 12-2 徐工集团智能供应链实施架构

通过汉云工业互联网平台打造的供应链体系,供应链运营成本降低 20%,供应链上的节点企业按时交货率提高 15% 以上,订货到生产的周期时间缩短 20%~

30%,供应链上的节点企业生产率增值提高15%以上,实现整个供应链网络的增值,从而提高供应链的整体竞争力。同时借助智能供应链体系打造新型全价值链生态圈,重塑产业链、供应链、价值链,引领工业企业向服务型制造的转变。

对于离散制造行业,主机销售的利润越来越低,而备品备件的销售成为各公司的重要利润来源,搭建集团级私有云平台,构建统一的备件支持网络,实现中心库存、区域库存、经销商库存精准管控。减少库存资金占用,提高备件供货能力。

为此,徐工集团备件管理平台以备件供应链管理为核心,构建备件管理平台(图12-3),提供备件的计划、采购、库存、供销、追溯等功能,并通过大数据分析提供科学可靠的备件计划体系,实现备件管理的持续优化改进,平台可作为一个独立的产品提供给用户,同时供应链平台管理平台集成(图12-4),可与物流、生产经营、售后、设备

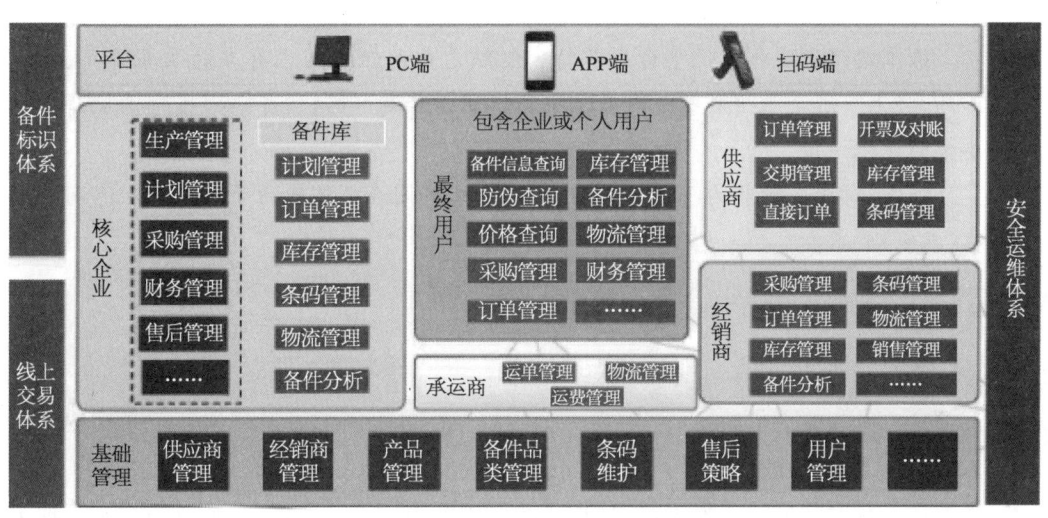

图12-3 备件管理平台

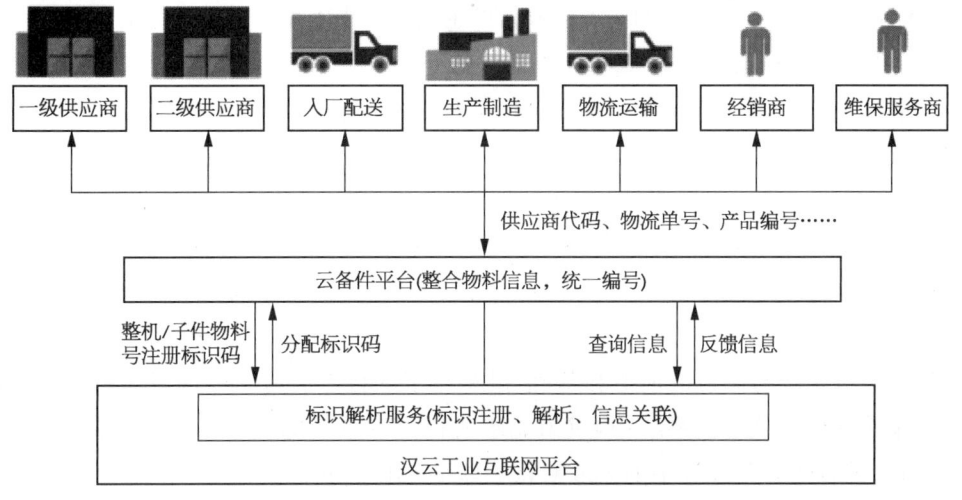

图12-4 备件管理平台与供应链管理平台相集成

管理等系统对接,形成涵盖制造业生产、采购、物流、财务、研发、售后为一体的生态体系。通过标识解析实现条码与关重件信息、条码与供应商信息、条码与单据信息绑定,实时查询物流和凭证流,实现备件全生命周期数据的互联、共享,建立客户端的查询认证机制。

徐工集团备件管理平台已在徐工集团全面应用,实现对接产品设计数据生成数字化档案,一机一册对零部件精准定位;打破生产商与分销商信息孤岛,为其提供高效开单、分销服务;提供备件采购、库存、供销、追溯等功能,可与研产供销服系统对接。目前,徐工集团备件管理平台可有效提升分拣效率8%、提升仓库利用率6%、降低备件库存8%、库存周转率提高5%。另外,备件管理平台已打破行业边界,成功输出至有色金属行业,为该行业龙头企业打造供应商全面参与的采购云平台。

徐工集团协同供应链平台目前打破组织内部及组织间已存在的业务孤岛、信息孤岛,将上下游企业组成整个产业系统的协同供应链网络,但并未形成对供应商供货要素的量化评价。

综上,对比采购能力子域各等级要求,徐工集团在采购能力子域基本可达到集成级(三级)要求。

12.2 物流

12.2.1 物流管理

随着信息化时代的快速发展,信息技术的应用范围越来越广泛,在企业的物流管理中应用信息技术,能够提高企业的工作效率,降低企业的经营成本,并且能够完善企业的运作管理体系,物流管理信息化的发展能够帮助企业用最小的投入撬动最大的利益杠杆,主要形式是通过用现代化的信息技术对物流信息进行分类采集、传递、汇总和识别的技术。对于一个企业而言,创造效益是企业发展的前提,也是企业的命脉,而成本上的控制节约是企业增加效益的捷径,物流管理信息化可以帮助企业节省人力、物力以及成本,就是利用信息技术完成企业的物流管理,将企业内部的物流信息,各生产运作环节中产生的相关信息,进行整合分析,实现全方位商品管理,这对企业降低成本和提高生产效率方面都起到了很大的作用,因此采取信息化物流管理模式,能够为企业谋取更多的利益,从而促进企业的发展。

智能物流是智能制造的前提和基础,越来越多的智能制造工厂,(在规划时)将智能制造设施嵌入到智能物流系统中,成为流水线化物流系统的一个不可缺少的环节和部分,从而实现有效运营过程中的无缝对接和联动,由此,通常也称之为"制造工厂智能物流中心化"。与此同时,企业智能化物流也日趋向供应链方向整合和提升(遵从遵守于智能供应链计划和资源协同),其涉及的智能化要素也越来越专业化和精准化。智能物流系统包含采购环节智能物流、制造环节智能物流和成品环节智能物流,以及回收环节智能物流。

智能物流管理主要包括物流作业管理和物流成本管理。

物流作业管理是指对物流活动或功能要素的管理,主要包括运输与配送管理、仓储与物料管理、包装管理、装卸搬运管理、流通加工管理、物流信息管理等。

物流成本管理的主要内容包括物流成本核算、物流成本预测、物流成本计划、物流成本决策、物流成本分析、物流成本控制等;物流服务管理,所谓物流服务,是指物流企业或企业的物流部门从处理客户订货开始,直至商品送交客户过程中,为满足客户的要求,有效地完成商品供应、减轻客户的物流作业负荷,所进行的全部活动;物流组织与人力资源管理,物流组织是指专门从事物流经营和管理活动的组织机构,既包括企业内部的物流管理和运作部门、企业间的物流联盟组织,也包括从事物流及其中介服务的部门、企业以及政府物流管理机构;供应链管理,是用系统的观点通过对供应链中的物流、信息流和资金流进行设计、规划、控制与优化,以寻求建立供、产、销企业以及客户间的战略合作伙伴关系,最大限度地减少内耗与浪费,实现供应链整体效率的最优化并保证供应链成员取得相应的绩效和利益,来满足顾客需求的整个管理过程。

12.2.2 物流子域成熟度级别要求

物流管理成熟度评估的核心内容在物流业务环节数字化、物流管理过程透明化、物流系统决策执行的智能化。通过高效资源自主优化配置替代传统的低效被动分配,实现物流过程安全、成本、效率及效益最优化。

物流管理从一级规划到五级引领的关键特征如图12-5所示;各等级的能力要求如表12-2所示。

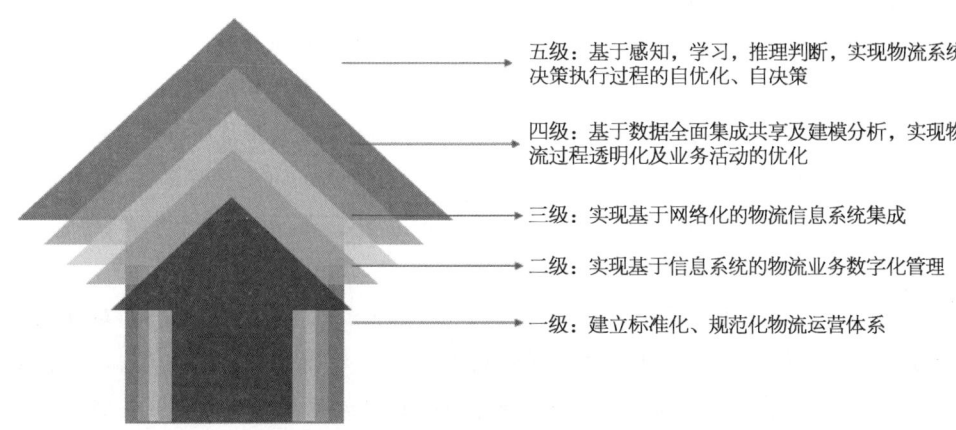

图12-5 物流成熟度模型等级关键特征

表 12-2 物流成熟度模型各等级的能力要求

一级	二级	三级	四级	五级
1) 应根据运输订单和经验,制定运输计划并配置调度 2) 应对车辆和驾驶员进行统一管理 3) 应对物流信息进行简单跟踪	1) 应通过运输管理系统实现订单、运输计划、运力资源、调度等的管理 2) 应通过电话、短信等形式反馈运输配送关键节点信息给管理人员	1) 应通过仓储(罐区)管理系统和运输管理系统的集成,整合出库和运输过程 2) 应实现运输配送关键节点信息跟踪,并通过信息系统将信息反馈给客户 3) 应通过运输管理系统,实现拼单、拆单等功能	1) 应实现生产、仓储配送(管道运输)、运输管理多系统的集成优化 2) 应实现运输配送全过程信息跟踪,对轨迹异常进行报警 3) 应基于模型,实现装载能力优化以及运输配送线路优化	1) 应通过物联网和数据模型分析,实现物、车、路、用户的最佳方案自主匹配

12.2.3 案例分析

【案例 12-2】 延锋安道 TMS 云拓打造智能工厂

延锋安道拓成立于 1997 年,是中国汽车座椅行业的领军企业,为中国主要汽车制造商服务。拥有从汽车座椅零部件到整椅的各部分的生产制造力,涵盖整个汽车座椅产业链,满足不同客户的品牌形象及设计理念。公司总部 2012 年以 SAPERP 系统为核心,整合了 SRM、WMS、MES、WFL 等众多系统,用以实现集团化、多公司、多工厂的集中管控。

延锋安道拓总部采购部负责承运商资格审核、价格招投标管理,各工厂物流部承担订单配送的履约、承运商执行绩效管理和运费审核等职能。当前,公司的运输管理缺乏专业的信息化系统支持。整体上运输管理还停留在手工结合 SAP 物流台账记录层面;针对运输计划,执行监管,运费核算流程采用传统的线下管理方式;信息交互、采集、共享使用电话、邮件、Excel 等传统方式;业务数据的存储和流转存在滞后性、碎片化、非结构化、非透明化、不可稽核等特征。

企业的不断发展对上下游供应链整合和优化、发挥物流规模优势、持续降本增效的要求也在不断提高,现有方式难以满足管理层对运输管理的高需求,迫切打造一套适合延锋安道拓自己的智能、高效、共享的运输管理系统。在这样的背景和需求下,延锋安道拓结合现有工厂的应用系统,提出了对原有系统的优化改进方案,并新增了多个系统的实施规划构想。期望通过全系统的互联互通,打造智能生产、智能车间、智能工厂、智能物流,提升企业的核心竞争力。

通过对延锋安道拓各个 PBU 典型工厂需求的深度调研和全面分析,延锋安道拓打造的 TMS 云系统,将全面覆盖延锋安道拓从发运需求、发货订单、运输计划、运输执行,到承运商的对账结算、运费成本分摊功能的物流运输的端到端业务流程。同时通过 TMS 与 SAP、WMS、MES、IEM、WFL 等现有系统的集成,实现物流信息与客户、供应商、承运商之间的高效传递与共享,同时实现公司内部采购、物料/物流、财务等多个部门的协同,进一步提高物流运作效率,实现整个供应链的优化。

(1) 集成——实现信息在不同系统间贯通。

延锋安道拓涉及运输业务的现有系统较多,如 SAP、WMS、MES、WFL 等,这些系统内涉及的业务类型和业务部门繁多,流程和数据规则复杂,如何对接和整合这些系统,是项目实施过程中的一大挑战。

比如,运输需求来源于多个上游系统,拥有丰富物流业务管理经验的科箭实施团队通过流程和数据梳理,成功地将来自上游各个系统的诸多需求,汇聚到"运输需求池"。同时在项目中,通过建立统一的中间件平台,制定了集成的技术标准和规范,从而快速实现了 TMS 与各个系统的集成(图 12-6)。特别是 TMS 云与 SRM Portal 和 SAP 互联,实现了承运商在 TMS 对账、在 SRMPortal 打印开票通知单、在 SAP 应付凭证付款的全流程解决方案。物流运费全流程跟踪,实现了每一笔运输任务、结算运费、成本分摊的全面跟踪。

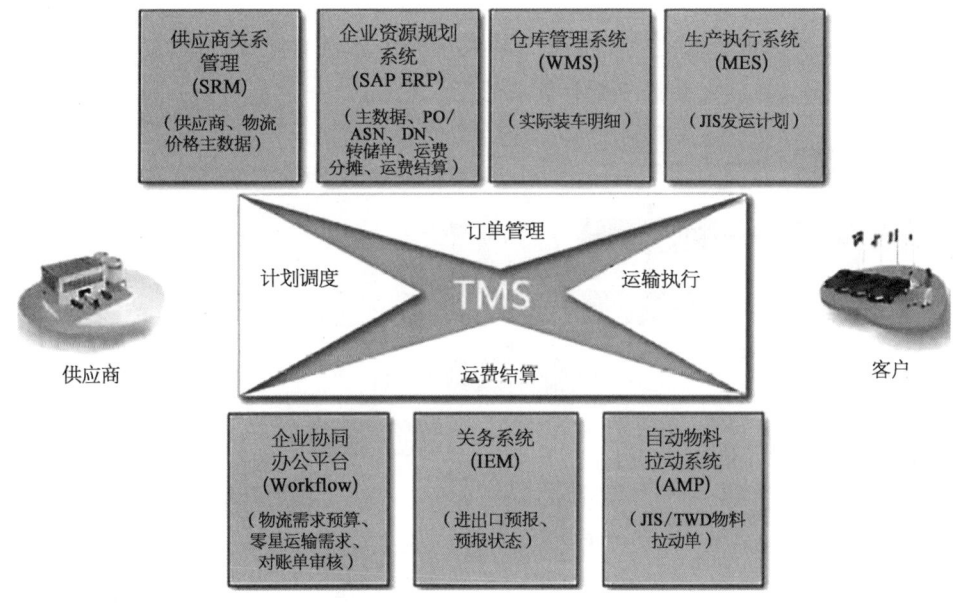

图 12-6 多业务系统集成

(2) 自动——物流管理智能化。

为减少物流操作过程中的人工操作错误并降低工作量,延锋安道拓对运输业务自动化处理的需求存在较高期望。科箭为延锋安道拓量身定制了订单指派和运单指派规则。通过事先设定的规则匹配运输线路中的各种参数,自动匹配承运商和运输方式,并根据匹配的运输合同自动计算出每笔运单的运费和附加费。

不同业务来源的大量运输需求进入"运输需求池",通过灵活地设置订单指派规则,指定特定需求的服务级别、服务类型、设备类型、贸易条款等过滤条件,自动实现订单的需求的详细指派,再由物流工程师进行审核确认,"双管齐下",在满足公司内控的要求下,大幅度的降低人工操作的复杂度和工作量,匹配最优化的运输计划。

通过系统内灵活的运单匹配功能,物流管理员可按照运输路线的起始地点/区域、目的地/区域等因素的组合设定指派策略,为运单指派承运商和运输方式,自动匹配出最优合同,从而实现运费的自动计算和有效控制。

(3) 透明——实现运输全过程跟踪。

TMS云为延锋安道拓打造了针对客户、物流计划员、供应商、承运商和司机协同的全过程透明化跟踪方案(图12-7)。同时,物流管理的每个过程都实现了精细化,为进一步业务改进和效率提升提供了基础。使用GPS功能,结合灵活设定的电子围栏系统自动记录车辆进出时间,确保运单状态实时更新,数据完整准确;提供灵活多样的操作终端,在电脑端、手机APP和微信端,都可以进行订单状态确认和跟踪;运单全程可视和运输轨迹全程可回放,实现了企业供应链全流程可视化。如,针对整车厂的排序拉动需求,TMS云直接从MES系统获取排序的拉动信息,结合JIS发运看板,实现了JIS发运的实时跟踪和先发至的系统预警。大量的数据积累,为未来的大数据分析提供了基础。正是有了装载率和各路径的统计,推动了上游业务MRP层面的优化,通过大数据分析和数据的深入挖掘,进一步推动了业务的增长。

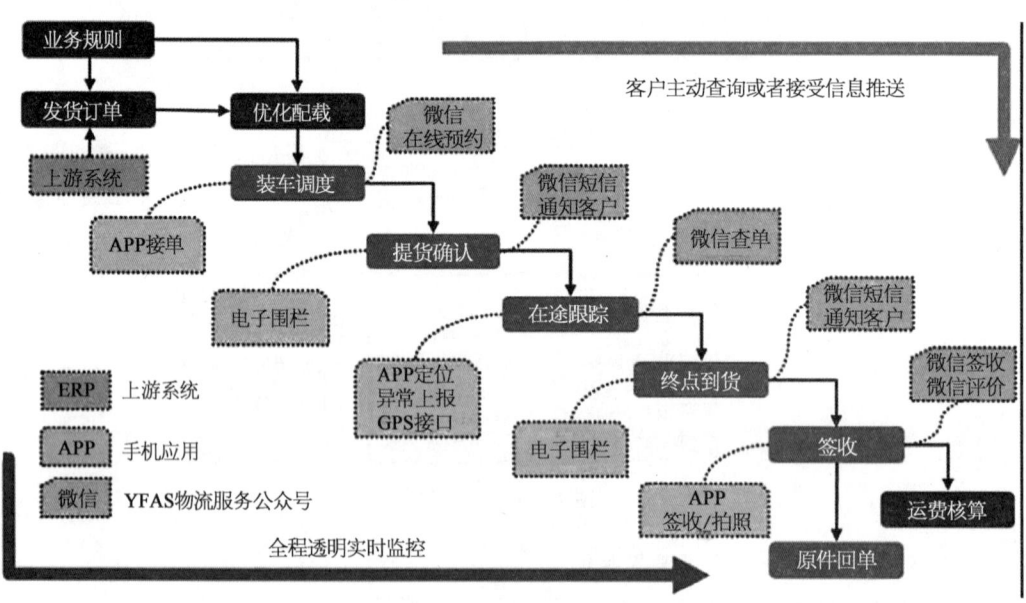

图12-7 运输全过程跟踪

延锋安道拓打造的TMS云系统,制定了集成的技术标准和规范,从而快速实现了TMS与生产MES、仓储WMS等多系统的集成。

针对客户、物流计划员、供应商、承运商和司机协同的全过程透明化跟踪方案,提供灵活多样的操作终端,在电脑端、手机APP和微信端,都可以进行订单状态确认和跟踪。

通过事先设定的规则匹配运输线路中的各种参数,自动匹配承运商和运输方式,并根据匹配的运输合同自动计算出每笔运单的运费和附加费,为运单指派承运商和运输方式,自动匹配出最优合同,从而实现运费的自动计算和有效控制。

综上,对比物流能力子域各等级要求,延锋安道拓的 TMS 云系统,达到成熟度四级要求,实现了生产、仓储配送(管道运输)、运输管理多系统的集成优化;实现了运输配送全程信息跟踪,对轨迹异常进行报警;基于模型,实现了装载能力优化以及运输配送线路优化。

12.3 销售

12.3.1 销售管理

销售指以出售、租赁或其他任何方式向第三方提供产品或服务的行为,包括为促进该行为进行的有关辅助活动,例如广告、促销、展览、服务等活动。或者说:销售是指实现企业生产成果的活动,是服务于客户的一场活动。对于一个以市场业务为主要经济来源的企业来说,企业的销售部门扮演着非常重要的角色。而对于公司的销售管理部门来说,每天的销售情况的汇总和反馈是十分重要的,这对于公司下一步的战略制定、市场动态分析起着很大的作用。一些公司目前的处理方式通常为依靠销售人员的书面报告形式进行反馈,这会在一定程度上降低数据的真实性和有效性,引起不必要的误导,从而不利于管理层的决策。同时,如何提高销售人员的素质和销售技能,如何加强对销售人员的管理,如何促进商品的销量,这些都成为一个企业应该考虑的问题。

销售管理是指通过销售跟进、销售合同洽谈、销售合同履约、客户关系管理等功能,对销售全过程进行有效的控制和跟踪。可以帮助企业的销售人员完成客户档案管理、销售报价管理、销售合同管理等一系列销售管理事务;可以通过内部的信息共享,使企业的领导和相关部门及时掌握销售合同内容,准确地做出生产计划及其他计划安排,可以及时了解销售过程中每个环节的准确情况和数据信息。

销售管理系统是管理客户档案、销售线索、销售活动、业务报告、统计销售业绩的工作工具,适合企业销售部门办公和管理使用,协助销售经理和销售人员快速管理客户、销售和业务的重要数据,实现销售管理智能化(图 12-8)。销售管理系统可实现彻底的客户调查、了解客户的需求、建立良好客户关系,形成销售管理计划,高效处理营销流程,提高销售代表的工作效率,促进各部门间的合作,高效分解安排任务,掌控销售进程,充分把握商机,降低风险,减少资源浪费,进而达到精准营销,实现销售模式创新。同时,采用大数据预测和智能算法模型,通过趋势结合动态实时需求感知、预测市场和重塑市场,从而主动掌控洞察需求以及客户反馈。通过产品价值引导和有竞争力的订单响应周期承诺,完善企业的产销协同计划系统提供支持,使得管理层能够长远全局战略洞察产销平衡以及预测性提供产品维护。

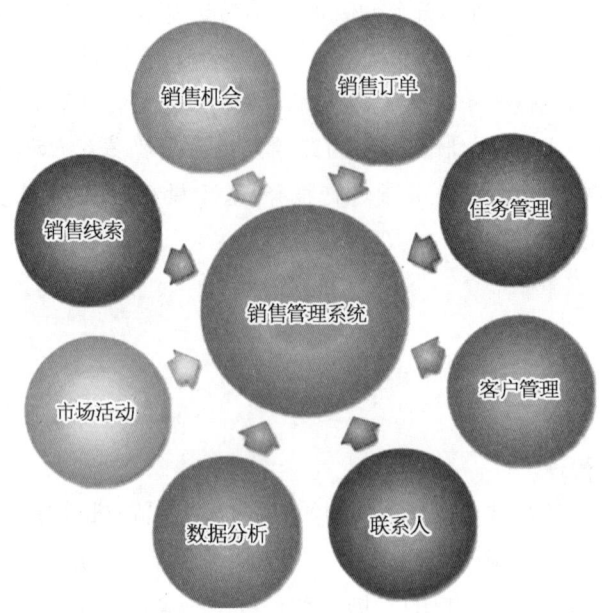

图 12-8　销售管理的主要构成

12.3.2　销售子域成熟度级别要求

销售子域成熟度评估的核心内容在于需求预测、客户管理、业务协同、精准营销、模式创新几个方面。

销售从一级规划到五级引领的关键特征如图 12-9 所示;各等级的能力要求如表 12-3 所示。

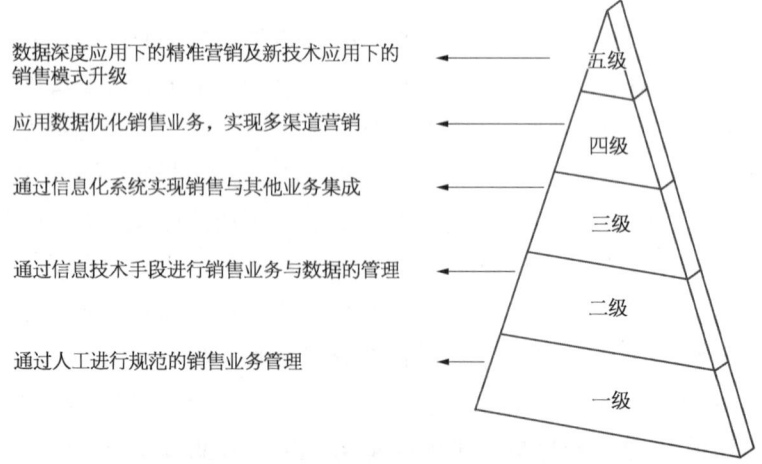

图 12-9　销售成熟度模型等级关键特征

表 12-3 销售成熟度模型各等级的能力要求

一级	二级	三级	四级	五级
1)应基于市场信息和销售历史数据(区域、型号、产品定位、数量等),通过人工方式进行市场预测,制定销售计划 2)应对销售订单、销售合同、分销商、客户等信息进行统计和管理	1)应通过信息系统编制销售计划,实现销售计划、订单、销售历史数据的管理 2)应通过信息技术手段实现分销商、客户静态信息和动态信息的管理	1)应根据数据模型进行市场预测,生成销售计划 2)应与采购、生产、物流等业务集成,实现客户实际需求拉动采购、生产和物流计划	1)应通过对客户信息的挖掘、分析,优化客户需求预测模型,制定精准的销售计划 2)应综合运用各种渠道,实现线上线下协同,统一管理所有销售方式 3)应根据客户需求变化情况,动态调整设计、采购、生产、物流等方案	1)应采用大数据、云计算和机器学习等技术,通过数据挖掘、建模分析,全方位分析客户特征,实现满足客户需求的精准营销,并挖掘客户新的需求,促进产品创新 2)宜通过虚拟现实技术,满足销售过程中客户对产品使用场景及使用方式的虚拟体验 3)应实现产品从接单、答复交期、生产、发货、回款全过程的自动管理

12.3.3 案例分析

【案例 12-3】 移动应用助力快消行业销售管理

快消品企业都非常重视销售管理,好的销售管理方法可以升企业的竞争力,增加企业的收益。因此,销售业绩成为衡量销售人员工作能力好坏的唯一标准,销售人员业绩不好就被淘汰。这样的管理方法容易导致销售队伍不稳定,凝聚力差,甚至会影响到公司形象。还有不少企业管理者,秉着"用人不疑,疑人不用"的态度,对销售人员实行粗放式的管理,但往往事后会发觉一些不明的行踪、有水分的报表、匪夷所思的报销单。如何更好地提高销售人员的综合素质和业务能力成为很多企业都头疼的问题。

在公司的产品方面,也是快消品企业销售管理关注的重点,比如有些商品有保质期,对销售时间要求比较苛刻,如果库存很大,并且快要过期,将会给企业造成巨大的损失;另外,货源的稳定性也很重要,旺季来临时,如果商品供应跟不上,这对企业造成的损失也会很大。

由此可以看出,销售给企业管理者提出了更高的要求:一是需要针对企业销售人员的日常工作和行为,实行有效的监管;二是管理者需要对终端数据进行实时的管理和控制。

太太乐集团从集团总部,到省区经理、城市经理、营业所主管,到一线业务员、促销员,累计上千人,全部在手机里安装了移动销售解决方案。

(1)高效的销售数据收集工具。

太太乐的销售人员以往是靠纸、笔记录鸡精、酱油等产品在卖场、超市等各大终端的展示情况,容易出错,上报困难且不够生动。如今,销售人员在巡店、促销人员做活动时,使用外勤专家的拍照上传功能,对货架的陈列、铺货率、堆头、竞品信息、竞品销量等一线市场信息进行采集;这样,管理者可以随时知道商品在销售终端上架情况,销售到底如何、是否按规定的位置摆放、陈列得好不好、促销活动做得怎样、竞品情况如何等这些快消品企业核心关注的市场情况。

(2) 关注的门店销量、地区销量、战略产品表现等销售信息。

以往太太乐企业的省区老板、分公司经理,如果要看产品的地区销量,要么自己整理,要么找助理要,助理再向分公司经理收集,分公司经理再向各个部门索取,少则几小时,多则几天,才能看到想要的销量数据。集团上线外勤专家产品之后,从省区老板、分公司经理,到各级主管,都可以随时、随地查询这些数据,通过一线业务员每天采用移动终端直接提报了销量,上传了订单,盘点了门店库存,现场录入、现场发送,信息直达总部,销售、业绩报表即刻产生。

太太乐的移动终端销售管理系统,将销售数据进行信息化管理,实现了销售数据的实时收集,并利用信息化手段实现对分销门店、客户以及销量情况进行实时查询和管理。

综上,对比销售能力子域各等级要求,移动终端销售管理系统,达到成熟度二级要求,实现了通过信息系统编制销售计划,实现销售计划、订单、销售历史数据的管理;实现了通过信息技术手段实现分销商、客户静态信息和动态信息的管理。

12.4 客户服务

12.4.1 客户服务管理

客户服务管理有时也被称作客户关系管理,其实际经历的产生和发展演化过程,与真实产品市场销售活动的实际环境背景因素之间具有密切相关性,主要是指企业为了建立、维护并发展顾客关系而进行的各项服务工作的总称,其目标是建立并提高顾客的满意度和忠诚度、最大限度地开发利用顾客,主要是针对企业单位开发新客户及维护老客户形成的一个对客户的联系、服务、售后,形成定期的管理记录档案。

客户服务管理是了解与创造客户需求,以实现客户满意为目的,企业全员、全过程参与的一种经营行为和管理方式。它包括营销服务、部门服务和产品服务等几乎所有的服务内容。

最近几年以来,伴随着我国社会主义市场经济实践发展环境的深刻变革,传统的且长期应用的以产品质量要素为核心的企业市场营销活动实践手段,现阶段已经难以配合我国现有企业基础性经营发展理念。我国现有的各类企业,在建构和发展自身基础性的管理理念过程中,逐步转化为以目标客户需求为核心的管理理念,即企业全部的经营活动都要从满足客户的需要出发,以提供满足客户需要的产品或服务作为企业的义务,以客户满意作为企业经营的目的。客户服务质量取决于企业创造客户价值的能力,即认识市场、了解客户现有与潜在需求的能力,并将此导入企业的经营理念和经营过程中。在这一真实存在的企业经营发展活动实践背景之下,切实择取和运用适当措施改善和优化企业针对目标客户群体的服务工作质量,是支持和确保我国企业现有市场竞争能力持续发展提升的重要途径。

12.4.2 客户服务成熟度级别要求

客户服务子域是服务能力域的组成部分,其成熟度评估的核心内容在于服务规范、信息应用、智能产品、运程服务、服务生态。

客户服务从一级规划到五级引领的关键特征如图 12-10 所示;各等级的能力要求如表 12-4 所示。

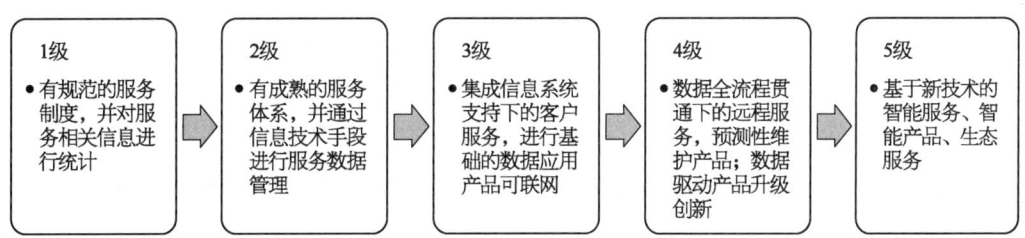

图 12-10 客户服务成熟度模型等级关键特征

表 12-4 客户服务成熟度模型各等级的能力要求

一级	二级	三级	四级	五级
1)应制定客户服务规范,并有效执行 2)应对客户服务信息进行统计,并反馈给设计、生产、销售部门	1)应建立包含客户反馈渠道和服务满意度评价制度的规范化服务体系,实现客户服务闭环管理 2)应通过信息系统实现客户服务管理,对客户服务信息进行统计并反馈给相关部门	1)应通过客户服务平台或移动客户端等实时提供在线客服 2)应具备客户服务信息数据库及客户服务知识库,实现与客户关系管理系统的集成	1)应实现面向客户的精细化管理,提供主动式客户服务 2)应建立客户服务数据模型,实现精准客服	1)应通过智能客服机器人实现自然语言交互、智能客户管理,并通过多维度的数据挖掘,进行自学习、自优化,实现智能客服

12.4.3 案例分析

【**案例 12-4**】 天津港 A 集装箱码头客户服务管理

天津港是中国大陆集装箱运输的摇篮,30 多年来,天津港不断加大专业化集装箱码头建设,集装箱运输事业历经了从起步发展,到跨越发展的不平凡的发展历程。通过对港口水域资源,以及对自然环境条件的有效利用,天津港合理布局集装箱码头岸线，建成了包括北疆、东疆在内的国内规模最大的集装箱码头群。

从行业发展角度看，随着中国制造能力的不断增长，作为交通运输业重要组成部分的港口业，正面临着巨大的发展机遇，而港口建设经过前几年的高速发展，港口行业的供求关系已经开始悄然转变港口市场的竞争将由卖方市场转变为买方市场，而竞争的核心将是对客户资源的争夺，这就要求A集装箱码头必须重视客户服务管理体系的建设，提高客户服务管理水平，从而提高在行业中的竞争能力。

根据港口客户服务管理的特点，提出了三元素客户服务管理体系如图12-11所示。

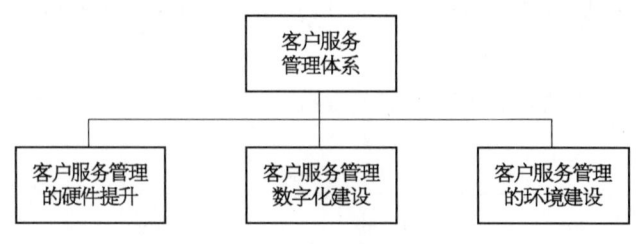

图12-11 三元素客户服务管理体系

三元素客户服务管理体系是由三个逐次递进，同时又相辅相成的客户满意层所组成。第一元素为物质满意层（硬件元素），是三元素中的基础，即客户对诸如产品的质量、功能、设计等体现企业产品品质的最终核心层是否满意。第二元素为平台满意层（数字化元素），是三元素的关键要素。由于当今时代是互联网时代，企业以信息服务为基础，打造出与客户之间的互动平台，通过这一平台可以整合客户资源、细分客户市场，从而为客户提供更具人性化与个性化的服务，因此，能否为客户提供有效的信息平台和有价值的资讯服务是建立客户服务管理体系的关键。第三元素为精神和社会满意层（环境元素），是三元素的最高层。马斯洛需求理论明确提出，情感需求和尊重需求是人的最高层次需求，这一理论在客户服务管理中同样适用，即在满足客户对服务的核心层、平台层的满意后，还要分析客户对企业产品的形式和外延，如对外的色彩、品位等是否满意，以及客户在服务过程中所体验到的社会利益维护程度，即客户在消费企业产品和体验企业服务的过程中，企业所倡导和维护的社会整体利益的道德价值、政治价值和生态价值，是否契合客户的满意度。

通过三元素客户服务管理体系实施，服务管理创新，服务意识"领先一步"，服务标准"高人一等"，服务手段"精益求精"，与客户建立更为亲密的合作伙伴关系，助力A集装箱码头走出企业发展的瓶颈，赢得新客户，保留老客户，提高客户利润贡献率，帮助企业提升核心竞争力，从而有利于在激烈的市场竞争中脱颖而出。

天津港A集装箱码头客户服务管理通过三元素客户服务管理实施，实现了产品质量体验优化、客服服务信息化连通以及外延服务等方面，提升客户满意度，助力赢得新客户和留住老客户，提升产品的附加价值和企业核心竞争力。

客户服务管理平台以信息服务为基础,打造出与客户之间的互动平台,通过这一平台不仅可以整合客户资源,细分客户市场,从而为客户提供更具人性化与个性化的服务。对比客户服务能力子域各等级要求,可达到集成级(三级)要求。

12.5 产品服务

12.5.1 产品服务系统

随着科学技术的进步,产品技术越来越复杂,消费者对企业的依赖性越来越大。消费者购买产品时,不仅购买产品本身,而且希望在购买产品后得到可靠而周到的服务。企业的质量保证、服务承诺、服务态度和服务效率,已成为消费者判定产品质量,决定购买与否的重要指标。对于生产各种设备和耐用消费品的企业,做好产品服务工作显得尤为重要,可以提高企业的竞争能力,赢得重复购买的机会。

作为实现制造企业可持续发展的解决方案,产品服务系统(product service system,PSS)的概念在理论界首先被提出来,即产品服务系统是预先设计好的包含产品、服务、支持网络和基础设施并能够满足客户需求、相对传统商业模式具有更低的环境影响。PSS的核心思想是制造企业向客户提供产品功能而非产品实体,进而满足市场需求,实现价值链重组。国内外学者的研究主要将产品服务系统分成三种类型,即产品导向的PSS、使用导向的PSS和结果导向的PSS。产品导向的PSS,生产制造企业出售产品给用户,用户拥有产品产权,企业在提供产品的同时也提供必要的维修保养服务;使用导向的PSS,生产制造企业保留产品产权并以多种方式(租赁、共享等)向用户出售产品的使用权;结果导向的PSS,生产制造企业向用户出售的既非产品实体也不是产品使用权,而是一种关于服务绩效的承诺或者满足用户需求的整体解决方案,产权保留在企业一方。产品服务系统的上述分类方法以产品产权归属为前提,三种类型的PSS彼此独立,互不重叠。

随着竞争环境的变化,未来企业的自身角色不能仅仅局限于制造商或者经销商等某单一环节,而应是资源的组织者,产品资源与服务资源的立体组合才能满足日益提高的客户需求和企业盈利的需要。具体来说,企业实施产品服务系统的时候并没有完全按照上述三种分类严格区分,而是根据实际情况选择不同程度的产品与服务组合,判别类型的依据也不再是产权归属。因为企业实施产品服务系统的关键在于能否为企业价值增值提供新的来源,而不是产权的归属。例如一些提供使用导向和结果导向PSS的制造企业实际上也涉及产品产权的转移,特别是在针对单位价值较高的生产设备时。一个典型的例子就是劳斯莱斯公司实施按小时计费的保修服务时,为其客户(如航空公司)提供飞机引擎按飞行时间固定收费的维修保养服务。这个案例通常被当作是使用导向的产品服务系统,但实际上劳斯莱斯公司是将引擎卖给了航空公司,并没有保留所有权。

目前,现实中的制造企业实施产品服务系统占主流的是以产品实体为核心,同时提供各种不同程度、不同内容的服务组合。三种产品服务系统的分类中,服务化的比例由低到高,制造企业对于服务价值创造主要集中在使用导向和结果导向的产品服务系统。一般认为,由于服务的替代性,随着服务化程度的提高,环境效益也随之增大,即使用导向和结果导向的产品服务系统具有更好的环境效应。但是研究表明,使用导向的 PSS 所产生的环境效应并没有想象中那么大,甚至可能由于产权的缺失导致用户对于产品的滥用而产生负面环境影响。即便是结果导向的 PSS,其环境效益也由于操作模糊、复杂而难以界定。因此,制造业转型发展的趋势是企业自身利用完整的产品制造体系衍生出各种服务模式,产品与服务的搭配从纯粹的产品到纯粹的服务,历经各种程度的组合。不同的产品服务组合,其环境效益和经济效益也随之不同,环境效益与服务化比率之间并不一定都是同向增长。

12.5.2 产品服务成熟度级别要求

产品服务子域是服务能力域的组成部分,其成熟度评估的核心内容在于服务规范、信息应用、智能产品、远程服务、服务生态。

产品服务从一级规划到五级引领的关键特征如图 12-12 所示;各等级的能力要求如表 12-5 所示。

图 12-12 产品服务成熟度模型等级关键特征

表 12-5 产品服务成熟度模型各等级的能力要求

一级	二级	三级	四级	五级
1)应制定产品服务规范,并有效开展现场运维及远程运维指导服务 2)应对产品故障信息进行统计,并反馈给设计、生产、销售部门	1)应具备产品故障知识库和维护方法知识库,为服务人员提供现场运维和远程运维操作指导 2)应通过信息技术手段对产品使用信息进行统计,并反馈给相关部门	1)产品应具有数据采集、存储、网络通信等功能 2)产品服务系统应具备产品运行信息管理、维修计划和执行管理、维修物料及寿命管理等功能,并实现与设计、生产、销售等系统的集成	1)产品应具有数据传输、故障预警、预测性维护等功能 2)应建立远程运维服务平台,提供远程监测、故障预警、预测性维护等服务 3)远程运维平台应对装备/产品上传的运行参数、维保、用户使用等数据进行挖掘分析,并与产品全生命周期管理系统、产品研发管理系统集成,实现产品性能优化与创新	1)产品应具有自感知、自适应、自优化等功能 2)应通过云平台,整合跨区域、跨产业链服务资源,实现协同服务

10.5.3 案例分析

【案例12-5】 沃尔沃集团全球建筑设备公司产品服务系统创新

沃尔沃建筑设备公司作为沃尔沃集团成员之一，是全球知名的建筑设备制造商。主要生产不同型号的挖掘机，轮式装载机，自行式平地机，铰接式卡车等产品。当前，沃尔沃建筑设备公司在中国市场提供的产品系列大部分来源于瑞典的设计和研发团队而不是进行本土化产品发展。为追求并达到产品的高品质和现实运用中的优越性能，所发展新产品的绝大多数要求都建立在来自工程研发角度上的种种技术，功能方面而不是完全从顾客需求角度上去推动工程研发设计。目前企业多提供给本地市场的解决方案大多数是基于有型的硬件产品比如机械设备和单一的无形服务比如维修和保养。根据沃尔沃集团的顾客购买指标（customer buying criteria, CBC）和新的系统创新指标来进行评估，确认打造预测性产品服务系统。

预测性服务系统是基于全员生产维修理论构建的，该项目选择预测理论来发展新的顾客解决方案。这个系统主要检测四种类别的数据：设备状态数据，检测数据，运行数据和维修数据。

在现实实施中，数据来源于附属在设备上的 GPS，车载全球卫星定位系统来收集信息。通过车辆上附属的车载信息终端和感应器收集所需要的实时数据。并且这些数据通过移动通信网络把数据传输到第三方信息中心后进行后台数据处理如数据存储、数据分析和数据挖掘。之后，处理过的数据将会通过应用平台提供给对应的客户，让客户应用这些数据进行车辆运行控制、生产运输监控、预测维修时间等。通过信息沟通技术构建产品服务系统的实施流程如图 12-13 所示。

整个设备信息采集系统活动是通过沃尔沃公司的产品服务系统支持层，这个层面包括了"运行数据，状态数据和维修数据"以提供给服务层相应信息去支持需要的开展服务活动中的决策和反应。一旦异样数据被识别出时，支持系统将会根据对于设备现状数据的信息帮助服务人员快速选择正确的服务活动项目。顾客层仅仅是接收到服务提醒而做出是否需要维修的判断，不用再等设备坏损后主动拨打维修服务的电话等待维修了。为了监控到设备的运行状况，感应器将会安装到不同部件上。感应器将会收集关于设备上附属系统，主要部件和发动机的实时信息。运行信息和实时状态信息将会通过信息中心处理后发送到客户使用平台上。维修数据和检测数据将会发送到维修服务中心给服务人员分析和使用。

在沃尔沃集团全球建筑设备公司产品服务系统其产品上附属有 GPS 可将数据实时传输到信息中心的远程运维服务平台进行处理分析，并将分析后结果如故障预警、预测维护信息、使用属性反馈到维修服务中心和产品中心，便于后续维护以及产品研发设计工作开展。

综上，对比产品服务能力子域各等级要求，沃尔沃集团全球建筑设备公司产品服

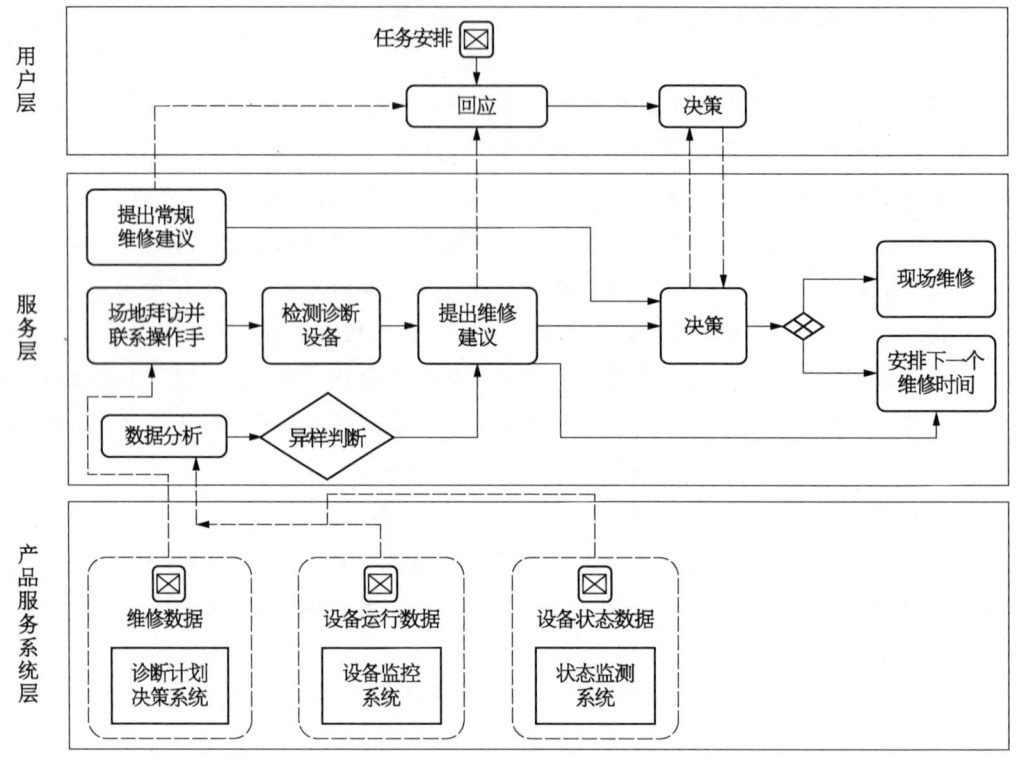

图 12-13 产品服务系统

务系统,达到成熟度四级要求,产品应具有数据传输、故障预警、预测性维护等功能;建立远程运维服务平台,提供远程监测、故障预警、预测性维护等服务;远程运维平台应对装备/产品上传的运行参数、维保、用户使用等数据进行挖掘分析,并与产品全生命周期管理系统、产品研发管理系统集成,实现产品性能优化与创新。

参考文献

[1] 张娜. 天津港 A 集装箱码头客户服务管理体系研究[D]. 大连:大连海事大学,2017.

[2] 孟玲玲. 物流管理信息化的问题及措施[J]. 科技创新导报,2019,16(06):67+169.

[3] 工业互联网产业联盟. 工业互联网垂直行业应用报告(2019 版)[R]. 北京:中国信息通信研究院,2019.

[4] 赵晓峰. 供应链管理视域下的石油企业物资采购策略制定方法[J]. 中国市场,2020(06):155-156.

[5] 赵海. 供应链管理视角下物流管理流程优化策略[J]. 黑河学院学报,2019,10(03):72-73.

[6] 韩立民,刘岩. 钢铁企业物流管理系统设计[J]. 中国科技信息,2019(08):45-46.

[7] 袁擎宇. 基于供应链的销售预测系统的设计和实现[J]. 电脑知识与技术,2016,12(26):269-270.

[8] 邓生财. 数据驱动下的设备可预测性维护管理——以滚动轴承为例[D]. 重庆:重庆工商大学,2016.